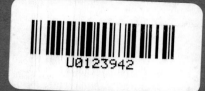

# 肩水金關漢簡（肆）

上册

甘肅簡牘博物館
甘肅省文物考古研究所
甘肅省博物館
中國文化遺産研究院古文獻研究室
中國社會科學院簡帛研究中心
編

中西書局

國家文物局邊疆考古項目（項目負責人：張德芳）
國家「十二五」重點圖書出版規劃項目
國家古籍整理出版專項經費資助項目

# 前言

《肩水金關漢簡（肆）》即將與讀者見面，現將整理、校改、審訂、出版經過述之如下：

本卷初稿的排版仍然依據的是過去幾十年中陸續整理形成的釋文原稿，其整理過程及其參加的人員和貢獻，在《肩水金關漢簡（壹）》的前言中，已經作過詳細交代。我們這次的工作主要是在初稿排出後，根據新拍攝的彩色圖版和紅外綫圖版，對照釋文分頭或集中反復進行校改、再釋、討論、審訂，實質上仍然是整理工作的繼續。

初稿排出後，參加整理工作的各位學者依據打印稿和電子版，分頭進行了較長時間反復認真的研讀校釋，發現問題，提出意見。有些問題比較明顯，容易處理； 有些則需要集中討論，或者還需要補出新的釋文。

二〇一五年一月十三日至十六日，參加本卷整理審校的專家學者齊聚蘭州，就每人分頭校讀改釋中發現的需要提交討論的問題進行了集中討論。大家面對投影屏幕，逐一審讀研究，集思廣益、切磋交流、反復爭論、取得共識，力爭把誤釋或漏釋降到最低限度。參加人員有： 甘肅簡牘博物館張德芳、肖從禮、馬智全、楊眉、韓華； 甘肅省文物考古研究所張俊民； 甘肅省博物館初世賓； 西北師範大學李迎春； 中國文化遺產研究院劉紹剛、胡平生、李均明、楊小亮； 中國社會科學院簡帛研究中心楊振紅、鄔文玲； 中國人民大學王子今； 中西書局秦志華、田穎等十七人。

孫家洲教授臨時因故未能按計劃前來蘭州，但他在此前此後都對本卷的整理釋讀提出過很多寶貴意見。而且由於王子今、孫家洲二位教授的參加，使得我們的整理力量大爲加強，隊伍陣容更爲可觀。

初世賓館長以七十八歲高齡自始至終參加了此項工作。他不僅給我們帶來具體指導和精神上的鼓勵，還以當年調查者、發掘者、整理者的身份見證了此次再整理的全過程。

中國社會科學院研究生院在讀博士生單印飛校讀了全稿，並提出了很好的意見。

楊小亮在本卷殘簡綴合方面用力頗多，貢獻最大。

定稿會之後的統稿校改由肖從禮、馬智全、楊眉、韓華、張俊民、李迎春和田穎完成。肖從禮、田穎二位出力尤多。

本卷所收簡牘的紅外綫圖片和彩色照片由張德芳拍攝完成。

本卷整理出版的全部組織協調工作由張德芳、劉紹剛、楊振紅負責。

中西書局面對這樣一份一邊整理一邊排印、多次校改多次調整而直到正式出版之前才最終得以定稿的整理成果，付出了極大的耐心和辛勤勞動。

《肩水金關漢簡（肆）》原計劃於二〇一四年底出版，因故未能如期實現，謹向關心此事的領導和學界同仁表示歉意。

《肩水金關漢簡（肆）》收錄簡號二千零六十五號（73EJT33：1—91、73EJT34：1—50、73EJT35：1—16、73EJT37：1—1590、73EJH1：1—82、73EJH2：1—110、73EJF1：1—126）。但在整理過程中綴合二十九枚，即 73EJT33：44 + 47、73EJT33：51 + 55、73EJT34：9 + 29、73EJT34：31 + 35、73EJT37：17 + 384、73EJT37：147 + 417、73EJT37：183 + 188、73EJT37：640 + 707、73EJT37：654 + 734、73EJT37：806 + 816、73EJT37：1173 + 1183、73EJT37：1228 + 1346、73EJT37：1258 + 1291、73EJT37：1275 + 1276 + 1274、73EJT37：1285 + 1297、73EJT37：1353 + 1358、73EJT37：1452 + 1460、73EJT37：1462 + 1471、73EJT37：1551 + 1555、73EJT37：1556 + 1558、73EJH2：35 + 36、73EJF1：21 + 24、73EJF1：30 + 28、73EJF1：44 + 47、73EJF1：45 + 54、73EJF1：65 + 68、73EJF1：77 + 78、73EJF1：91 + 93。另，最初整理時曾將 73EJT37：512 上下兩段誤綴，此次整理時析爲 73EJT37：512①和 73EJT37：512②（總數二千零六十五枚中未計）。本卷實際收錄簡牘二千零三十六枚。

隨着相關研究的深入，簡冊的編聯、斷簡的綴合以及釋文中存在的問題都會隨時有所發現，謹希博雅君子不吝賜教。

甘肅簡牘博物館　館　長　張德芳
中國文化遺産研究院古文獻研究室　主　任　劉紹剛
中國社會科學院簡帛研究中心　主　任　楊振紅

二〇一五年八月十五日

# 凡　例

一、《肩水金關漢簡》收錄一九七三年肩水金關遺址出土的全部漢簡的圖片和釋文。第四卷共收錄簡牘二千零六十五枚。

二、本書編排依發掘探方和探方内出簡之流水號爲序，以探方爲單元列出目錄。圖片和釋文之後，標出原始號，不再另編新號。如73EJT33:1，73代表一九七三年；E代表額濟納河流域；J代表肩水金關，表示出土地點；T代表探方；T後兩個數字以「:」隔開，前者爲探方編號，後者爲該探方所出漢簡編號。H、F、C等分别代表灰坑、房址和採集的散簡。

三、《肩水金關漢簡》擬分五卷出版，每卷三册，以不同形式呈現同樣的内容。上册，彩色圖版，呈現簡牘原物之形狀、大小、色彩、文字、書體、格式等等；中册，红外綫圖版，透視字迹模糊、簡色發黑而無法看清的文字和筆畫；下册，釋文，爲閲讀研究提供方便。

四、全書圖片與簡牘原物呈1:1比例，版面無法容納者，等比例縮小。旁注縮小比例。正反兩面有字者，標以A、B。多面有字者，以A、B、C……標示。

五、爲避免圖、文分排而造成的閲讀翻檢不便，上册、中册每簡圖片之後，皆附釋文。

六、本書釋文的格式逐錄原簡，但因考慮排版的方便，故不求其位置的對應。

七、簡牘殘斷處，下册釋文中以「▨」符號表示，而上册、中册隨簡逐錄的釋文，不再在殘斷之處標示「▨」號。

八、無法釋讀的文字，一字一「□」。而一行無法釋讀又不能確定字數者，一律以「……」代替。

九、簽牌上方的半圓形網狀標記以「◓」標出，封泥匣以「回」標示，亦衹出現在下册釋文中。

十、簡文中的其他符號隨文錄出，如「／」、「△」、「=」、「·」、「■」、「˪」、「卩」、「丿」、「丶」、「乚」，衹求其大致相似。

十一、河西漢簡中從「⺮」之字均從「艹」，釋文中以正字出現，如「薄」、「藉」之類，均作「簿」、「籍」，以此類推。

十二、簡文中的異體字如「朢」、「坘」，通作「望」、「氏」；多個異體字如「⿰阝⿱㒸火」、「⿰阝⿱㒸灬」、「⿰阝⿱遂火」、「⿰阝⿱遂灬」、「隧」等，統一作

「隧」，但「隊」仍作原字。

十三、簡文中的「大守」、「一兩」、「縣索關」，不改爲「太守」、「一輛」、「懸索關」；「警」、「蓬」等字不改爲「驚」、「烽」。

十四、《肩水金關漢簡》全部出版後，將編製人名、地名及紀年索引，以供檢索。

# 總目錄

# 目錄

## 上冊　彩色圖版

肩水金關T33:1—91

願聞其曉　73EJT33:1

……城官書到出入　73EJT33:2

入賦居延　73EJT33:3

觻得一詣靡谷候官四月癸卯
鹿候官　　卒朋夜食時□
闌　73EJT33:4

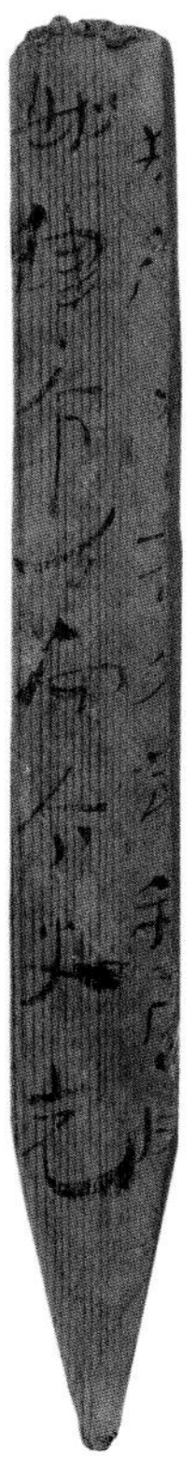

□□□□□□□□
如律令／守令史光　73EJT33:5

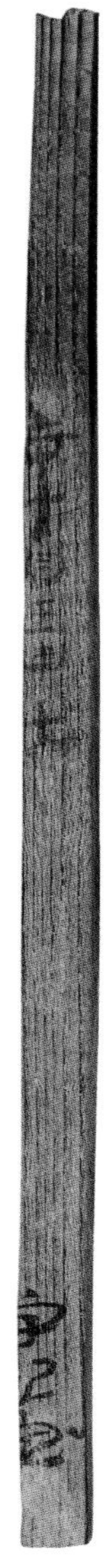

皆十月壬申出　字次君　73EJT33:6

□子夏鎌也今子夏欲
意〻叩頭幸甚　73EJT33:7A

近衣進酒食出
幼都奉書伏地再　73EJT33:7B

□□□世至正月丁未日餔時行候事關嗇夫博候長龍□（削衣）　73EJT33:8

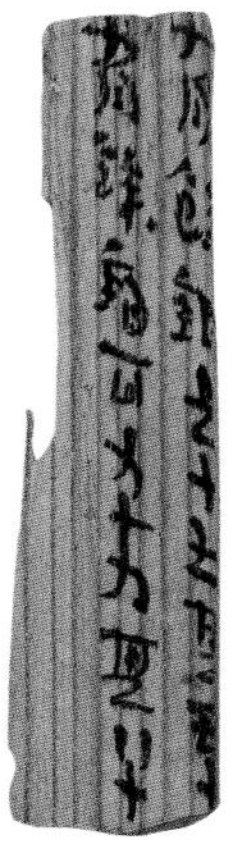

九月餘錢六十五其五十
九月餘錢百九十九其八十　73EJT33:9

旦帶到橐他還歸之謹使〻再拜受　73EJT33:10

辛巳宿第三
□發史　壬午宿會水
癸未宿府　73EJT33:11

……子游卿
□□二年磨日□□　73EJT33:12B

月丙申雞前鳴二分騂北卒世受□　73EJT33:14

張掖橐他印　73EJT33:16A

□□　十月庚戌入　73EJT33:17

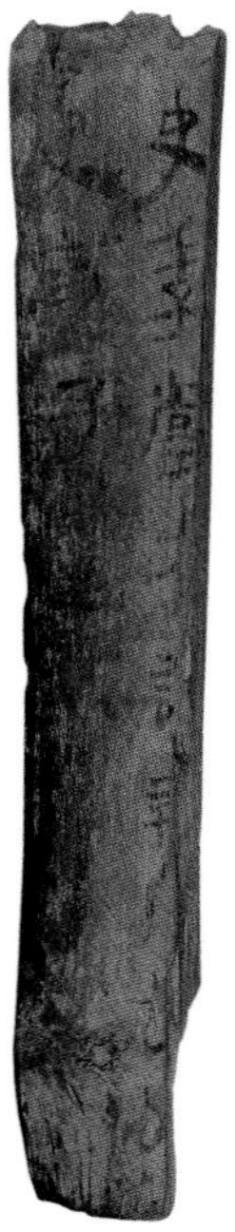

□史季當□□□□□
□受高子卿足下　73EJT33:12A

□甲候印一詣□
□延井候印旦□　73EJT33:13

□卒瓜錢百（竹簡）　73EJT33:15

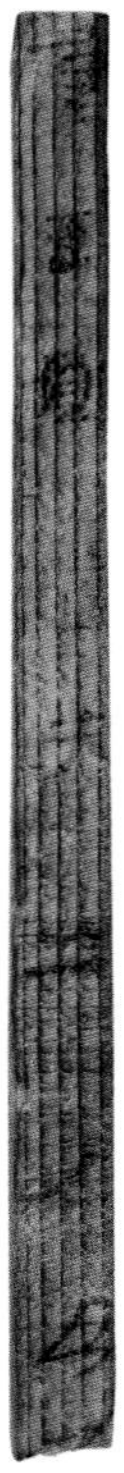

書到願嗇夫出入毋　73EJT33:16B

粟橐他……昌　73EJT33:18

十六 □□ 雞鳴 雞鳴 雞後鳴 雞後鳴 雞□

73EJT33:19

□購錢大守□
令

73EJT33:20

肩

73EJT33:21

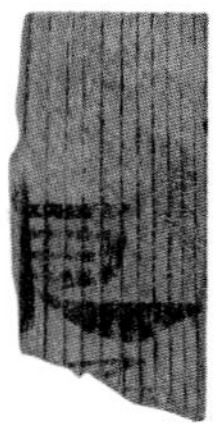

東□

73EJT33:22A

□

73EJT33:22B

一編謁上候官敢言之

73EJT33:23

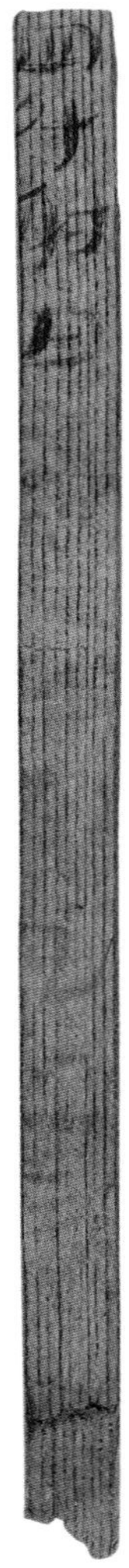

四斗射日 凡直三□□

73EJT33:24

三月己巳騂北亭長敞（削衣）

73EJT33:25

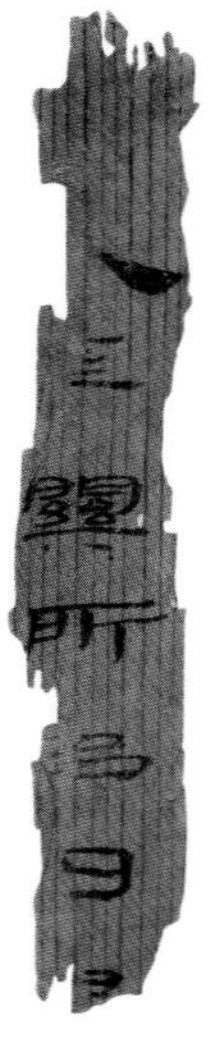

入金關所治日□（削衣）

73EJT33:26

縣爵里年姓各如牒（削衣）

73EJT33:27

勞臨事久不望見叩〻頭〻寒時願子文
毋行邑〻關主出入人將嚴急耳目長願留〻意
……（削衣）

73EJT33:28

敬君錢七百五
言（削衣）

73EJT33:29

遣從者侯嘉（削衣）

73EJT33:30

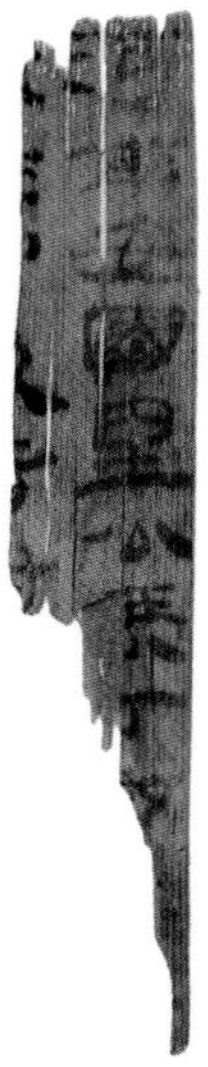

河南安國里公乘丁□□
□□□□□（削衣）

73EJT33:31

賤苐還叩頭（削衣）

73EJT33:32

□
□十一月辛未出

73EJT33:33

八月乙酉居延丞江移過

73EJT33:34

當井隧長（削衣）
□□

73EJT33:35

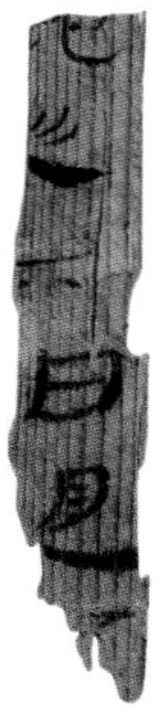

□足下日見□（削衣）

73EJT33:36

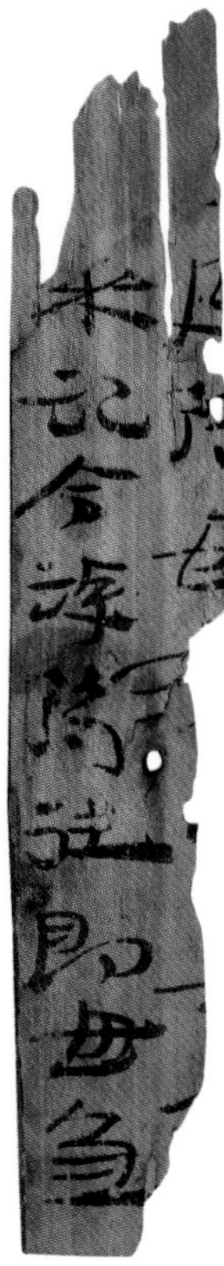

來記令譚得往即毋急（削衣）
□□得毋□□□□

73EJT33:37

一石一鈞十三斤
斤積縣倉中
斤永光三年所伐

73EJT33:38

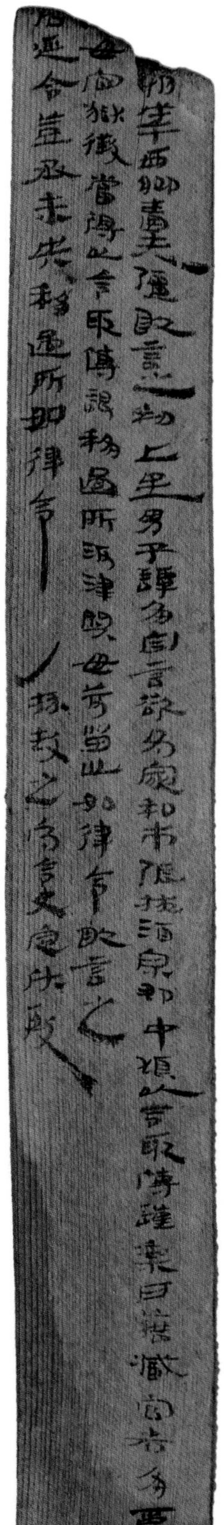

朔戊午西鄉嗇夫彊敢言之利上里男子譚多自言欲爲家私市張掖酒泉郡中願以令取傳謹案戶籍藏官者多爵
毋官獄徵當得以令取傳謁移過所河津關毋苛留止如律令敢言之
居延令登丞未央移過所如律令　　／掾赦之守令史定佐殷

73EJT33:39

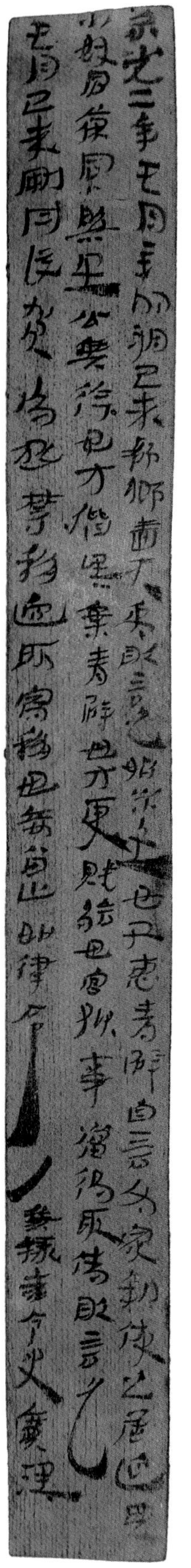

永光二年五月辛卯朔己未都鄉嗇夫禹敢言之始樂里女子惠青辟自言爲家私使之居延與
小奴同葆同縣里公乘徐毋方偕謹案青辟毋方更賦給毋官獄事當得取傳敢言之
五月己未删丹長賀守丞禁移過所寫移毋苛留止如律令／兼掾嘉令史廣漢　　73EJT33:40A

删丹長印　　73EJT33:40B

黃龍元年六月辛未朔壬辰南鄉佐樂敢言之楊里
公乘泠□年廿歲小未傅爲家私市居延乏彭祖
告移過所縣道毋苛留／六月壬辰雒陽守丞殷移過所毋苛留如律令／掾良令史陽　　73EJT33:41A

……　　73EJT33:41B

•肩水候官初元四年吏卒一歲用食　度簿　　73EJT33:42

■右第卅五車廿人　　73EJT33:43

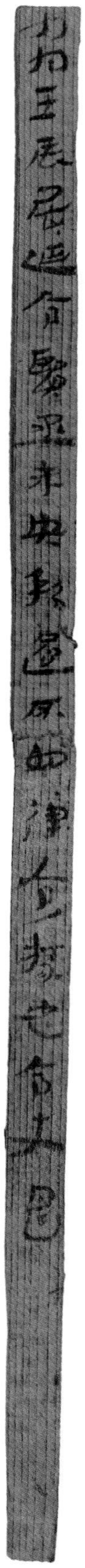

九月壬辰居延令賢丞未央移過所如律令／掾忠令史昌　73EJT33:44A+47A

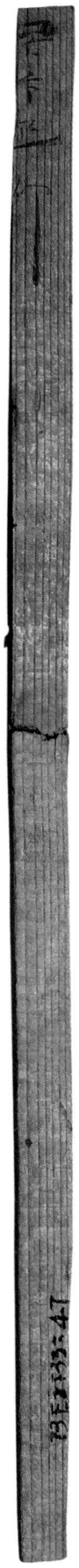

居令延印　73EJT33:44B+47B

印詣居延都尉府建始元年十二月丙辰　73EJT33:45

建昭四年五月　73EJT33:46

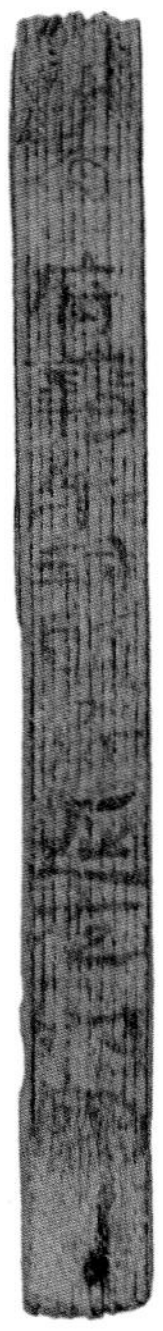

□有府籍牛封頭居延左尉印　73EJT33:48

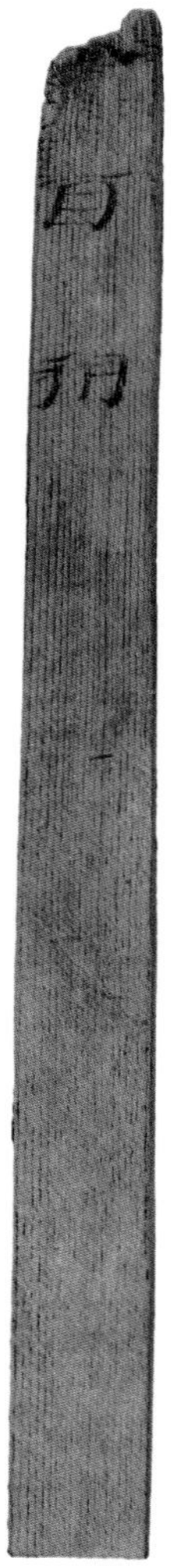

癸酉朔　73EJT33:49

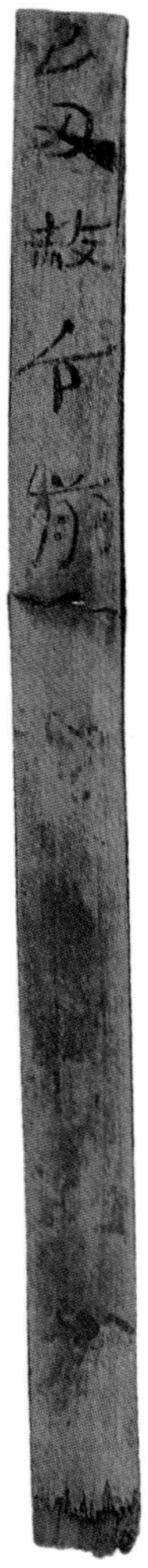

己丑赦令前……　73EJT33:50

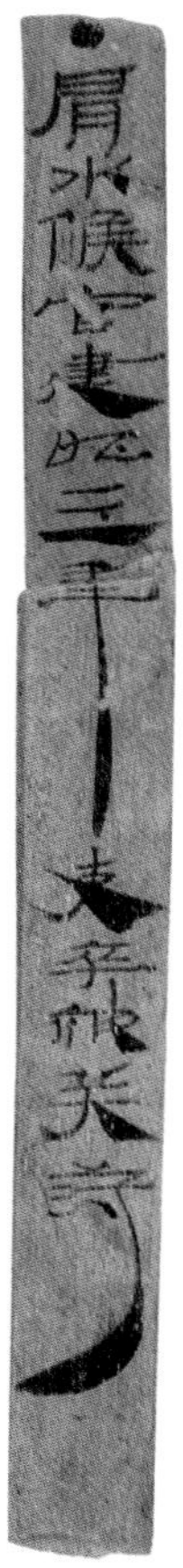

•肩水候官建昭三年吏卒被兵簿　73EJT33:51+55

戍卒河東北屈陰平里公乘梁□□　73EJT33:52

騂北亭卒李未央母稺婦　73EJT33:53A

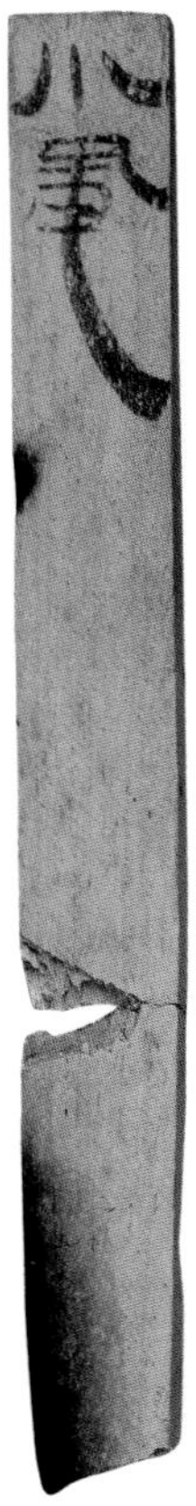

小庸　73EJT33:53B

甘露三年三月甲申朔丁亥張掖
家輸橐他廣地候官書到　73EJT33:54A

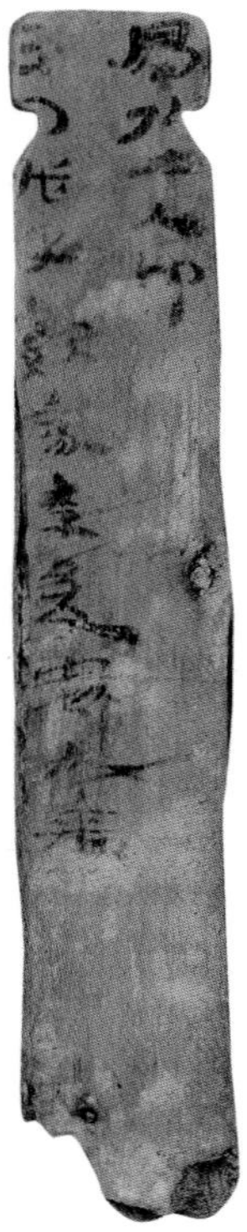

肩水千人印
三月戊子就家李幼君以來　73EJT33:54B

望松隧卒趙山自言貰賣官布　73EJT33:56A

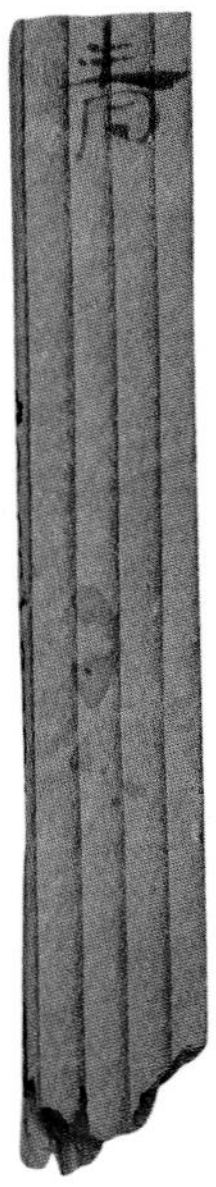

青　73EJT33:56B

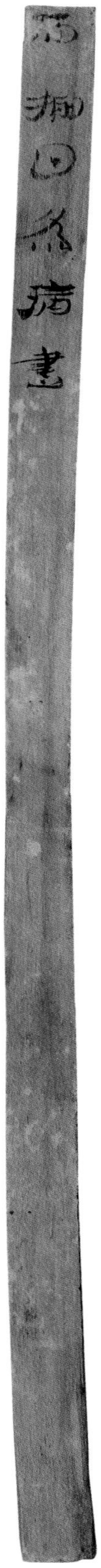

所掫日爲病書　73EJT33:57

初元三年六月甲申朔甲午南鄉守嗇夫義佐光敢言之　　73EJT33:58

宛陬里張定年五十字方　車一兩黑犗牛齒十歲　　73EJT33:59A

……　　73EJT33:59B

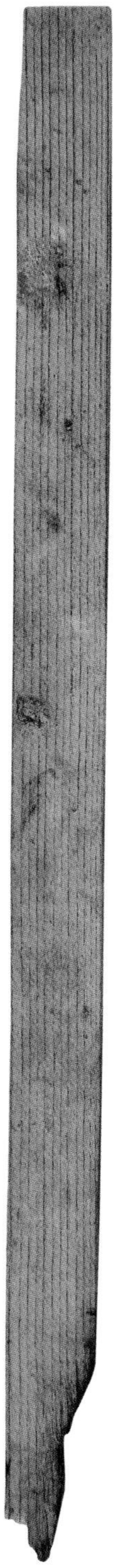

□淳于光年十七　　73EJT33:60

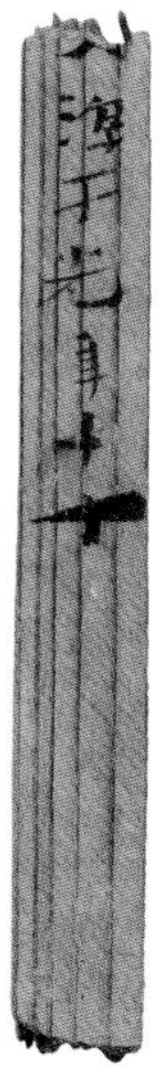

濟陰郡定陶傳里仁帶年十九歲　牛一　　73EJT33:61

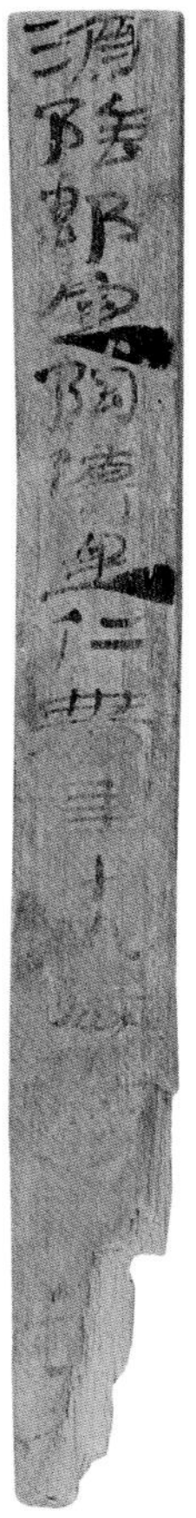

□去君孟請張君至
□復度索□□之　　73EJT33:62

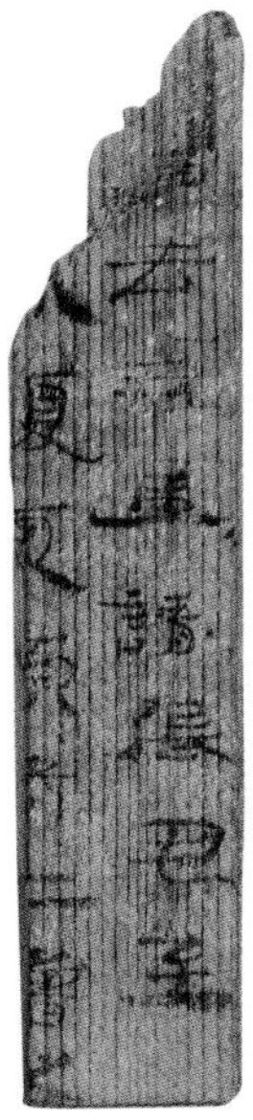

居延守令史公乘氾臨年　　73EJT33:63

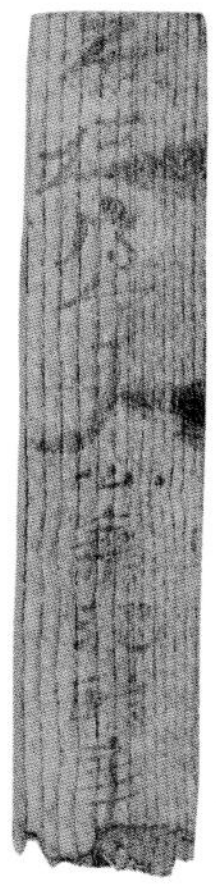

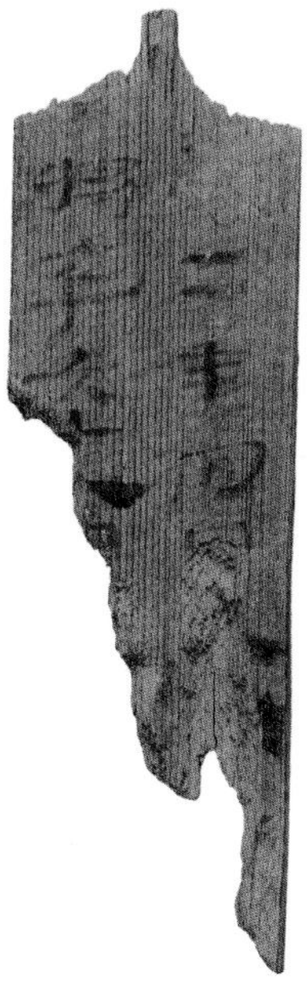

□二年四月□□□
□將卒六十人□ 73EJT33:64

離署部東候長肯不□主賤
飲食不能主賤意常悲奈 73EJT33:65B

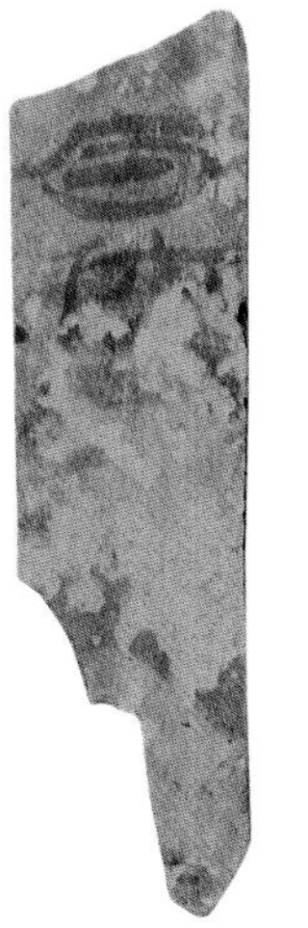

□字俠 73EJT33:67A

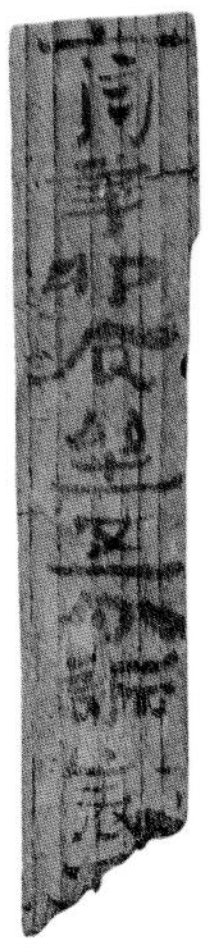

六月辛卯食坐五分詬表□ 73EJT33:69

肩水金關 73EJT33:71A

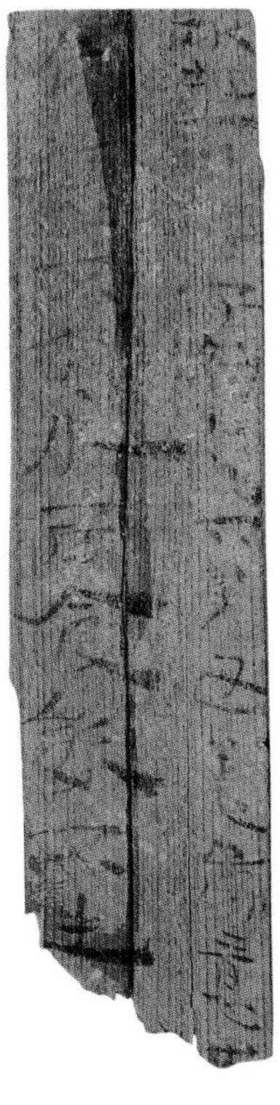

伏地再拜子紺足下善毋恙歲意□
歲意不得小居食飲不主 73EJT33:65A

雲詣官驗問對曰雲爲鄉佐輔爲隧長不便官 73EJT33:66

初元四年十一月□ 73EJT33:67B

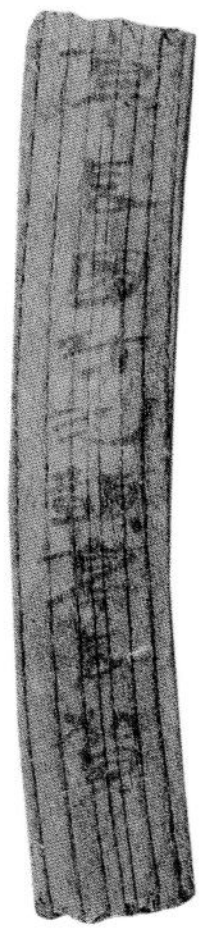

亭長圖付沙頭亭長賀 73EJT33:68

候長楊卿治所 73EJT33:70

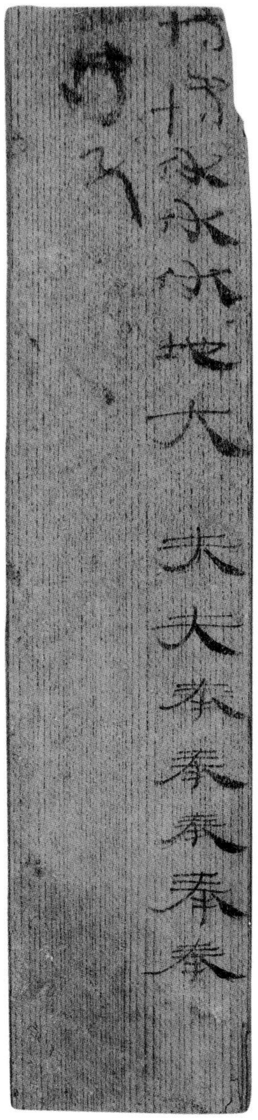

博博伏伏伏地大夫夫奉奉奉奉奉
博□（習字）　73EJT33:71B

察敢言之　73EJT33:72

肩水金關　73EJT33:73

肩水候官以郵行　73EJT33:74

金關伏地伏地伏地（習字）　73EJT33:75A

癸卯卯卯卯（習字）　73EJT33:75B

定陶□亭長第里公乘靳舍年卌四長七尺四寸黑色尉史恭入　73EJT33:76

毋官徵事當爲傳移所過縣邑毋何留敢言之
□□睢陽丞忠移所過縣邑毋何留如律令掾上葆令史建乘馬一匹　73EJT33:77

□□□前居迫前未進及前酒進泉伏羌諸初迫言伏之倉嗇夫平（習字）　73EJT33:78A

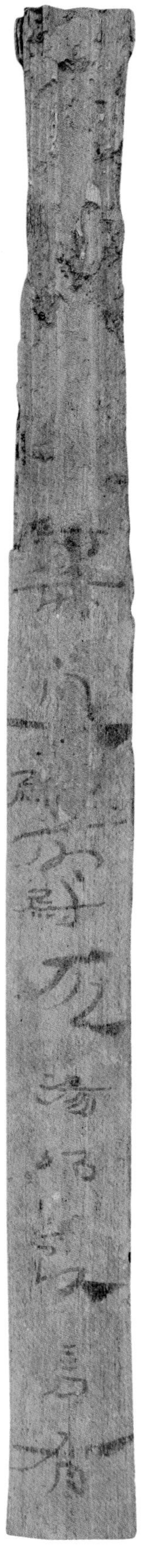

……尉前迫尉前尉死湯叩頭言有　73EJT33:78B

一封詣昭武
出南書三封　一封詣張掖庫　十月乙酉蚤食卒世受莫當卒世
一封詣倉石候　莫食付沙頭卒
其三封薛褒印　73EJT33:79A

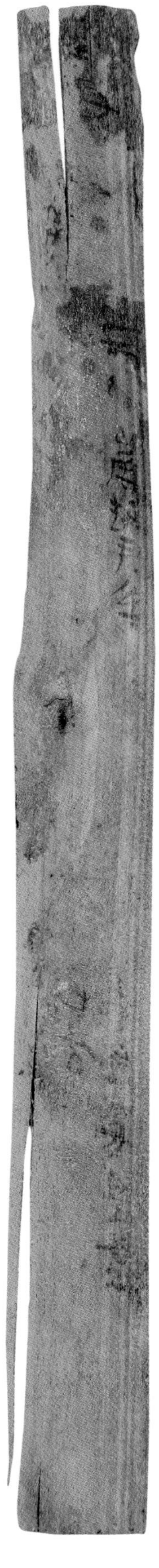

□□□□　一封□□馬趙君糸　十月乙丑日入莫
付官　73EJT33:79B

……年三月己亥朔丙子北鄉有秩福敢告尉□□□
……毋官獄徵事當取傳……　73EJT33:80A

□丞印　73EJT33:80B

十五　夜大半　夜過半　夜過半　雞前鳴　雞中鳴　73EJT33:81

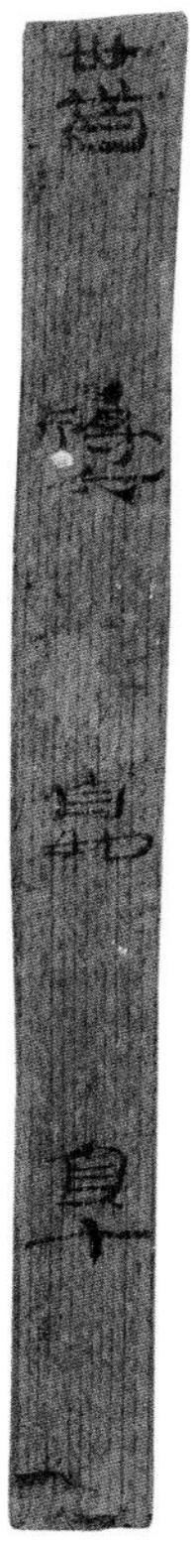

卅步　得六　自如　負七　73EJT33:82

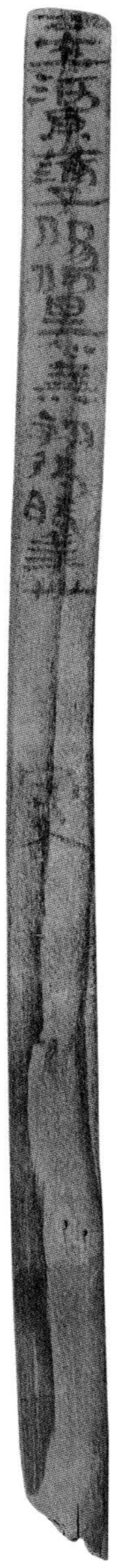

戍卒河東蒲子陽阿里公乘郭得時年卌　字文　73EJT33:83

戍卒河東蒲子上函里公乘謝詡年廿五　73EJT33:84

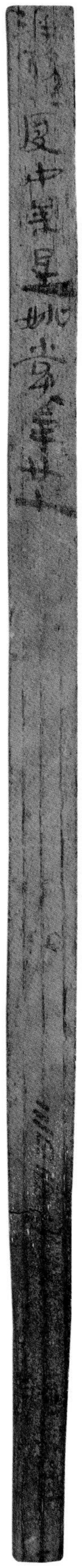

淮陽〻夏中善里姚賞年廿七　三月庚午出　糴簿　73EJT33:85

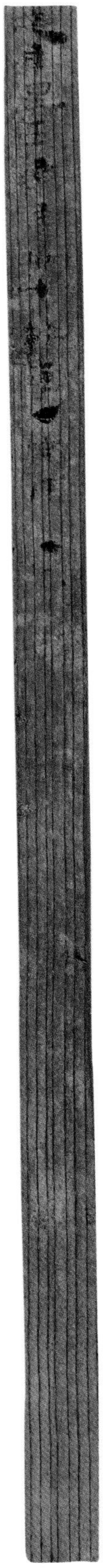

延年里王壽年卅七軺車一乘馬一匹　73EJT33:86

河南偃師都里公乘畢彊年卅一　字次君車一乘騩牡馬一匹齒十二歲高六尺二　73EJT33:87

負鮑魚十斤　見五十頭橐敗　少三斤給過客　73EJT33:88

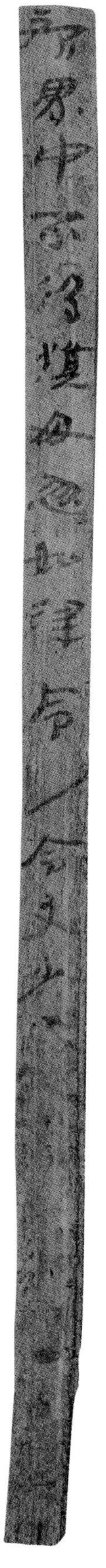

部界中不得慎毋忽如律令／令史少□　73EJT33:89

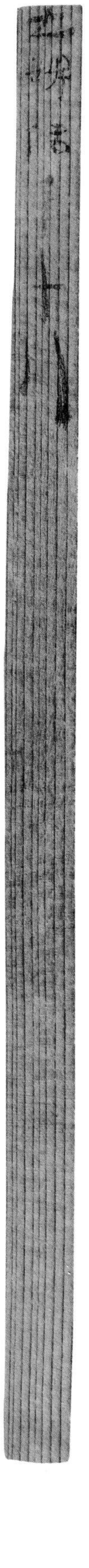

大婢倩年十八　73EJT33:90

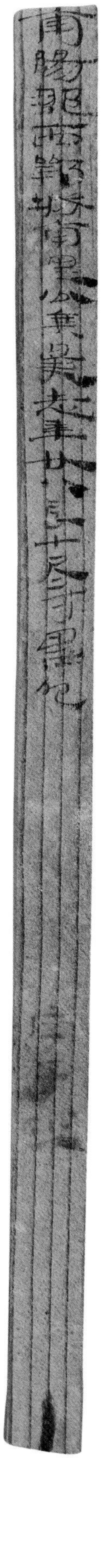

南陽郡西鄂城南里公乘吳志年廿八長七尺二寸黑色　字子平　丿　73EJT33:91

肩水金關T34:1—50

甘露二年二月庚申朔庚午居延令弘移□
縣界中今欲去書到案名籍　出毋

73EJT34:1A

曹子元　凡八人二月乙亥入
段中宗
崔子玉　居延令印
夫人一
從者三人
奴一人　二月乙亥曹子元以來

73EJT34:1B

十一月甲□肩水候福敢言之謹
謁報敢言之

73EJT34:2

九月戊子張掖肩水都尉弘
□□籍死診爰書會□

73EJT34:3A

水
□都尉章
九月己丑騂北　以來

73EJT34:3B

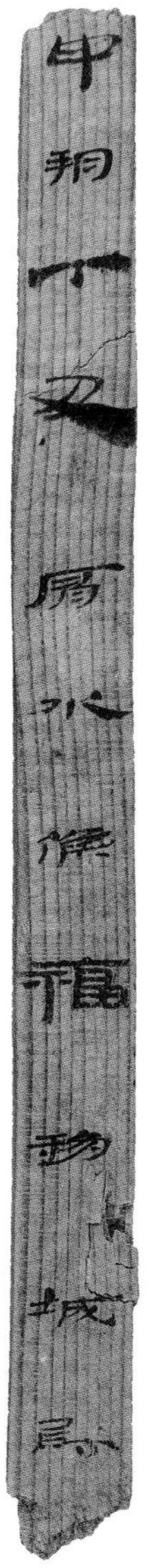

申朔丁丑肩水候福移城尉

73EJT34:4A

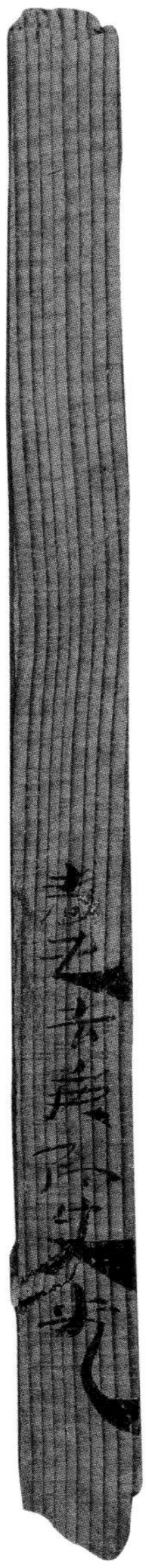

嗇夫去疾尉史光

73EJT34:4B

馬二匹　　其一匹騮牡齒十四歲高六尺二寸
一匹驪駮牡齒□□高五尺八寸　　73EJT34:5

五鳳三年十二月癸卯朔庚申守令史安世敢言之復作大男彭千秋故陳留郡陳留高里坐傷人論會神爵四年三月丙辰赦
令復作縣官一歲十月十日作日備免爲庶人道自致謁移陳留過所縣道河津函谷關毋苛留止如律令敢言之
十二月庚申居延令弘守丞安世移過所縣道河津函谷關毋苛留止如律令掾守令史安世

73EJT34:6A

章曰居令延印　　73EJT34:6B

代郡代乘里公乘趙得年卌九長七尺五寸• 軺車□　　73EJT34:7

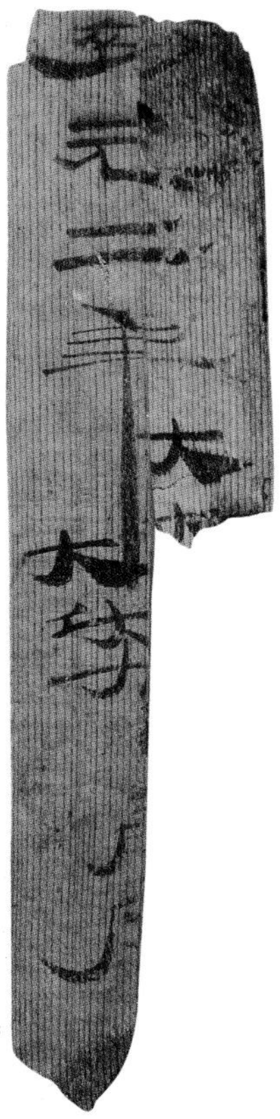

初元二年大大伏九月月　　73EJT34:9+29

居延佐廣都里公乘泠雲年卅　　73EJT34:8

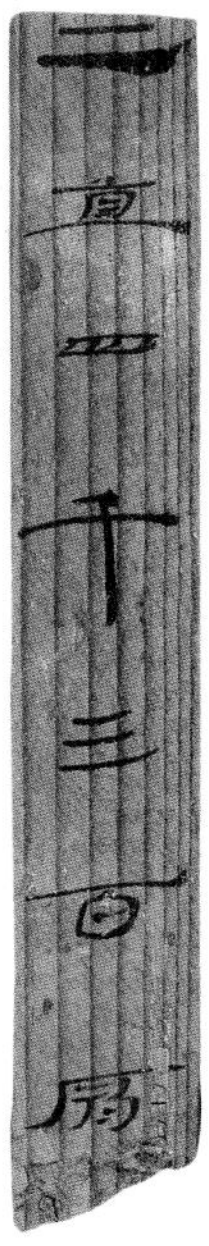

二直四千三百肩　　73EJT34:10

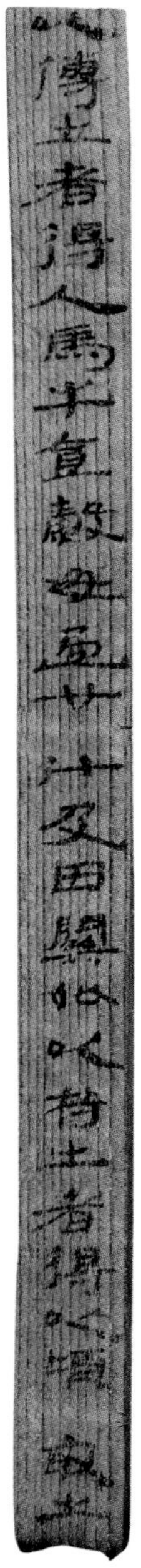

以傳出者得人馬牛食穀毋過廿斗及田關外以符出者得以頃畝出　73EJT34:11

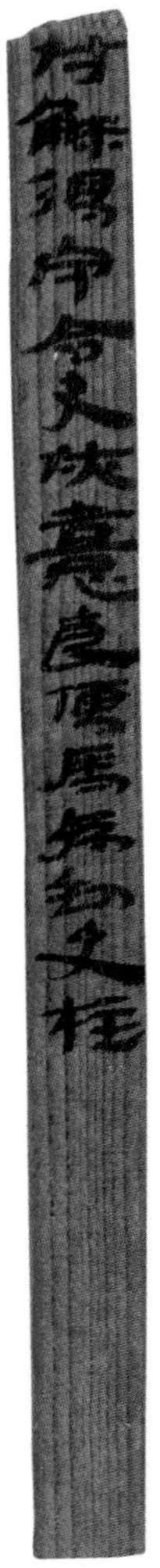

付鰈得守令史俠憙食傳馬爲刺史柱　73EJT34:12

長七尺二寸黑色　73EJT34:13

……　73EJT34:14

肩水候官　73EJT34:15

戍卒河東蒲子好宜里公乘藥憙年廿四　73EJT34:16

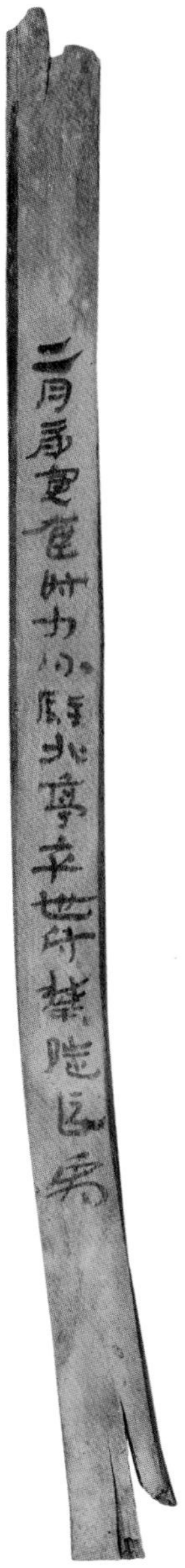

二月庚寅食時九分騂北亭卒世付禁隧長禹　73EJT34:17

□年廿八　長七尺四寸黑色　73EJT34:18

以稟彊漢隧長　73EJT34:19

出穈一石八斗三升丿　73EJT34:20

豪期二月朝旰而豪期二月其吉凶皆至　73EJT34:21

出穈二石　食□　73EJT34:22A

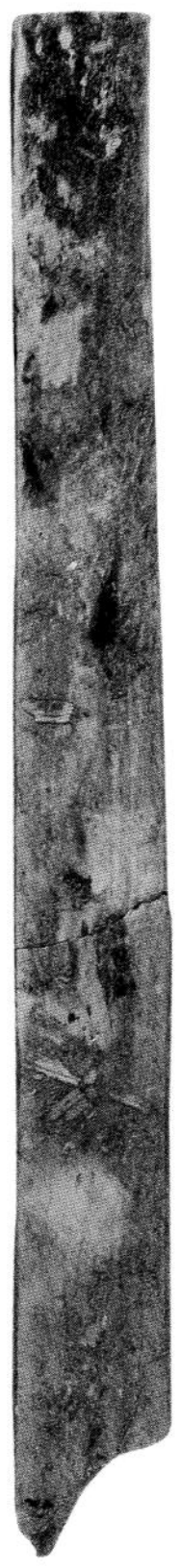

……　73EJT34:22B

食騂望隧長□　73EJT34:23

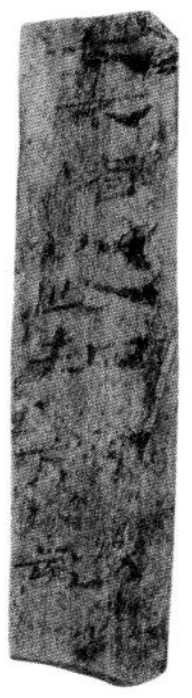

衣不堵以此知而劾□　73EJT34:24

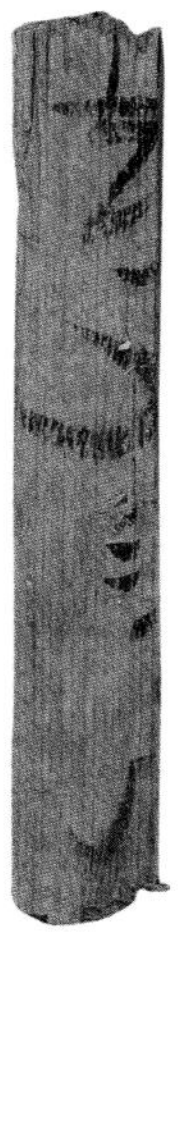

□□治所　73EJT34:25

□食　73EJT34:26A

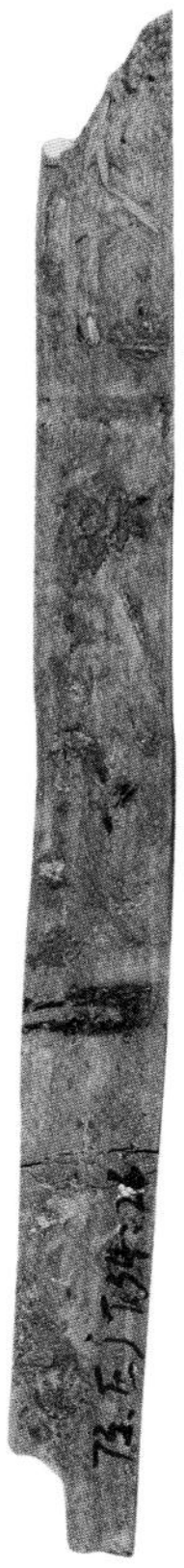

……　73EJT34:26B

敢言之　／啬夫去□

73EJT34:27

候官黄龍元年二月吏卒簿

73EJT34:30

□□□十五

□□□常□　承承

□　……

73EJT34:31B+35B

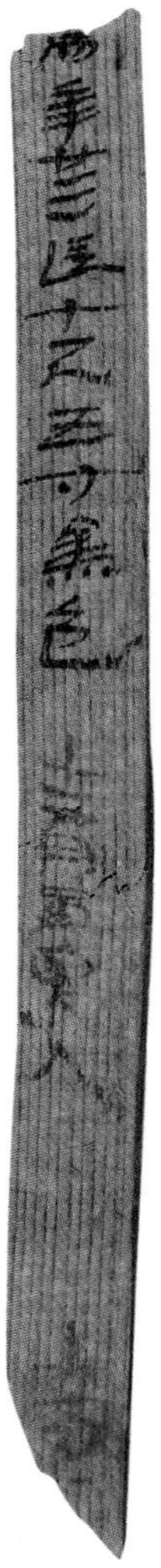

□年廿三長七尺五寸黑色　十二月庚寅入　十一月丁

73EJT34:33

□卒史通書佐護

73EJT34:34B

名蘭越驛北亭　塞

73EJT34:28

□史陽廿五石　孫子功三石　簿米五十石

□□十二石五斗　焦□□□

□□卿二石　□□

73EJT34:31A+35A

五十□

□五十

73EJT34:32

□移簿行邊兵丞相史

73EJT34:34A

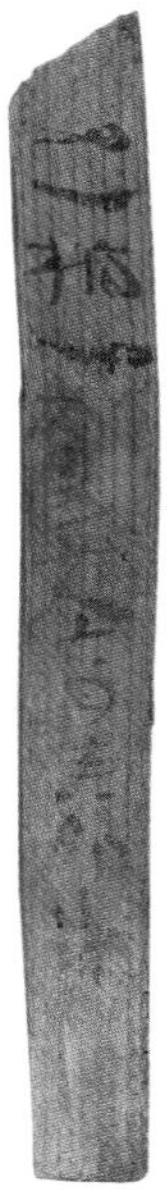

剑一楯一　十月己丑入　六月癸卯出

73EJT34:36

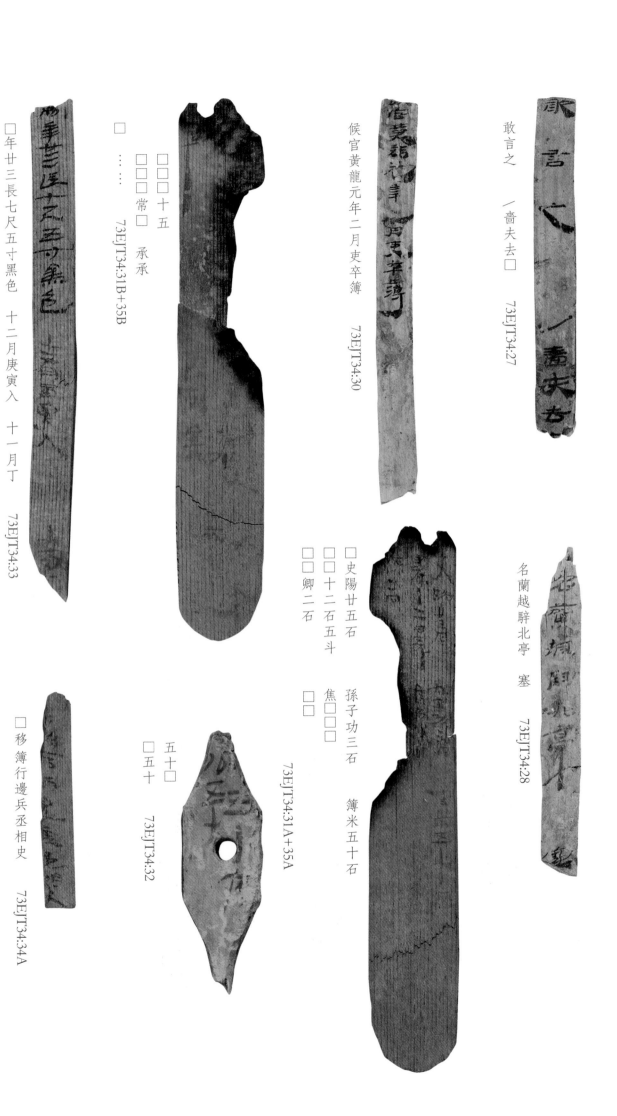

黑色　　73EJT34:37

建昭五年五（削衣）　　73EJT34:38

嗇夫賀（削衣）　　73EJT34:39

□書曰戍卒濟陰成武高里黃
……凡直千□□（削衣）　　73EJT34:40

掾奉光屬遷（削衣）　　73EJT34:41

……劍一　　73EJT34:42

建昭五年五月甲戌朔戊戌屋蘭長尊守
廣戍里□□□□□　　73EJT34:43

……道津關當（削衣）　　73EJT34:44

□書伏地再（削衣）　73EJT34:45

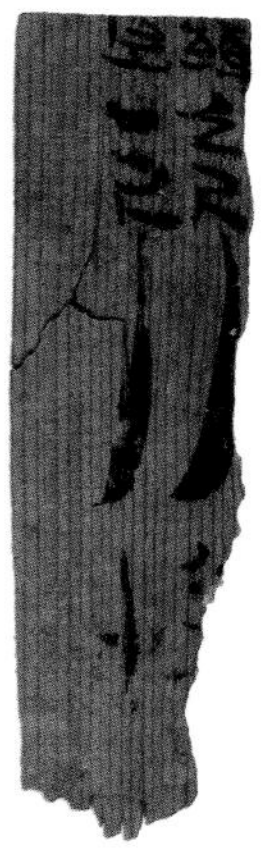

練六尺丿　□□

皁一尺丿　十　73EJT34:46

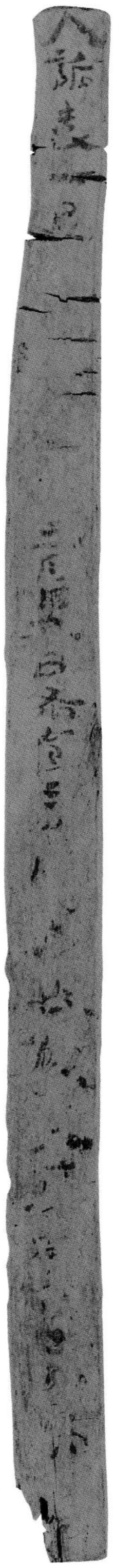

入詬表一通　十一月甲午日蚤食三分……　73EJT34:47

□九月奉　九月甲戌禽寇隧長武彊取　73EJT34:48

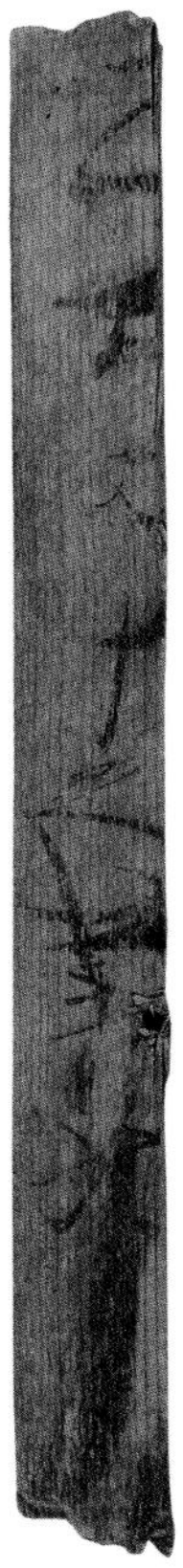

□□□□足再拜（習字）　73EJT34:49

……年十一　黑色　□□十月□□入　73EJT34:50

# 肩水金關T35:1—16

肩水金關　73EJT35:1

元始三年十二月吏民
出入關傳副券　73EJT35:2

水都尉政承謂過所遣泉亭長
者如律令／掾豐守令史登　73EJT35:3

觻得安邑里公乘張褒年卅七字子嚴　乘方箱車駕騩牡馬齒八歲　三月丙戌南兼亭長欽入　73EJT35:4

河南卷長里大夫張傴年廿五丈七尺二寸黑色　刀一　十月壬……　73EJT35:5

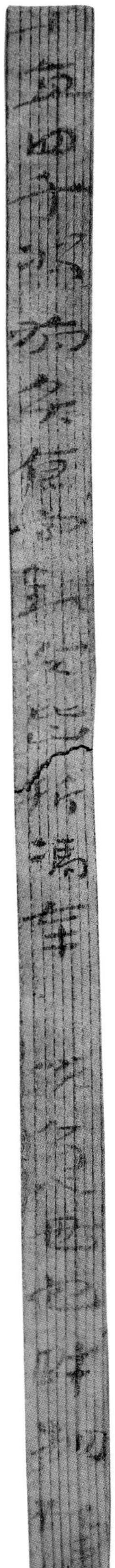

牛直四千將前負倉官錢今皆折馮奉□貧急毋它財物願請　73EJT35:6

□敢言之

移過所如律令　掾晏守令史漢　73EJT35:7

始建國元年八月庚子朔甲辰居延守令城騎千人　丞良□卅井　73EJT35:8

縣索肩水金關遣亭長程望　73EJT35:9A

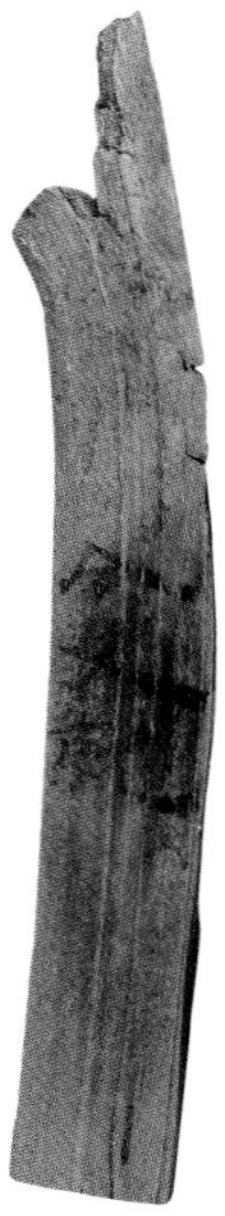

……令史就　73EJT35:9B

車牛二兩　十二月丁酉出　73EJT35:10

河南郡雒陽東鞏里朱多牛　73EJT35:11

大奴宜……　廿　73EJT35:12

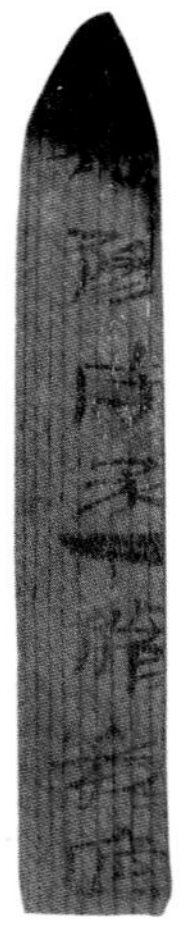

雒陽守丞脩移過　73EJT35:13

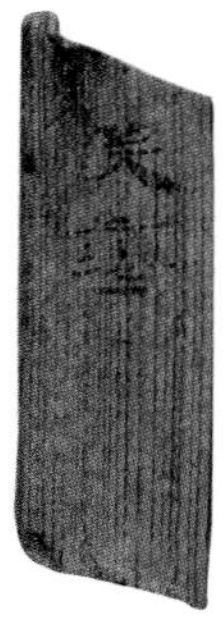

□兵簿　73EJT35:14

承弦一

臬長弦

稟矢□　73EJT35:15

大一王・大吉小吉（削衣）　73EJT35:16

# 肩水金關 T37:1—1590

之謹移罷田卒名籍一編敢言之　73EJT37:1

肩水候官令史趙彭　□　73EJT37:2

歲高五尺七寸　十二月戊寅北嗇夫豐出　73EJT37:3A

毋官獄徵事謁□書嬰齊等
復傳入如律令敢言之　73EJT37:4

觻得成漢里吳捐之等十六人　73EJT37:6

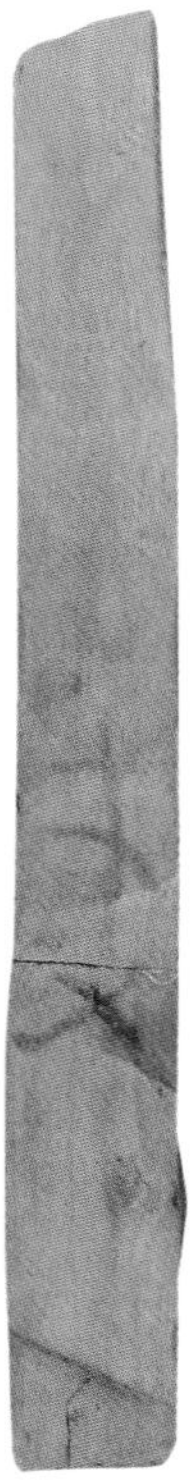

□□　73EJT37:3B

移過所縣道河津關遣令史孫仁□　73EJT37:5

□護移過所縣道津關遣丞高憙將轉肩水
／掾明佐並　73EJT37:7

地守尉崇寫移　73EJT37:8

如律令　73EJT37:9

□寇隧卒謝賢　四石弩　73EJT37:10

令／掾成令史信　73EJT37:11

牛車一兩　ノ　73EJT37:12

■右十月傳　73EJT37:13A

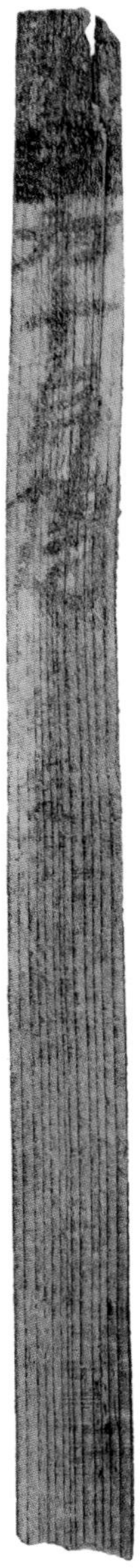

■右十月傳　ノ　73EJT37:13B

田卒河南郡密邑西游□□年廿七　73EJT37:14

先就隧卒龐毋害　73EJT37:15

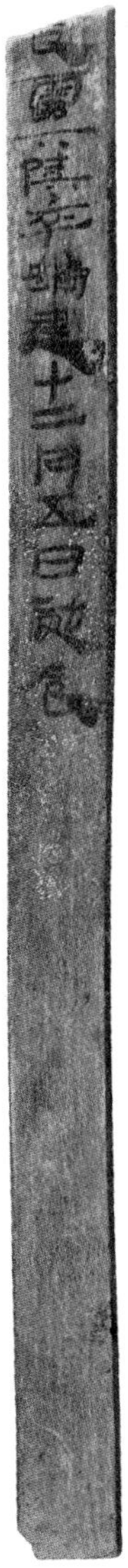

食虜下隧卒趙建十二月五日勮食　73EJT37:16

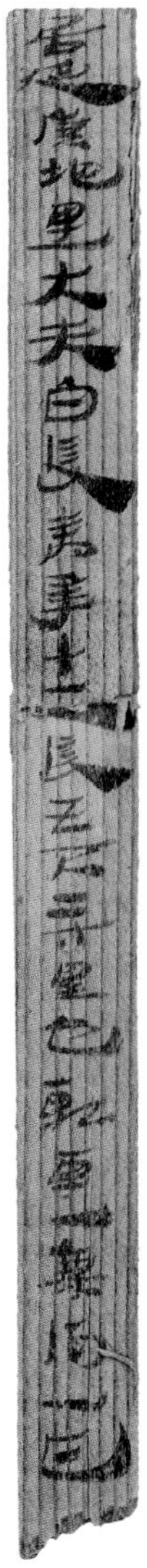

居延廣地里大夫白長壽年十二長五尺二寸黑色軺車一乘馬一匹　73EJT37:17+384

言之
移過所如律令　／掾承□　73EJT37:18

大奴宗年卌八　、　長七尺五寸黑　73EJT37:19

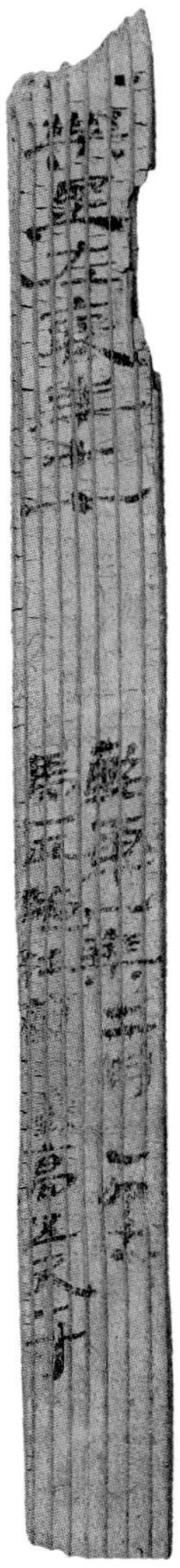

□樂里左褒年十七
軺車一乘二月乙卯出
馬一匹騧牡齒七歲高五尺一寸　73EJT37:20

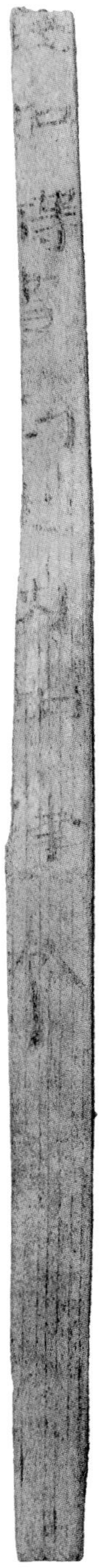

錢如牒書到出內如律令　73EJT37:21

建平三年二月壬子朔己卯中鄉嗇夫定守斗食佐受佐宣敢言之長安□□里男子□　73EJT37:22

□肩水金關遣吏

令　九月辛丑南佐音入　73EJT37:23A

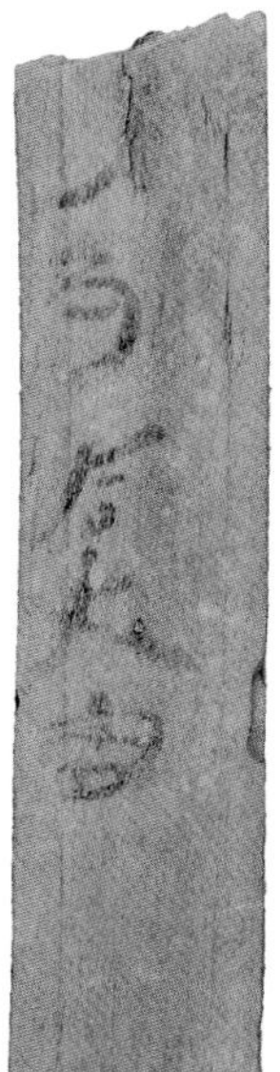

／守令史宏　73EJT37:23B

白錢卿今旦亭西　73EJT37:24A

囊絮累奈何　73EJT37:24B

□田同城寇軍望宛里公乘蔡放年卅三泭　九月　73EJT37:25

……移縣索金

千人兼祿福長守丞沙頭尉章移居

□守令史房　73EJT37:26

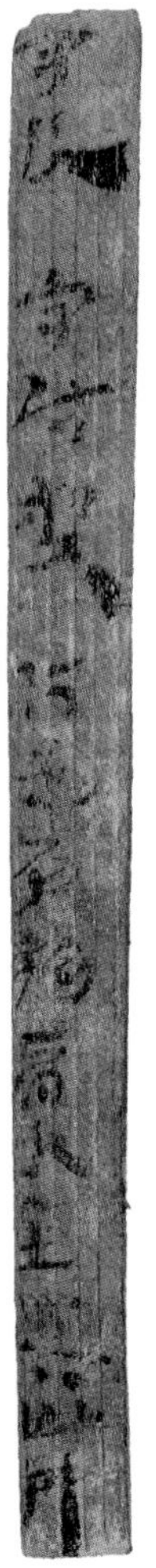

守長守尉獲行丞事移肩水金關卅井　73EJT37:27

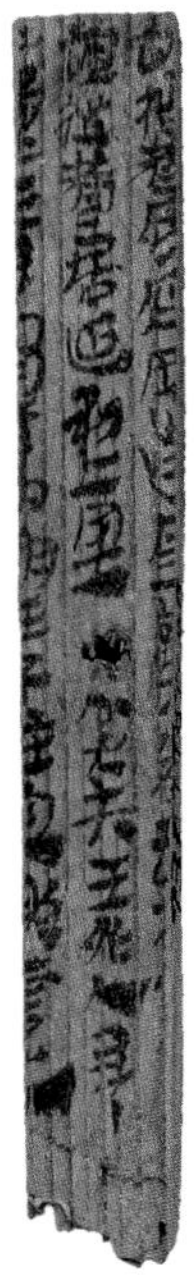

官從者居延西昌里……
誼從者居延利上里公大夫王外人年
元康三年九月辛卯朔壬子□□敢言之

73EJT37:28A

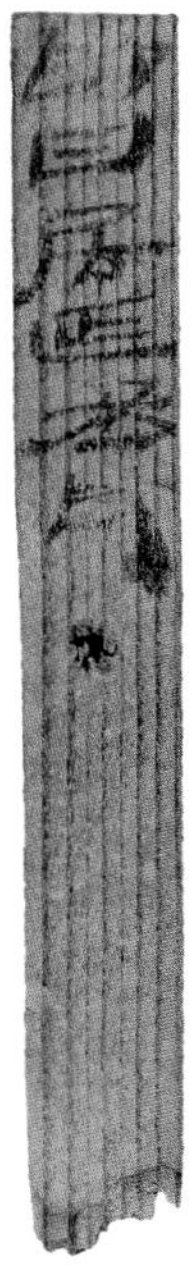

印曰居延丞印

73EJT37:28B

以小官印行候事謁關吏遣卒徐宣
如律令

73EJT37:29

金關居延縣索關出入毋苛留敢言之
律令　／掾陽令史竟

73EJT37:30

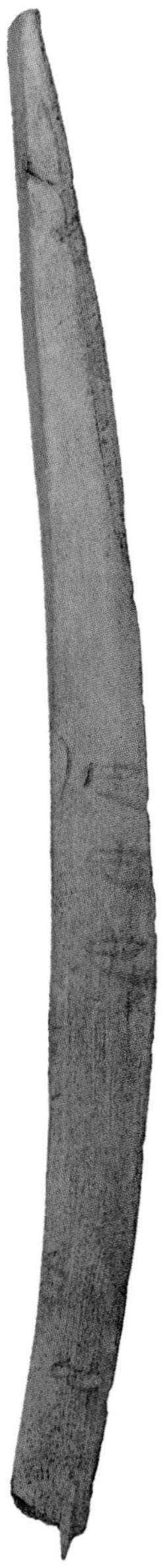

忠忠忠

73EJT37:31

居延令史薛宣　葆居延當遂里男子張武
軺車一乘馬一匹　十月

73EJT37:32

居延卅井鄣候遣屬王宣案驗
兼掾賞屬蒲書佐政

73EJT37:33

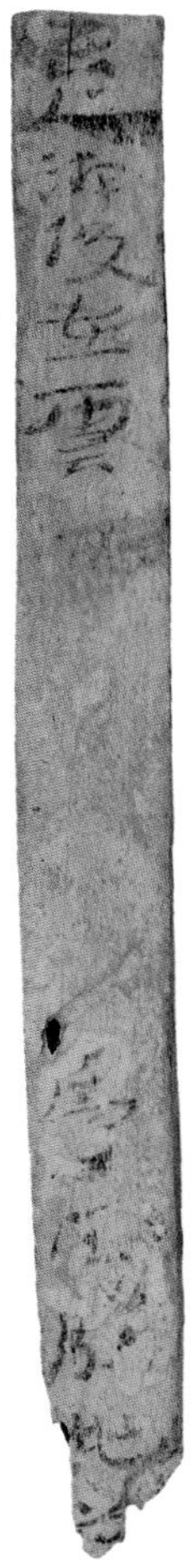

居延游徼左雲　馬一匹騅牝齒

73EJT37:34

都尉君司馬莊行丞事以詔書增宏勞十二月廿四日　73EJT37:35

軺車一乘
用馬一匹騩牝齒七歲高三尺八寸　73EJT37:36

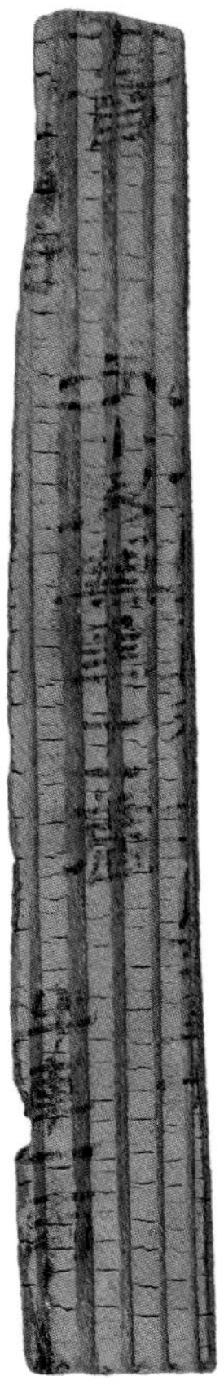

……
七音　子小男兼年十一歲
……　牛車一兩ノ　73EJT37:37

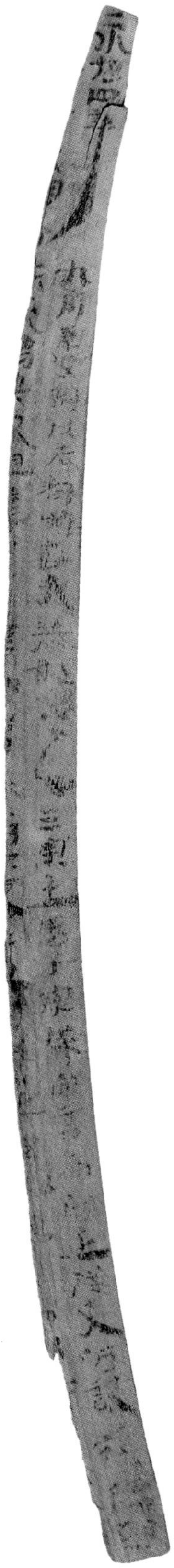

永始四年九月辛丑朔戊辰都鄉嗇夫恭敢言之三泉里男子□咸自言爲騎士從史何歆葆□□
……
73EJT37:38

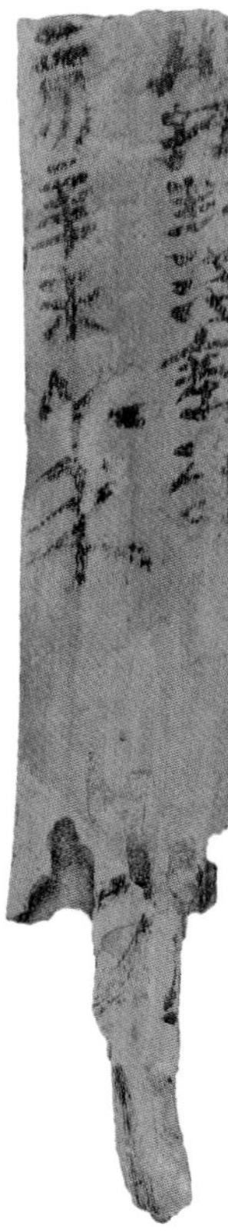

張掖封淺塞尉
二月辛未以來　□　73EJT37:39A

……已□
□里年姓如牒書到出入　73EJT37:39B

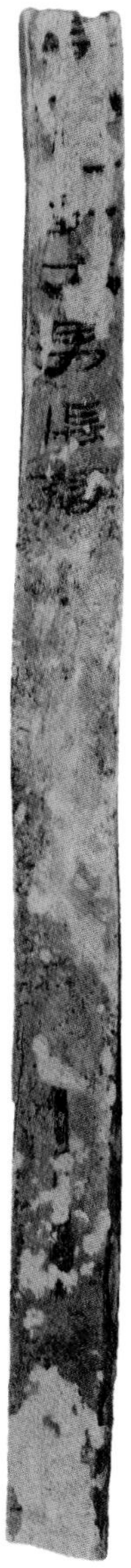

□□□□大男張齊　ノ　73EJT37:40

……長王豐行書校郵書橐他界中……　73EJT37:41

車一两
用牛二頭　73EJT37:42

雒臨市里張年五十二　73EJT37:43

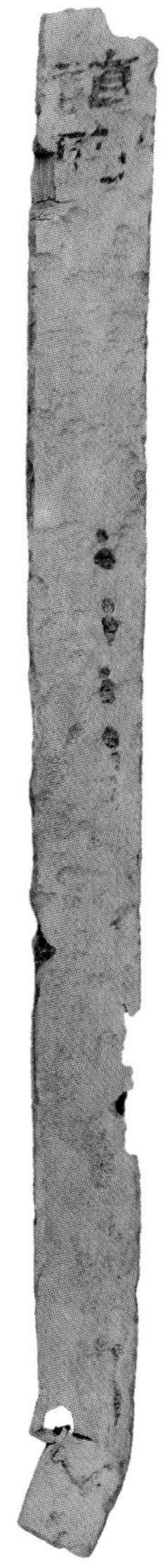

詣府　73EJT37:44

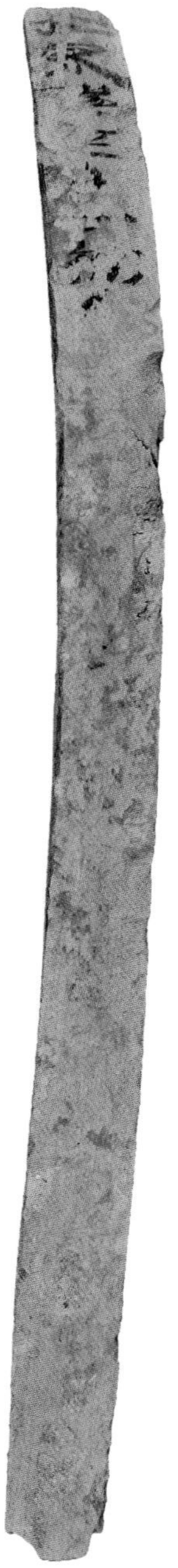

北界隧卒李初　73EJT37:45

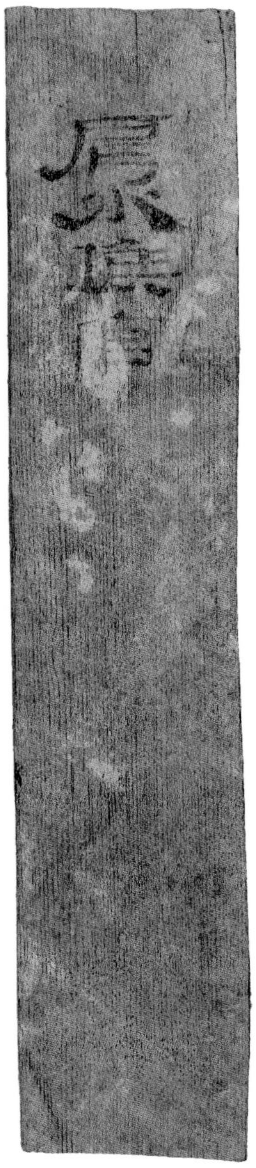

肩水候官　73EJT37:46

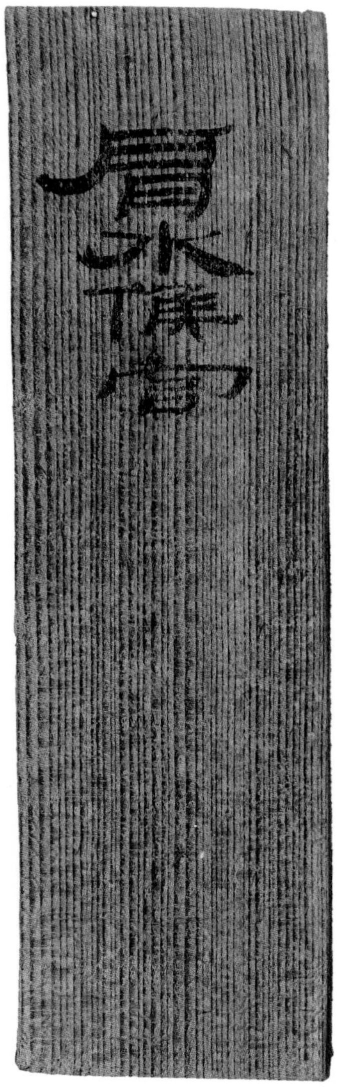

肩水候官　73EJT37:47A

建始三年六月　73EJT37:47B

肩水候官（檢）　73EJT37:48

五鳳二年十一月己卯朔丁亥廣地候（觚）　73EJT37:49A

齎十一月穀簿之府校檄到毋留止（觚）　73EJT37:49B

第豐年廿八　丿　八月乙亥北出　73EJT37:50

揟次安昌里簪褭王租年十八　三月辛　73EJT37:51

寅鰈得都鄉嗇夫襃敢言之氏池常利里男子程放自言爲家私使
放桃田檢有程放年爵如牒毋官獄徵事當得取傳謁移肩水　73EJT37:52

從者玉門臨泉里程不識年卅五　軺車三乘
用馬六匹　閏月辛卯北出　73EJT37:53

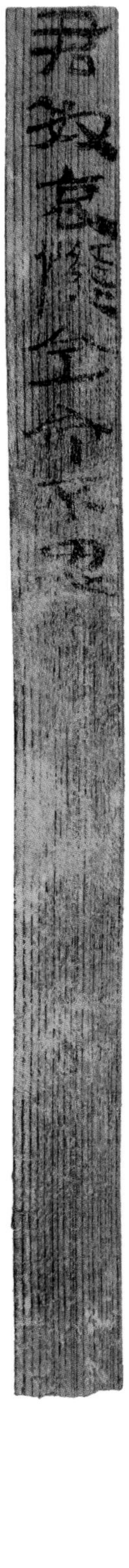

君數哀憐全命不忍　73EJT37:54

言之東脩禮里田忠自言田鰈得介在亭西二舍北□□□
□律令　〆掾竟令史豐　73EJT37:55

□補肩水中部候史以主領吏卒徼迹備盜賊　73EJT37:56

□廣隧長王豐以大刀刃擊傷中部守候長朱餘右肩　73EJT37:57

六十二　長七尺二寸黑色　車一兩牛二頭七月乙亥入　丿　73EJT37:58

元延四年十一月丁丑朔乙未西鄉嗇夫竞佐政敢言之利貴里男子賈□
之張掖居延願以律取傳謹案□年姓如牒毋官獄徵事當得取　73EJT37:59

軺車一乘馬一匹　字子師　皆十二月己酉入　73EJT37:60

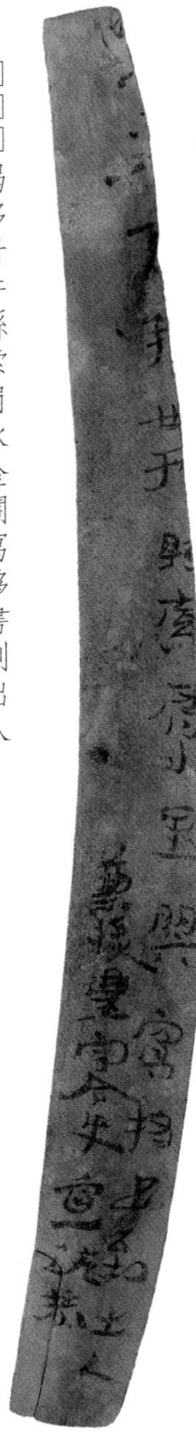

□□□謁移卌井縣索肩水金關寫移書到出入

兼掾豐守令史宣佐恭　73EJT37:61A

□

即日嗇夫豐發

……　73EJT37:61B

勝之隧卒郭禹　•　73EJT37:62

□解爵　73EJT37:63

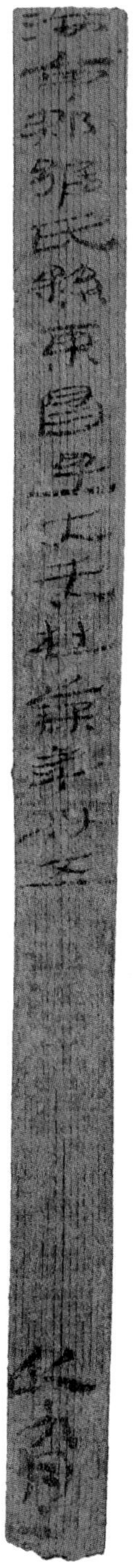

河南郡緱氏縣東昌里大夫杜葆年卅五　以九月出　73EJT37:64

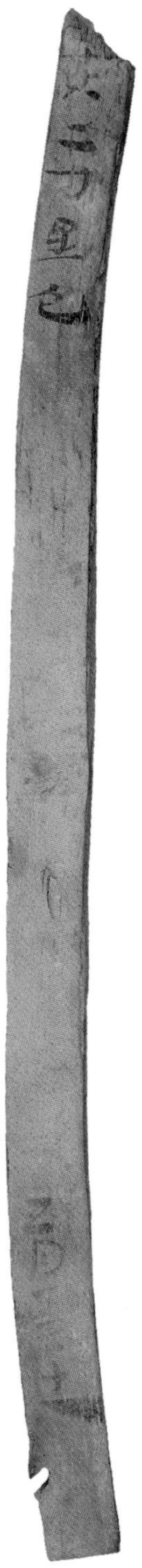

七尺二寸黑色　五月丁亥出　73EJT37:65

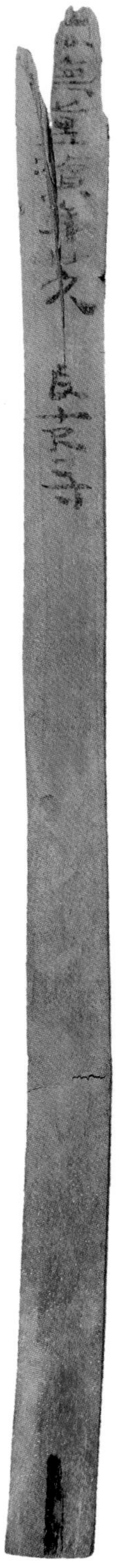

里公乘董資年卅六　長七尺二寸　丿　73EJT37:66

四月戊戌會水丞並移肩水金關居延縣索關寫移如律令／掾□　73EJT37:67

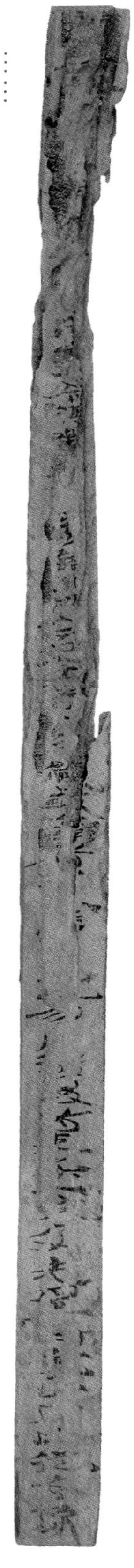

……

□十……所入……嚴武……及先置付莫當孫□從者欽　73EJT37:68

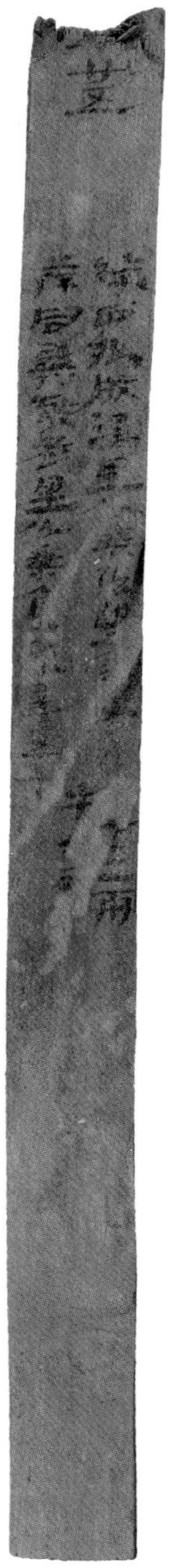

年廿五

葆西鄉成漢里公乘張望年卅　車三兩

葆同縣敬老里公乘侯歆年五十　牛□頭　73EJT37:69

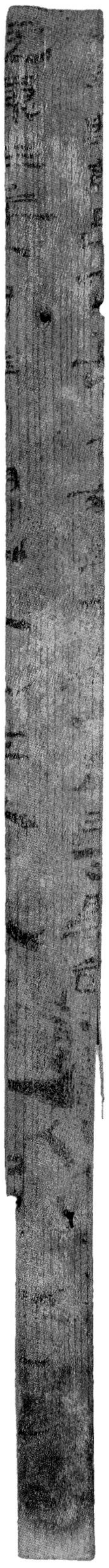

觻得關亭里公乘未央年□長七尺三寸黑色……

十月壬□入

元康三年八月辛酉朔□□□□□□□□□

73EJT37:70A

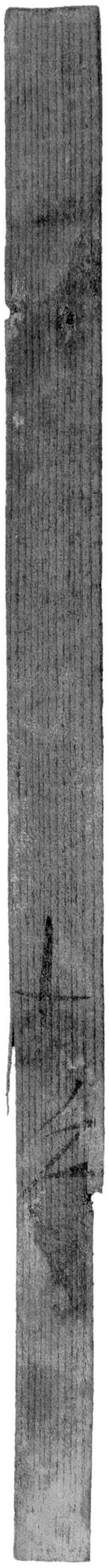

十六　　73EJT37:70B

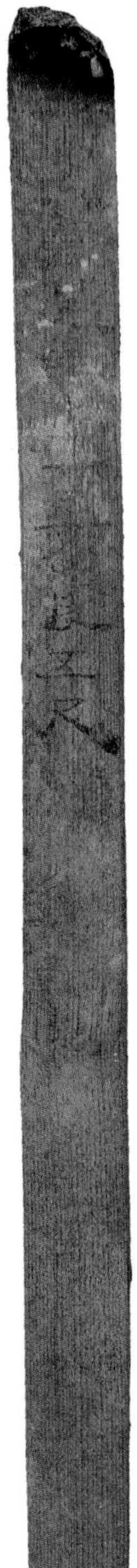

□□□唐□年十二黑色長五尺　丿　　73EJT37:71

□□謹案□等皆毋官獄徵事當得取傳　　73EJT37:72

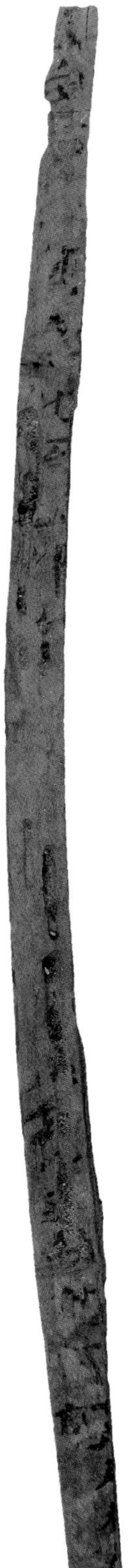

……如律令　　……　　73EJT37:73A

居延令印　嗇夫錢白　73EJT37:73B

縣丞□□□如牒書到出入盡五月□□□止如律令　73EJT37:74

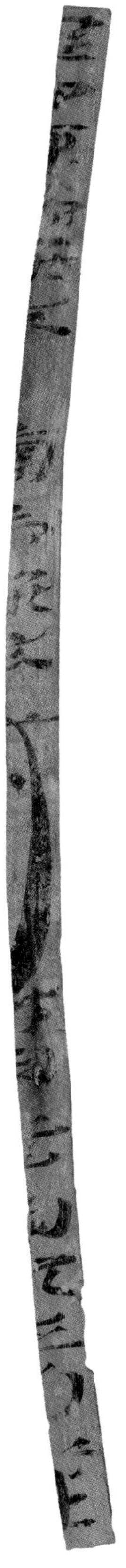

謹□東部候長　南部候長等□白言曰從正月以來　73EJT37:75

田卒濟郡定陶虞里大夫戴充年卅七　長七尺二寸黑色　有罪　丿　73EJT37:76

河南郡河南平樂公乘史由年五十七歲　73EJT37:77

河南郡熒陽西都里公乘陰讓年十六長七尺二寸黑　以九月出　73EJT37:78

觻得平利里公乘趙婢年卅六長七尺四寸黑色　車一兩　十

十二月戊寅出

弓一矢卅　73EJT37:79

居延都尉卒史朱賢年五十三　軺車一乘用馬二匹

一匹□□高五尺齒八歲

一匹驪牡齒十歲高五尺七寸　二月丙戌北出　73EJT37:80

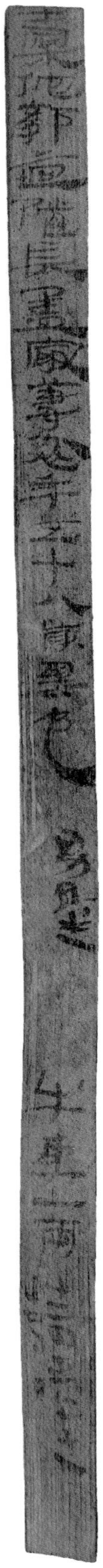

橐佗却適隧長孟取妻忿年五十八歲黑色　男孫武　牛車一兩

十二月壬午出

十二月　丿　73EJT37:81

廣漢隧長張霸　送佐胡敞候史蘇章詣府　五月八日入　73EJT37:82

平樂隧長毛武　葆子男觻得敬老里公乘毛良年廿三丿　出入　三月癸丑北出
三月癸酉南入

73EJT37:83

毋狀罪當死當坐叩頭死罪死罪

73EJT37:84

署肩水候官驛十月中到肩水候官至十二月中從令史橋悟妻細君

73EJT37:85

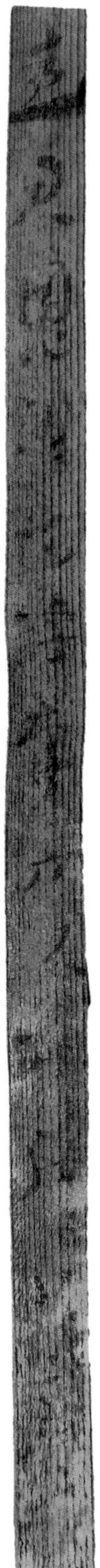

孟君恩澤甚深厚叩頭死〻罪〻敢言之

73EJT37:86

水深一尺以上至二尺不可芀葦方日夜

73EJT37:87

符如牒書到出入如律令　73EJT37:88A

張掖廣地候印……　73EJT37:88B

九月丁未居延庫守丞長移過所如律令

掾音　73EJT37:89

道津關如律令／佐順　73EJT37:90A

章曰平淮左丞　73EJT37:90B

收責居延毋苛留止如律令　73EJT37:91A

□□□□□　73EJT37:91B

女子張齋年五十　73EJT37:92

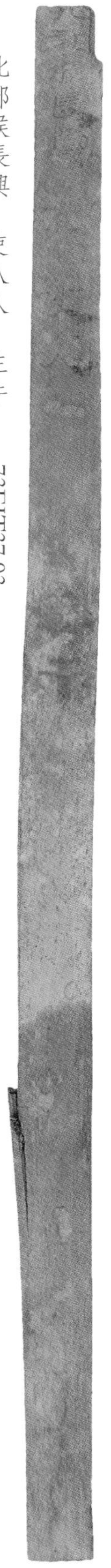

北部候長興　吏八人　主牛　73EJT37:93

□□□□臨利里□□　正月壬寅入　73EJT37:94

完城旦徒樂官　丿　九月辛酉北出　73EJT37:95

甘露元年十一月壬辰朔戊午廣地士吏護兼行塞尉事
敢言之謹移家屬出入金關名籍一編敢言之　73EJT37:96

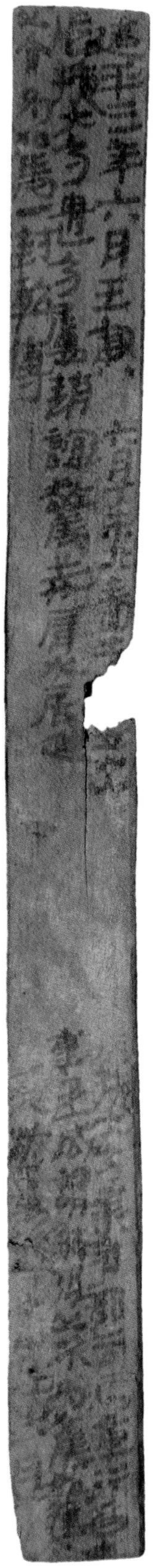

建平三年六月壬寅　六月丁未北嗇夫□□出　張掖大守業右部司馬章行長史
張掖大守遣守屬趙誼驚戒肩水居延　事丞咸謂觻得以次爲駕如律令
以令爲駕一封軺傳　／掾敞屬奉書佐甶丹　73EJT37:97

萬福隧　負一分半分　73EJT37:98

□食張君所因宿　出十五茭十束　廿五日己卯發宿貧民渠口　73EJT37:100

氏池千秋里大女樂止年十一　73EJT37:102

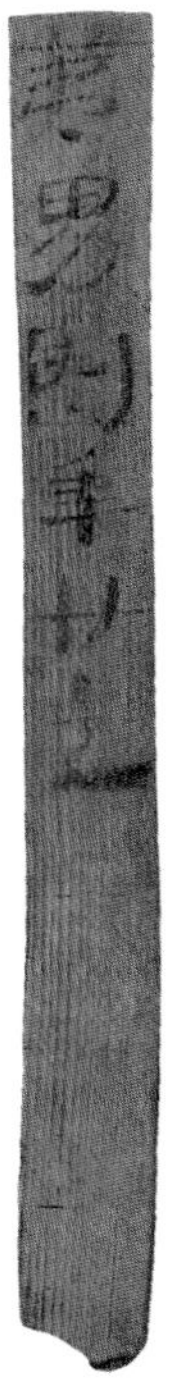

第男則年廿六　73EJT37:104

戍卒趙國柏人廣樂里公乘耿迎年卌五　73EJT37:99

昭武長壽里□□年廿黑色　73EJT37:101

槖他令史觻得持心里公乘呂鳳年廿七　73EJT37:103

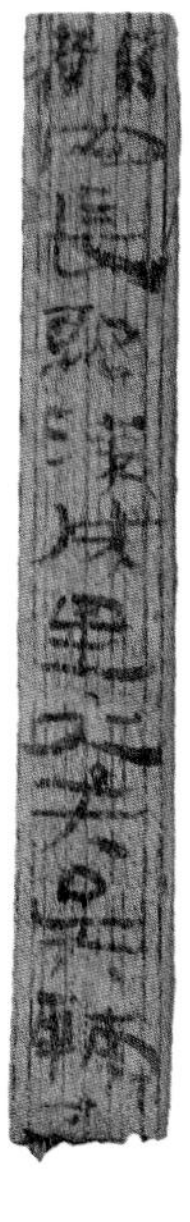

都內長孰漢成里大夫吳輔年　73EJT37:105

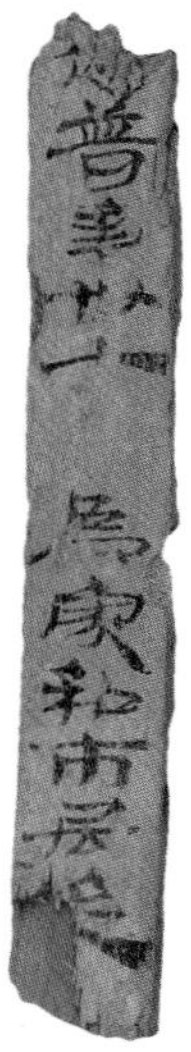

□普年卅七　爲家私市居延　73EJT37:106

平陵宜利里公乘韓則年卅五　73EJT37:107

長七尺二寸黑色牛車一兩　73EJT37:108

職事毋狀罪當　73EJT37:109

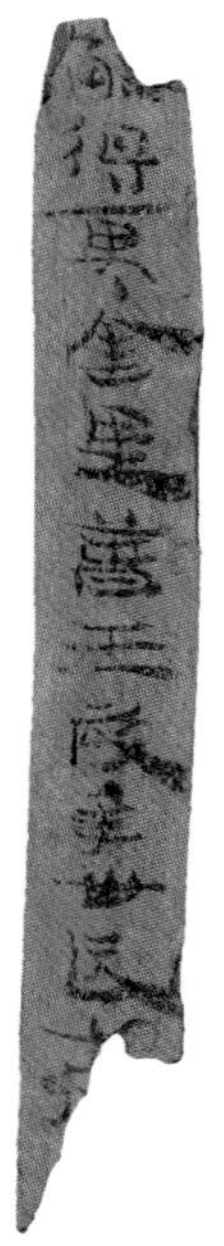

觻得萬金里簪王殷年卅長七尺　73EJT37:110

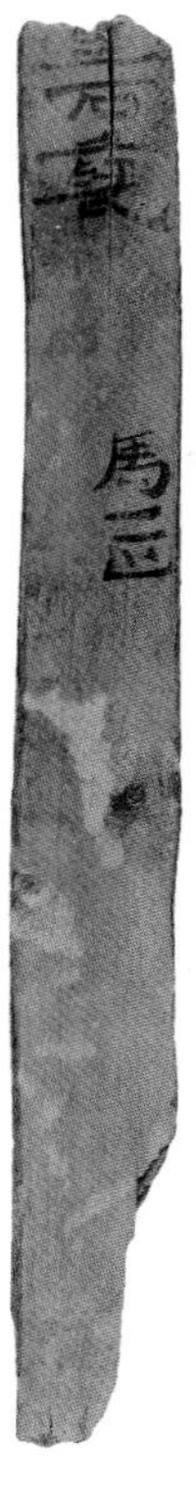

里石褒　馬一匹　73EJT37:111

爵三年九月戊戌朔辛酉佐忠敢言

……　73EJT37:112

盡五月二月止　73EJT37:113

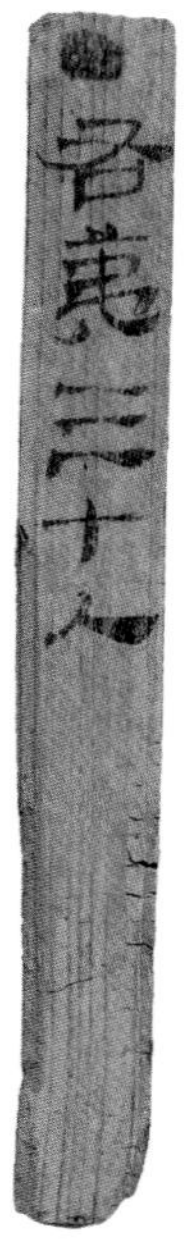

•右第三十人　73EJT37:114

西部候長元　吏三人　主□　73EJT37:115

□西里公乘李忠年卌七　73EJT37:116

臨澤隧卒陳後　73EJT37:117

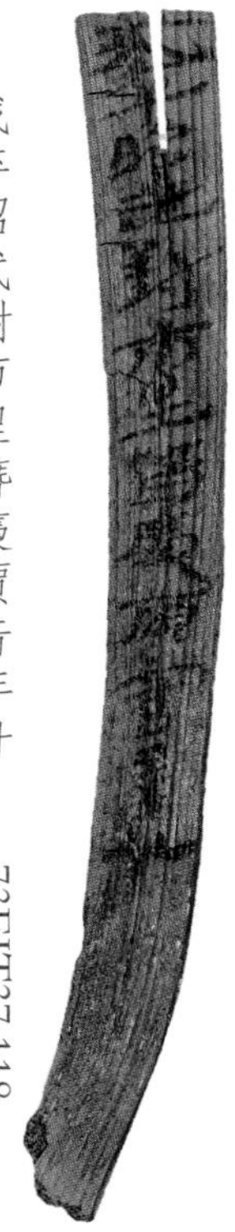

戍卒昭武對市里簪褭賈音年廿　73EJT37:118

□□死過得令至今□　73EJT37:119

出錢八百七十　丿以給庫嗇夫馬始昌　73EJT37:120

嘉守令史放　73EJT37:121

□卒賈黨買白布　73EJT37:122

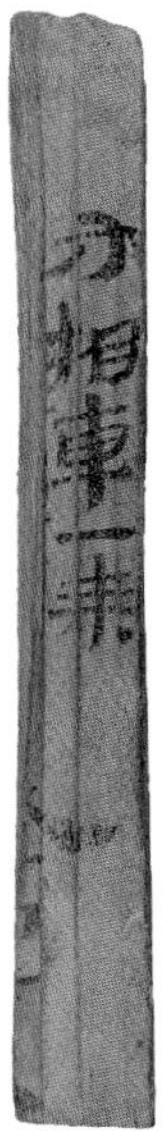

方相車一乘　□□　73EJT37:123

不相見成不知亡卒　73EJT37:124

□樂年卅三　73EJT37:125

淮陽國戍卒苦會里官□　73EJT37:126

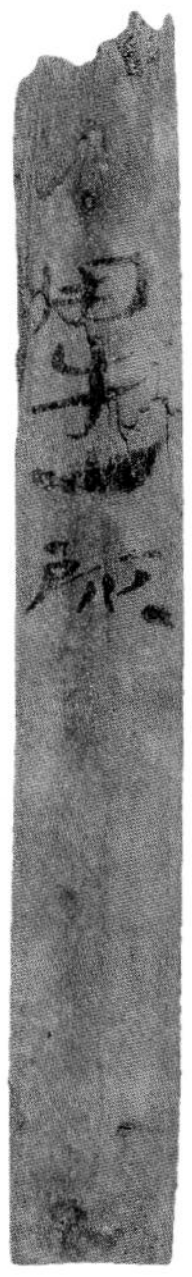

用牛一頭　~　73EJT37:127

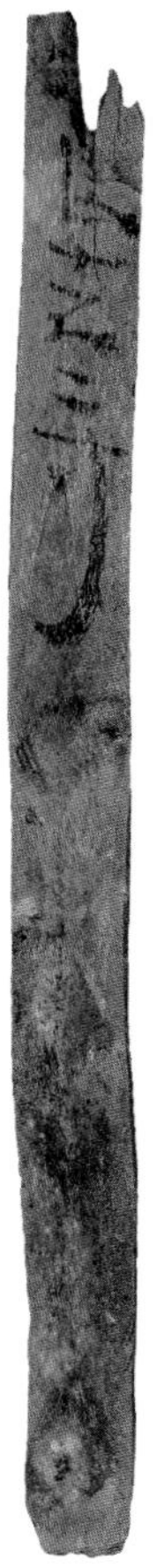

歲長七尺二寸　丿　73EJT37:128

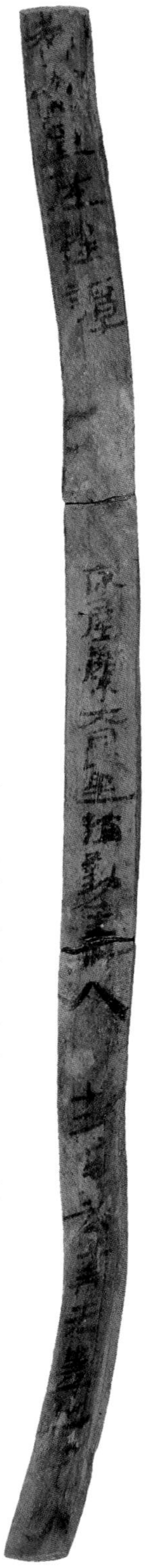

都倉置佐程譚　葆屋蘭大昌里趙勤年卌八　十二月癸亥北嗇夫豐出已入　73EJT37:129

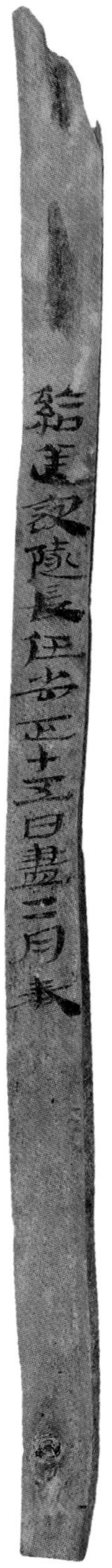

ノ　ノ　給送寇隧長任尚正十五日盡二月奉　73EJT37:130

五月戊寅食都倉傳馬送□部丞付置佐魯卿　73EJT37:131

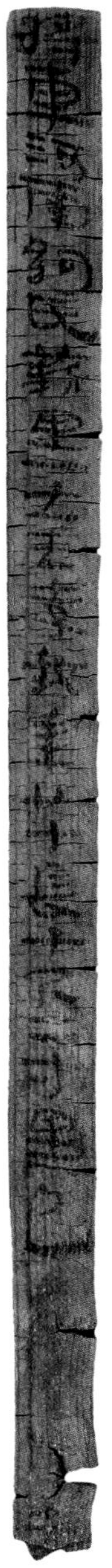

將車河南絇氏薪里大夫李我年廿七長七尺二寸黑色　牛　73EJT37:132

□西道里賈良年十四　三月戊辰南嗇夫豊入　73EJT37:133

橐他守尉延陵循　葆從者居延　73EJT37:135

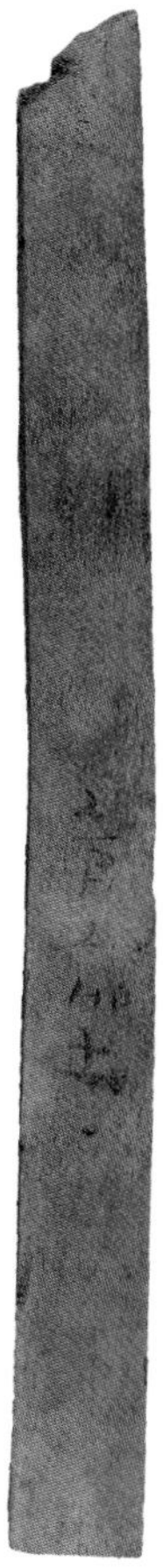

六月乙卯出　73EJT37:137

治所毋留　/關佐通　73EJT37:134

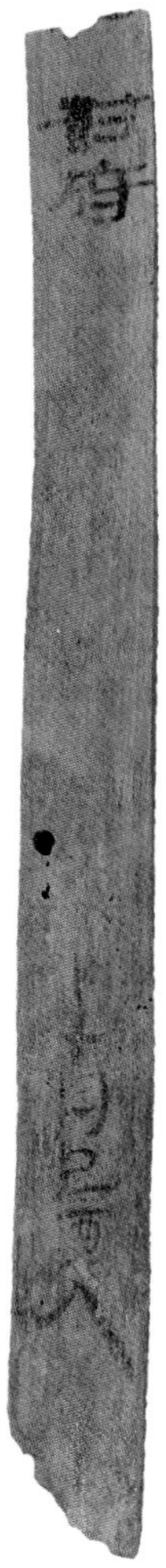

對府　十月己酉入　73EJT37:136

已出入 73EJT37:138

建平元年十一月丁 73EJT37:139

□長弘移過所遣假佐耐逐事酒泉張掖郡中與從者溫千秋里張杜俱乘馬一匹軺車 73EJT37:140

祿福 73EJT37:141

建平四年正月家屬出入盡十二月符
□年十三
常年五歲
用馬二匹 73EJT37:142

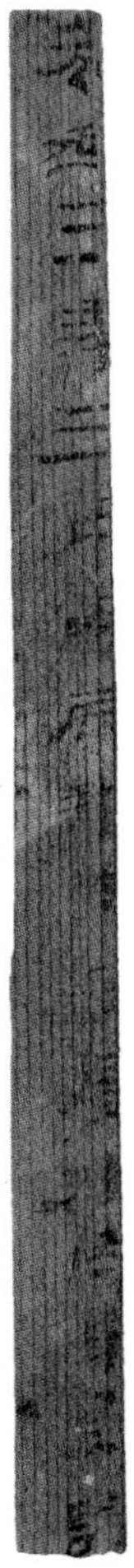

元延三年三月丙辰朔甲子肩水守城尉計 73EJT37:143

□謁移肩水金關如律令敢言之 73EJT37:144

南書□封 其一封居延都尉章詣大司農府 73EJT37:145

廣地候官寫傳肩 73EJT37:146A

盡十月十日己未 73EJT37:146B

皆非亡人命者當得取偃檢父老尹襃證謁移居延□　73EJT37:147+417

綏和二年閏月丁酉朔乙丑　73EJT37:148

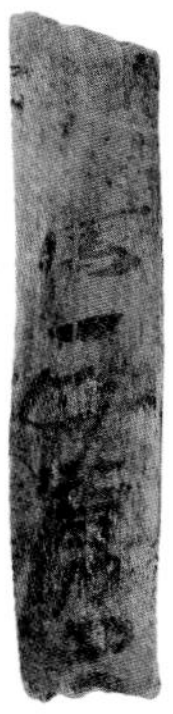

馬一匹皆月四□　73EJT37:149

□行宿泭上　廿六日庚辰發宿貧民落

出四買骼

衆人共貸其餘　73EJT37:150

癸未都鄉有秩佐忠敢言之廣成里男子閻憙自言爲居延就謹案憙毋官

移過所……　73EJT37:151

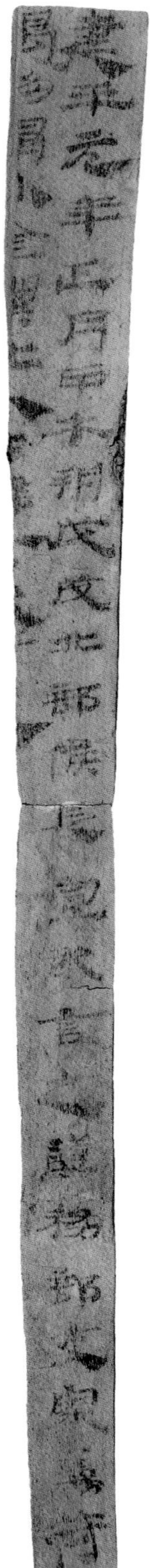

建平元年正月甲午朔戊戌北部候長宣敢言之謹移部吏家屬符

謁移肩水金關出入如律令敢言之　73EJT37:152

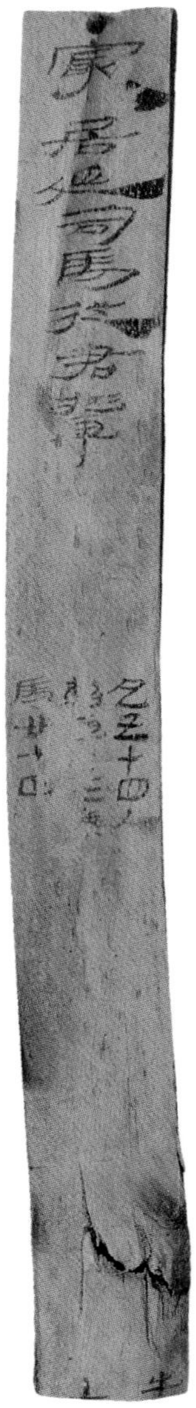

•㝡居延司馬從君輩　凡五十四人　牛

軺車廿三乘　□

馬廿七匹　73EJT37:153

子女……　牛車一兩……
子女姌年四
子公士隆年　73EJT37:154

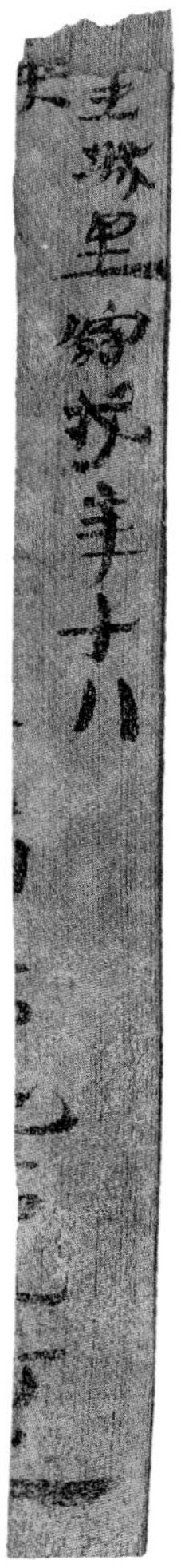

金城里寇戎年十八
……　73EJT37:155

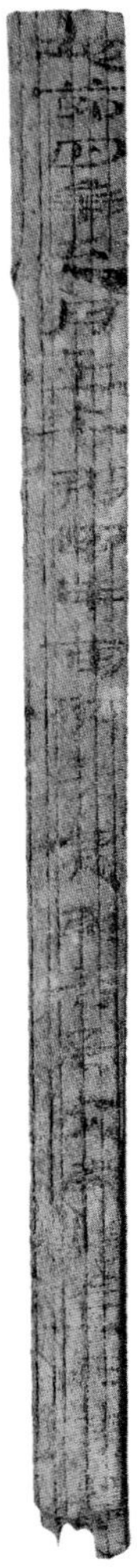

地節四年正月壬午朔甲申南鄉佐建敢告尉史東榆里石壽爲
……　73EJT37:156

……年爵里如書毋官獄徵事當爲取傳寫移往來百廿日謁移過所縣邑道上津關門亭毋留
二月庚午陽陵令　守丞勳　移肩水金關□□□　73EJT37:157

□日勒女子專真自言迺甘露四年與　73EJT37:158

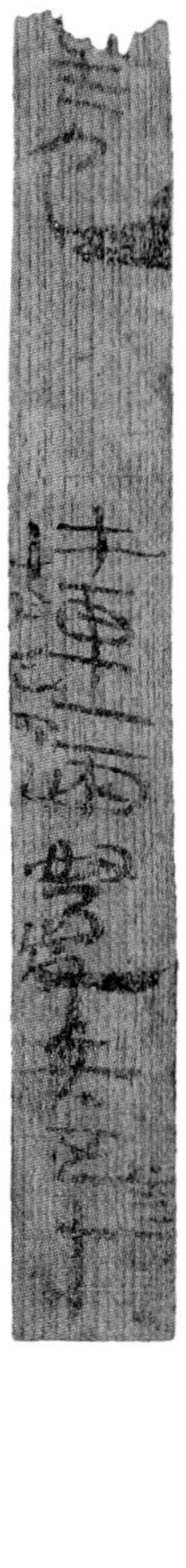

癸酉出
黑色　牛車一兩弩一矢五十
十月己卯　步入　73EJT37:159

建平二年十一月甲申朔己酉守令史長敢言之平明里男子
□□□□願以令取傳與□俱謹案　73EJT37:160A

居延丞印丿善恙　73EJT37:160B

居令延印□　73EJT37:161B

建平三年十一月戊申朔乙亥居延令彊□
游徼徐宣送乞鞠囚祿福獄當　73EJT37:161A

明鄉嗇夫放叚佐玄敢言之□
事當得取檢謁移居延□　73EJT37:162

即日薄關　73EJT37:163A

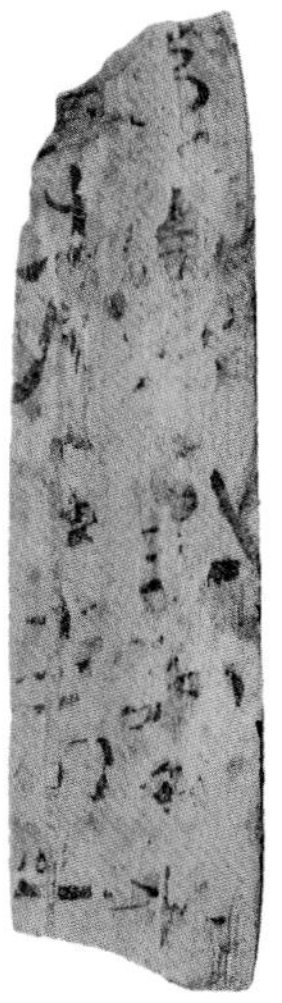

……水
□出入盡十二月止　73EJT37:163B

建始五年三月辛朔乙巳令史譚敢言
軺車一乘謁移過所縣道河津關毋苛　73EJT37:164

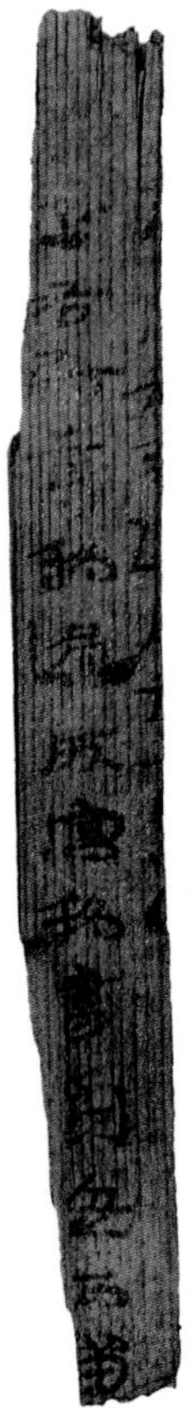

……敢言之
守丞右尉尊移過所寫移書到毋何留　73EJT37:165

子小男良年三　收責橐他界中　73EJT37:166

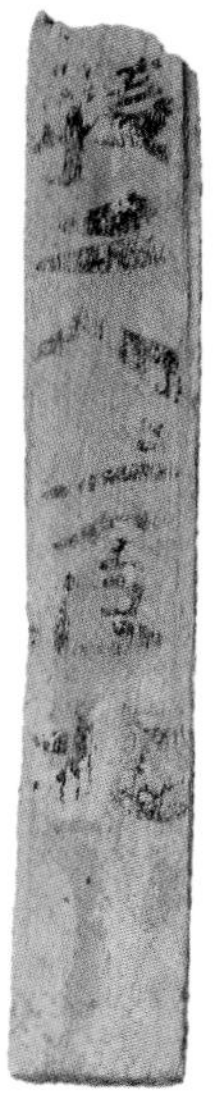

積二人〓一食北　73EJT37:167

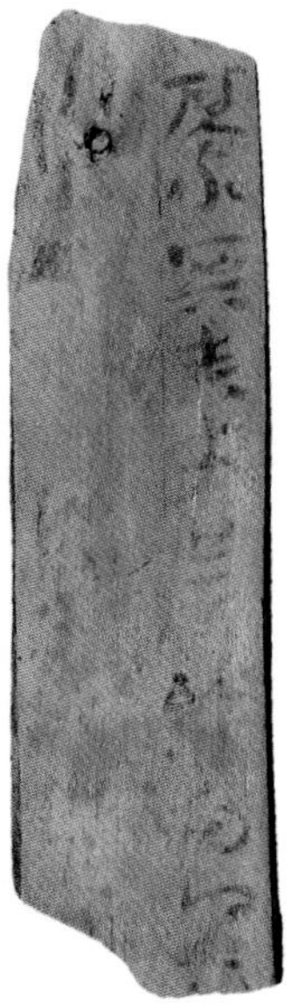

肩水關嗇夫豐以小官印行
令　73EJT37:168

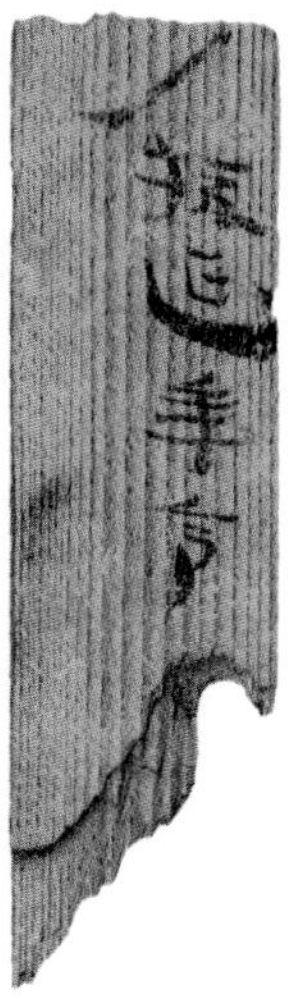

丨掾延年令　73EJT37:169A

居延丞印　73EJT37:169B

平陵義成里朱况年卅字子舉　73EJT37:170

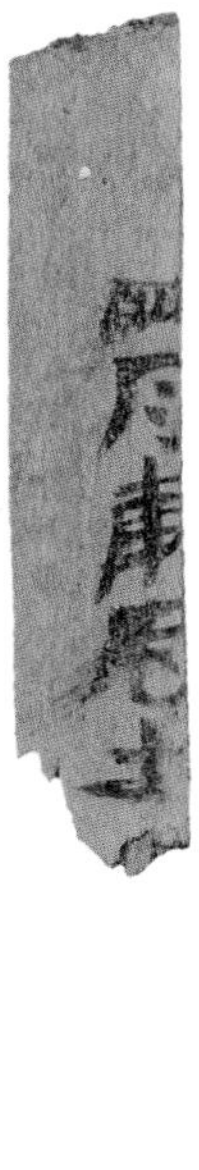
四月庚辰出　73EJT37:171

□入如律令敢言之　73EJT37:172

家私使至□　73EJT37:173

正月廿一日驗以來　73EJT37:174

橐他置佐昭武便處里審長　妻大女至年卅五　牛車一兩
建平二年家屬符　子小女侯年四　用牛四頭
子小男小奴年一歲　73EJT37:175

橐他□望隧長□□
建平四年正月家屬出入盡十二月符
弟大男□年廿　牛二頭
弟婦始年廿　車一兩
子小女倩卿年三歲　73EJT37:176

建平四年正月家屬符出入盡十二月　男□年二
葆弟昭武宜春里辛昌年廿四歲　73EJT37:177

橐他□□□□昭武宜春里隆永　妻大女陽年卅　牛車一兩
子小女頃間年一歲　用牛二頭　73EJT37:178

長叔孫婦執事坐前善毋恙頃□
……　73EJT37:179A

□幸幸……　73EJT37:179B

元康三年橐他□　□□□□　73EJT37:180

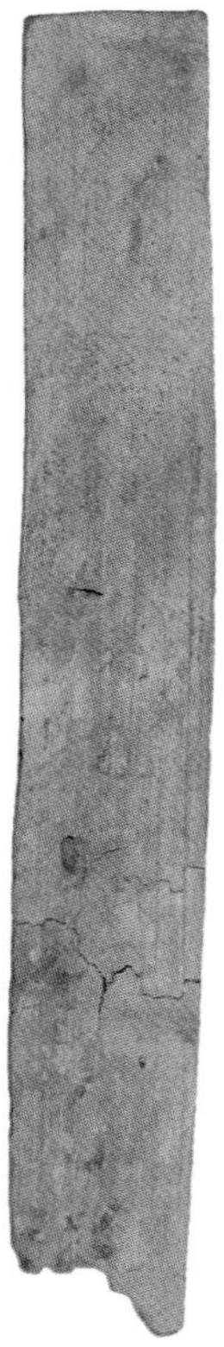

□褒叩頭白
上子賢坐前願煩幸爲治　73EJT37:181A

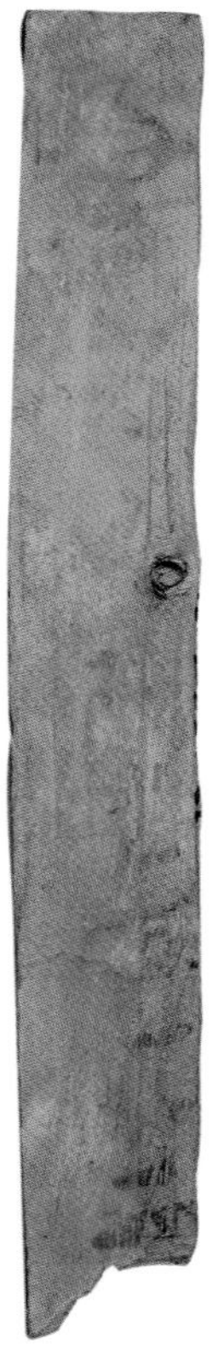

時□爲今相見不一┘二　73EJT37:181B

延〃水丞就迎鐵器大司農府移肩水金關□□□　73EJT37:182A

……
君前　嗇夫豐　73EJT37:182B

居延司馬所迫□未及坐前叩頭謹使吏奉謁　73EJT37:183＋188

居延丞從史青　73EJT37:184

□□□□
元延四年二月甲戌除　73EJT37:185

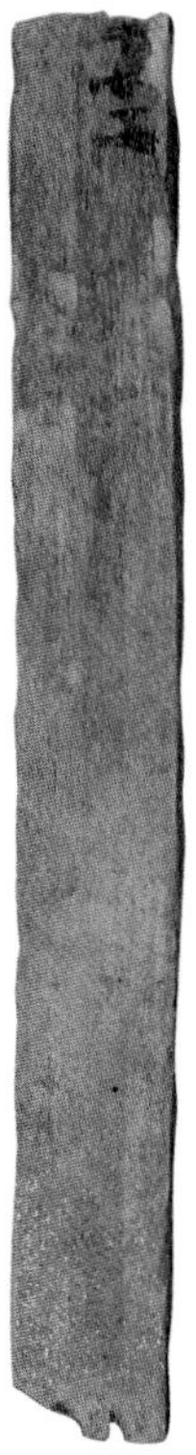

年廿五　73EJT37:186

車一兩牛二頭　□　73EJT37:187

□□游□……黑色年卅八長七尺二寸　73EJT37:189

雒陽□里錡晏年卅七　乘大車　73EJT37:190

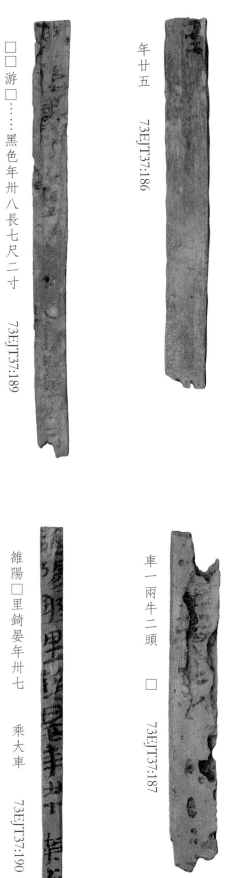

關居延縣索出入毋苛留止敢言之　□　73EJT37:191

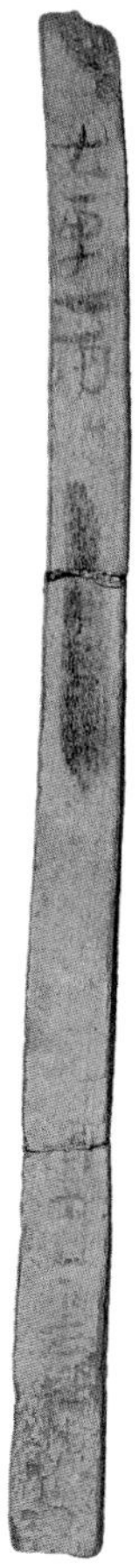

大車一兩　丿　用牛一黑犗齒八　73EJT37:192

牛車一兩
弩一矢五十　二月己酉出　73EJT37:193

給始安隧長趙禹七月奉　73EJT37:194

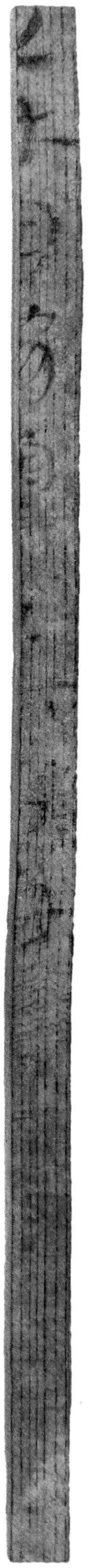

□□□□□叩頭白　73EJT37:195

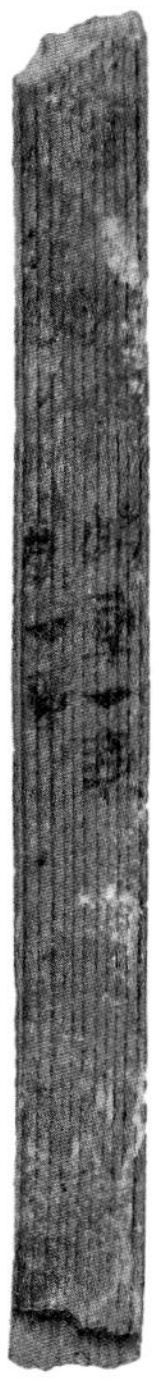

軺車一乘
馬一匹　73EJT37:196

□令史成故自言遣所葆爲　73EJT37:197

□□長四尺五尺
二牛六頭　73EJT37:198

□犂金凡八枚輸居　73EJT37:199

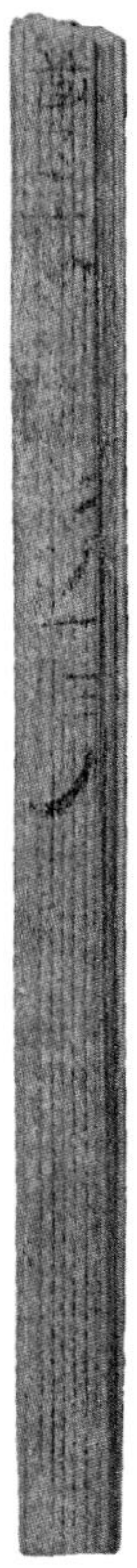

齒五歲　六尺一寸丿　73EJT37:200

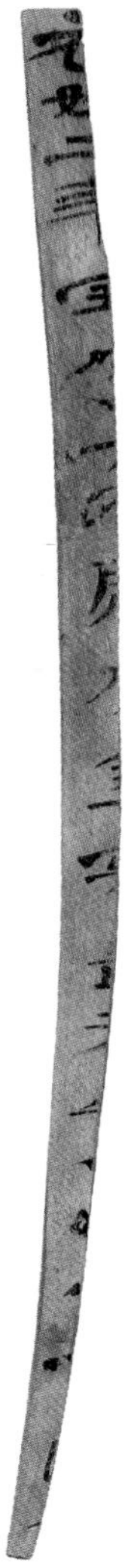

元始二年閏月丁卯肩水金關嗇夫□□□□□□□　73EJT37:201

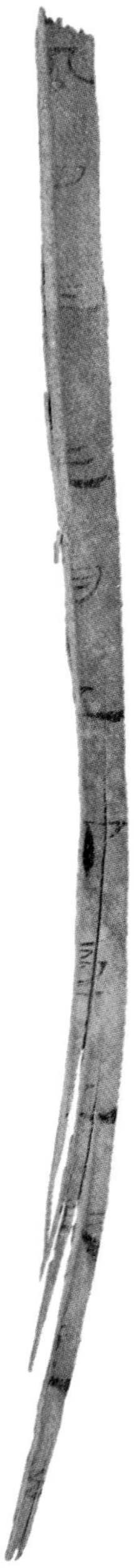

鳳四年三月乙卯槖他候□□ 73EJT37:202

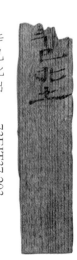

辛巳北出 73EJT37:203

朔甲辰肩水關 73EJT37:204

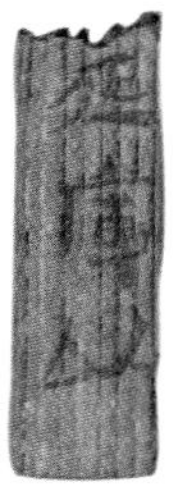

延庫以 73EJT37:205

甯中孫 73EJT37:206

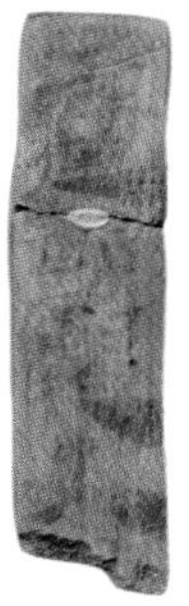

居延都尉從史□ 73EJT37:207

車一乘馬二匹 73EJT37:208

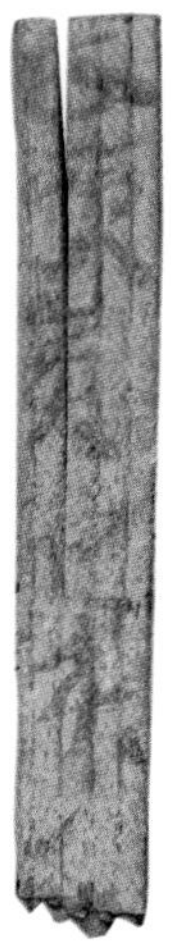

張掖廣地候□ 73EJT37:209A

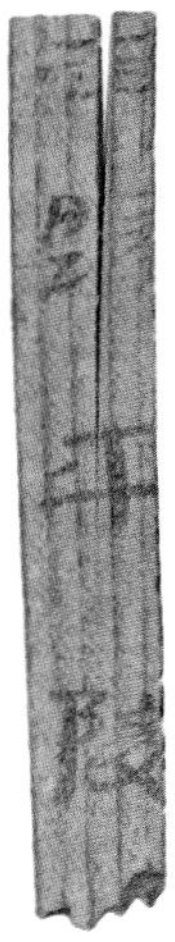

告歸平陵 73EJT37:209B

……追轂鼓呼·言北□出 73EJT37:210

南□歸更封 73EJT37:211

□肩水金關□□ 73EJT37:212

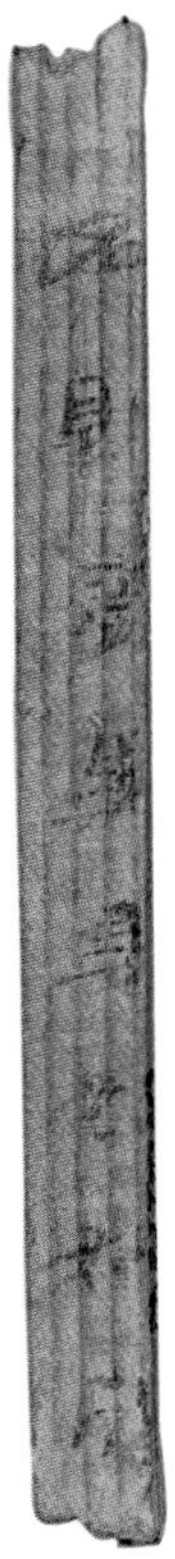

名縣爵里年姓如牒 73EJT37:213A

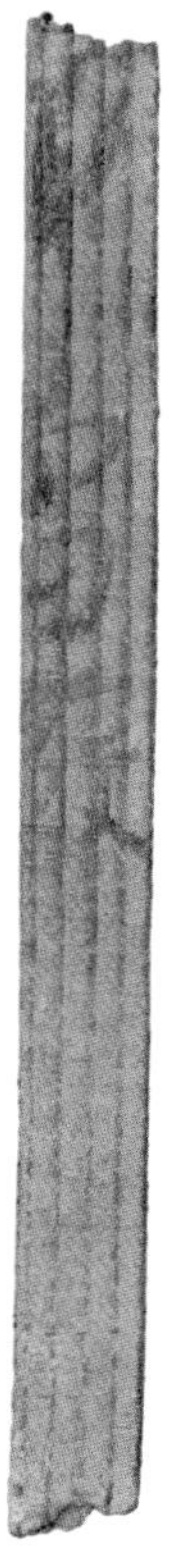

□□發 73EJT37:213B

肩水金關 73EJT37:214

□□舍中兒子起居得毋　73EJT37:215A

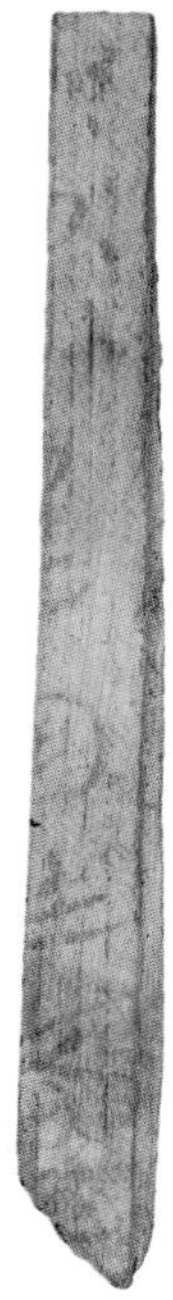
叩＝頭＝謹因□□□　73EJT37:215B

橐他殄虜隧　73EJT37:216

建平二年五月丙戌朔甲寅　73EJT37:217

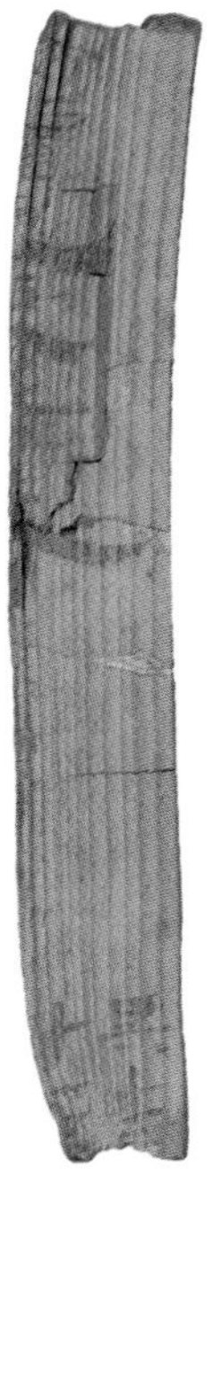
□□□凡吏□□人　其十三　卅三　73EJT37:218

願令史□　73EJT37:219

居延丞印　73EJT37:220

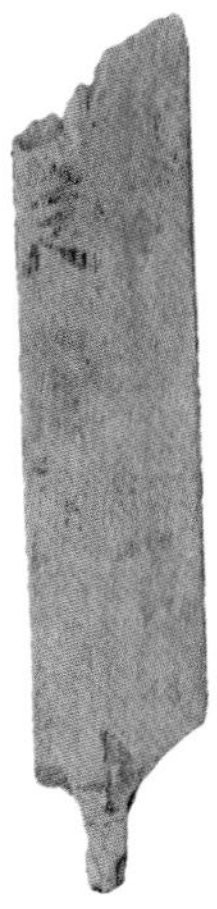
六尺　十　73EJT37:221

□餔食入　73EJT37:222

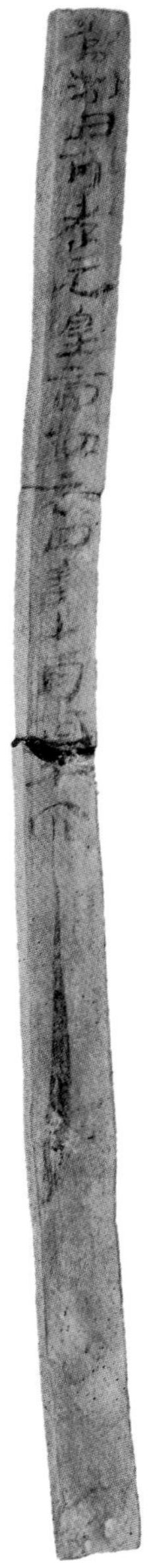
常制曰可孝元皇帝初元四年十一月丙午下　73EJT37:223

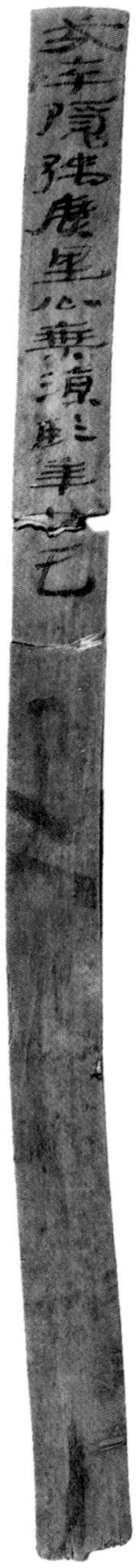
戍卒隱強廣里公乘涼臨年廿五　已出　丿　73EJT37:224

充漢葆屋蘭千秋里蘇仁年十五　73EJT37:225

居延都尉丞主簿孫誼　73EJT37:226

居延右尉張賜　73EJT37:227

月丁丑北嗇夫豐出 73EJT37:228

候長廣宗等送 73EJT37:229

十二月壬申北候史丹出 73EJT37:230

戍卒趙國□陵萬歲里士伍 73EJT37:231

山都孝里舒連 丿 73EJT37:232

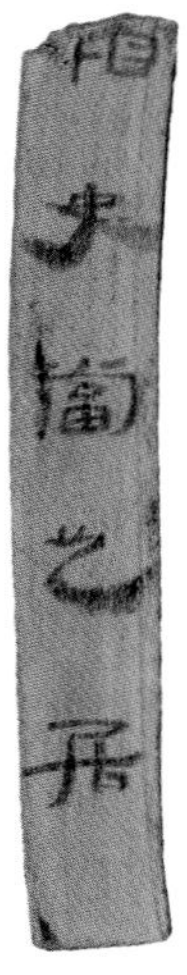
相史當之居 73EJT37:233

如律令／掾登令史光 73EJT37:234

□ 十一月己丑□ 73EJT37:235

出脂少半斤 73EJT37:236

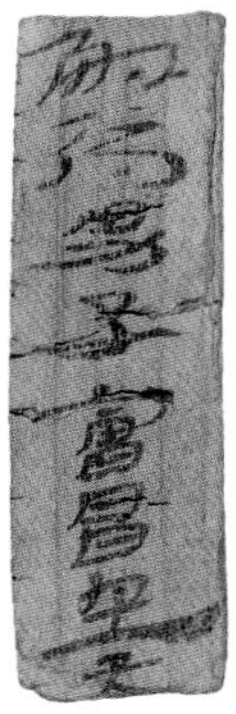
觻得男子富昌里□ 73EJT37:237

三月十日開戶 73EJT37:238

□他界中名縣爵 73EJT37:239

樂哉隧卒徐萬人 73EJT37:240

田卒河南郡密邑宜年里王捐年 73EJT37:241

肩水都尉卒史賈卿 73EJT37:242

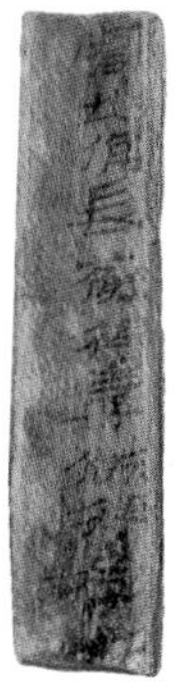
廣地候長蘇得妻觻得孝仁 73EJT37:243

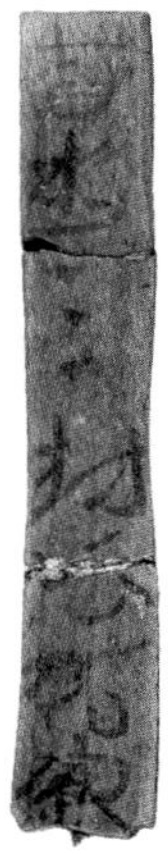
南書三封張肩塞 73EJT37:244

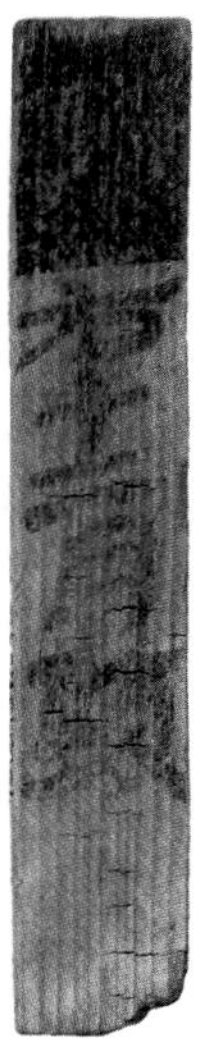
■右十二月致 73EJT37:245A

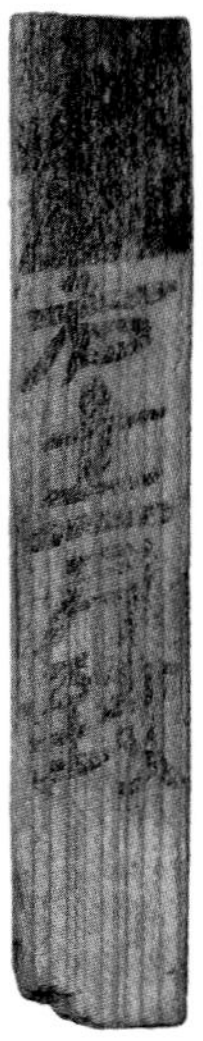

■右十二月致　73EJT37:245B

居令延印　□□　73EJT37:246A

如律令　□□　73EJT37:246B

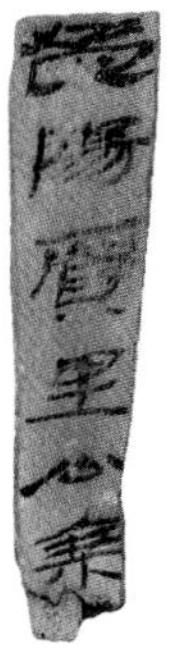

熒陽賈里公乘　73EJT37:247

甲子居延城倉長　73EJT37:248

地界中盡十二月　73EJT37:249

戍卒趙國邯　73EJT37:250

先就隧卒宋生　73EJT37:251

醫診治敢言之　73EJT37:252

□里大夫趙利親年廿三長七尺　73EJT37:253

北部候長毛宣　73EJT37:254

尉　二封詣□　73EJT37:255A

……　73EJT37:255B

車二兩　二月癸巳出　73EJT37:256

黨與五萬吏捕斬強□□　73EJT37:257

居攝元□　73EJT37:258

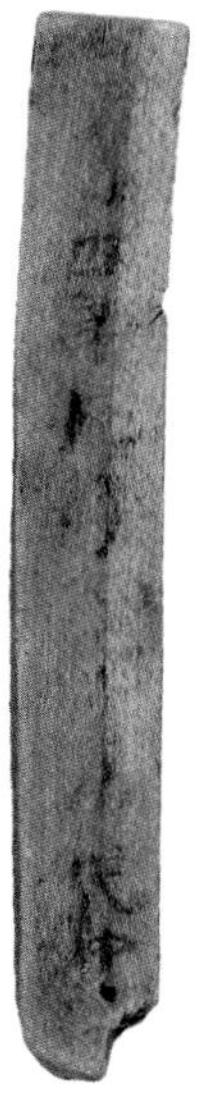

鴻嘉四年九月甲午朔戊申□　73EJT37:259

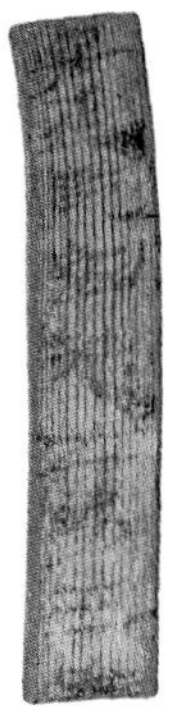

居延髡鉗徒大男王外　73EJT37:260

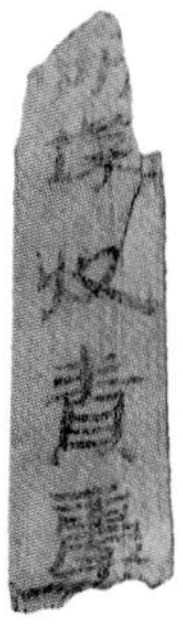

所葆收責橐　73EJT37:261

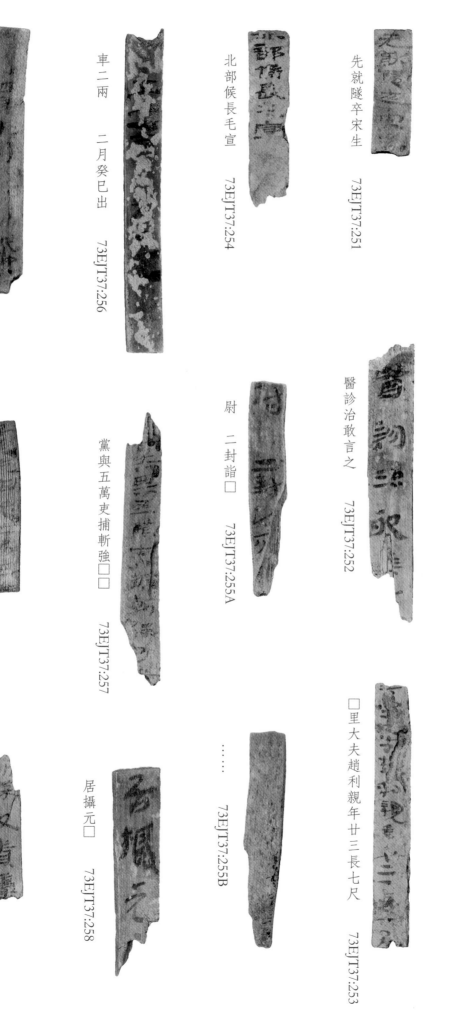

今餘蘭百六　73EJT37:262

□里公乘王豐年卌八
妻君
弟男□　73EJT37:265

□置宣其中幸甚　73EJT37:268A

□伯坐前敢言　73EJT37:270A

五鳳四年八月己亥朔癸丑□
□如律令／佐順　73EJT37:272A

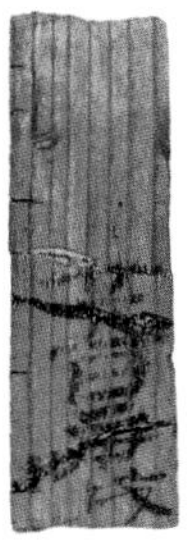

廿五日庚戌　73EJT37:263

安世年卌九長　73EJT37:266

□辤幸□買　73EJT37:268B

□敢言之□　73EJT37:270B

印曰酒泉左農　73EJT37:272B

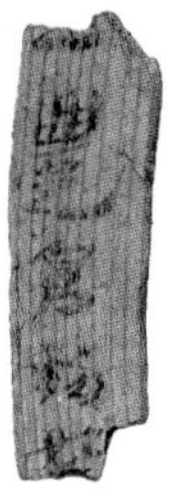

□豐寫移如　73EJT37:264

郡宛句義陽里大夫晉横年卌　長　73EJT37:267

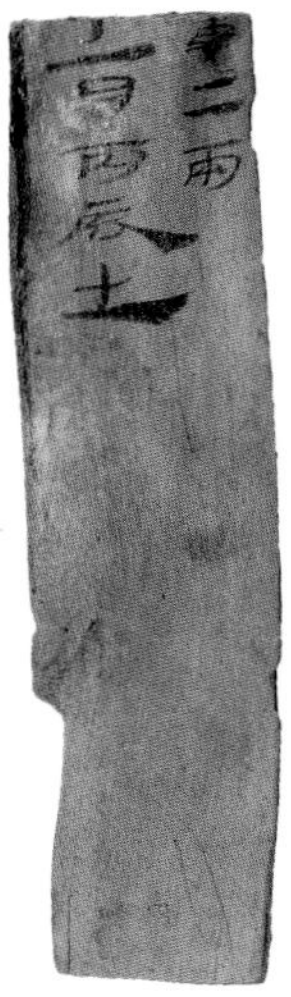

車二兩
十一月丙辰出　73EJT37:269

與妻子居官今得還　73EJT37:271

元延元年六
收責槖他名縣　73EJT37:273

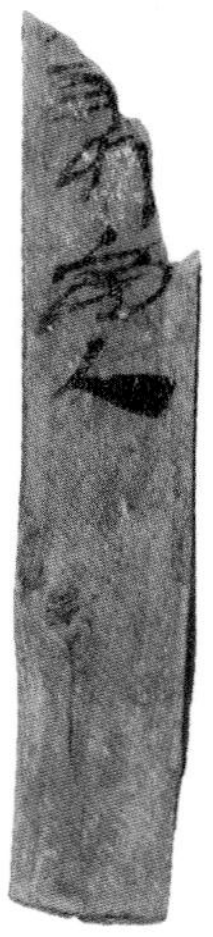
辛卯南入　73EJT37:274

元延元年八月乙未朔
候官當舍傳舍從者　73EJT37:275

元延三年九月甲寅朔
簿書與府五官掾　73EJT37:276A

居延左尉　73EJT37:276B

司馬贏員
令　73EJT37:277

毋苛留止敢言之
令丿掾玄之令史定□　73EJT37:278

初元四年十月丙午朔己巳西鄉□
爵不更年十六歲毋官獄徵
十月辛未居延令　73EJT37:279A

秦賢私印
十二月　庫佐□　73EJT37:279B

□里程昭年廿八
子小女□年三歲　小奴满
子小女來卿年二歲　牛車一兩用牛二頭
弟小男音年十八　……　軺車一用馬二匹　73EJT37:280

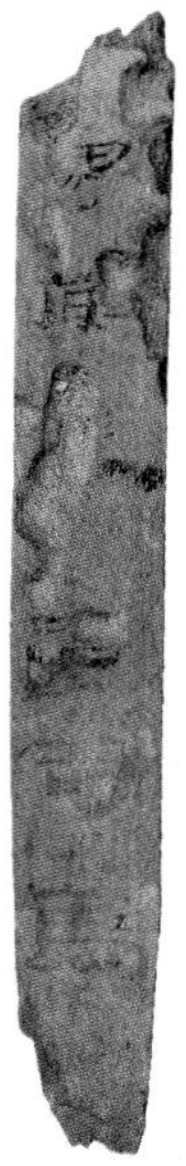
界候長□司馬　73EJT37:281

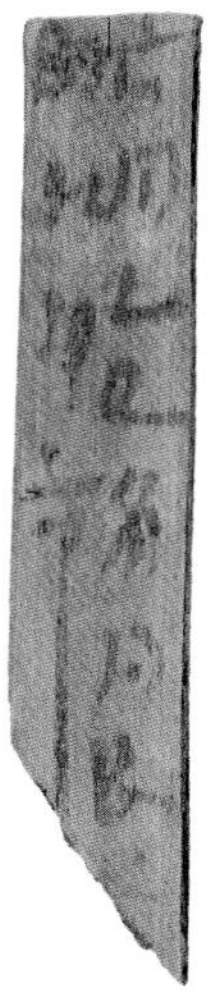
六月乙巳角得長
到如律令　73EJT37:282

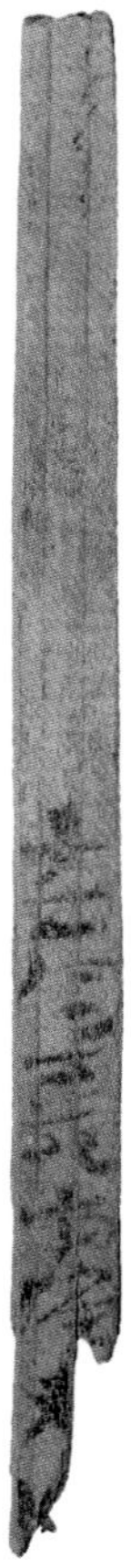
……　十二月丁亥南候史□　73EJT37:283

徵事當得以律取傳謁移過所河津
留居延令丞建移過所如律令　73EJT37:284

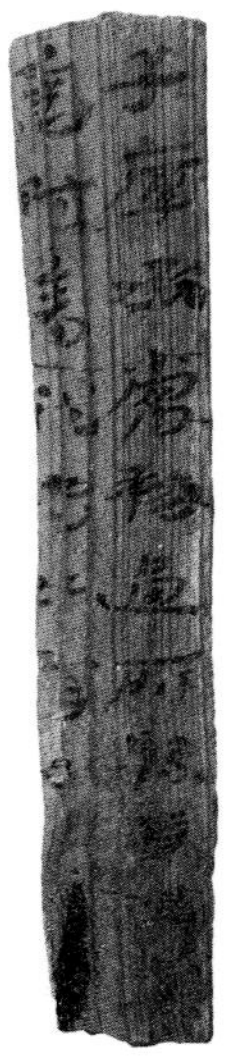
子庫丞常移過所縣道津關
舍傳舍從者如律令
73EJT37:285

觻得騎士孝成里樊
73EJT37:286

事當得以令□
□□以私印行事庫□
73EJT37:287A

□
73EJT37:287B

敦黃酒泉張掖武□
73EJT37:288

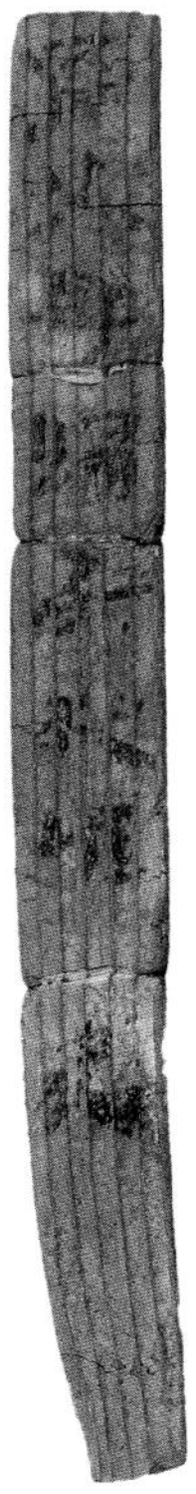
子父母歸居延唯廷
73EJT37:289

建平二年六月丙辰朔辛未□
73EJT37:290A

張掖□□
73EJT37:290B

觻得敬老里公乘□□□
73EJT37:291

□□嗇夫常
73EJT37:292A

令史武
73EJT37:292B

石弩
73EJT37:293

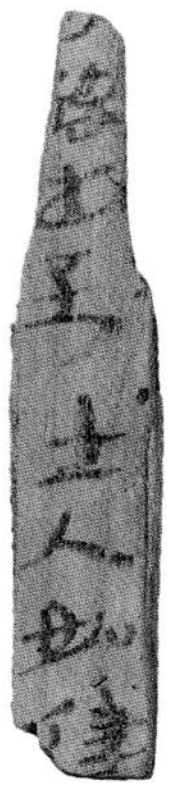
□牒書到出入如律
73EJT37:294A

即日出
73EJT37:294B

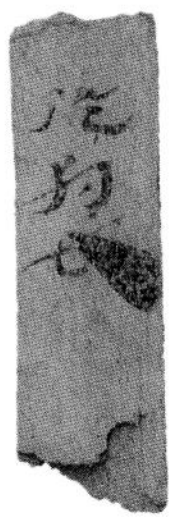
從孫長
73EJT37:295

右游徼慶賢里
73EJT37:296

子男
豐葆　□□
73EJT37:297

□男子……自□
□□□　□葆同縣誼□里男子李□
73EJT37:298

右第卌六車廿人
73EJT37:299

鑠得宜興里賈武年五十二　73EJT37:300

□如律令　73EJT37:301

詣府□　73EJT37:302

建平三年九月戊申朔戊申居延令彊守丞宮移過所縣道津關遣亭長杜武收流民　73EJT37:303

□市陽里公乘李武年卅八　73EJT37:304

□叩頭死罪死罪　73EJT37:305

戍卒濟陰　73EJT37:306

□同年廿二　73EJT37:307

南嗇夫豐入　73EJT37:308

戍卒昭武便處里士伍犂□年　73EJT37:309

□至駮南亭□　73EJT37:310

十月壬午北嗇夫豐出　73EJT37:311

綦毋豐　73EJT37:312

□豐出　73EJT37:313

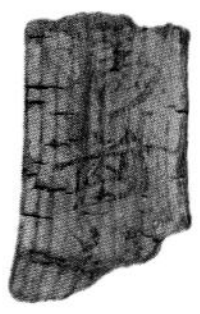
馬齒八　73EJT37:314

居延　73EJT37:315

□橐他界中□□□　73EJT37:316

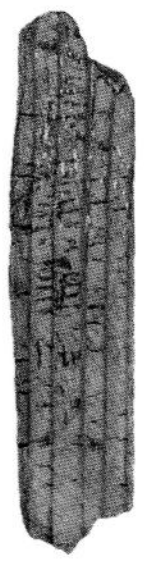
□张焉年卅六　73EJT37:317

□□南河□　73EJT37:318

滎陽□里賈罷軍　73EJT37:319

□月辛未北亭長　73EJT37:320

□朔丁丑……　73EJT37:321

□年廿五　73EJT37:322

城騎千人臨　73EJT37:323

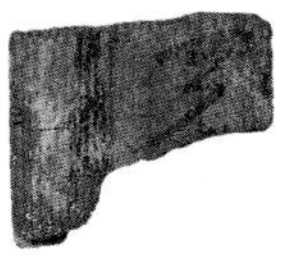
關　73EJT37:324

嗇夫　73EJT37:325A

之□　73EJT37:325B

與勝　73EJT37:326

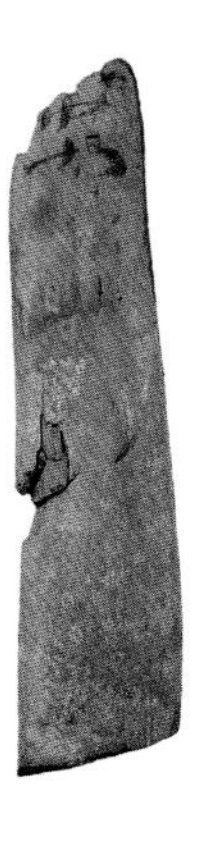
卌九　73EJT37:327

內黃東□里宋意年廿七　73EJT37:328

……
祿丸一匹
……　73EJT37:329A

……
出五百八十□
出百五十□　73EJT37:329B

……唐里公
……□驗問□　73EJT37:330

且以淳□□　73EJT37:331

自受　將卒　73EJT37:332

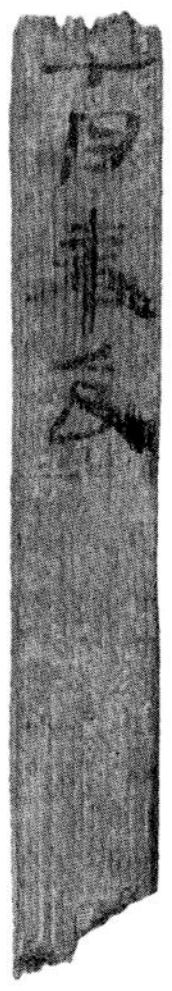
七月奉食　73EJT37:333

□賈昌年廿四　73EJT37:334

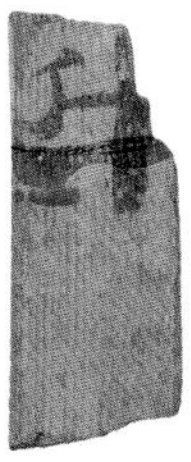
斗　73EJT37:335

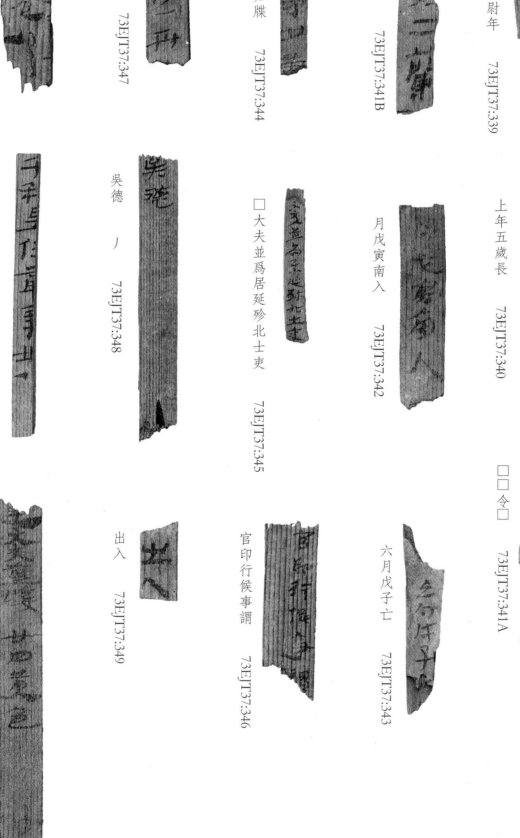

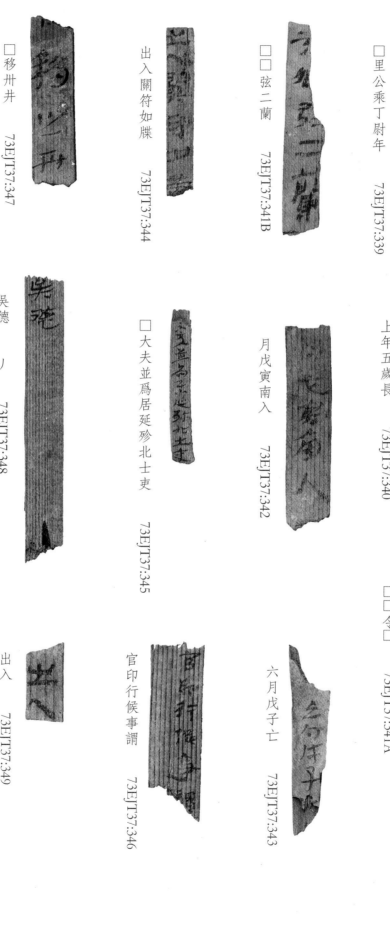

乘車一兩牛二頭　　73EJT37:336

□里公乘丁尉年　　73EJT37:339

□□弦二蘭　　73EJT37:341B

出入關符如牒　　73EJT37:344

□移卅井　　73EJT37:347

……

長五尺黃色卩

……　　73EJT37:350

安昌□里□初　　73EJT37:337

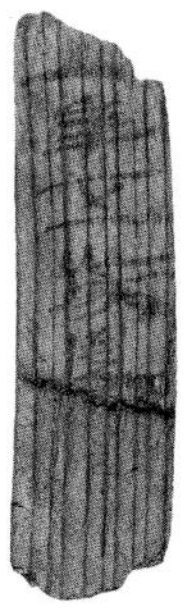

上年五歲長　　73EJT37:340

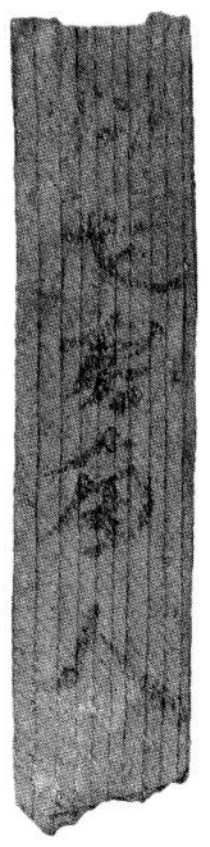

月戊寅南入　　73EJT37:342

□大夫並爲居延殄北士吏　　73EJT37:345

吳德　　丿　　73EJT37:348

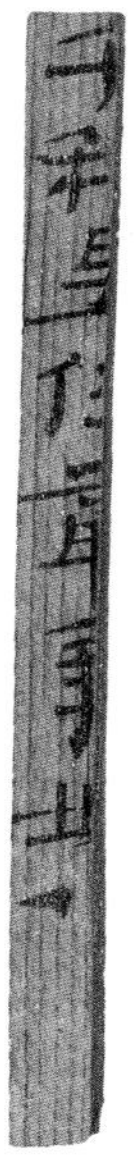

千秋里任章年卅八　　73EJT37:351

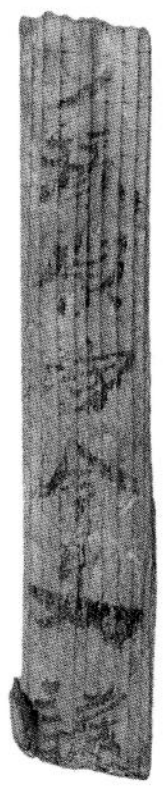

丨掾宗守令史護　　73EJT37:338

□□令□　　73EJT37:341A

六月戊子亡　　73EJT37:343

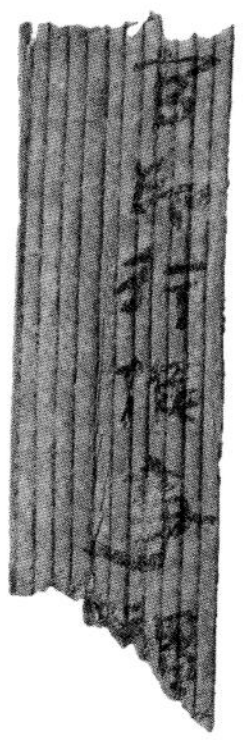

官印行候事謂　　73EJT37:346

出入　　73EJT37:349

里大夫董護　　廿四黃色　　73EJT37:352

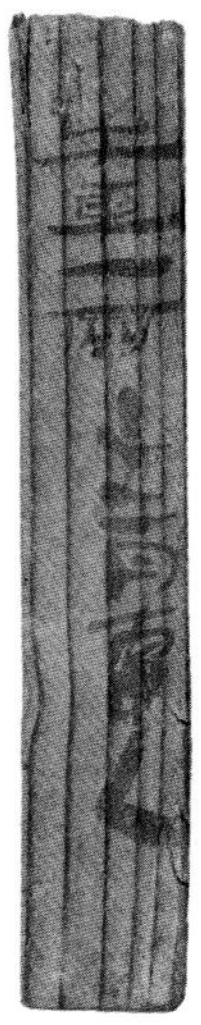

牛車一兩　十二月丙申入　73EJT37:353

□居延界中謹案業卬等　73EJT37:354

五月戊戌除　73EJT37:355

廿六日辛亥食張君游□　73EJT37:356

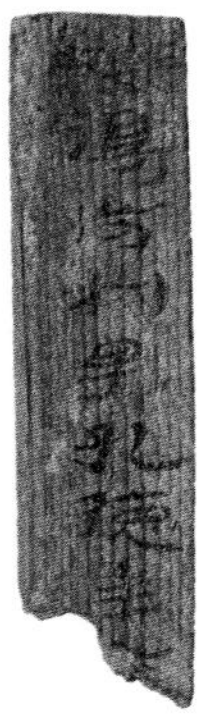

觻得步利里孔德年□　73EJT37:357

七月甲申居延丞忠移過所如律令　73EJT37:358

歲高六尺　73EJT37:359

傳　73EJT37:360A

□　73EJT37:360B

葆河南都里廉望　□　73EJT37:361

□陽□□里□□□　73EJT37:362

□□□關□□不敢忽　73EJT37:363A

□□□□□□所及　73EJT37:363B

□敢言之至四年□　73EJT37:364

乘驩牝馬齒十二歲高五尺九寸□　73EJT37:365

觻得敬里鄭　73EJT37:366

縣邑侯國如律令　□　73EJT37:367

戍卒陳留郡外黄□里公乘李□年卅七　73EJT37:368

元康三年五月中出　73EJT37:369

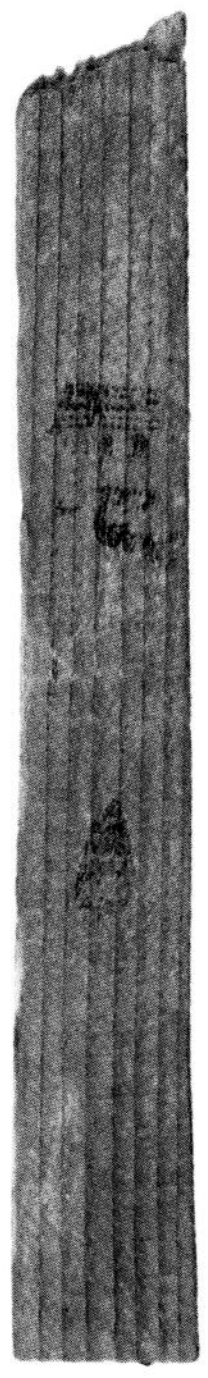

黑色　ノ　73EJT37:370

小女來卿年二歲卩　73EJT37:371

□昌百□□□　73EJT37:372

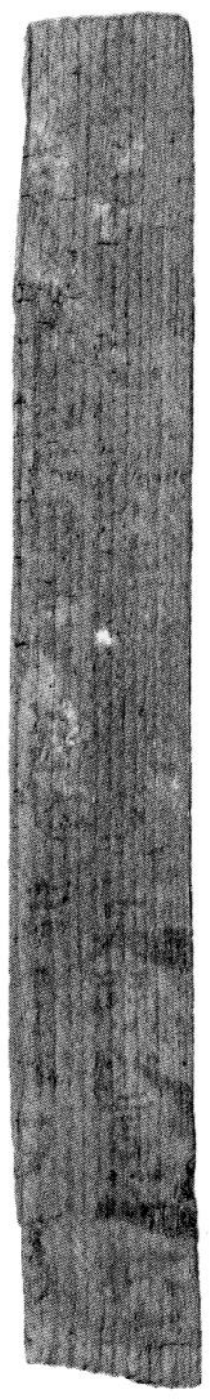

□□□十二月丙午朔丙寅尉史誠敢言之林育
……德……
73EJT37:373A

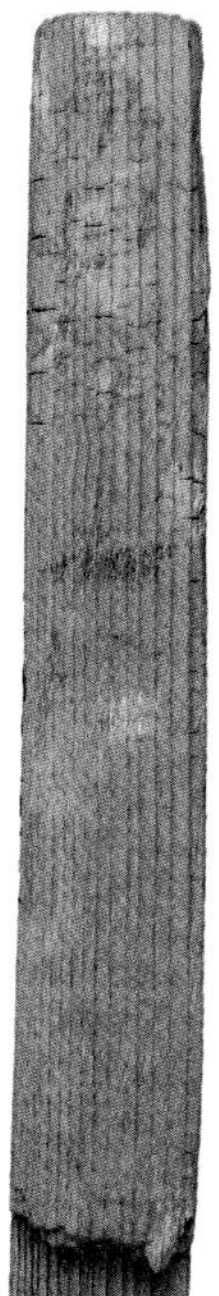

章曰庫丞印　73EJT37:373B

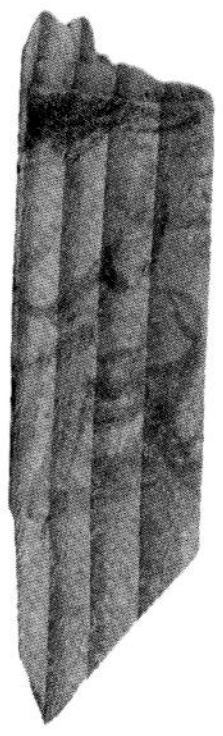

□食（習字）　73EJT37:374A

五（習字）　73EJT37:374B

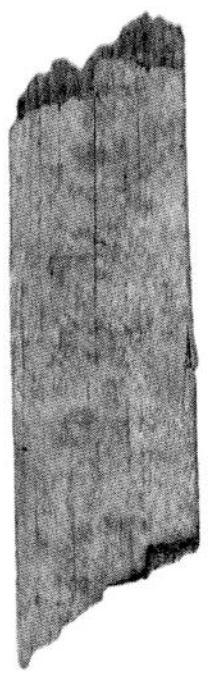

十二月戊辰入　73EJT37:375

□乘常終相年卌五□　73EJT37:376

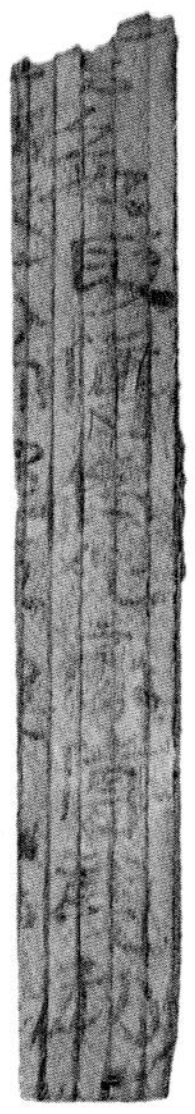

□欲取傳爲外家傳親利
□□□□過所□□□□
73EJT37:377

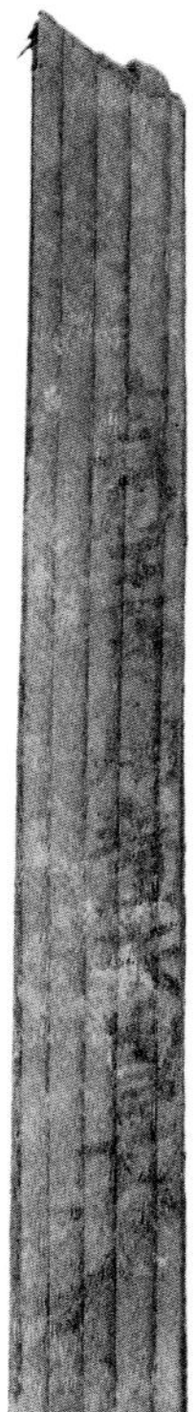

十二月壬申南嗇夫豐入　73EJT37:378

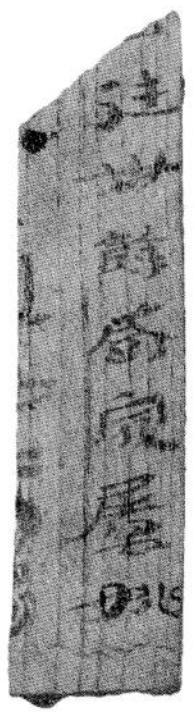

□往卌餘歲家屬姚
……
73EJT37:379

張□尉□　73EJT37:381B

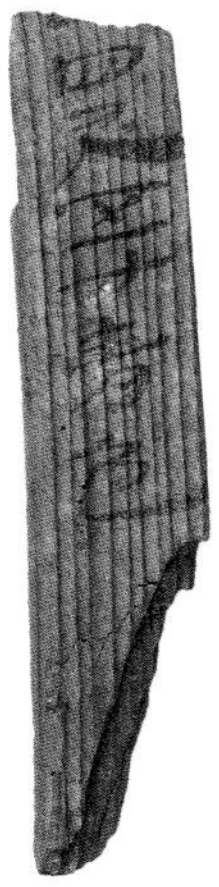

□四尺五寸青色　73EJT37:385

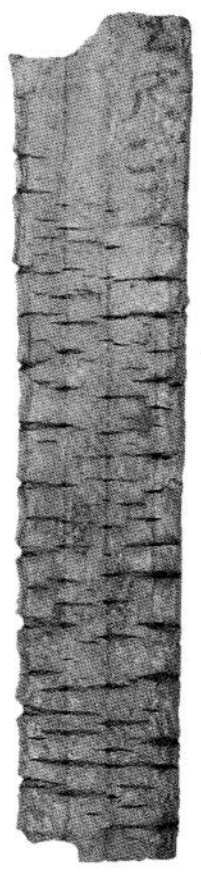

五尺八寸　七月　73EJT37:387

觻得敬老里公乘
元延二年正月辛酉　73EJT37:389

案並毋官獄徵事謁　73EJT37:380

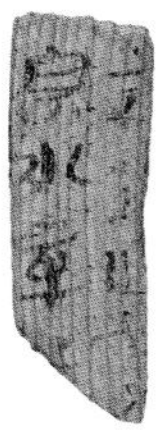

……
泉水章□　73EJT37:382A

丞　73EJT37:382B

□□□之觻得移年長物色　73EJT37:386A

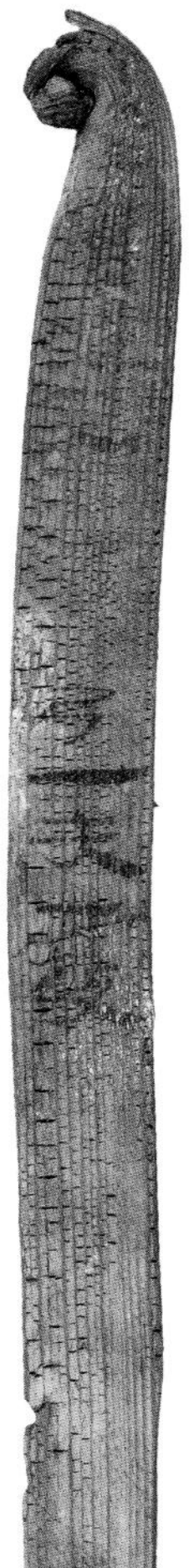

……三月己巳　弓一矢一發　73EJT37:388

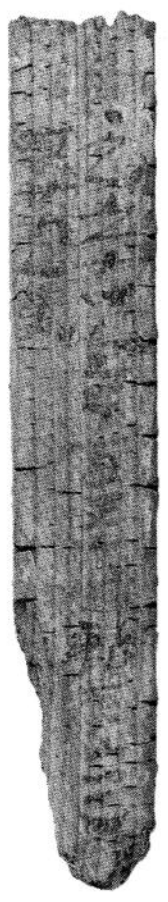

•凡六十一人□百五十六軺車廿三
其廿九人吏
73EJT37:390

生年卌二爲家私使之　73EJT37:381A

□年卌五□　73EJT37:383

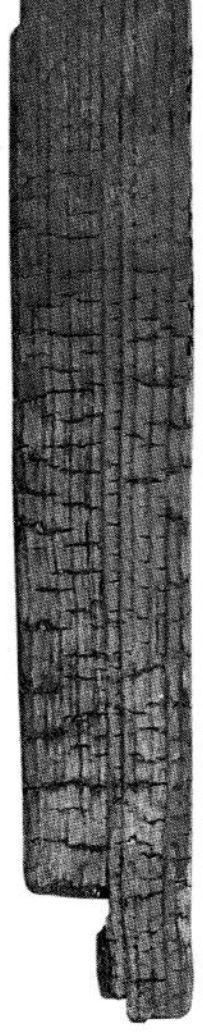

十二月戊子□　73EJT37:386B

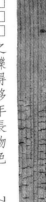

□酉張掖居延〃水□□　73EJT37:391

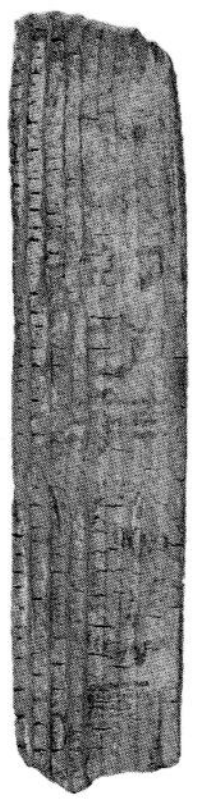

居延都尉守卒史定軍　73EJT37:392

從者居延雜里官大夫　73EJT37:393

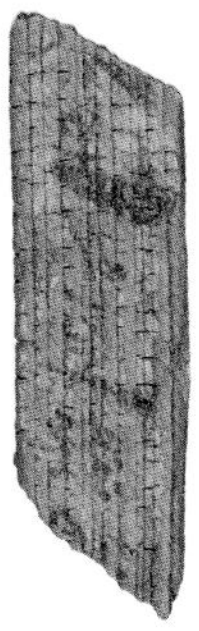

□里不更孫□　73EJT37:394

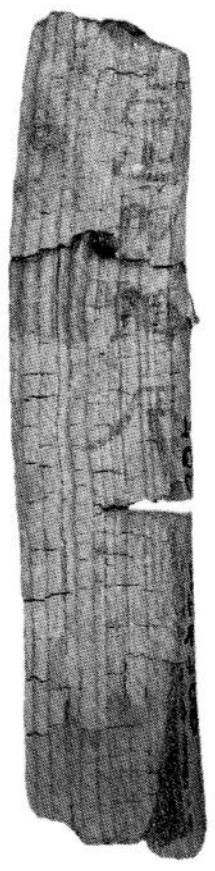

留止如律令　73EJT37:395A

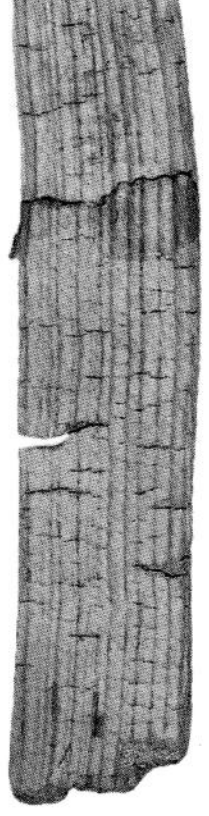

□以來　73EJT37:395B

□□以功次遷　73EJT37:396

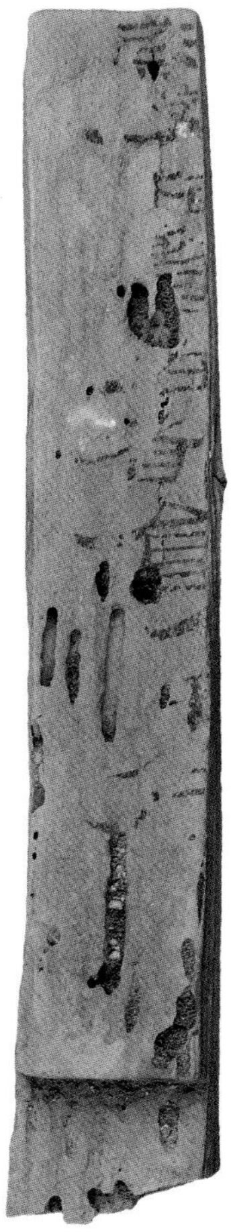

尉史桓賢在都倉以次行　73EJT37:397

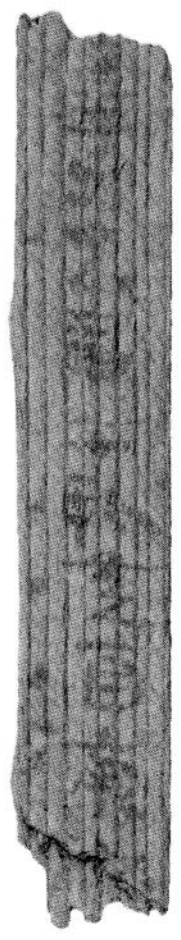

□年三月庚午朔癸酉東□
……
73EJT37:398

里男子王則年卅四　73EJT37:399

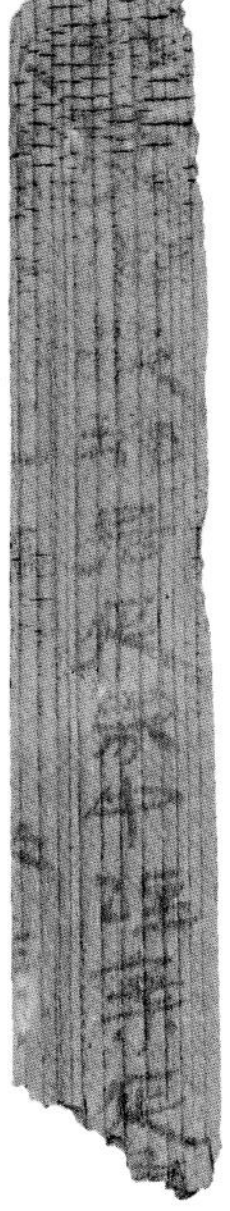

□私使張掖郡居延界中謹案延年
……
73EJT37:400A

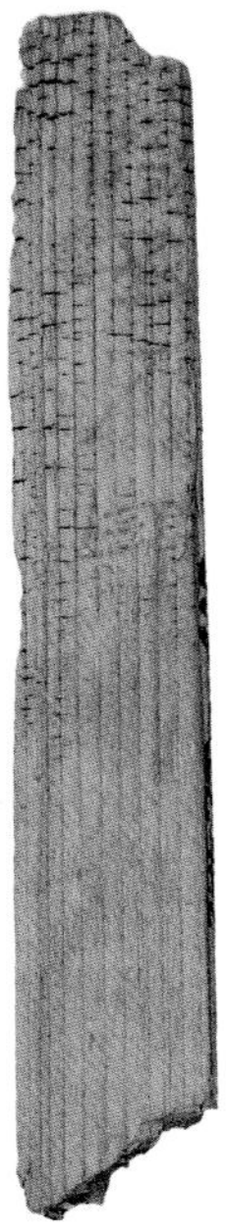

甘陵丞之印　73EJT37:400B

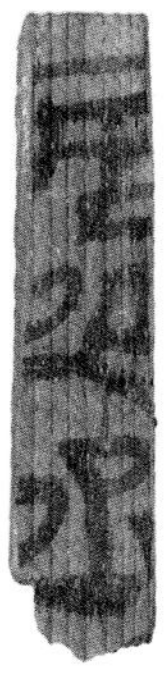

居延丞　73EJT37:401A

……
與立俱之官謹□
……
73EJT37:401B

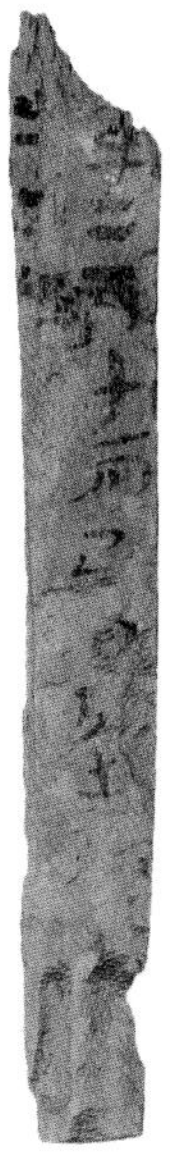

車二兩十一月己酉□出□□
牛二頭　73EJT37:402

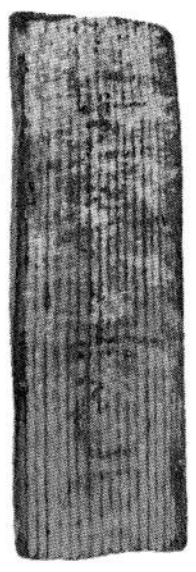

長七尺四寸黑色四月　73EJT37:403

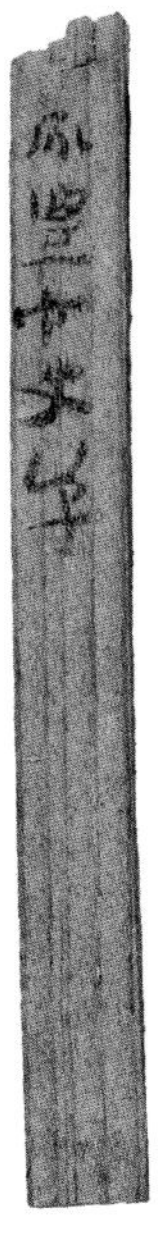

掾豐令史譚　73EJT37:404

河南宜成里王葆年卅　73EJT37:405

□出來復傳入如律令　73EJT37:406

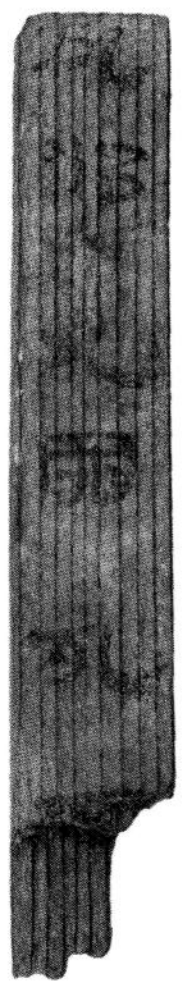

死叩頭死罪死罪　73EJT37:407

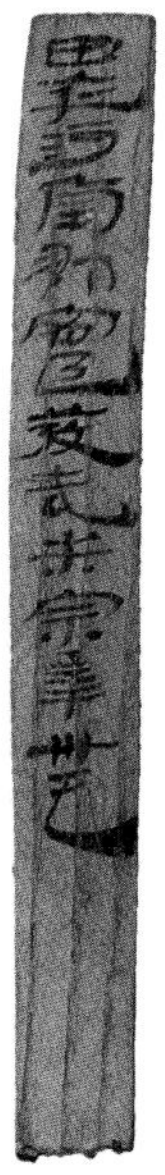

田卒河南郡密邑發武朱宗年卅五　73EJT37:408

六尺一寸一匹□牝齒八歲高六尺君功買　……　73EJT37:409

月丙申朔
□爵里年　73EJT37:410

觻得高平里士五趙相年卅三　73EJT37:411

吏有牛馬者（觚）　73EJT37:412

關嗇夫常　73EJT37:413

□年十七歲長七尺二寸步入□　73EJT37:414

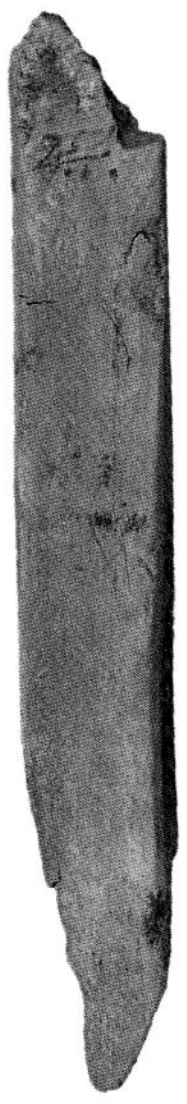

關　豐　73EJT37:415

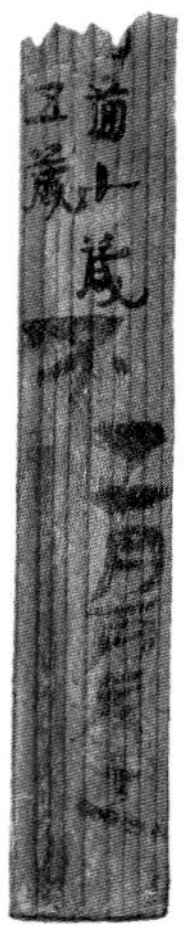

□齒七歲　二月丙辰出
五歲　不卩
73EJT37:416

居延龍起里男子龐並　軺車
馬一匹
73EJT37:418

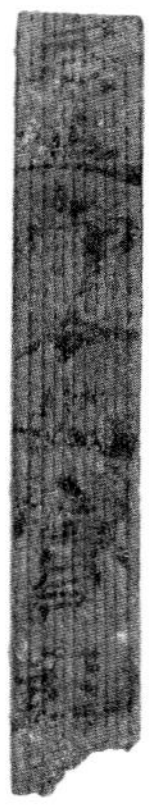

居延守令史竇彭
73EJT37:419

……
移過所郡縣門亭毋留止如律
73EJT37:420

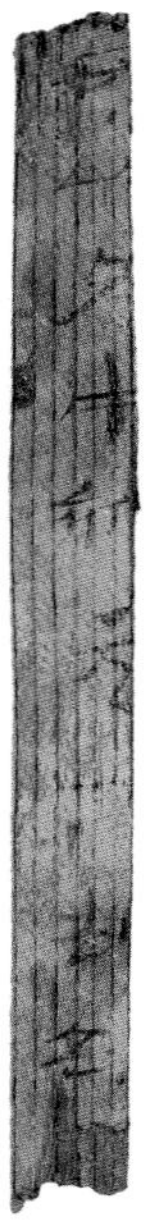

可以爲中初元不知願
73EJT37:421

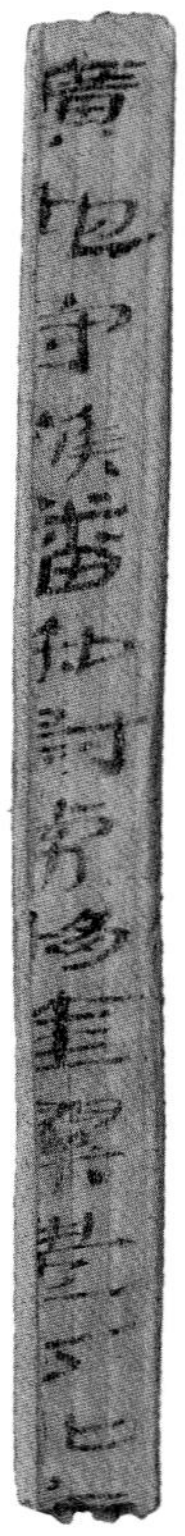

廣地守候番和尉常移金關遣□北□
73EJT37:422

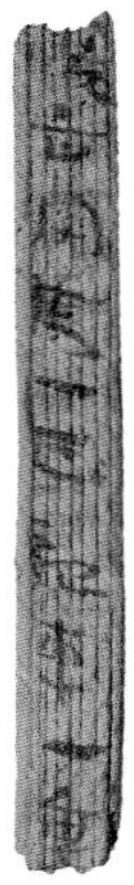

所占用馬一匹軺車一乘
73EJT37:423

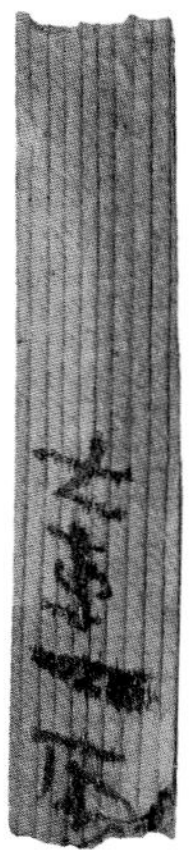

大車一兩
73EJT37:424

言之八月辛卯茂陵令守左尉循行丞事移居延移
73EJT37:425

□□等曰脩成里男子章平自言欲取傳爲
73EJT37:426

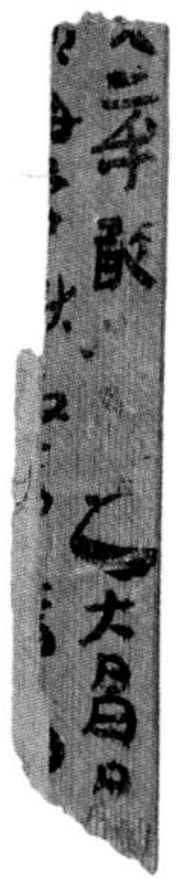

史章敢言之大昌里
□毋官獄徵事當得
73EJT37:427

張忠送死罪囚□□□□□□
73EJT37:428

永始三年三月己酉朔
73EJT37:429

願卿幸哀　　73EJT37:430

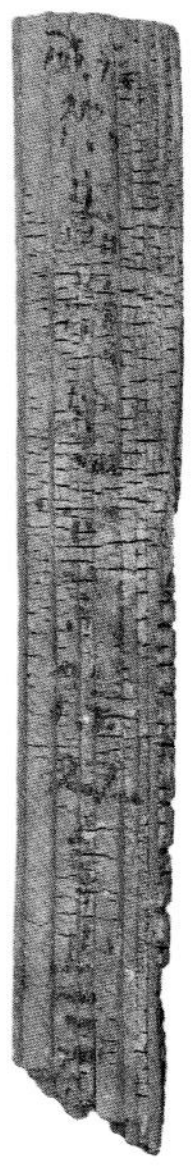

觻得壽貴里公乘徐奴年卅三　　73EJT37:431

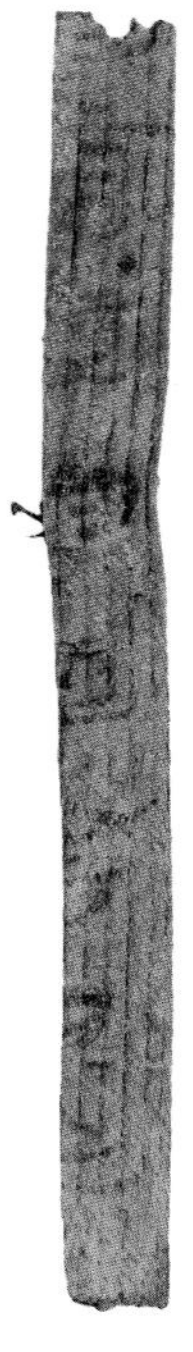

自言章容……　　73EJT37:432

九月癸未北出　　73EJT37:433

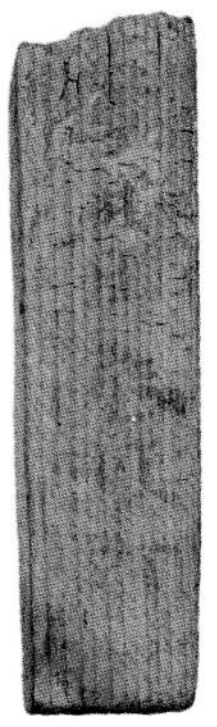

□□□田張掖郡□　　73EJT37:434

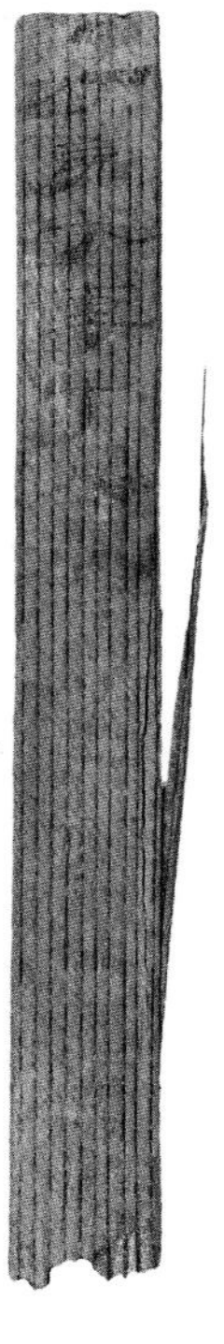

•右第九車十人　　73EJT37:435

□自言乘牛車一兩牛二謁　　73EJT37:436

丙戌西鄉有秩□□□　　73EJT37:437

隧長杜鳳敢言之負累　　73EJT37:438

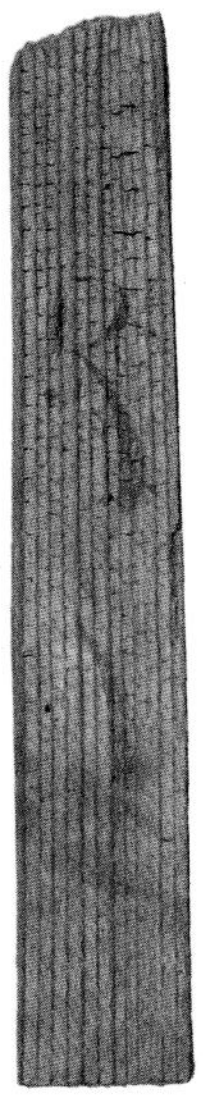

ㄢㄢ　　73EJT37:439

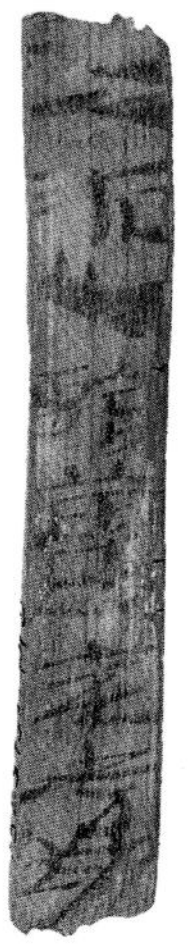

二石　臨菑來□□
……（習字）　　73EJT37:440A

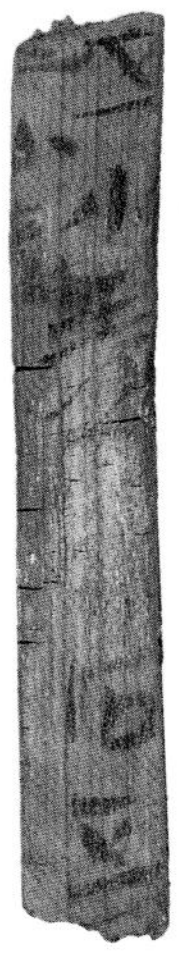

五小麥三石五
出小麥……　　73EJT37:440B

□□□　　73EJT37:441A

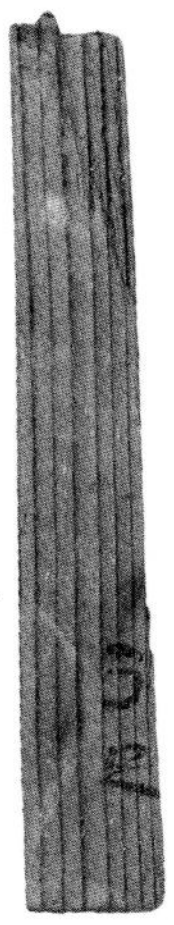

□□　73EJT37:441B

願以令取傳謹案客子戶籍臧鄉者
□□　73EJT37:442A

……　73EJT37:442B

□鄭護永始三年正月山□□　73EJT37:443

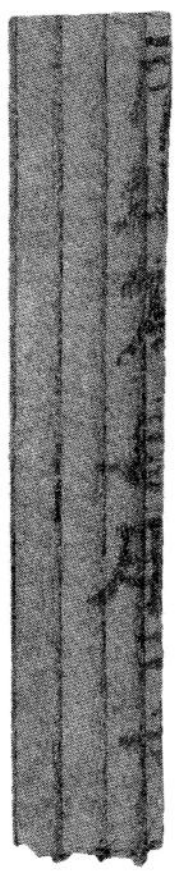

□□亭長□□□　73EJT37:444

年三月丁亥朔丙申
□□□如牒書　73EJT37:445A

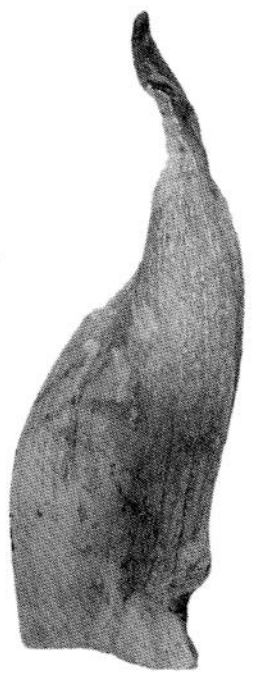

……尉
來　73EJT37:445B

元延三年八月甲申朔庚戌都鄉有秩□佐武敢言之男子　73EJT37:446

年三月甲子居延都尉湯丞嘉謂□
……　73EJT37:447

出黃粱米一斗一　其□□　建始三年三月丁未置佐親　73EJT37:448

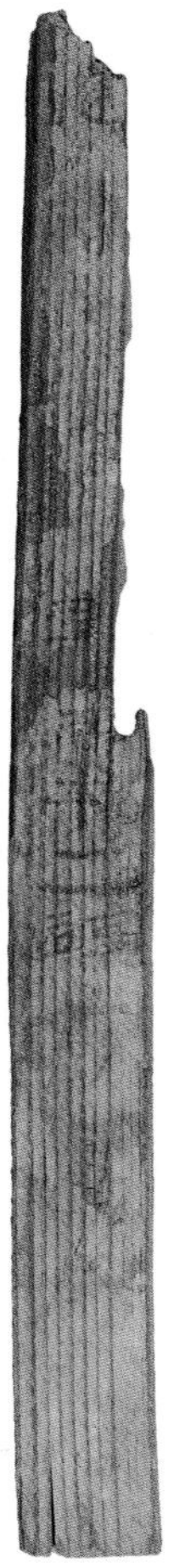

色　車□兩牛二頭　七月丁亥入　□　73EJT37:449

亭長范動逐殺
□守丞宮移過所縣
□中當舍傳舍從者
／兼掾豊令史譚佐業
73EJT37:450

□安守長丞忠移過所肩水金關居延縣索關冥安
73EJT37:451

田卒河南新鄭富里公乘孫章年廿九
73EJT37:452

……
73EJT37:453B

段順大婢織綈長七尺
73EJT37:455

建平元年十一月壬子居延守令城騎千人□
……
73EJT37:453A

捕虜隧長昭武久長里公乘朱雲年卌五對府
73EJT37:454

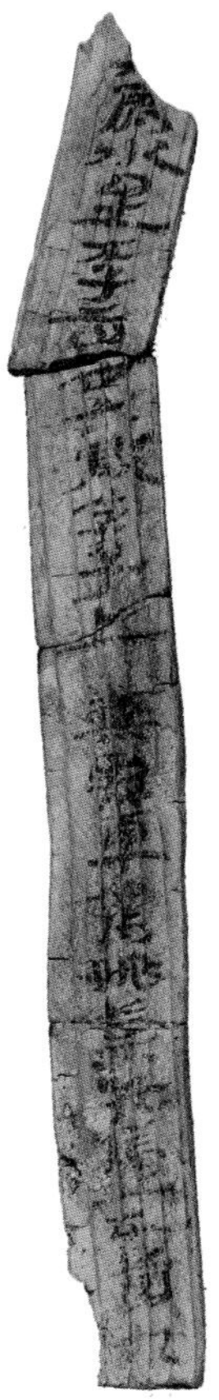

□肩水里李音卅六歲字子上乘軺車駕姚華牝馬一匹齒九□
73EJT37:456

鄉有秩順敢告尉史廣德里左□

……

73EJT37:457

谿東隧卒東郡博平市南里

73EJT37:460

十二月奉

73EJT37:463

居延殄北令史陽里公乘蘇□

73EJT37:465

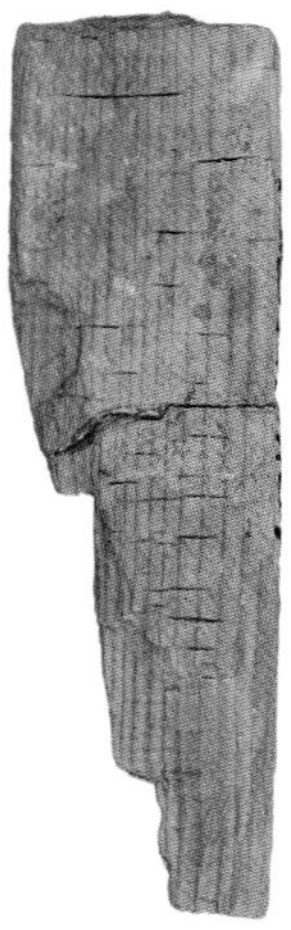

……

73EJT37:467B

肩水金關

73EJT37:469

熒陽春陵里公乘張福年六十三字□

73EJT37:458

……三□□

73EJT37:461

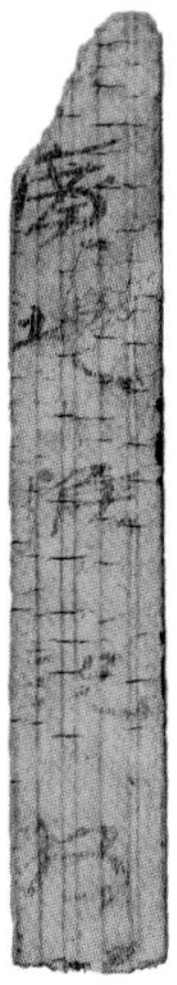

廣地候況移

73EJT37:464A

肩水候史傅武

73EJT37:466

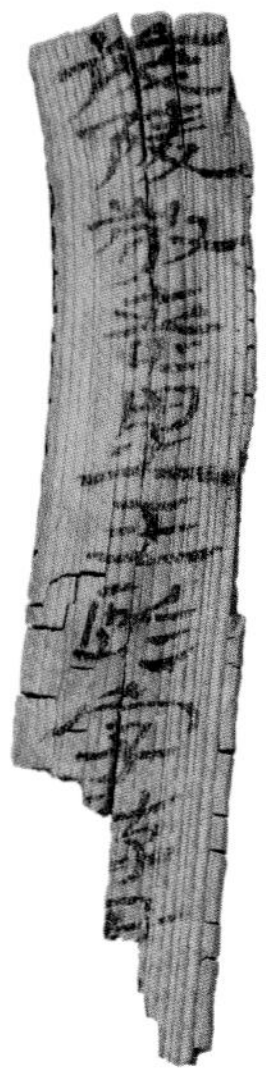

茂陵敬老里王臨字游君

73EJT37:468A

齊郡鉅定广里不更宿延

73EJT37:470

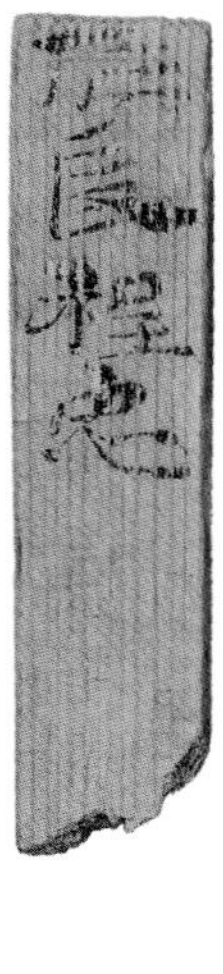

候長程忠

73EJT37:459

占用馬□騂牝馬齒十歲

73EJT37:462

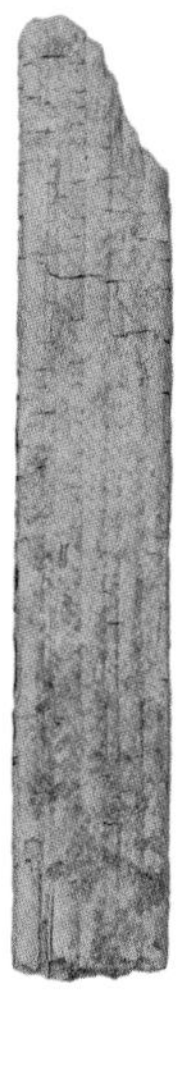

□ 令史

73EJT37:464B

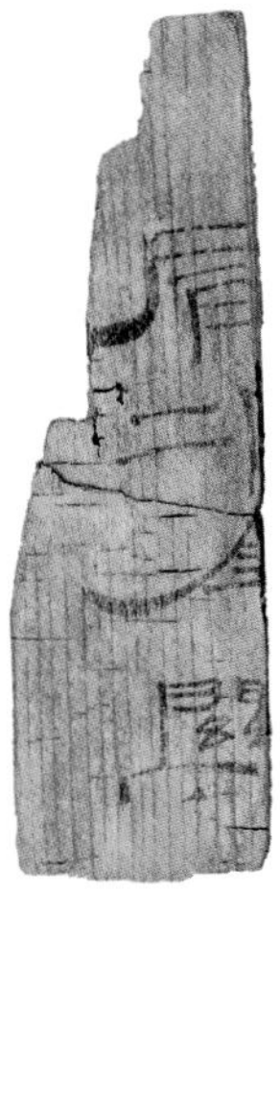

肩水金關

73EJT37:467A

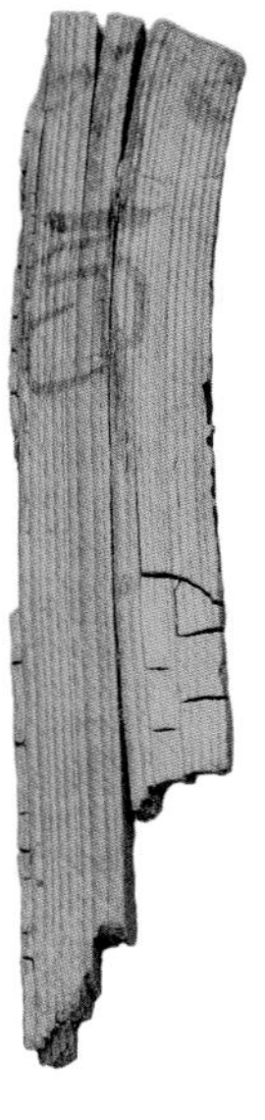

之

丞印

73EJT37:468B

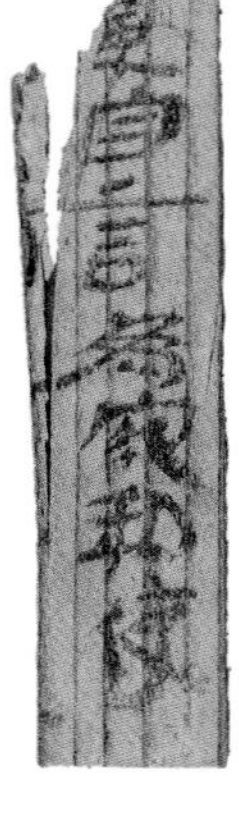

□自言爲家私使

……

73EJT37:471

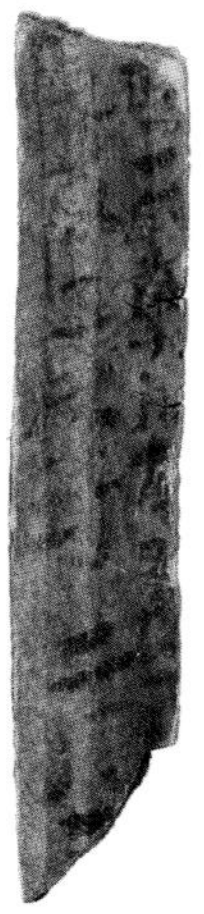

其一匹齒七歲高五尺八寸
□歲高五尺八寸　二月□

73EJT37:472

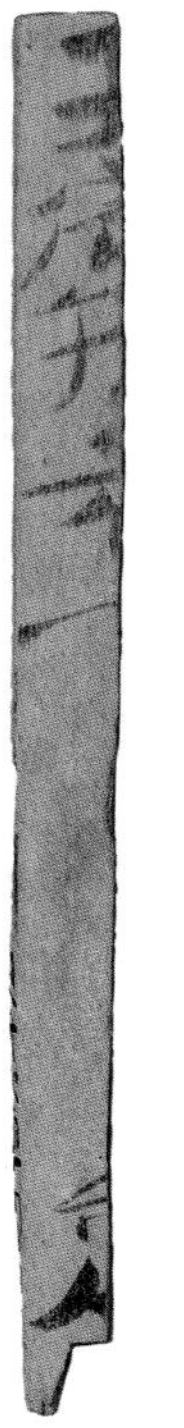

王□報□卿　□□

73EJT37:473A

□之□"□"□

73EJT37:473B

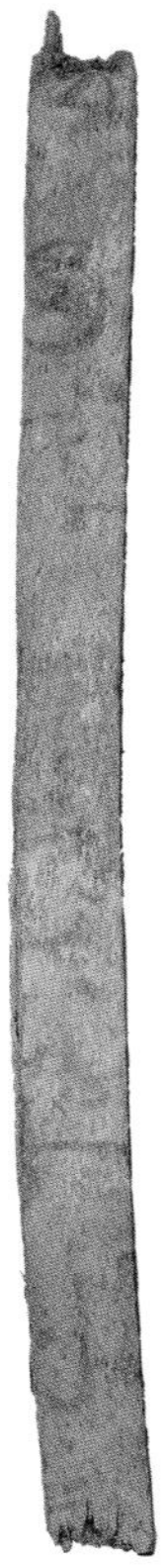

□□□□卒□□

73EJT37:474

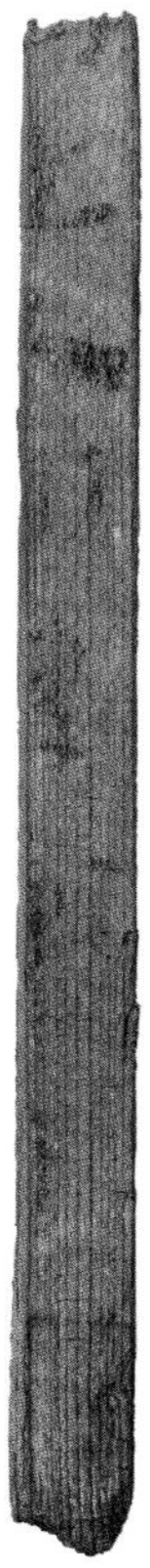

□出入如律令

73EJT37:475

山里公乘常褭年卅二　初除詣府入□□

73EJT37:476

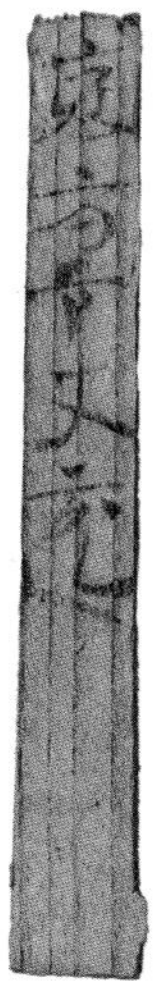

褭守令史充

73EJT37:477

出錢六十　□□儀□

73EJT37:478

□□□里蔡□字君□

73EJT37:479

庚寅朔己亥張掖居延
□舍從者如律令

73EJT37:480A

都尉

73EJT37:480B

見將車丿
正月壬辰入

73EJT37:481

□里于破胡年卅八□

73EJT37:482

□叩頭
□馬當立

73EJT37:483A

"頭"馬小
□金關

73EJT37:483B

子男壽年十三
四月庚午出

73EJT37:484

•一以給隧長某卒某日

73EJT37:485A

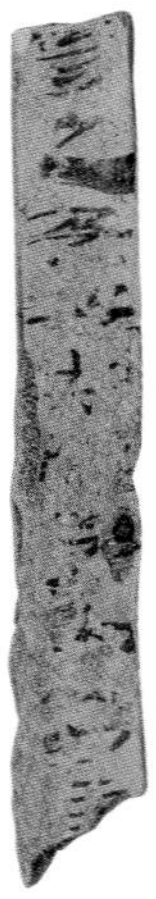

言之急□知……　73EJT37:485B

……□月□申出
□月癸巳入　73EJT37:488

弟齋年七歲
作者緤得孝□　73EJT37:491

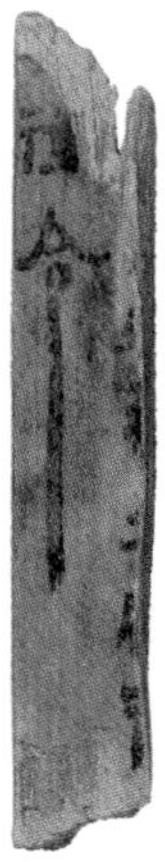

……
□律令　73EJT37:494

□緤得益昌里丁□　73EJT37:496

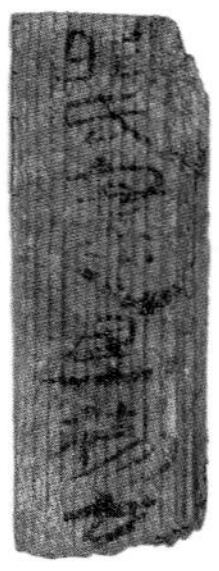

昭武安定里楊充　73EJT37:499

屬南郡故順陽　73EJT37:486

□□食時卒猛受莫當卒□□分
卒黨　卩　73EJT37:489

廿一吉可以行作所求得　73EJT37:492

綏和二年四月　73EJT37:495A

罰如律移四時舉　73EJT37:497

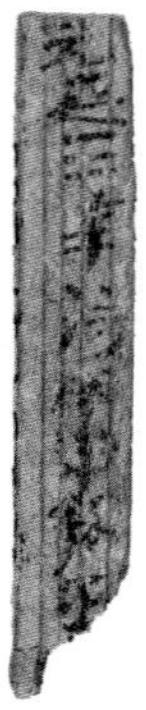

元延三年八月甲申朔壬　73EJT37:500

之謁移□□□　73EJT37:487

□廣地　73EJT37:490

苛留止如律令□　73EJT37:493

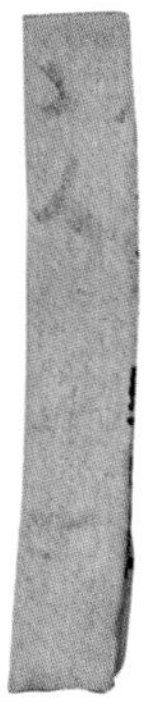

□以□　73EJT37:495B

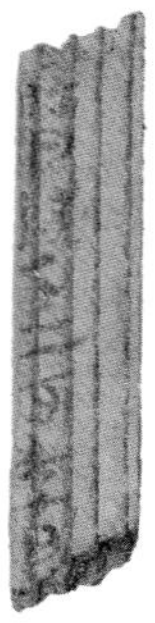

晦日積千二百六十日□　73EJT37:498

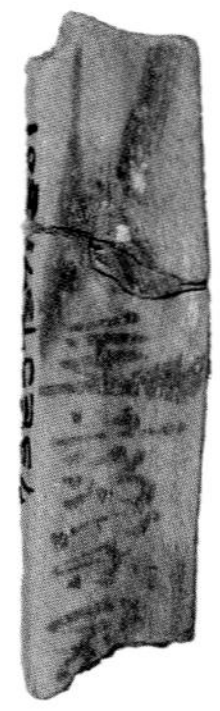

□主簿樂君　73EJT37:501A

死罪罪忽　73EJT37:501B

殄虜隧長猛　73EJT37:502

□□　73EJT37:503

陽夏□□里陳奉親　73EJT37:504

□□□子朔乙酉□
居延□……　73EJT37:505

□五月中　73EJT37:506

□□　73EJT37:507

四石～　73EJT37:508

橐他候□□　73EJT37:509

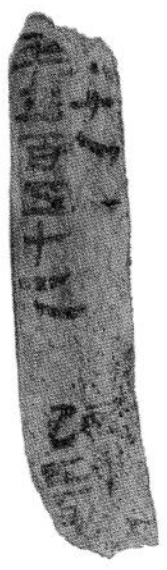
吏十人　民十人
卒五百五十一人　凡五百　73EJT37:510

居延都尉　73EJT37:511A

尉丞死〃罪〃　73EJT37:511B

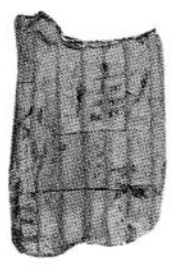
□自取　73EJT37:512①

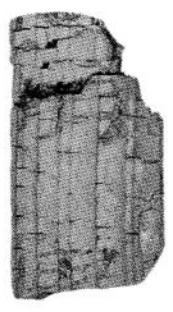
朔甲　73EJT37:512②

陰陬　73EJT37:513

二月壬申出　73EJT37:514

居延延　73EJT37:515A

□□叩頭死　73EJT37:515B

延都尉□　73EJT37:516A

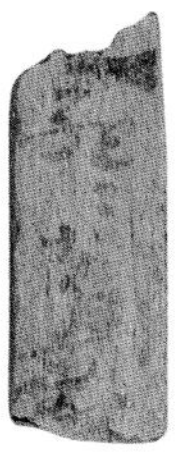
死罪〃九月丙午　73EJT37:516B

葆鰈□
立妻大　73EJT37:517

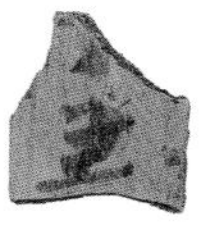
□盡　73EJT37:518

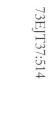

地節三年六月丙戌朔甲辰尉史延年敢言之遣佐廣齋三老賜名籍對大守府會軺車一乘牛一與從者平里紀市俱謁
移過所縣道河津關毋苛留止敢言之
六月甲辰居延丞延年移過所縣道河津關毋苛留止如律令／掾延年佐長世

73EJT37:519A

章曰居延丞印
六月壬子以來

73EJT37:519B

神爵四年正月丙寅朔辛巳居延丞奉光移肩水金關都尉府移肩水
候書曰大守府調徒復作四人送往來過客今居延調鬼新徒孫

73EJT37:520A

居延丞印
正月壬辰董敞以來

73EJT37:520B

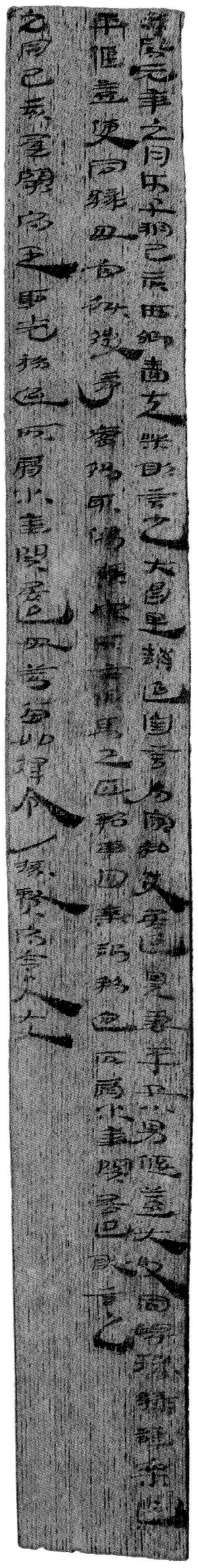

五鳳元年六月戊子朔己亥西鄉嗇夫樂敢言之大昌里趙延自言爲家私使居延與妻平子小男偃登大奴同婢瓅綠謹案延
平偃登便同綠毋官獄徵事當得取傳乘家所占用馬五匹軺車四乘謁移過所肩水金關居延敢言之
六月己亥屋蘭守丞聖光移過所肩水金關居延毋苛留如律令／掾賢守令史友

73EJT37:521

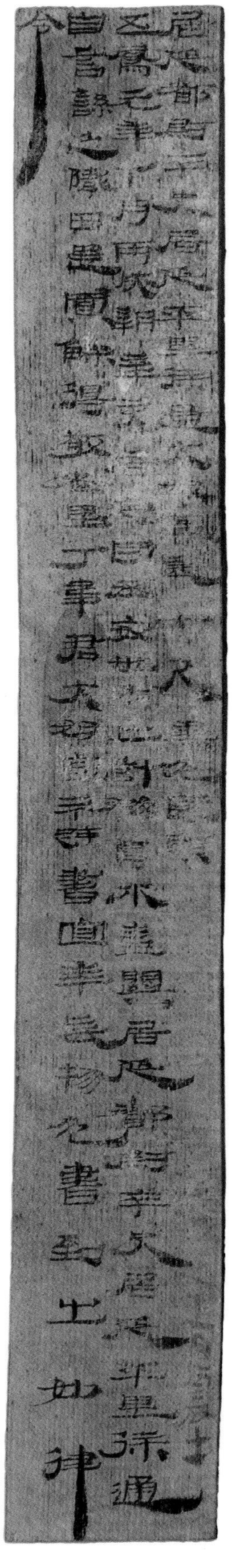

居延都尉卒史居延平里徐通大奴宜長七尺黑色髡頭　十一月丙辰出
五鳳元年十月丙戌朔辛亥居延守丞安世別上計移肩水金關居延都尉卒史居延平里徐通
自言繇之隴西還買觻得敬老里丁韋君大奴宜今踈書宜年長物色書到出如律
令

73EJT37:522A

印曰居延丞印
十一月丙辰佐其以來

73EJT37:522B

五鳳二年二月甲申朔壬戌騣鄉嗇夫順敢言之道德里周欣自言客田張掖
郡觻得縣北屬都亭部元年賦筭皆給謁移觻得至八月□檢
二月辛亥茂陵令　守左尉親行丞事／掾充

73EJT37:523A

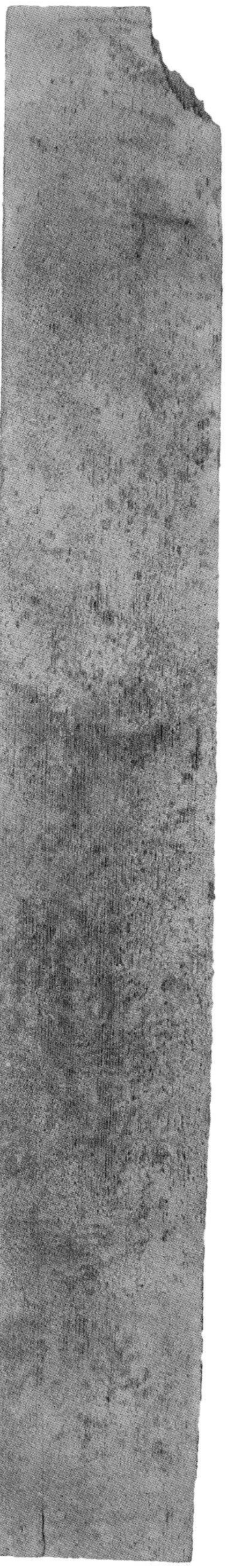

茂陵左尉

73EJT37:523B

五鳳三年十月甲辰朔癸酉西鄉嗇夫安世敢言之隴西〻始昌里知實自言以令占田居延以令子傳與大奴謹從者平里季奉
家市田器張掖武威金城天水界中車一乘馬二匹謁移過所河津關毋苛留止如律令
敢言之
十月癸酉居延令弘守丞安世移過所如律令　／掾忠佐定

73EJT37:524

永光三年十一月壬午朔丁未酒泉北部千人禹移過所河津關遣葆平陵宜利里韓則年卅五杜陵華陽里
公乘呂義年廿九乘軺一乘牡馬一匹之居延收責毋苛留如律令

73EJT37:525

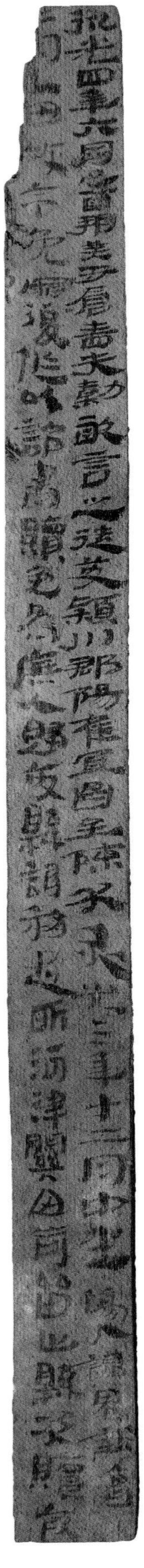

永光四年六月己酉朔癸丑倉嗇夫勃敢言之徒故穎川郡陽翟宜昌里陳犬永光三年十二月中坐傷人論鬼新會
二月乙丑赦令免罪復作以詔書贖免爲庶人歸故縣謁移過所河津關毋苛留止縣次贖食

73EJT37:526

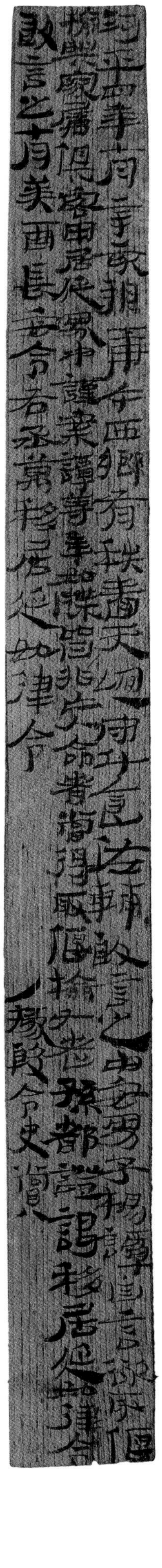

河平四年七月辛亥朔庚午西鄉有秩嗇夫誼守斗食佐輔敢言之中安男子楊譚自言欲取偃
檢與家屬俱客田居延界中謹案譚等年如牒皆非亡人命者當得取偃檢父老孫都證謁移居延如律令
敢言之七月癸酉長安令右丞萬移居延如律令　／掾殷令史賞

73EJT37:527

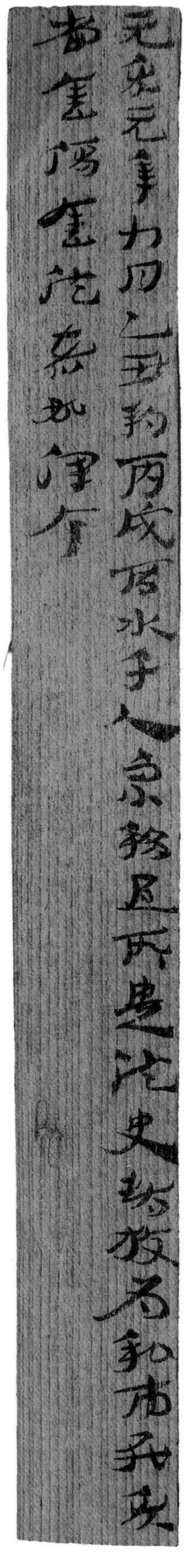

元延元年九月乙丑朔丙戌肩水千人宗移過所遣從史趙放爲私市居延
當舍傳舍從者如律令

73EJT37:528

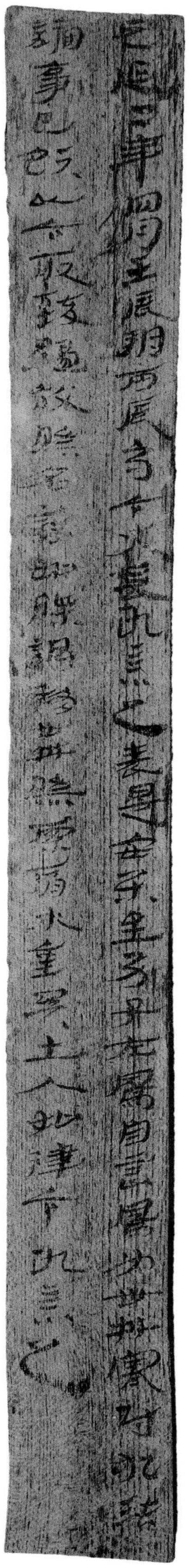

元延二年四月壬辰朔丙辰守令史長敢言之表是安樂里男子左鳳自言鳳爲卅井塞尉犯法
論事已願以令取致歸故縣名籍如牒謁移卅井縣索肩水金關出入如律令敢言之

73EJT37:529

建平四年正月丁未朔庚申西鄉守嗇夫武以私印行事敢言之昭武男子孫憲詣鄉自言願以律取致籍歸故縣謹案
憲毋官獄徵事當得以律取致籍名縣如牒唯廷謁移卅井縣索肩水金關出入如律令敢言之三月辛酉北嗇夫豐出

73EJT37:530

六月乙亥居延令憲守令史承祿行丞事敢言之
函谷關謹寫移敢言之／佐安世 73EJT37:531

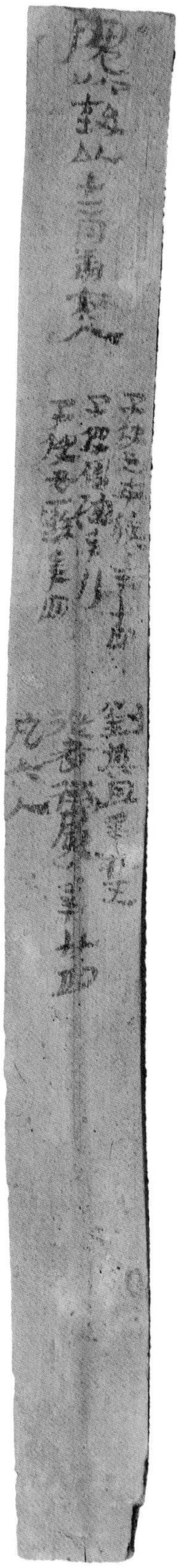

隗卿致以十二月庚寅入
子使女□□年十四 劉莫且年廿五
子使男誼年八 從者衛慶年廿四
子使女聖年四 凡六人 73EJT37:532

元年三月癸巳朔乙巳安定左騎千人況□ 73EJT37:533A

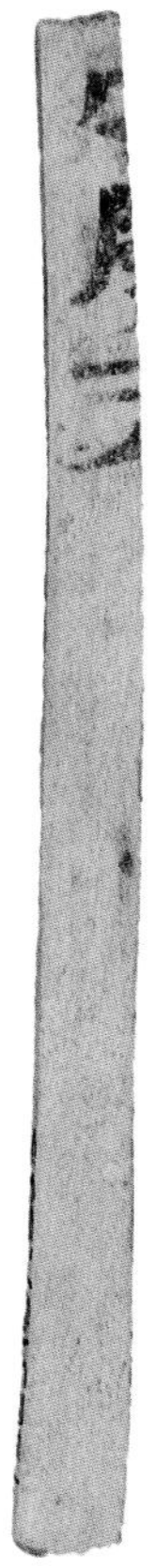

□□□ 73EJT37:533B

水廷隧次行 73EJT37:534

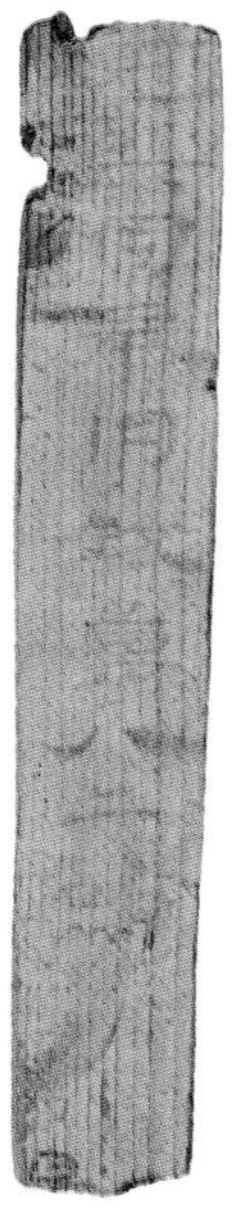

盡六月奉用錢萬八千□ 73EJT37:535A

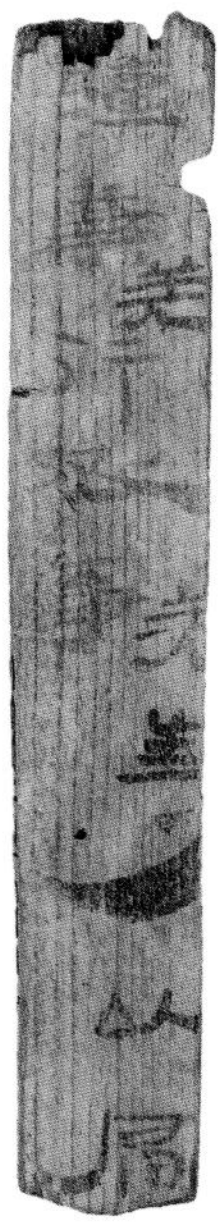

羌羌對以肩
彊兼行丞事　73EJT37:535B

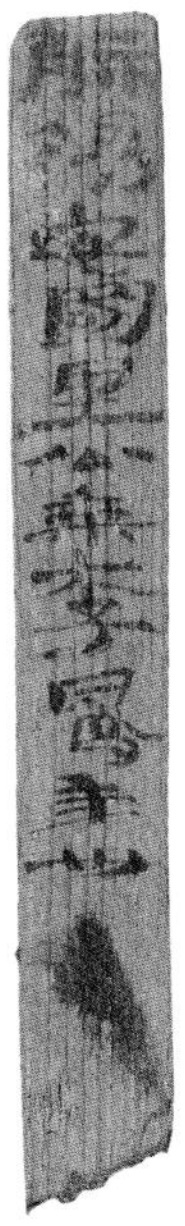

觻得安國里公乘李鳳年卅ノ　□　73EJT37:536

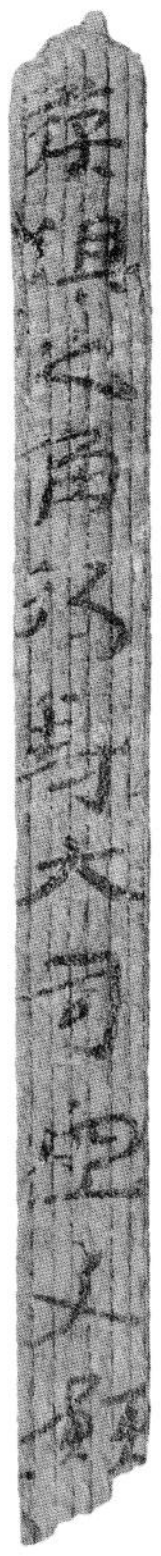

葆俱之角得對大司空史願　73EJT37:537

橐佗斬首隧長桓憲　子女華置年□
子男□子□　73EJT37:538

□年卅一　方箱車一乘　73EJT37:539

□金關文書方逐案劾　73EJT37:540

入還絮錢六百八十……　73EJT37:541

自言爲家私　73EJT37:542A

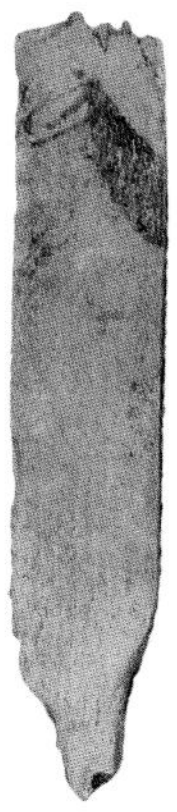

□□　73EJT37:542B

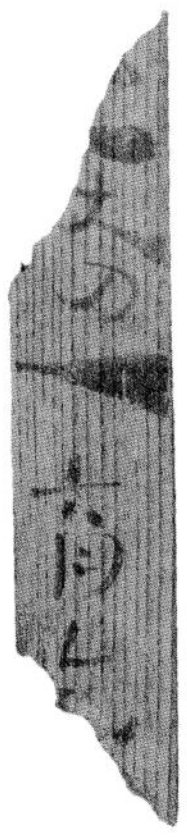

□一大刀一　六月乙□　73EJT37:543

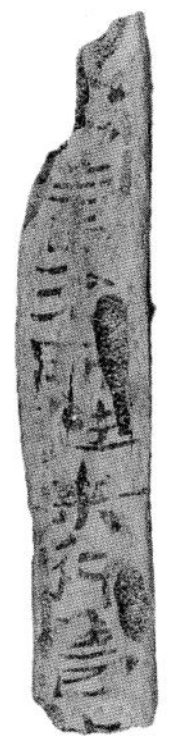

□□書治所往來行書□　73EJT37:544A

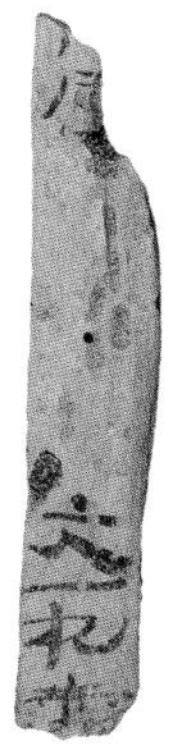

□鳳　•一人一札□　73EJT37:544B

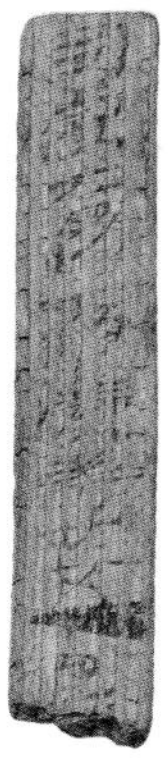

司寇大男楊廣年廿五黑　73EJT37:545

從史居延安樂里大夫李立年廿　73EJT37:548

年卅五長七尺三寸　黑色　73EJT37:551

□市陽里盧侯忠□　73EJT37:554

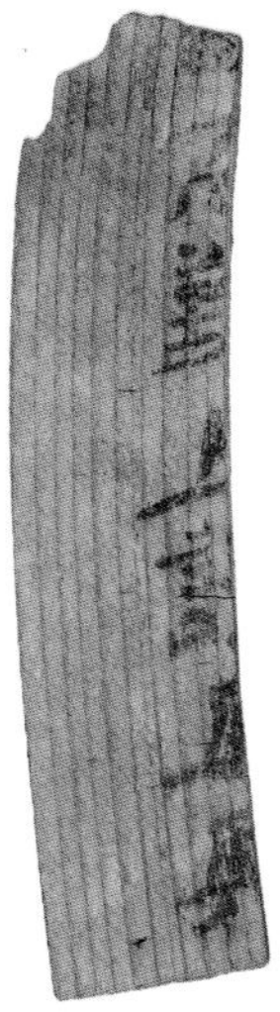

□高勤上□□□　73EJT37:556A

公乘□□□　73EJT37:546

到如律令　73EJT37:549

乘方相車駕騩牝馬　73EJT37:552

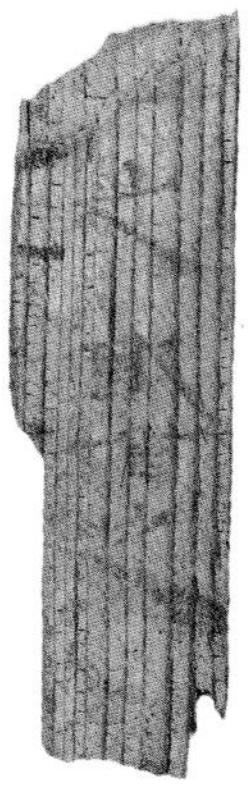

□之敢言之

……　73EJT37:555A

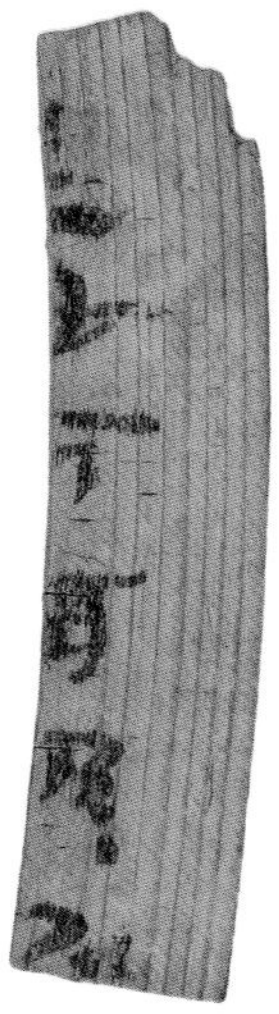

里□□再□□　73EJT37:556B

肩水司馬令史居延觻汗里　73EJT37:547

田卒梁國睢陽斛陽里謝姓□　73EJT37:550

居延完城旦徒大男□　73EJT37:553

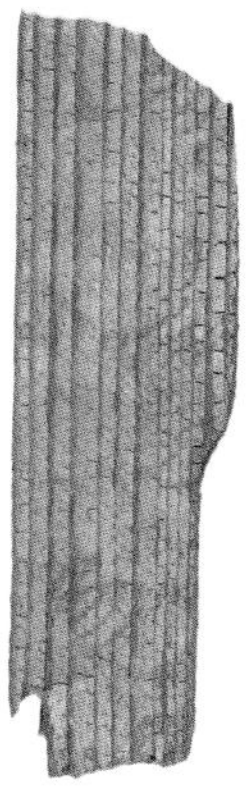

昜昜昜昜□　73EJT37:555B

□三歲

年一歲　73EJT37:557

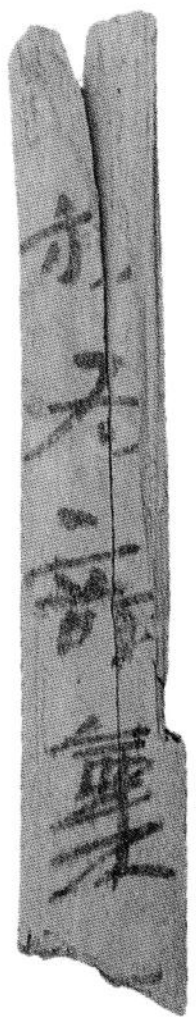
□爲部稟□　73EJT37:558

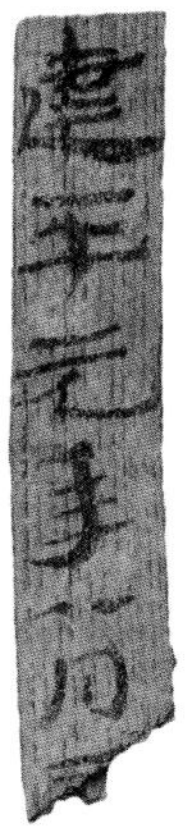
建平元年八月□　73EJT37:561

河南郡新鄭佞利里公乘江□　73EJT37:564

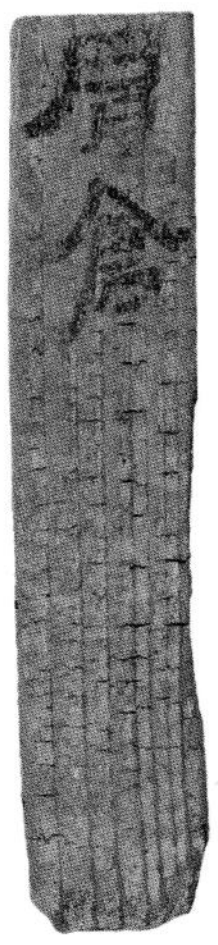
肩倉　73EJT37:566B

……□　73EJT37:569

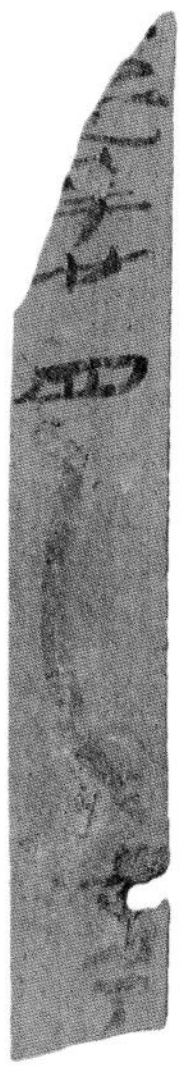
□年廿四　丿　六月丁　73EJT37:559

戍卒趙國襄國下廣里公乘耿□　73EJT37:562

十四日己卯食君游所因宿　73EJT37:565

車牛一兩　二月癸巳出　73EJT37:567

五斗　73EJT37:570

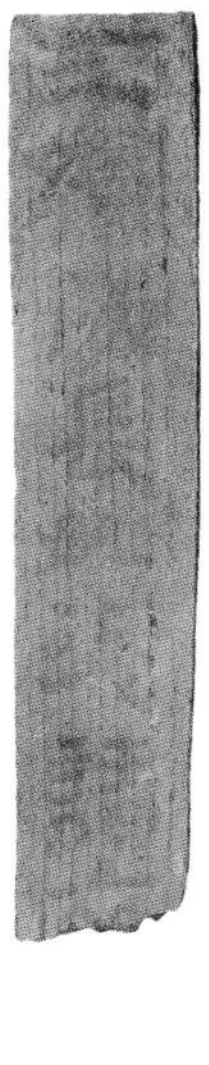
平樂隧長姚況請卒　73EJT37:560

年卌九長七尺四寸黑色　73EJT37:563

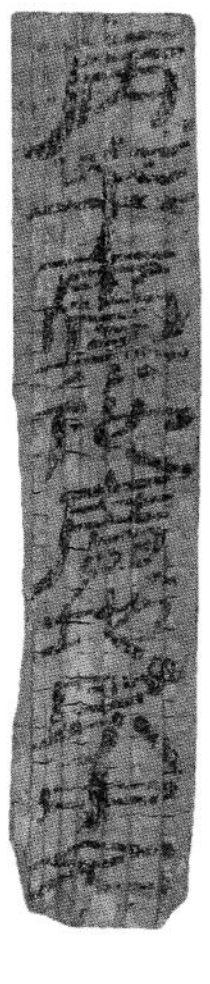
病卒稾他廣地界中名　73EJT37:566A

出百卌就上北部　73EJT37:568

緱氏閒里吳彊年　73EJT37:571

十一月甲辰☐　73EJT37:572

☐☐傳謹案戶籍
河津關毋苛留止
☐竟兼行丞事　73EJT37:573

☐☐☐
☐☐如牒書　73EJT37:574A

張掖觻得☐
☐☐　73EJT37:574B

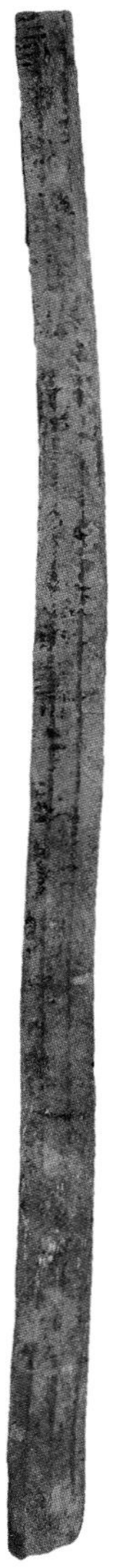

三月甲寅觻得長福　獄丞護兼行丞事謁移如律令　73EJT37:575A

觻得獄丞　73EJT37:575B

☐始三年七月……　73EJT37:576

……移肩水金關
如律令　73EJT37:577

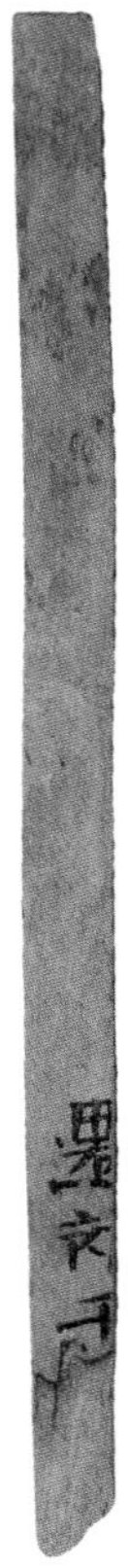

遷補千　73EJT37:578

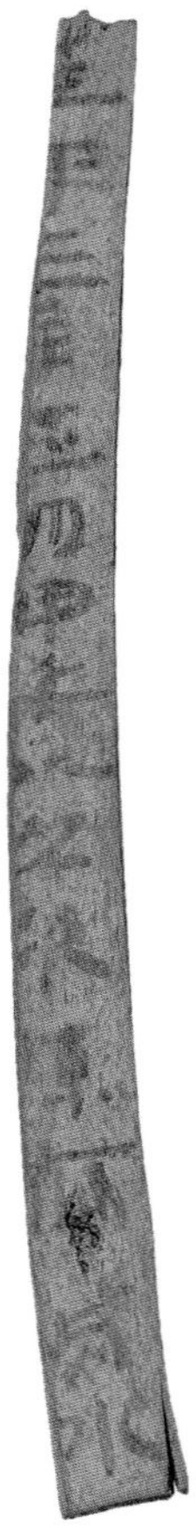

建平三年正月甲午以久次除補肩水　73EJT37:579

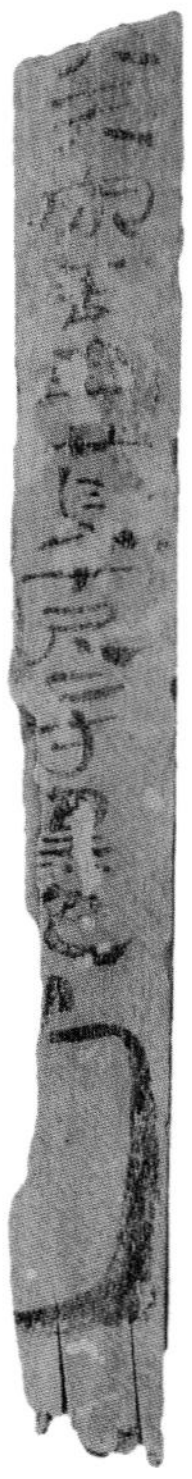

大夫宋善年廿長七尺二寸黑色马　73EJT37:580

初元三年十月壬午朔乙巳都鄉嗇夫□□□□
……
73EJT37:581

橐他沙上隧　73EJT37:582

□謹因　73EJT37:583A

□叩〃頭〃　73EJT37:583B

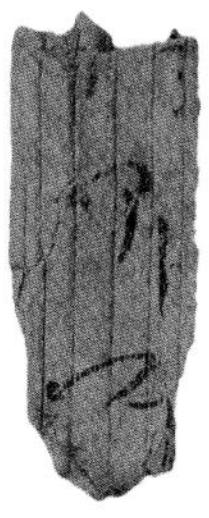

□六人庸
人身　73EJT37:584

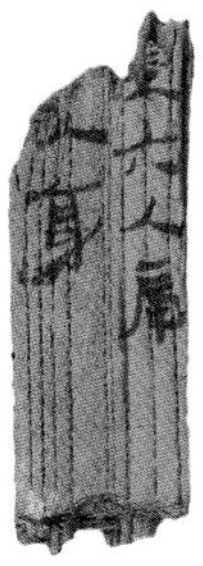

建平元十二月己未
逢皆毋官獄徵　73EJT37:585A

……　73EJT37:585B

美草卒陳湯　73EJT37:586

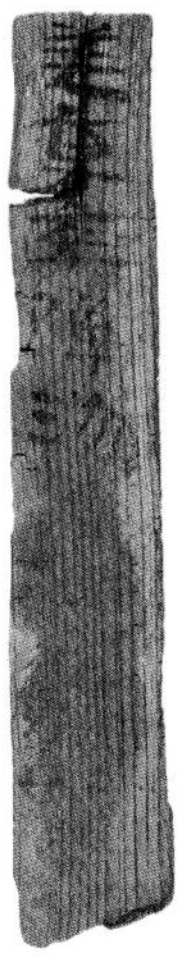

祿福倉丞
□水關　73EJT37:587A

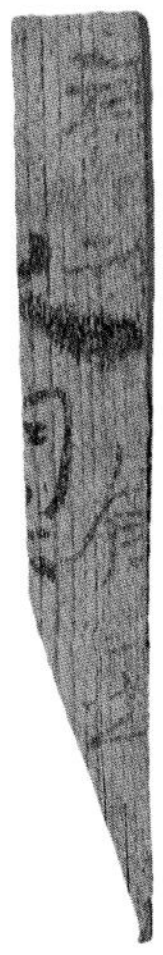

葆俱名　□　73EJT37:587B

元延三年五月丙　73EJT37:588

……　73EJT37:589A

□　73EJT37:589B

□　/兼掾長守令史豐　73EJT37:590

建平三年四月
……
73EJT37:591

□侯國門亭河津毋苛留如律令敢言之
令
73EJT37:592

陳音　故廣地　73EJT37:593

元延元年四月丁酉朔　73EJT37:594

詣府取急　73EJT37:595

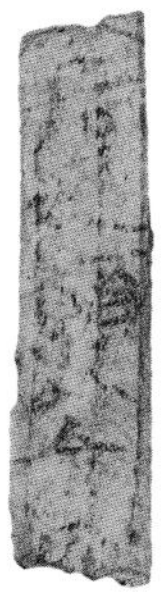

□居延願以令取　73EJT37:596

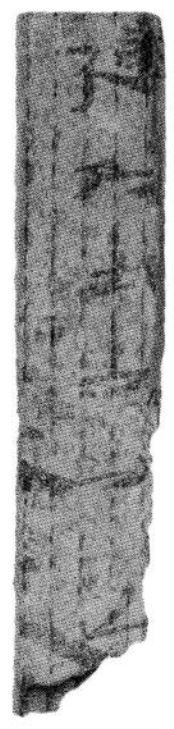

建伏地再拜請
……　73EJT37:597

發謹□　73EJT37:598A

□　華□　73EJT37:598B

字□　73EJT37:599

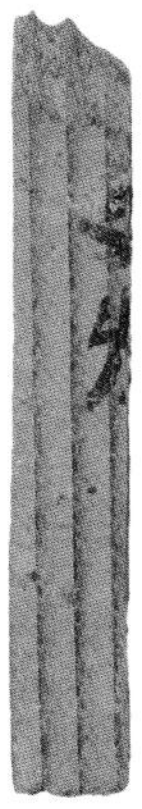

□□　73EJT37:600

□□
如律令　73EJT37:601

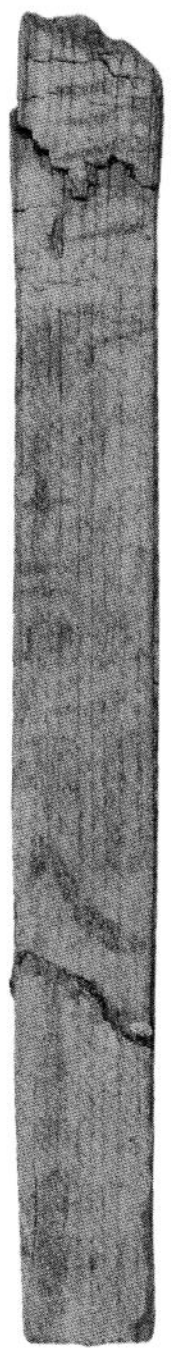

三四　十月壬子出
十二月乙未入　卩　73EJT37:602

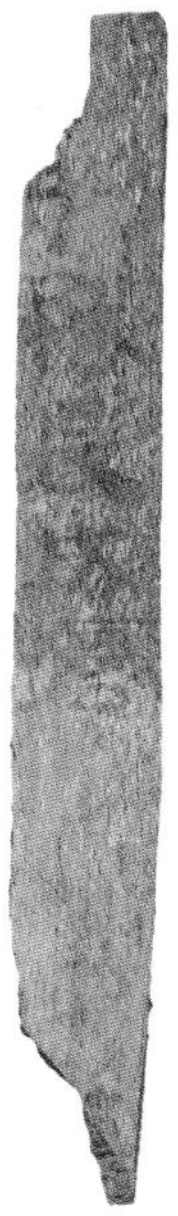

廣利隧長成倉　□　73EJT37:603

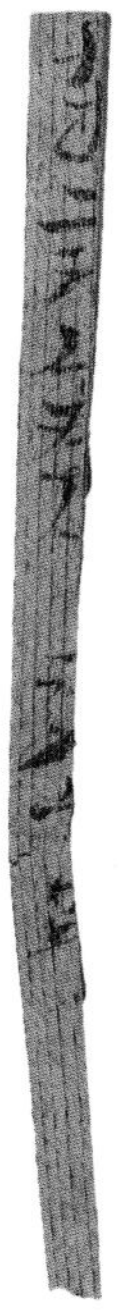

北書二封張掖……　73EJT37:604

□甲寅朔甲子張掖□□□□□　73EJT37:605

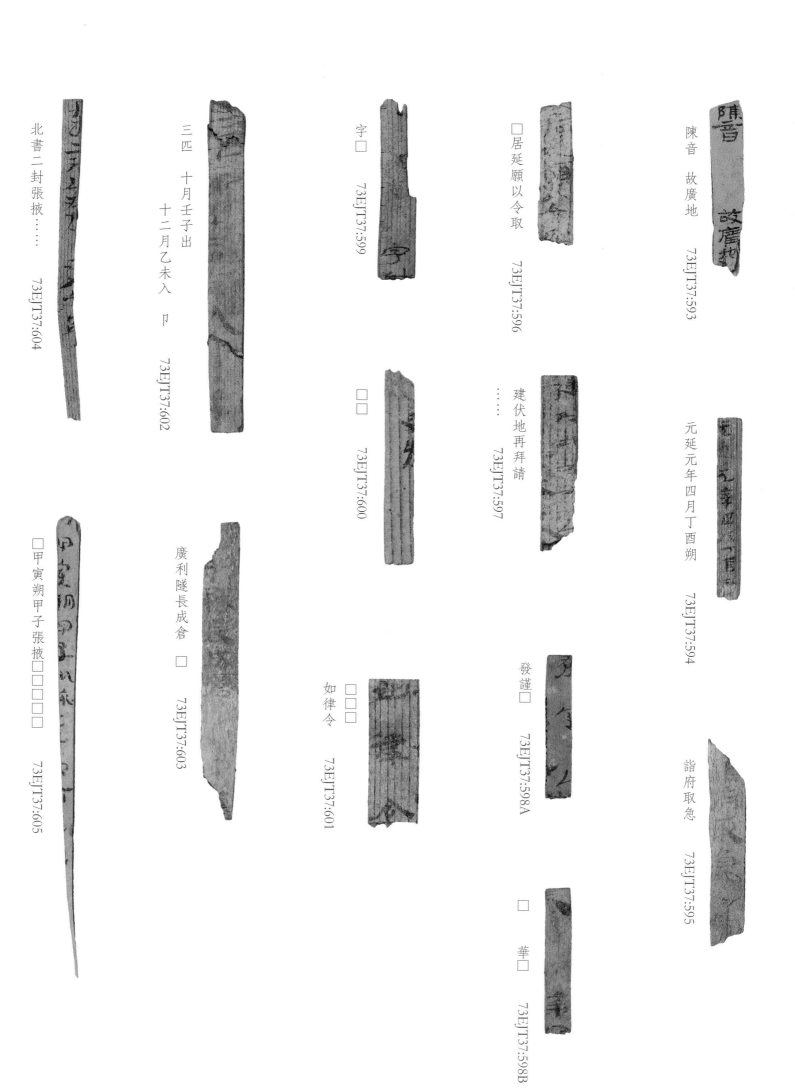

四月辛亥朔辛亥　73EJT37:606

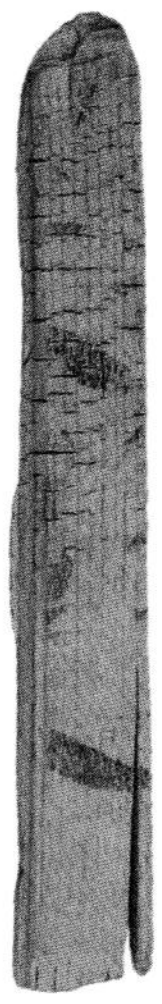
……　73EJT37:607A

□　73EJT37:607B

□歸安定取衣用五　73EJT37:608

□北嗇夫欽出　73EJT37:609

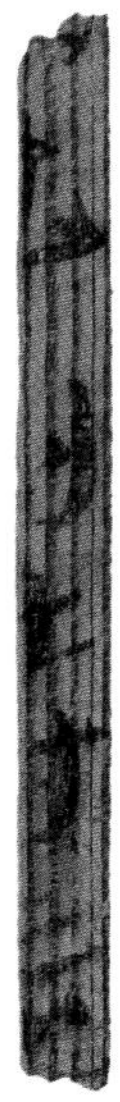
□書到□□□　73EJT37:610

戍卒觻得　73EJT37:611

國爲縣
敢言　73EJT37:612

……以十□　73EJT37:613

不不□□□□　73EJT37:614A

□出其□以□書叩頭　73EJT37:614B

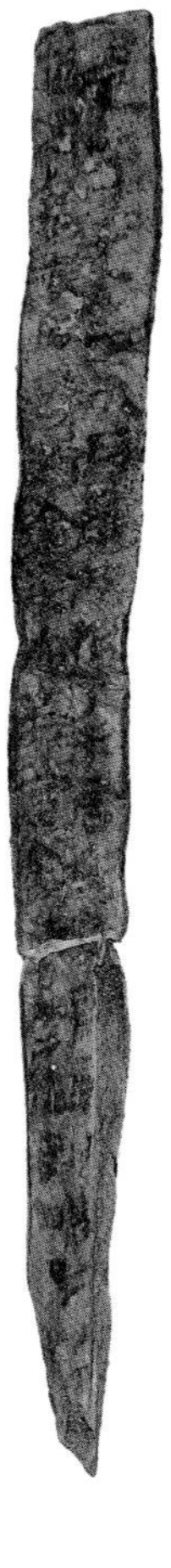
建平元年九月庚寅朔丁未居延都尉雲城騎千人□
遣五官掾石博對會大守府當舍傳舍從者如律　73EJT37:615

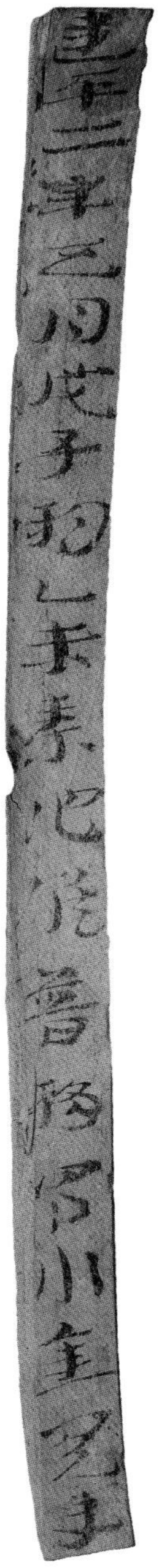
建平二年五月戊子朔乙未橐他候普移肩水金關吏　73EJT37:616A

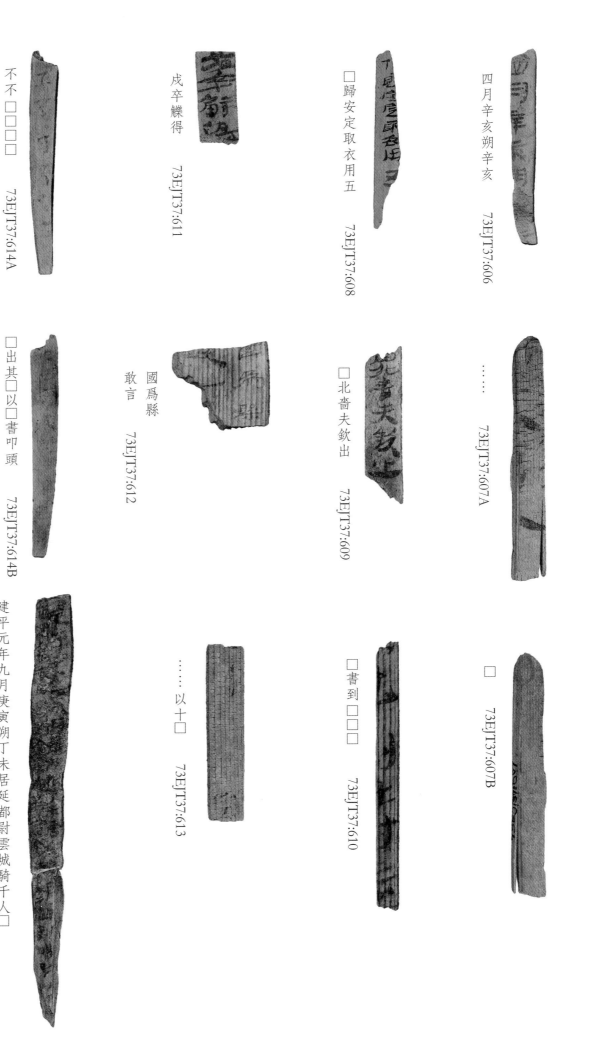

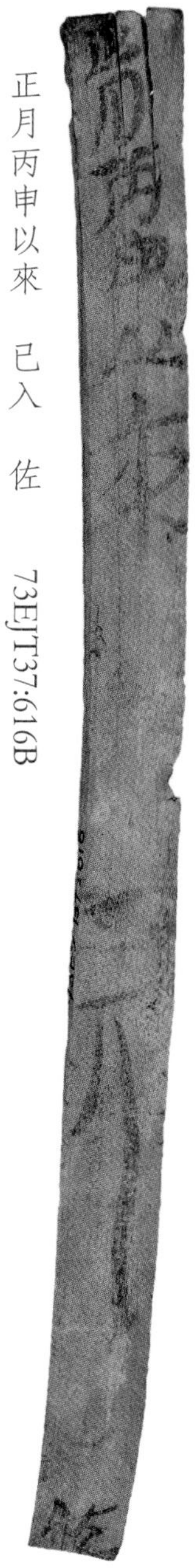

正月丙申以來　已入　佐　73EJT37:616B

建平元年十二月己未朔丁卯西鄉嗇夫褒敢言之市陽里張請君自言　73EJT37:617

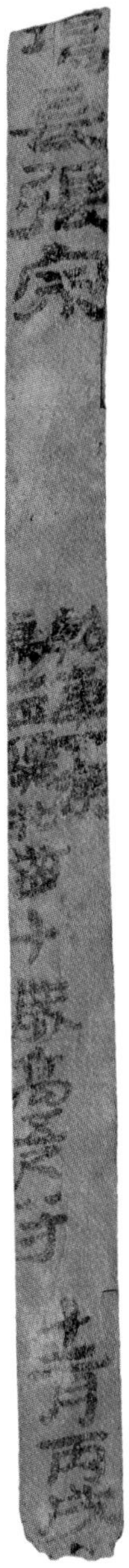

塢長張宗　軺車一乘
馬一匹驪牝齒十歲高五尺八寸　十二月丙戌出　73EJT37:618

■右第六車十人　73EJT37:619

四月乙巳入　73EJT37:620

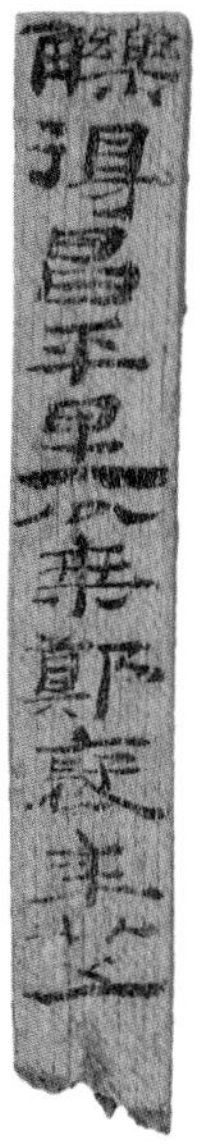

觻得昌平里公乘鄭褒年廿五　73EJT37:621

安竟隧卒觻得步利里士伍孔益壽　73EJT37:622

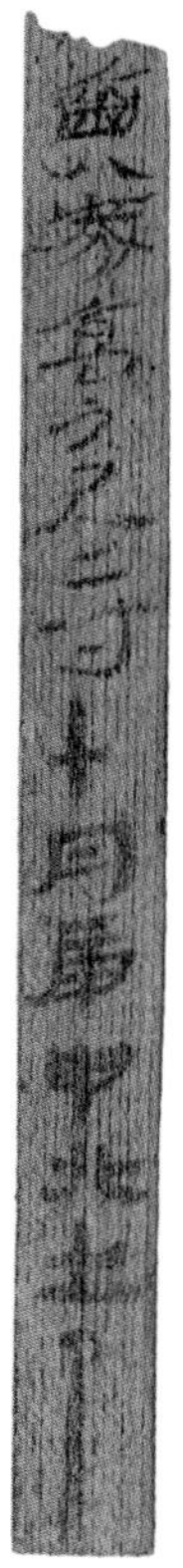

齒八歲高六尺二寸十月庚申北出卩　73EJT37:623

牛二車一兩弩一矢五十　73EJT37:624

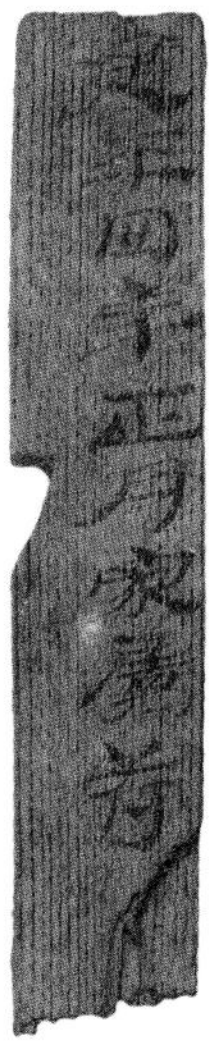

建平四年正月家屬符　73EJT37:625

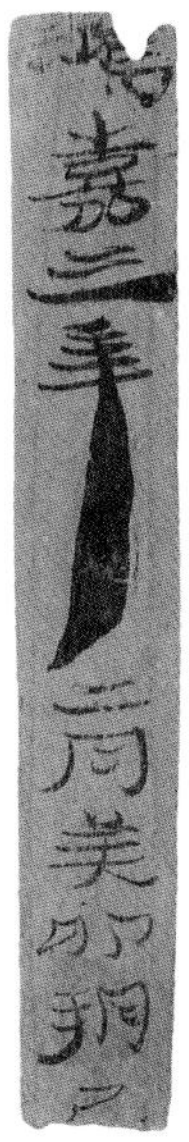

鴻嘉三年二月癸卯朔己　73EJT37:626

明廷不忍數哀憐　73EJT37:627

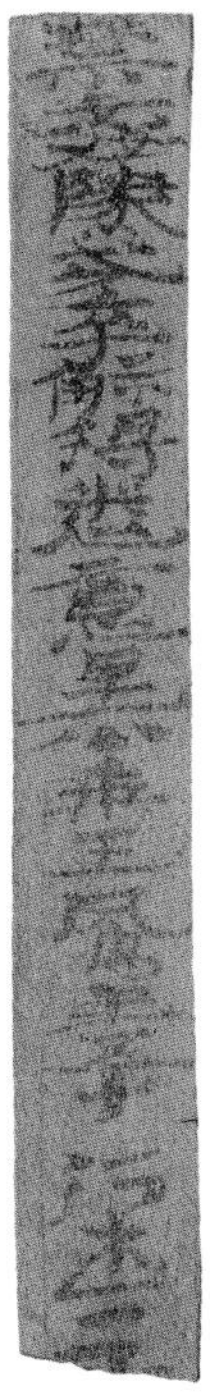

禁姦隧戍卒觻得悉意里公乘王鳳年五十行書橐　73EJT37:628

臨之隧長田放　73EJT37:629

水北隧卒耿勃　73EJT37:630

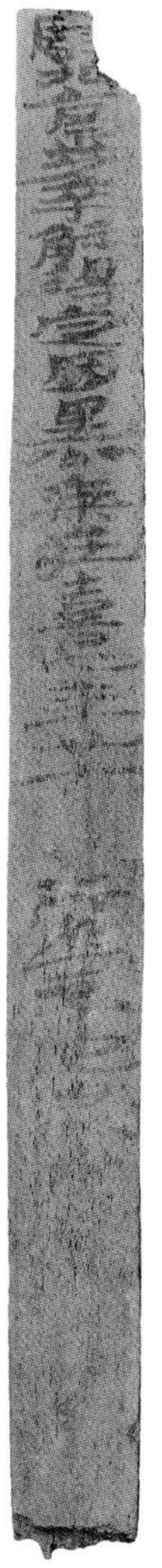

騂北亭戍卒觻得定國里公乘莊憙年廿七　行書橐他界中　73EJT37:631

軺車二乘馬二匹　丿　73EJT37:632

河南滎陽春成里張　73EJT37:633

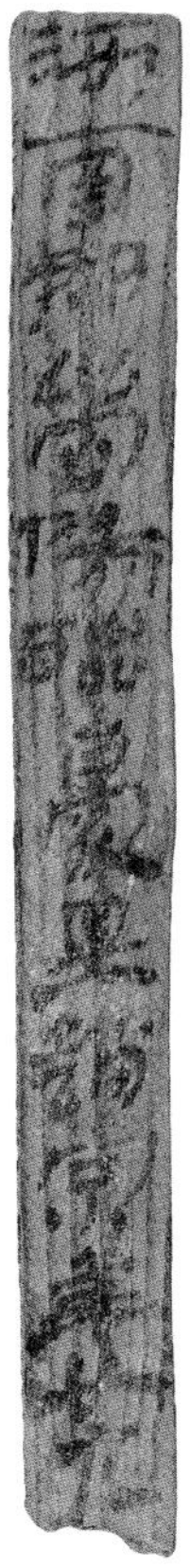

河南郡滎陽臨豪里趙宗年廿九　73EJT37:634

大車一兩牛一　十一月入　73EJT37:635

十二月乙丑北嗇夫豐出　73EJT37:636

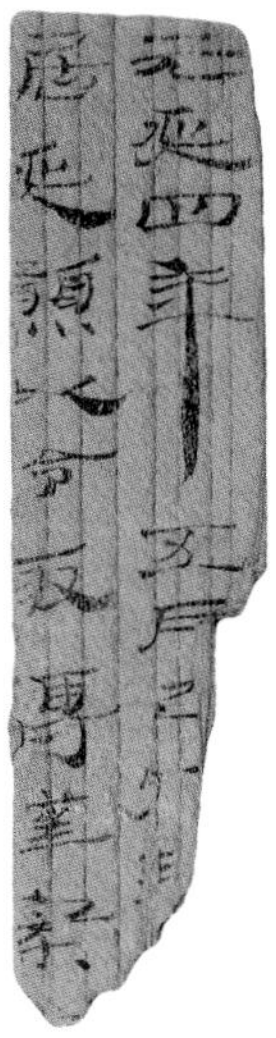

元延四年五月己卯朔
居延願以令取傳謹案　73EJT37:637

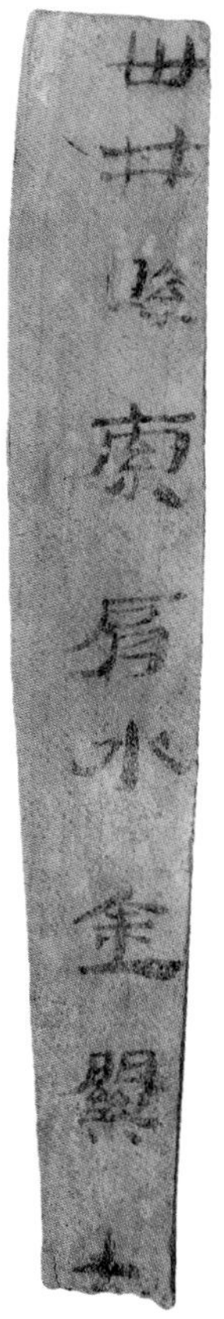

卌井縣索肩水金關出　73EJT37:638

……建平二年十一月丙戌置佐並受　73EJT37:639

建平元年四月癸亥朔□□□水守城尉賞移肩水金關居延縣索關
吏自言遣所葆爲家私使居延名縣里年姓如牒書出入如律令　73EJT37:640A+707A

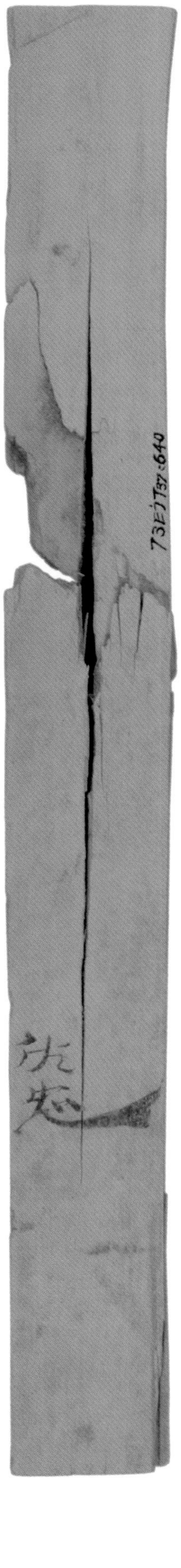

佐忠　73EJT37:640B+707B

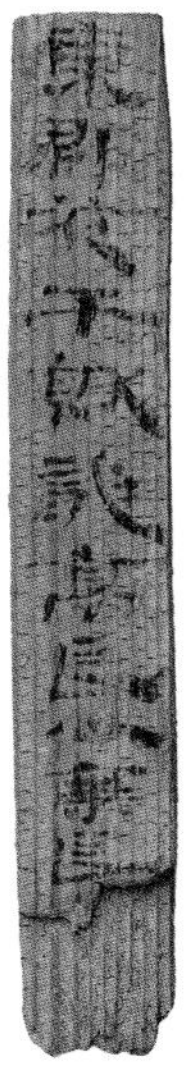

東郡發干就龍亭長公乘長□　73EJT37:641

□□□孫仁自言弟放爲都尉守屬繇之
□臧官者仁爵大夫年廿五毋官獄徵事當　73EJT37:642

□彭擊豐右手一□　73EJT37:643

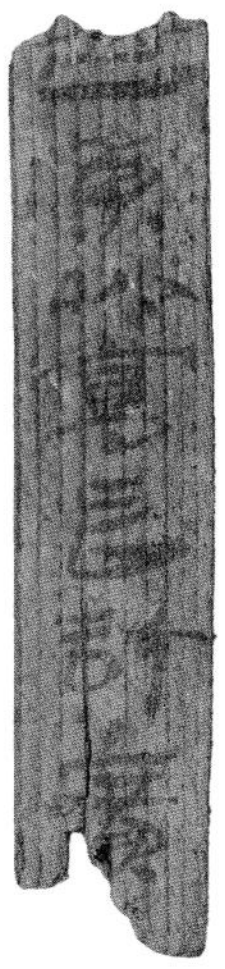

邑東鄉亭長許廣□　73EJT37:644

鴻嘉四年十二月癸
傳舍從者如律令　73EJT37:645

□卩　爲人黑毋須長七尺衣白布單衣白布單絝　73EJT37:646

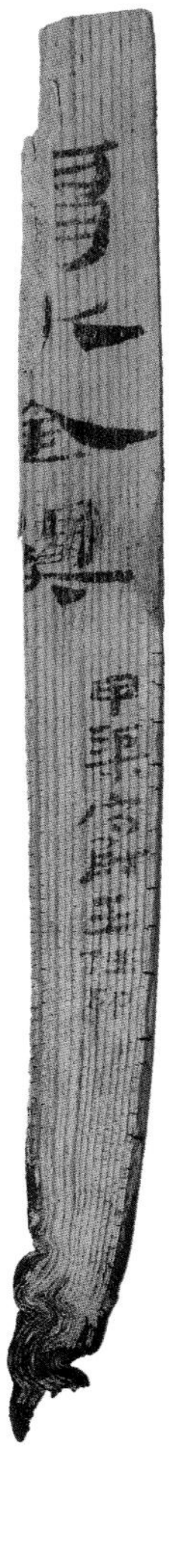

肩水金關　甲渠守尉王任印　73EJT37:647

賈車長未但數　73EJT37:648A

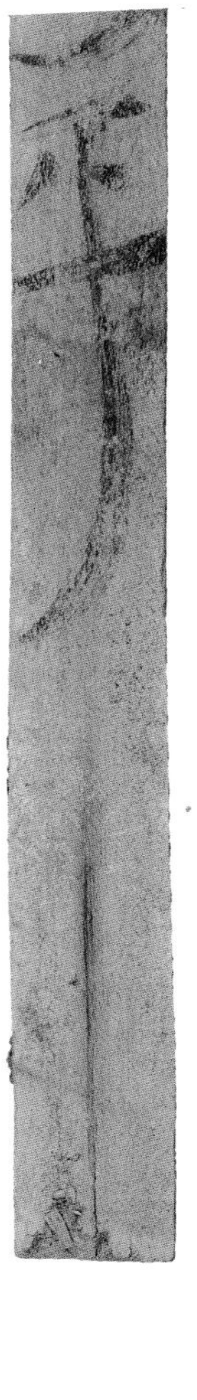

□平　73EJT37:648B

十二月辛未朔庚
令取傳謹案　73EJT37:649

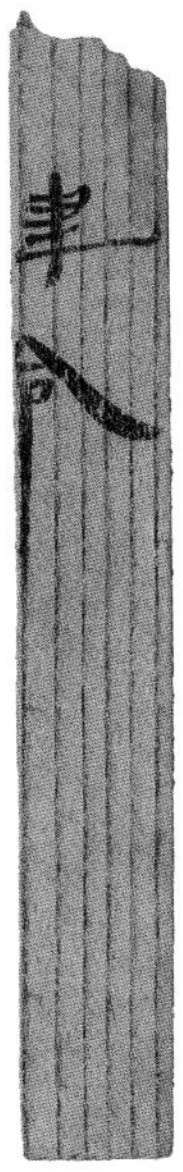

律令　73EJT37:650

建平二年六月丙辰朔　73EJT37:651A

鰈得塞尉印　73EJT37:651B

車一兩　弓一矢廿

十

73EJT37:652

長七尺四寸黑色卩

□張誼逐市張掖酒泉郡中與從者西道　73EJT37:653

張寅孝夫足下善毋□

死甚傷應建宜以時至前不肖□□不在死罪……

……過所□及幸=甚=

73EJT37:654A+734A

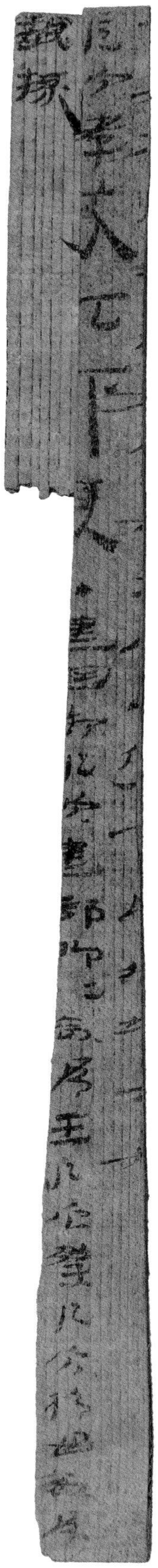

……伏地再拜

張寅孝夫足下□　·建因報張寅建部卿=欲爲王張寅祭張寅將毋欲爲

魏掾

73EJT37:654B+734B

三月壬午長安令右丞寬移　73EJT37:655

□乘王延年=廿八歲長七尺五寸

五歲長七尺

皆黑色

入出止　73EJT37:656

壬子朔乙丑廣明鄉嗇夫恭敢言之廣德里不　73EJT37:657

橐他界中　盡五年二月止　73EJT37:658

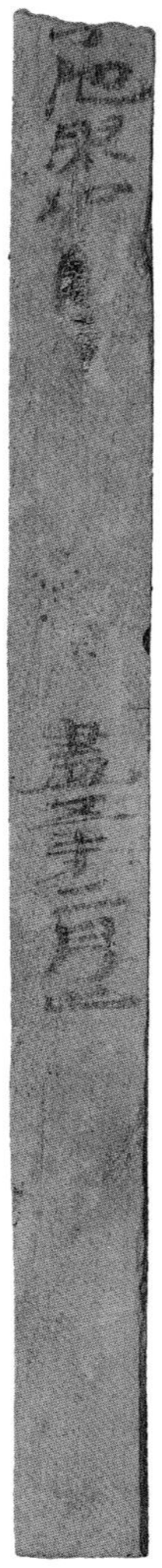

不復致入　叩頭□　請　73EJT37:659A

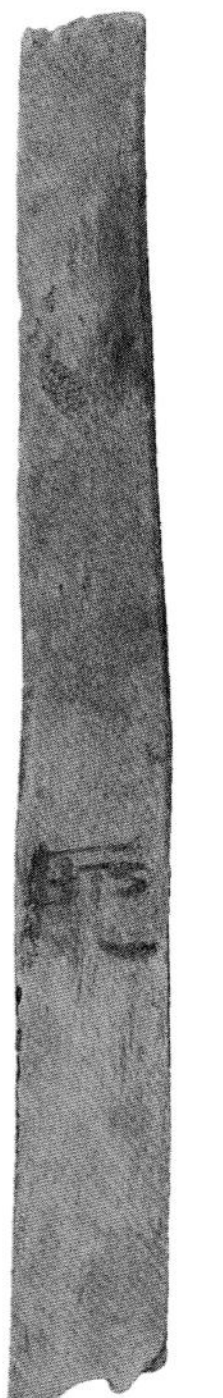

耶　73EJT37:659B

□□年卅六七　中壯板身汙面短髯長三寸所衣白布單衣□　73EJT37:660

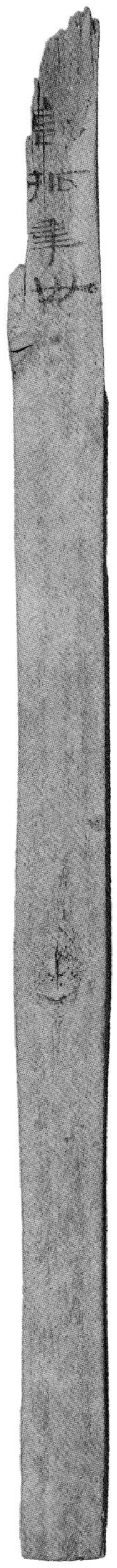

高拓年卅　73EJT37:661

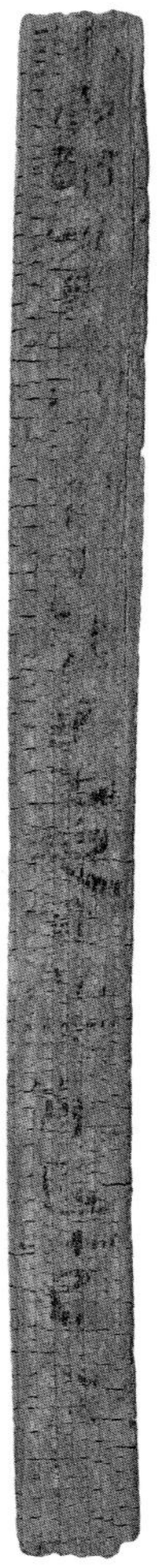

河南郡熒陽□□里公乘王定年廿七歲長七尺□□　73EJT37:662

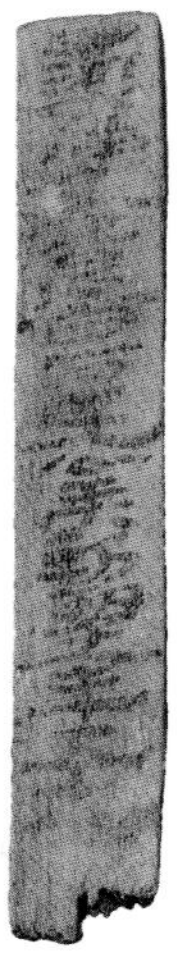

甲渠候史居延白石里公乘靳望年五十八　73EJT37:663

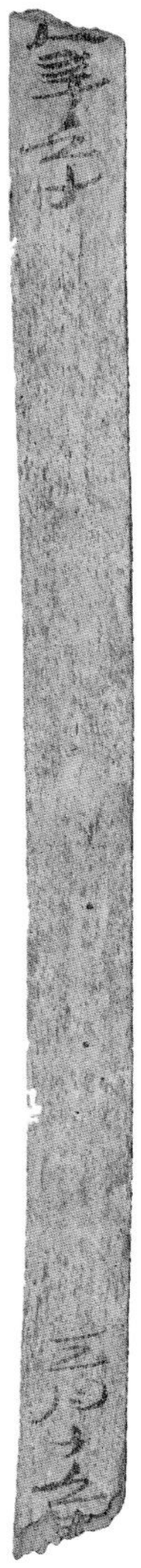

□年六十　五月十六日　73EJT37:664

年卅八　73EJT37:665

元康三年廣地吏　73EJT37:666

尉豐殄虜隧長
善毋恙□□□□□　73EJT37:667A

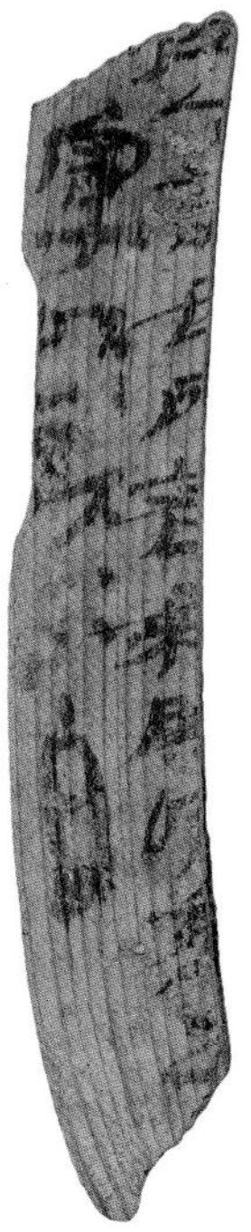

□謹言毋所□乘與唯□之
軍叩=頭=白　73EJT37:667B

葆茂陵萬延里陳廣漢年卌二長七尺六寸　73EJT37:669

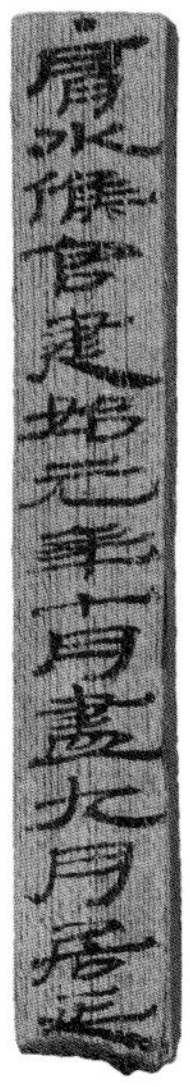

•肩水候官建始元年七月盡九月居延　73EJT37:671

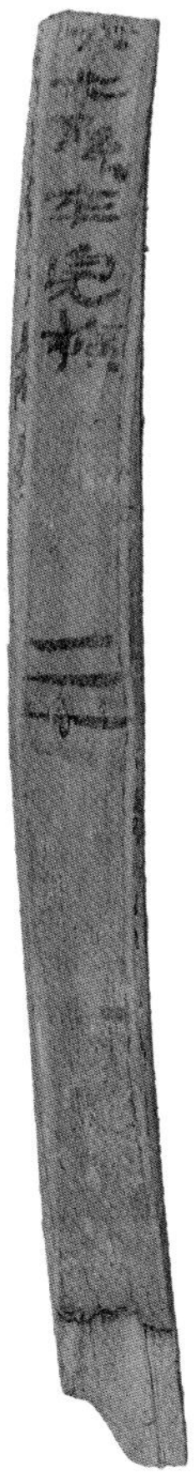

水北隧卒兒横　≡一　73EJT37:673

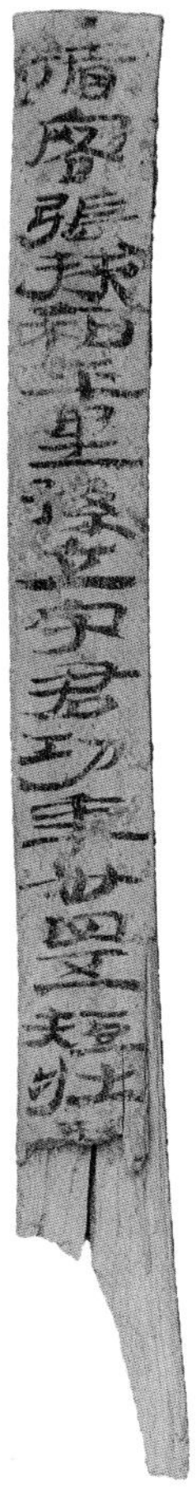

•循客張掖和平里孫立字君功年卅四五短壯□　73EJT37:675

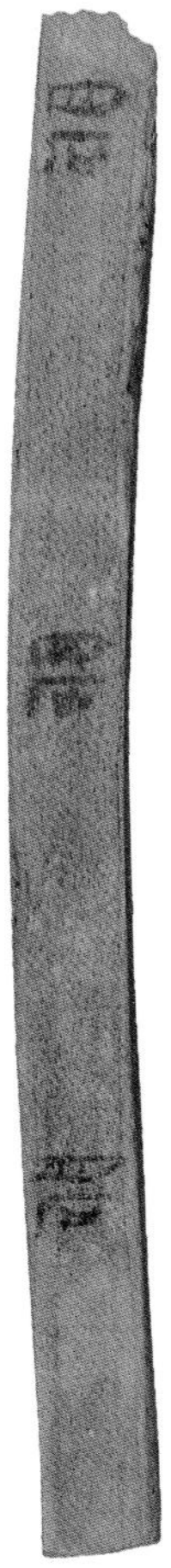

四石　四石　四石　73EJT37:677

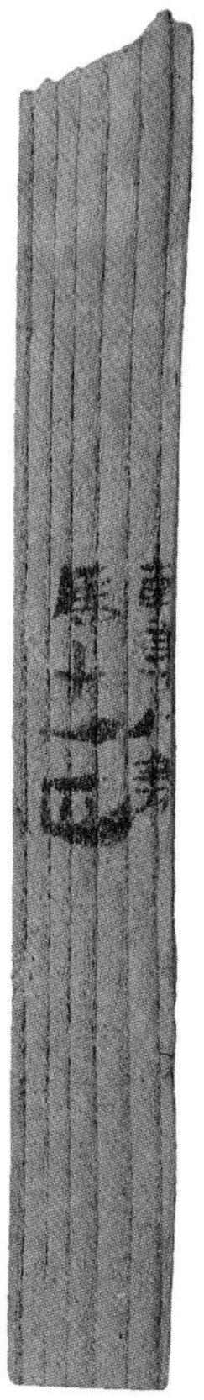

軺車八乘
馬十一匹　73EJT37:668

戍卒淮陽國扶溝桐里公乘寇志年卅一　車父　73EJT37:670

乘朱毋傷年卌歲長七尺二寸　73EJT37:672

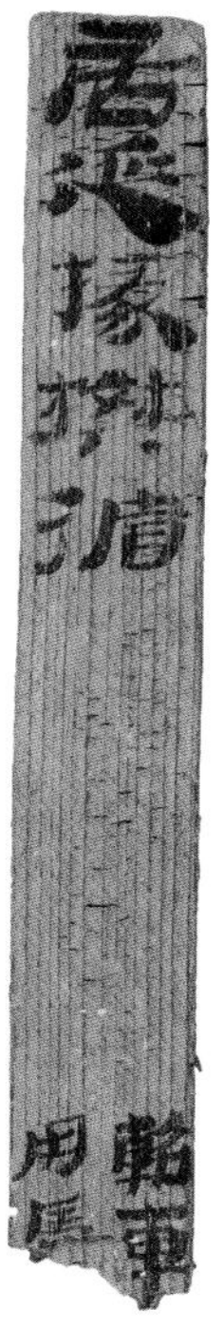

居延掾樊循　軺車
用馬　73EJT37:674

□寸黑色　马　十一月己未　73EJT37:676

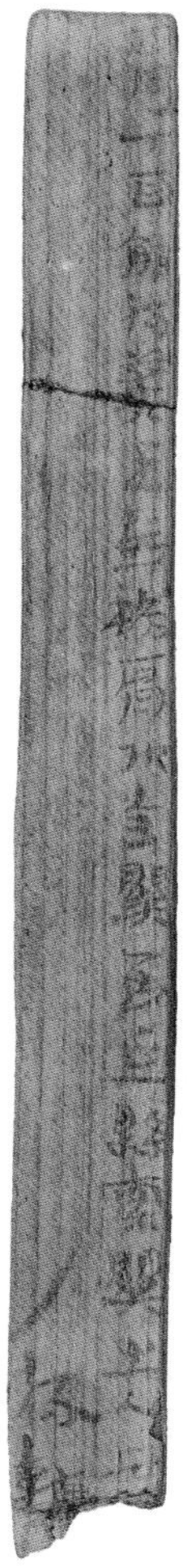

四月丁酉觻得□丞彭移肩水金關居延縣索關出入毋
╱掾輔　73EJT37:678

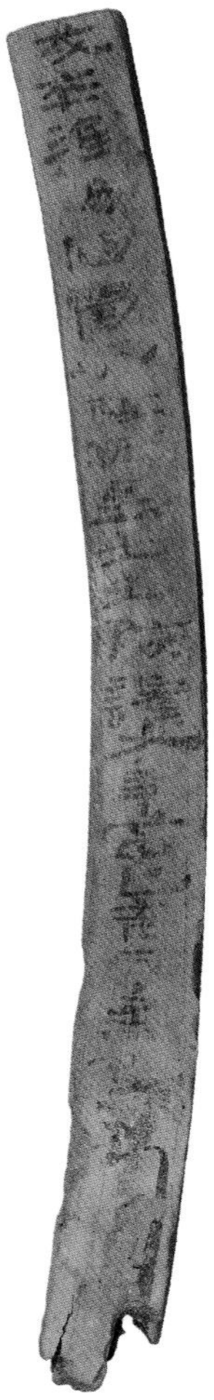

戍卒淮陽國甯平□城里大夫陳護年廿四長七尺二寸黑色　㔾

73EJT37:679

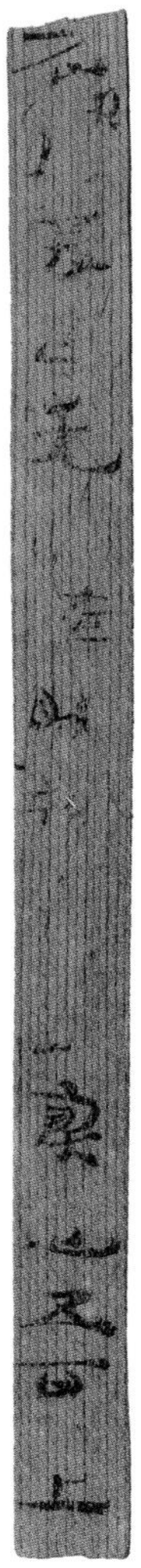

□□爰書先以證財物故不以實臧五百以上

73EJT37:681

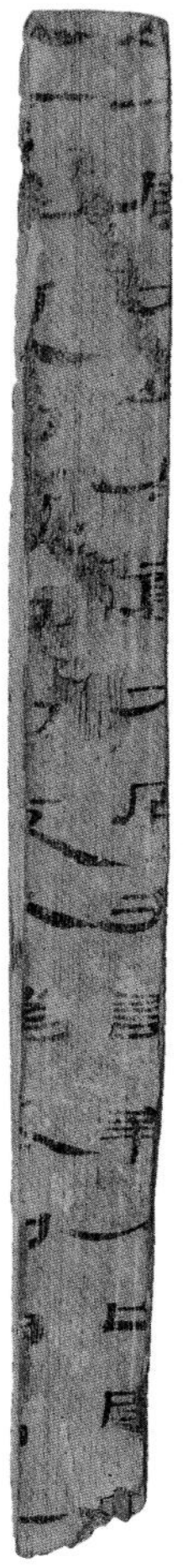

□□鳳不以爲意　□□□□□□□□□
□□□□□□□□□□□□□

73EJT37:682

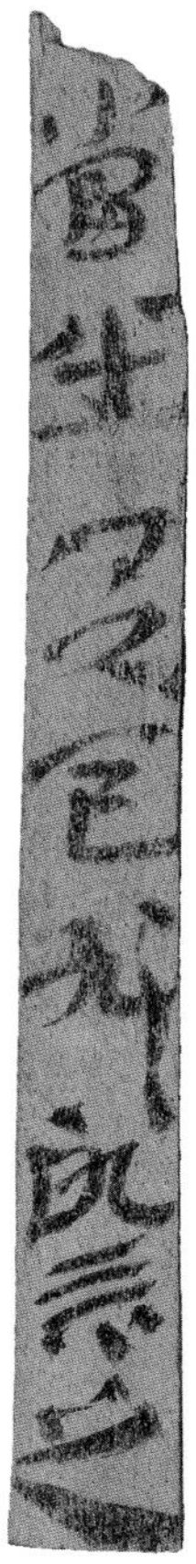

當坐叩頭死〓罪〓敢言之

73EJT37:684

□□□□　張掖大守延年肩水倉長移
乘傳　　觻得以次爲駕當舍傳

73EJT37:686

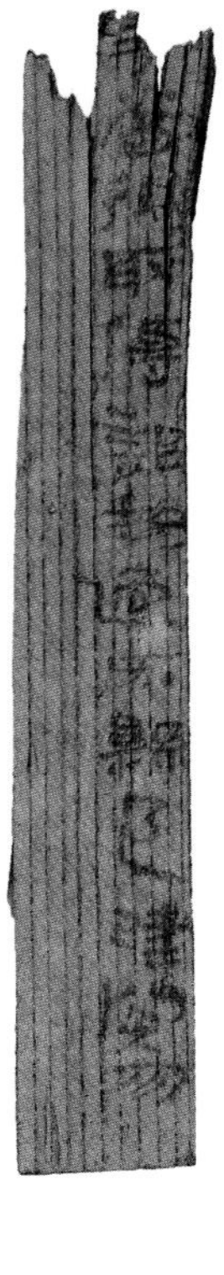

□當得取傳謁移過所縣邑津關勿

73EJT37:680

正月辛酉北出　五月壬辰南入

73EJT37:683

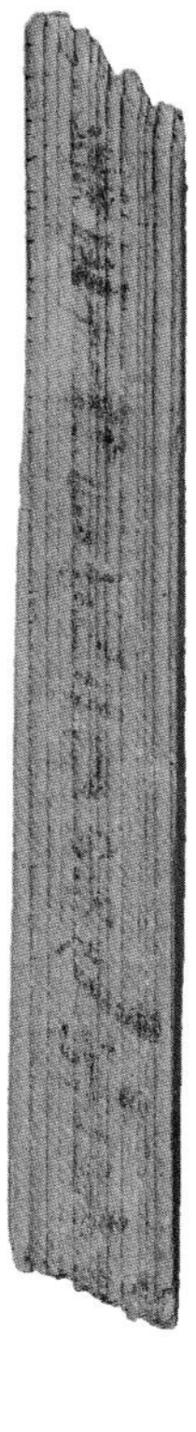

年五十六長七尺二寸黑色牛車一

73EJT37:685

妻大女昭武宜春里幸還年廿七　車一兩
子男詡年九　　牛二頭
子小男黨年七
□子小男……

73EJT37:687

□細身小頭方面小髭少須身端直初亡時黑幘　73EJT37:688

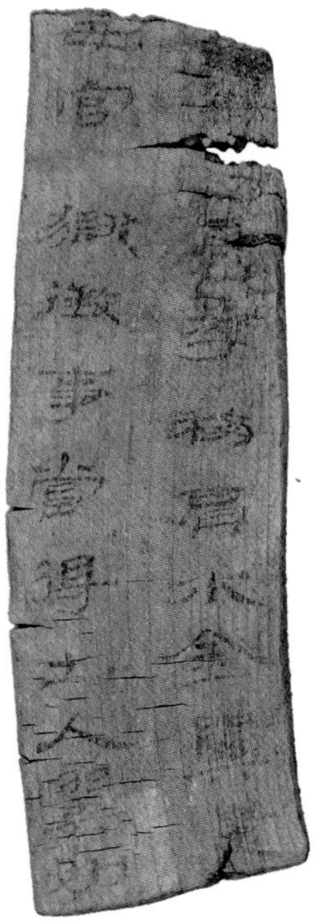

□司馬孝移肩水金關遣
毋官獄徵事當得出入關如　73EJT37:690

發
□　令史壽　73EJT37:691B

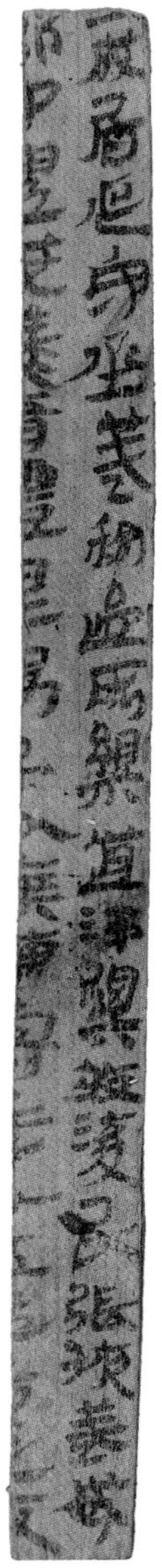

□成居延守丞武移過所縣道津關收流民張掖武威
郡中遣茂陵脩禮里男子公乘陳客年廿五□□□□　73EJT37:693

居延亭長當遂里公乘□慶年卅二ㄗ　用馬一匹白□　～　73EJT37:694

肩水金關　73EJT37:689

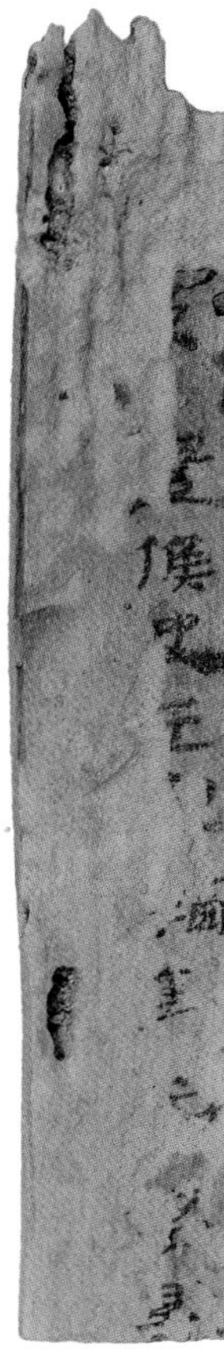

……遣候史王□輸錢□□縣　73EJT37:691A

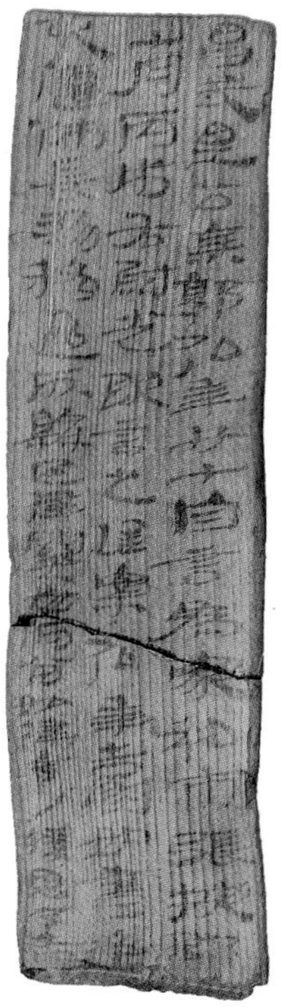

昌武里公乘郭弘年廿七自言爲家私市張掖郡
七月丙戌右尉光敢言之謹案弘年爵如書毋
取偃師長湯移過所縣邑津關毋何留如律令／掾恩令史安　73EJT37:692

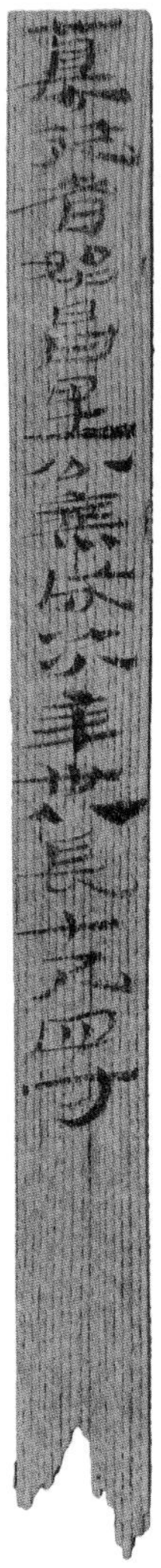

募從者始昌里公乘成次年卅八長七尺四寸　73EJT37:695

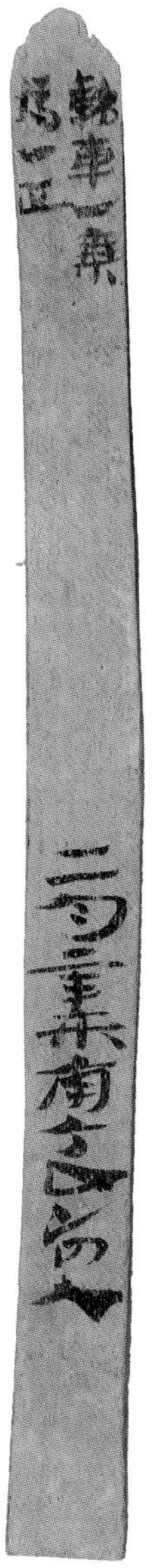

軺車一乘　二月辛未南亭長步入

馬一匹　73EJT37:696

界亭　皆九月戊午入　73EJT37:697

元延元年十月甲午朔乙卯鶉陰守長　丞並移過所新成里男

……　73EJT37:698

梁國戍卒菑直里大夫陳延年〻廿五　73EJT37:699

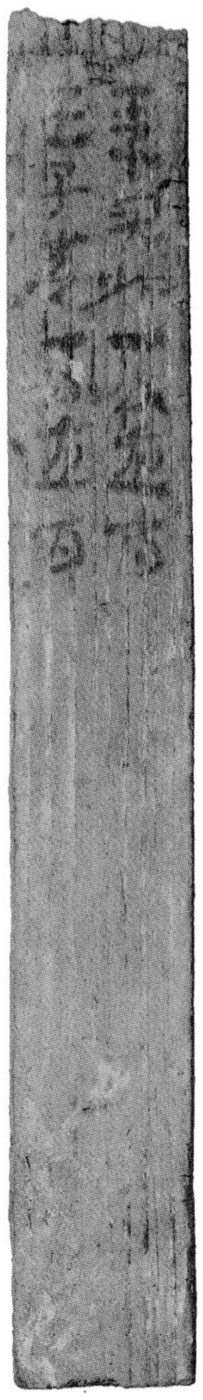

李君卿一分直百

王子真一分直百　73EJT37:700

居延左部守游徼肩水里士伍張武年五十六　十一月庚子候史丹入　73EJT37:701

□□□□□□□□□□敢言之□□□□□□
二月癸亥滎陽守丞萬移過所如律令　／掾憙令

73EJT37:702A

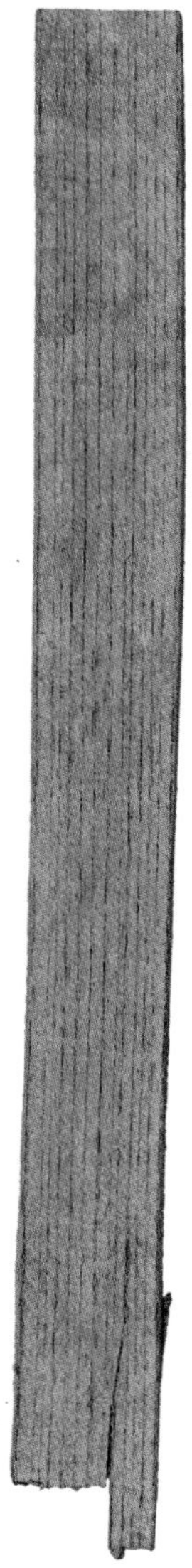

滎陽丞印

73EJT37:702B

河南鞏秋陰里公乘趙紂年廿一長七尺□□

73EJT37:703

……
憙移居延如律令奉明廣德里丘護年廿七

73EJT37:704

……
如牒書到出内如律令

73EJT37:705

作日所累記不知至田□
所作爲何等乎吾過符欲至□

73EJT37:708A

建平元年十月乙酉張掖居延都尉雲丞歆謂□
事當舍傳舍從者如律令

73EJT37:706

田立叩頭言
子贛坐前見數不言自□

73EJT37:708B

南陽宛邑令史殷護　73EJT37:709

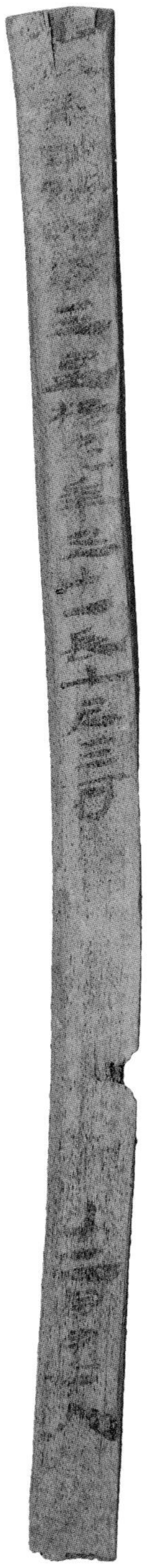

張掖屬國破胡佰三里楊忠年五十一長七尺三寸　十二月甲午入　73EJT37:710

年卅八歲黃色　•軺車三乘牛車四兩用馬七匹草馬廿四匹用牛四　卩　73EJT37:711

軺車一乘馬一匹騩牝齒十六高六尺
黑犗牛一頭　73EJT37:712

河南雒陽芷陽里大夫菅從年卅五長七尺二寸黑色　五月辛未出
六月乙巳入　73EJT37:713

肩水金關　73EJT37:714

一封　二月丙辰書佐相署　73EJT37:715

甲戌廣地縣得守塞尉博兼行候事移肩水金關　73EJT37:716A

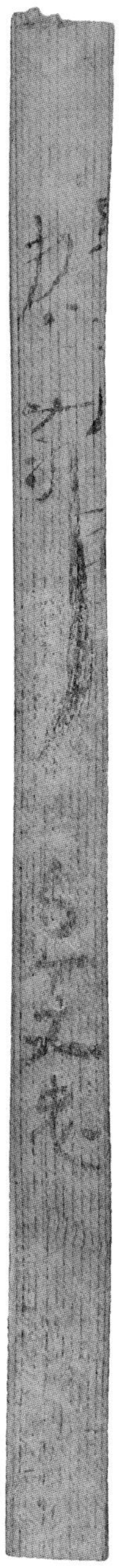

……
君前　守令史忠　73EJT37:716B

三寸黑色　73EJT37:717

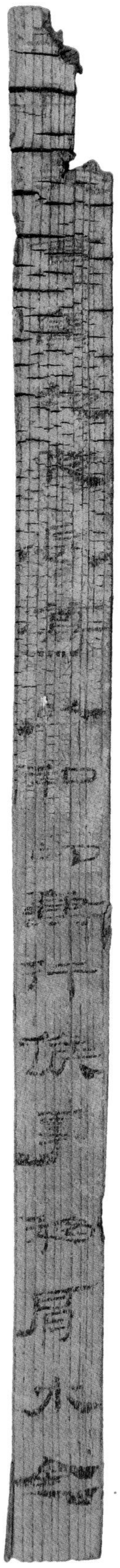

二月癸酉廣地隧長尊以私印兼行候事移肩水金　73EJT37:718

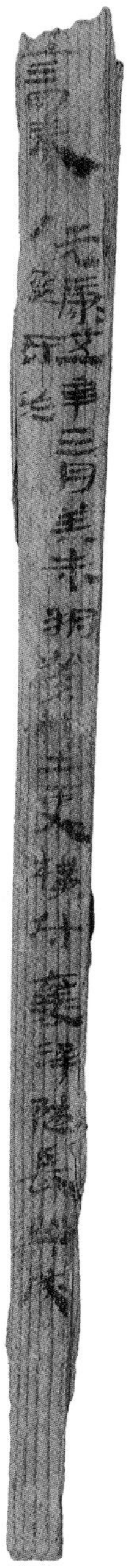

□三月奉　元康五年三月癸未朔癸卯士吏橫付襄澤隧長樂成
一候房臨
73EJT37:719

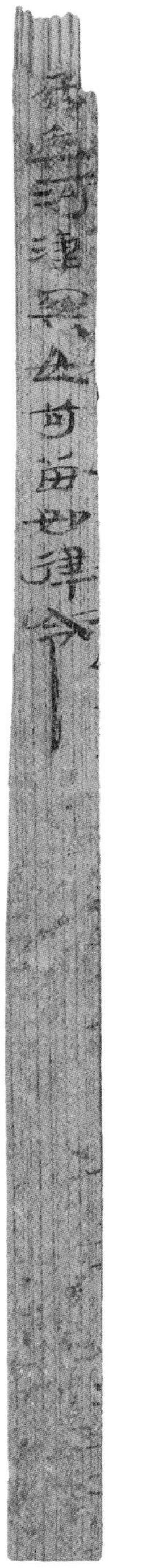

……

居延河津關毋苛留如律令　73EJT37:720

關毋苛留敢言之十一月癸卯酒泉羌騎　73EJT37:721

逐殺人賊賈賀酒泉張掖武威郡中當舍傳舍從者如律令／兼掾豐守令史□　73EJT37:722

十一月丙午北鄉外黃邑丞鄧移過所　73EJT37:723A

外黃邑丞印　73EJT37:723B

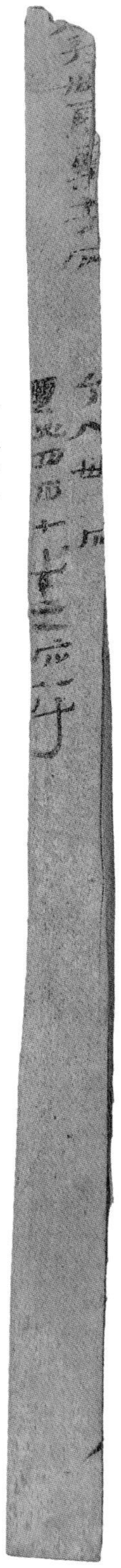

□輸卌□粟七十石

今入卌石

與此四百七十二石八斗　73EJT37:724

□酒泉張掖武威郡中當舍傳舍從者如律令　73EJT37:725

五官掖大守府以郵行
用此誠糸令人魚獲
……
73EJT37:726

候長趙審寧歸屋蘭名縣爵里年姓如牒書到出入如
73EJT37:727A

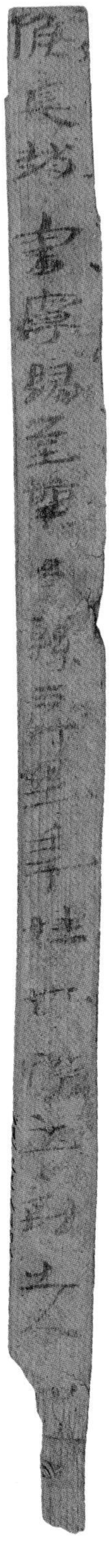

觻得塞尉印　候史丹發
73EJT37:727B

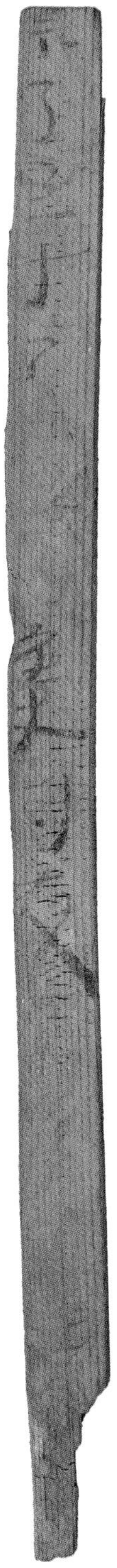

爵四年九月壬戌朔己（削衣）
73EJT37:728

移肩水金關士吏□宣自言
73EJT37:729A

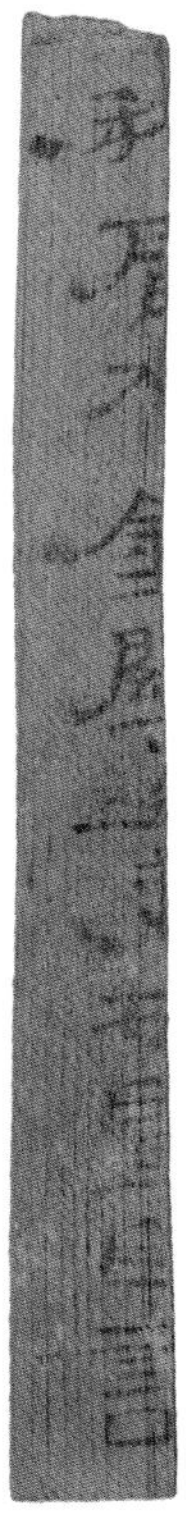

□嗇夫□
73EJT37:729B

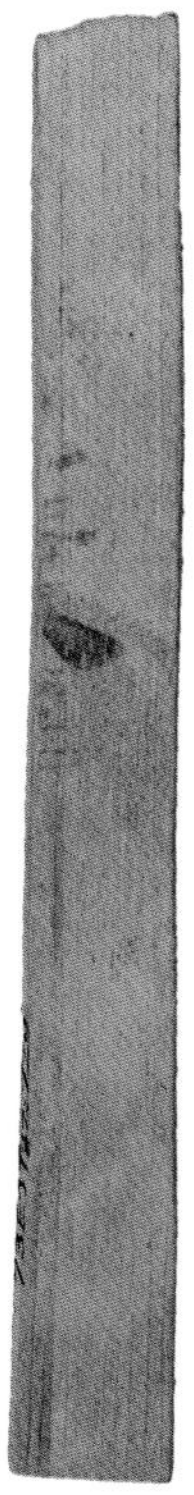

許脩年卅七歲長七尺二寸墨色告不出　車一兩牛二頭弩一矢五十　73EJT37:730

樂賢　73EJT37:731

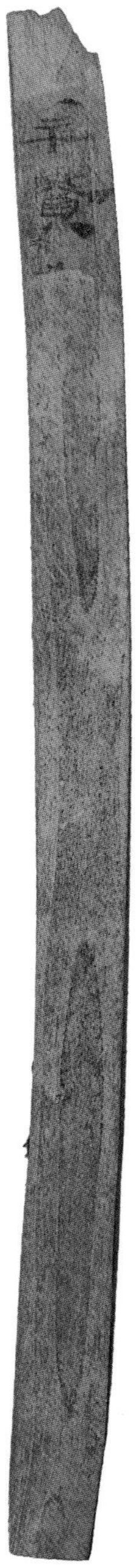

五鳳三年四月癸丑北部候長宣敢言　73EJT37:732

□史□敢言之謹案有毋官獄徵事當得爲傳謁移過所縣邑侯國勿苛留止敢言之
□宛獄丞莫當行丞事移過所縣邑侯國勿苛留止如律令／掾通令史東　73EJT37:733

用牛一黄犗齒十歲　九月丁未北出　73EJT37:735

死罪再拜
□　73EJT37:736

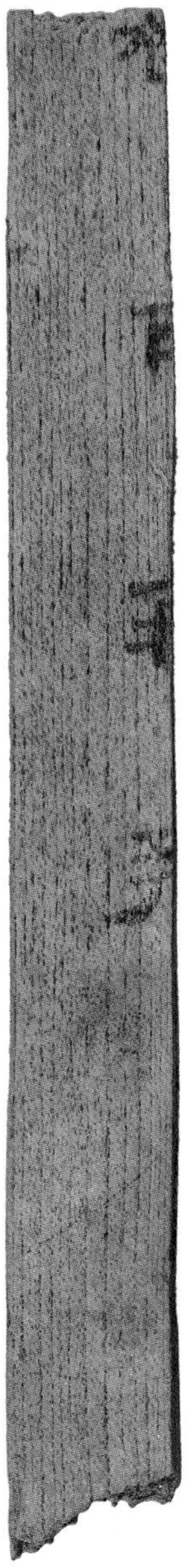

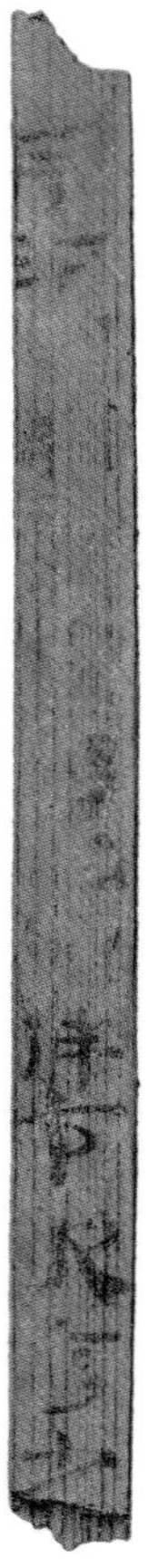

縣河津關　留止如律令敢言之　73EJT37:737

……卒張掖居延移肩水金關卒當出關名籍一編如律令　73EJT37:738A

淮陽令印　73EJT37:738B

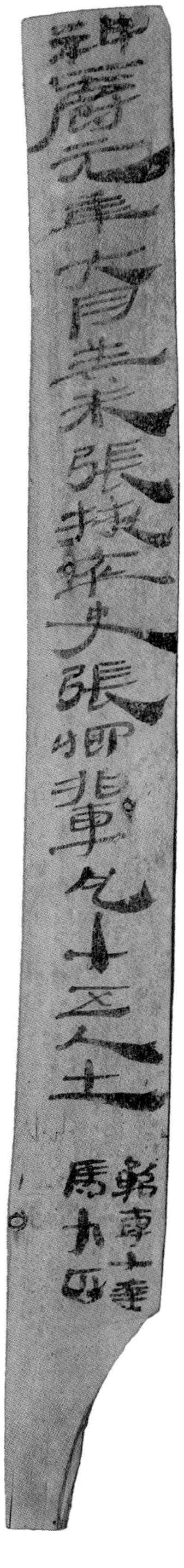

神爵元年六月癸未張掖卒史張卿輩凡十五人出　軺車七乘
馬九匹　73EJT37:739

五鳳二年六月壬午朔己丑魏郡貝丘四望亭長寬調爲郡迎　73EJT37:740A

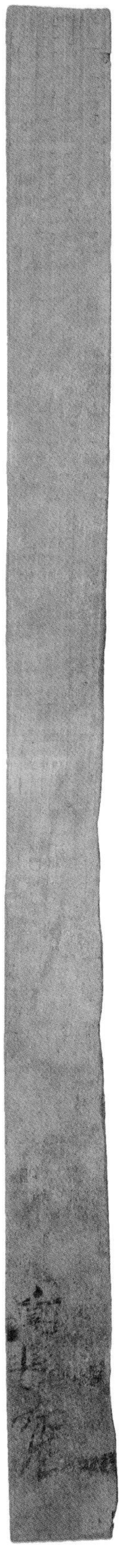

亭長寬　73EJT37:740B

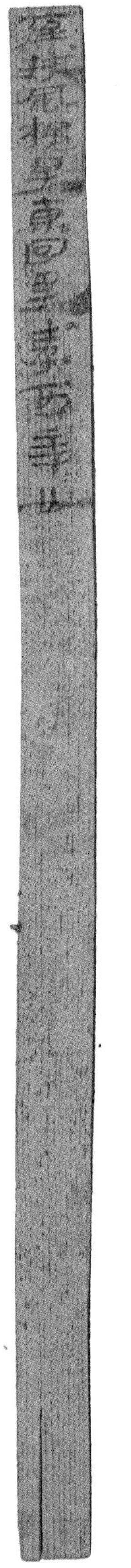

葆扶風槐里東回里李可年卅　73EJT37:741

觻得廣德里公乘石汜可年五十八長七尺五寸黑色　車一兩　十二月戊寅出　73EJT37:742

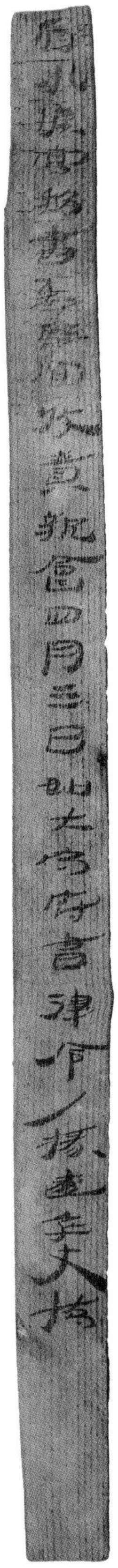

肩水候寫移書到驗問收責報會四月三日如大守府書律令／掾遂卒史博　73EJT37:743

十二月辛卯張子上以來　73EJT37:744A

還入如律令　73EJT37:744B

觻得始樂里公大夫封賢年五十長七尺二寸黑色　十月壬辰出
十月庚子入
爲平利里侯畢成葆卩

73EJT37:745

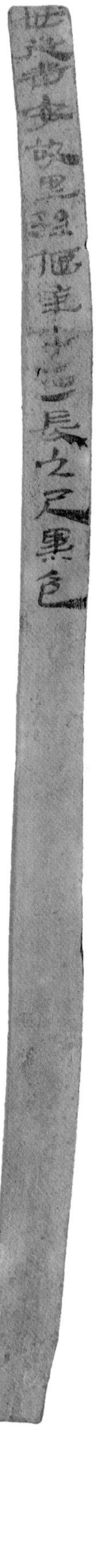

世從者安故里孫偃年十三長六尺黑色

73EJT37:746

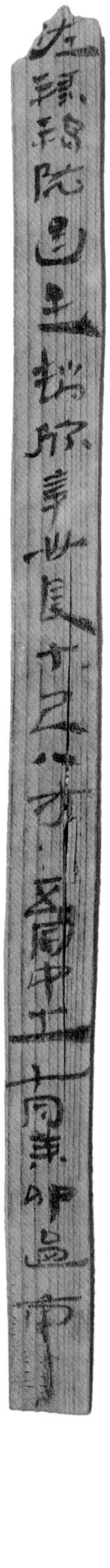

佐祿福德昌里趙欣年卅長七尺八寸　五月中出七月癸卯過南

73EJT37:747

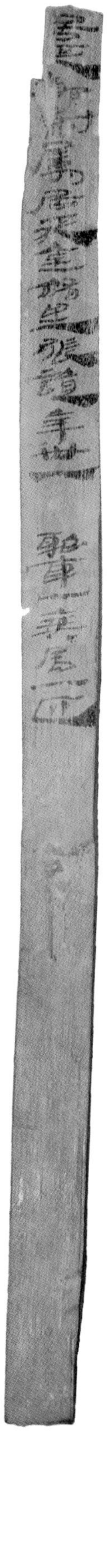

居延都尉屬居延金脩里張誼年卌一　軺車一乘馬一匹

73EJT37:748

建平三年八月己卯朔乙巳居延城倉長護移過所縣道津關遣從史周武歸武威取衣用當
舍傳舍從者如律令　嗇夫長佐□

73EJT37:749A

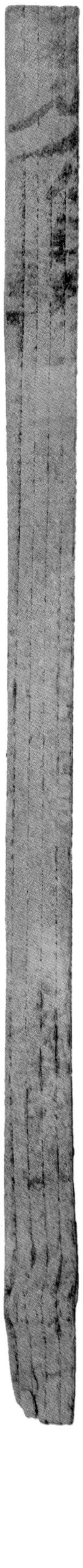

居延倉長印

73EJT37:749B

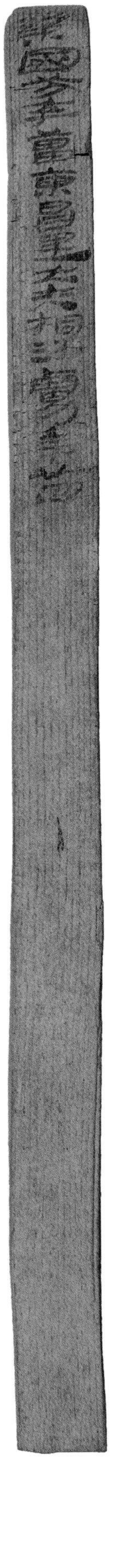

梁國戍卒菑東昌里大夫桐汙虜年廿四　丿　73EJT37:750

小婢承顏長五尺　卩　73EJT37:751

五月丁巳偃師守長緱氏左尉實守丞就移所過縣邑毋何留如律令掾敞令史憙　73EJT37:752A

緱氏守丞印　73EJT37:752B

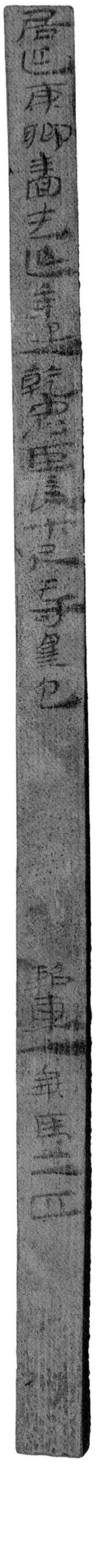

居延東鄉嗇夫延年里乾忠臣長七尺五寸黑色　軺車一乘馬二匹　73EJT37:753

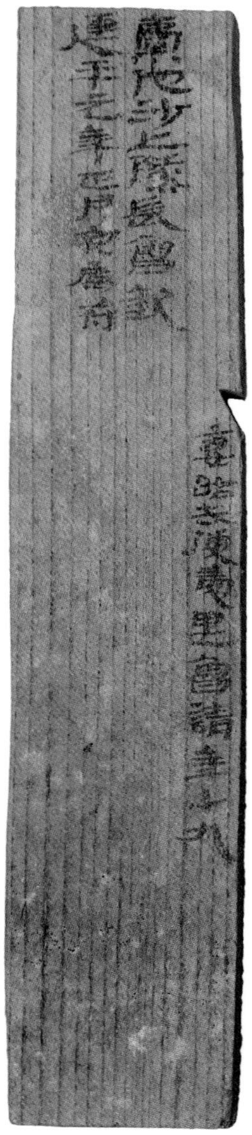

橐他沙上隧長魯欽　　妻昭武便處里魯請年十九
建平元年正月家屬符（簡右側有一刻齒）　73EJT37:754

建平二年家屬符　　子男臨年十六
子女召年廿子女青年二歲
子女驕年十三
子婦君陽年廿三子女君乘年八子男欽年三歲（簡左側有一刻齒）　73EJT37:755

橐他收降隧長陳建
建平二年正月家屬符妻大女鰈得安成里陳自爲年卌四
子小男惲年九歲　車一兩（簡右側有一刻齒）　73EJT37:756
子小女護□年□□

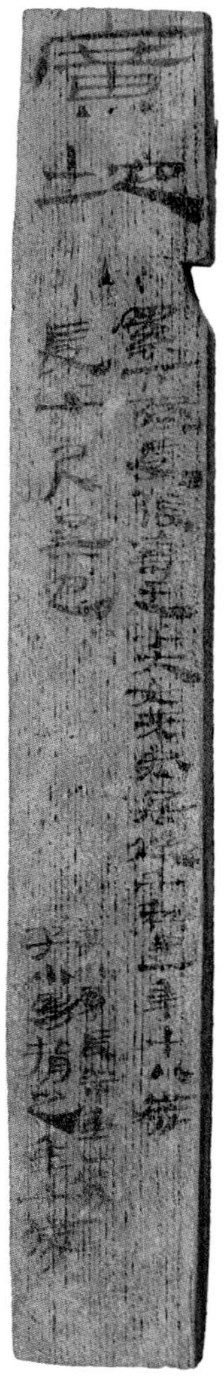

累下隧長張壽王子大女來君居延千秋里年十八歲
廣地　長七尺黑色　　子小男長樂年一歲
子小男捐之年七歲（簡右側有一刻齒）　73EJT37:757

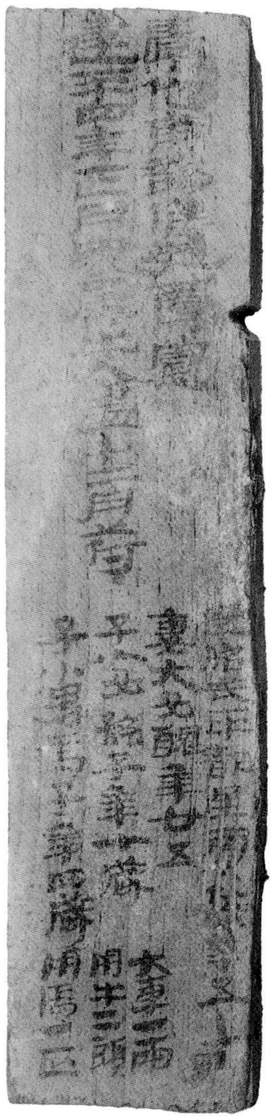

橐他南部候史虞憲
建平四年正月家屬出入盡十二月符
母昭武平都里虞儉年五十
妻大女醜年廿五　大車一兩
子小女孫子年七歲　用牛二頭
子小男馮子年四歲　用馬一匹（簡右側有一刻齒）

73EJT37:758

廣地
士吏護葆觻得都里公乘張徙年卅五歲
長七尺五寸黑色（簡右側有一刻齒）

73EJT37:759

肩水金關
居延司馬印
八月丁酉槐累候長年以來

73EJT37:760

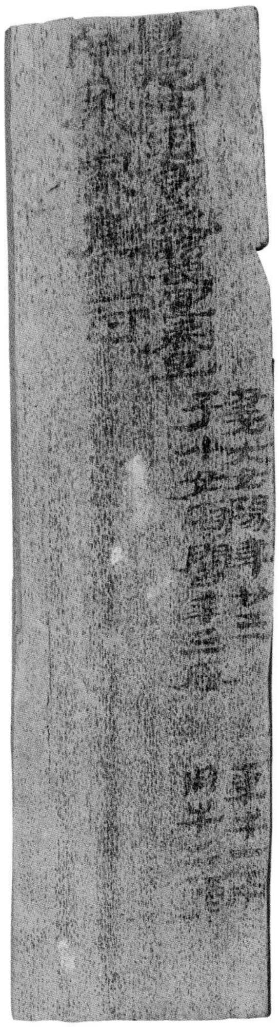

橐他曲河亭長昭武宜春里
陸永家屬符
妻大女陽年廿三　車牛一兩
子小女頃閭年三歲　用牛二頭（簡右側有一刻齒）

73EJT37:761

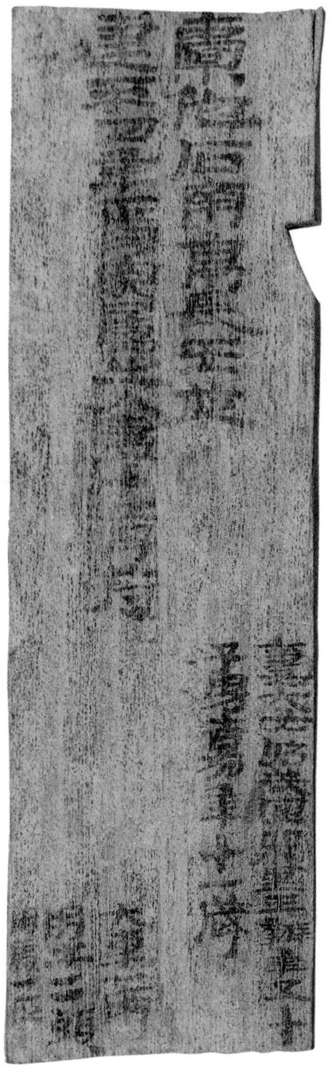

橐他石南亭長王並
建平四年正月家屬出入盡十二月符
妻大女昭武宜衆里王辦年五十
子男嘉年十一歲
大車一兩
用牛二頭
用馬一匹（簡右側有一刻齒）

73EJT37:762

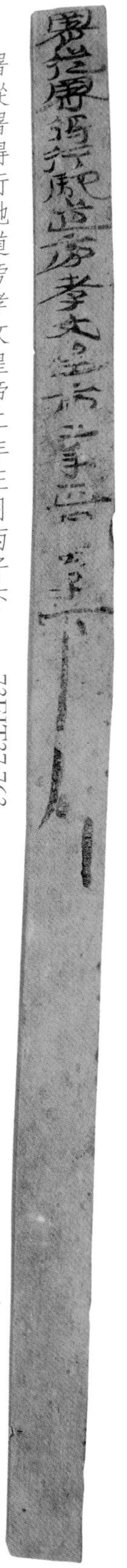

署從署得行馳道旁孝文皇帝二年正月丙子下

73EJT37:763

河南郡新鄭高關里公乘馮奉卅三

73EJT37:764

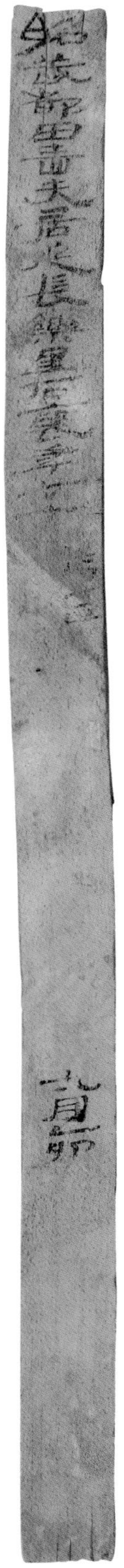

昭武都田嗇夫居延長樂里石襃年廿七　馬一匹　九月乙卯

73EJT37:765

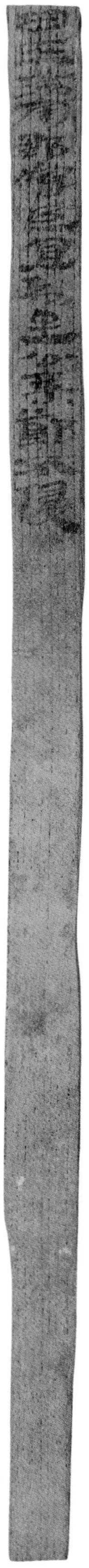

田卒河南郡密邑宜利里公乘鄭不侵

73EJT37:766

廣地卒趙國邯鄲邑里陽成未央　貰賣大刀一賈錢二百五十都倉□□□□男子平所　平直百五十　△卩　73EJT37:767

•右東部　用錢三千三百九十　73EJT37:768

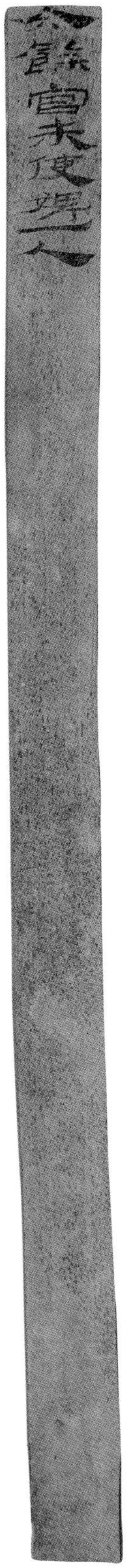

今餘官未使婢一人　73EJT37:769

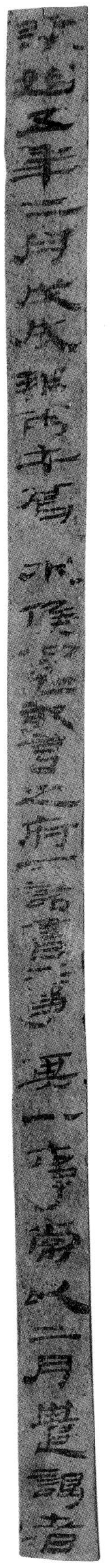

永始五年二月戊戌朔丙午肩水候憲敢言之府下詔書二事其一事常以二月遣謁者　73EJT37:770A

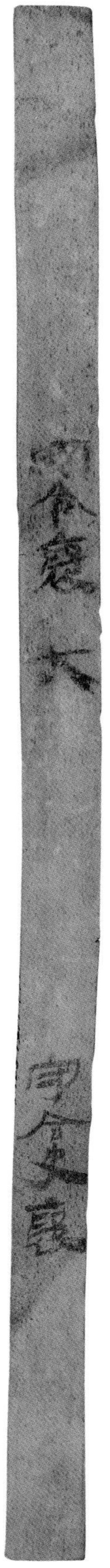

守令褒　大　守令史褒　73EJT37:770B

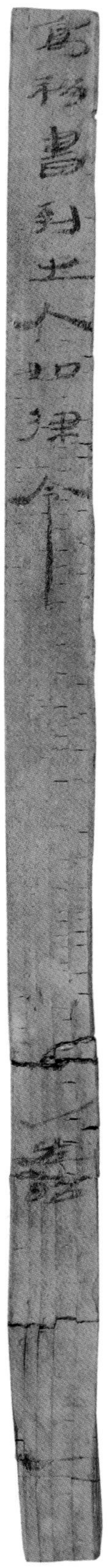

寫移書到出入如律令　/佐昭　73EJT37:771

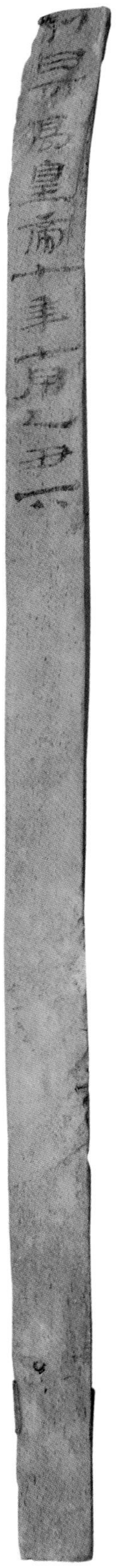

制曰可高皇帝七年七月乙丑下　73EJT37:772

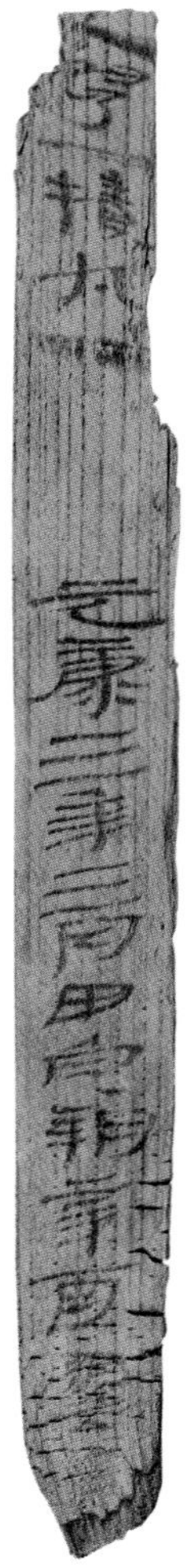

入弩一櫝丸一　元康三年三月甲寅朔辛酉關嗇　73EJT37:773

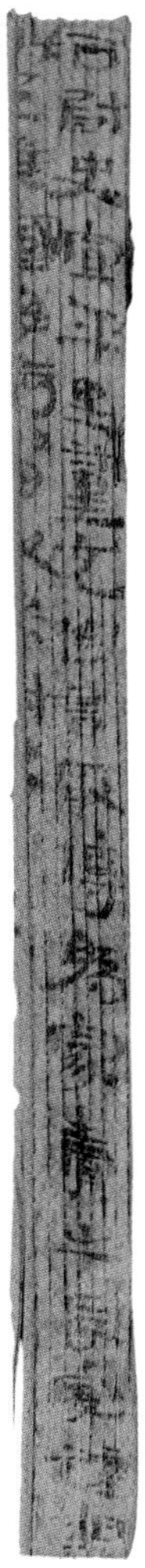

告尉史宣平里董充自言取傳爲家賣牛長安謹案
縣邑侯國毋何留敢告尉史　73EJT37:774

府録毋擅入常鄉廣地置佐鄭衆　73EJT37:775

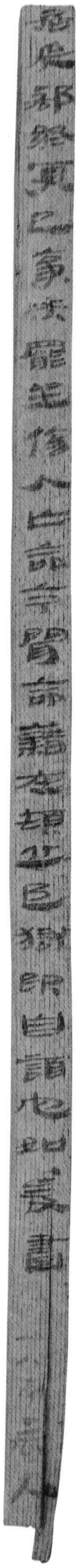

居延部終更已事未罷坐傷人亡命今聞命籍在頓丘邑獄願自詣它如爰書　七月甲辰入　73EJT37:776A

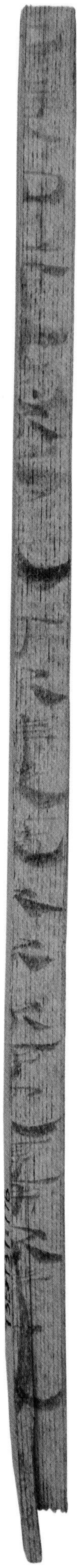

元康四年伏地再拜伏伏伏伏再它再拜伏拜（習字）　73EJT37:776B

□部甲䪉鞮瞀裹簿　73EJT37:777

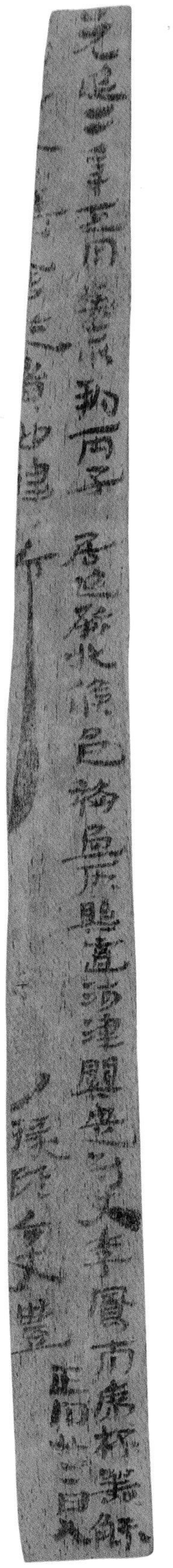

元延二年正月癸亥朔丙子居延殄北候邑移過所縣道河津關遣尉史李鳳市席杯器觻
得當舍傳舍從者如律令　／掾臨令史豐　正月廿二日入
73EJT37:778

南部候長薛鳳　校郵書表火肩水界中出入盡十二月　軺車一乘用馬二匹・其一匹騮牡齒七歲
子男觻得安國里薛級年十五　一馬駹牝齒八歲
73EJT37:779

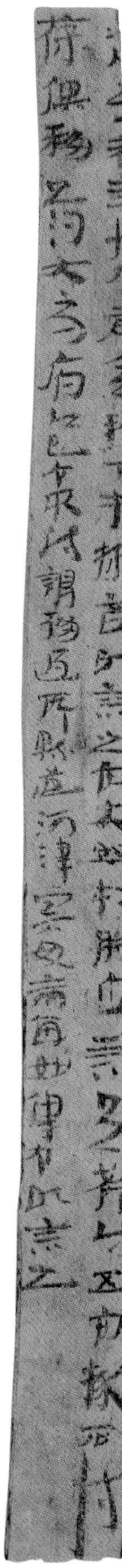

建平元年九月庚寅朔丁未掾音敢言之官大奴杜勝自言與都尉五官掾石博
葆俱移簿大守府願已令取傳謁移過所縣道河津關毋苛留如律令敢言之
73EJT37:780

……肩水金關遣吏使之居延名縣爵里
年姓如牒書到出入如律令
73EJT37:781A

張掖肩水千人　即日發關
／令史嘉」褎
73EJT37:781B

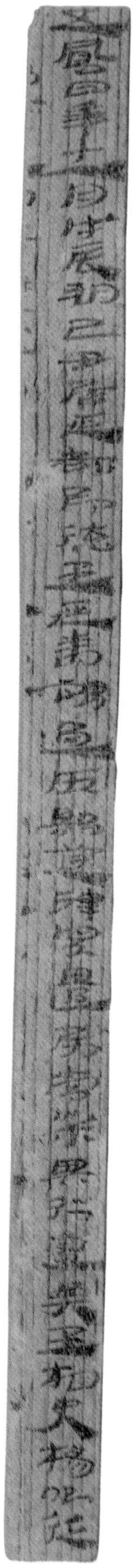

五鳳四年十一月戊辰朔己丑居延都尉德丞延壽謂過所縣道津關遣屬常樂與行邊兵丞相史楊卿從
……
73EJT37:782

綏和二年十一月乙未朔壬子橐他候普移肩水金關
遣吏辛送雞府官除各如牒書到出入如律令
73EJT37:783A

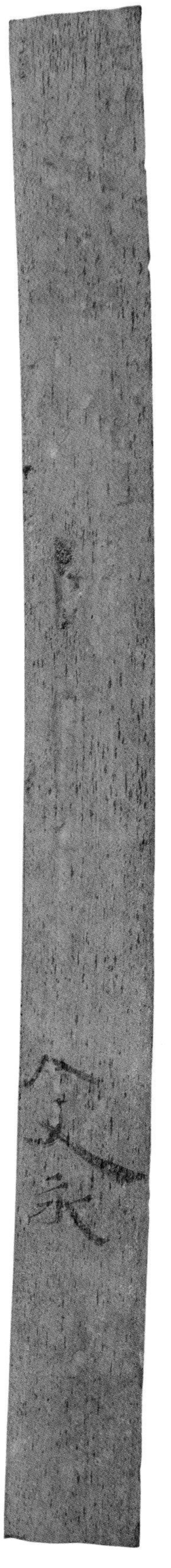

令史永　　73EJT37:783B

七月壬申尉史漢謹案壽年十七歲爵上造敢言之
七月壬申成都守丞罣陶謁移過所縣津亭勿苛止如律令　／掾護令史高　　73EJT37:784A

成都丞印　　73EJT37:784B

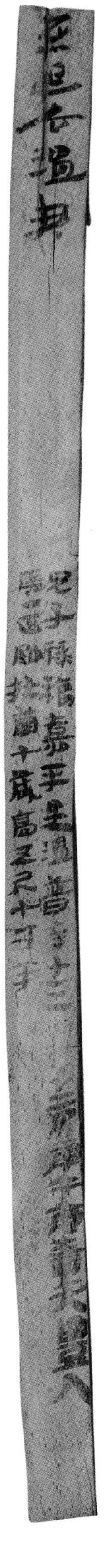

居延令温君
兄子祿福嘉平里温普年十三　　十二月庚午南嗇夫豐入
馬一匹騮牡齒七歲高五尺七寸半　　73EJT37:785

劉儀叩頭白
孝卿前到幸哀之未□留須臾君伯有少〃酒不敢　　73EJT37:786A

用如侍何恨不肯來及□忽……
者爲乏當食者不叩頭幸甚

73EJT37:786B

駮馬亭長封並

葆孫昭武久長里小男封明年八歲丿三月甲子入
明弟乃始年四

73EJT37:787

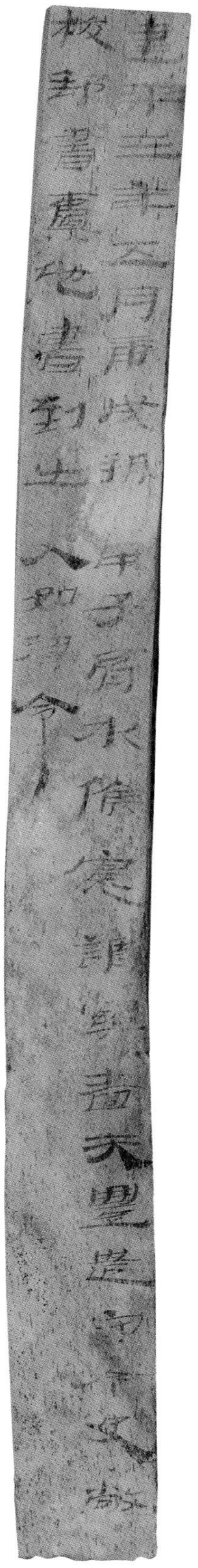

建平三年五月庚戌朔甲子肩水候憲謂關嗇夫豐遣守令史敞
校郵書橐他書到出入如律令

73EJT37:788A

張掖肩候
五月甲子以來

即日發關

令史襃

73EJT37:788B

車二乘騮牡馬一匹齒六歲□牝馬一匹齒九歲

73EJT37:789

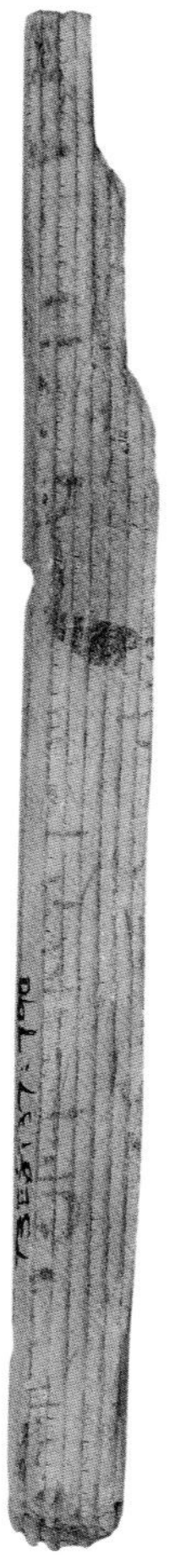

……

73EJT37:790A

……卒史　73EJT37:790B

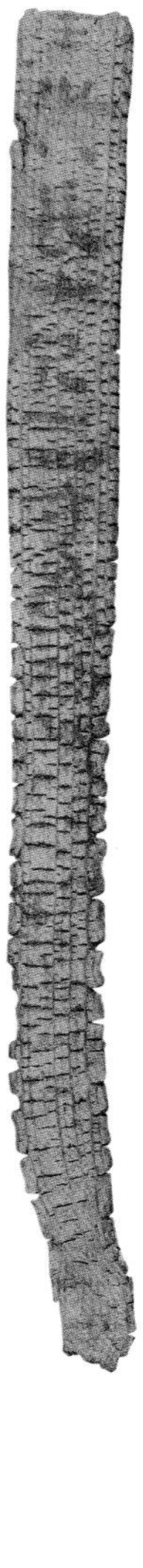

年卅八長七尺二寸黑色　十月戊寅入　軺車一乘弓一矢五　73EJT37:791

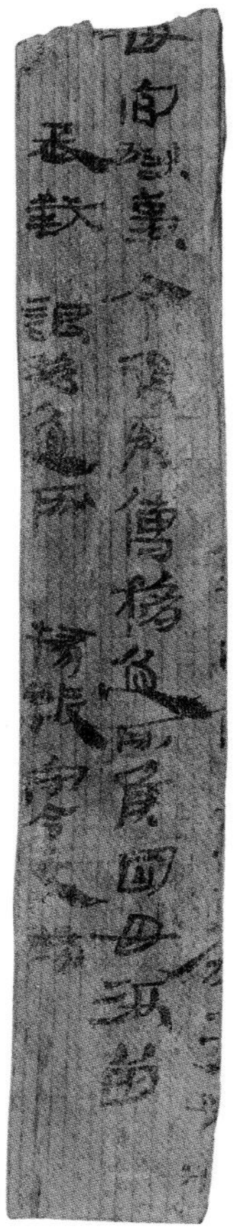

……
毋官獄事令得爲傳移過所侯國毋河留
丞我　謁移過所　掾緩守令史賜　73EJT37:792

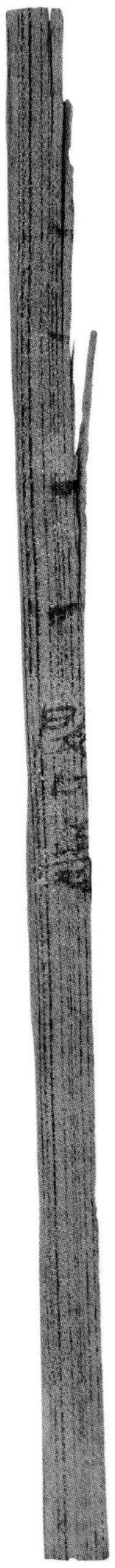

……閔□等　73EJT37:793

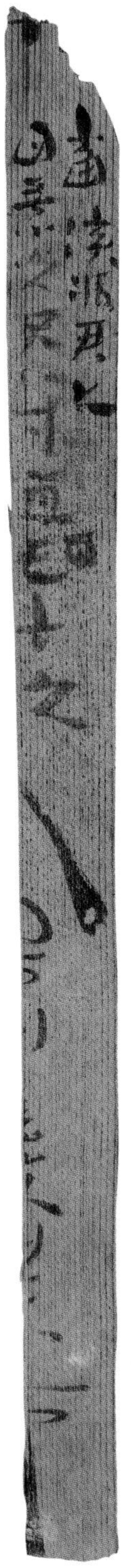

當償馮君上
□　白素六尺八寸直百五十六……夫□□市　73EJT37:794

□辛巳朔丁未肩水騂北守亭長誼以私印行候事
□□□□□縣爵里年姓各如牒書到入如律令　73EJT37:795

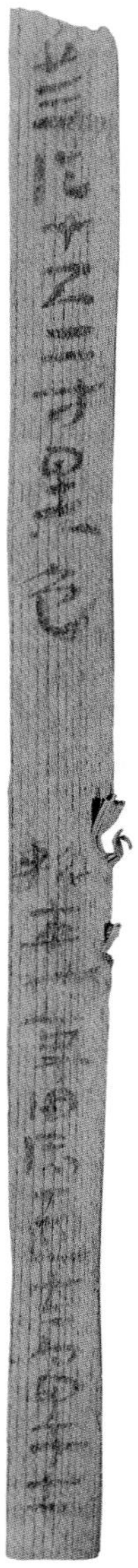

□廿三長七尺二寸黑色　軺車一乘用馬一匹十二月甲午出　73EJT37:796

客田男子解恭

大婢好長六尺五寸　小奴驩長五尺

小婢緑長五尺　73EJT37:797

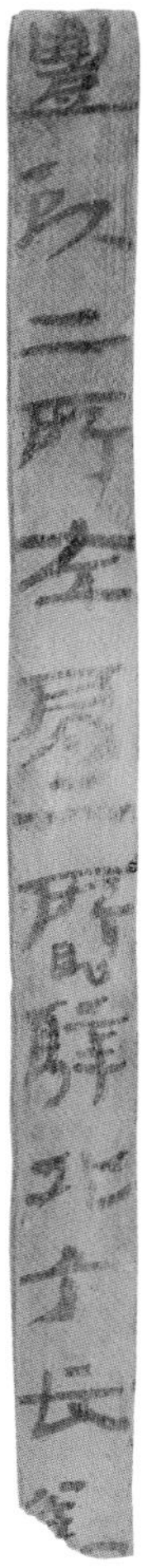

豐頭二所左肩二所□騂北亭長對　73EJT37:798

……趙秋趙類自言取傳爲家私市張掖

……邑侯國以律令從事敢言之

……過所縣邑侯國如律令掾未央／守令史相　73EJT37:799A

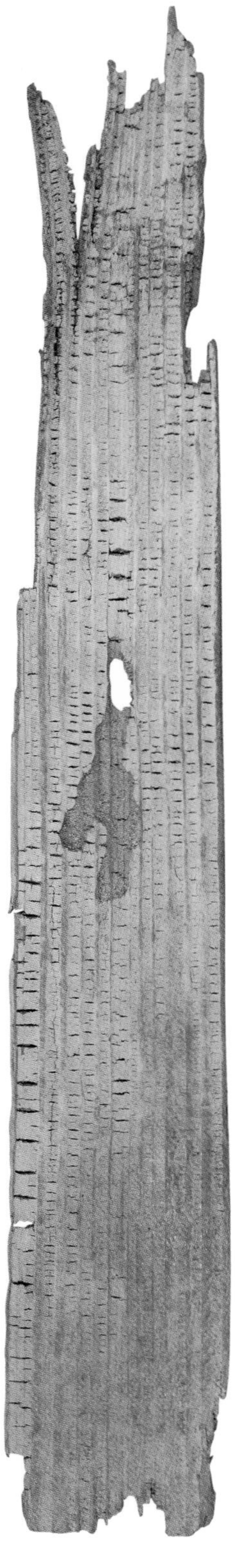

□之丞印　73EJT37:799B

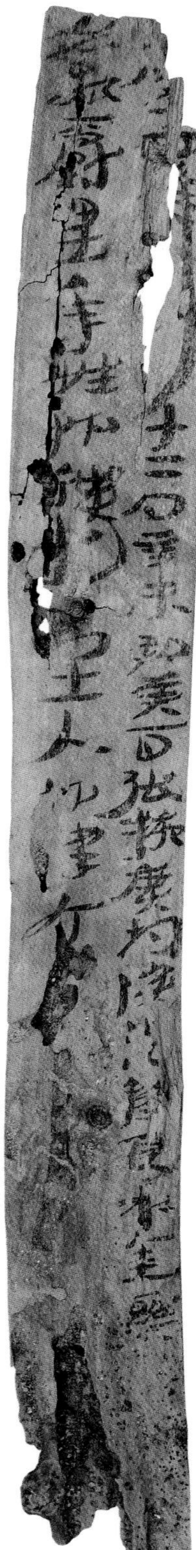

建平四年十二月辛未朔癸酉張掖廣地候況移肩水金關……
名縣爵里年姓如牒書到出入如律令　73EJT37:800A

廣地候印　廣地地地　守令史惲　73EJT37:800B

□　丁長卿
朱長樂　73EJT37:801

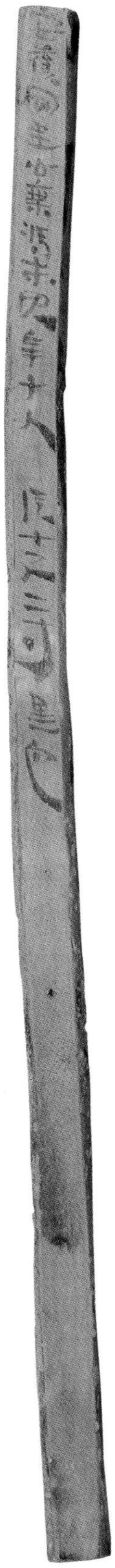

安葆同里公乘馮未央年十九　長七尺二寸黑色　丿　卩　73EJT37:802

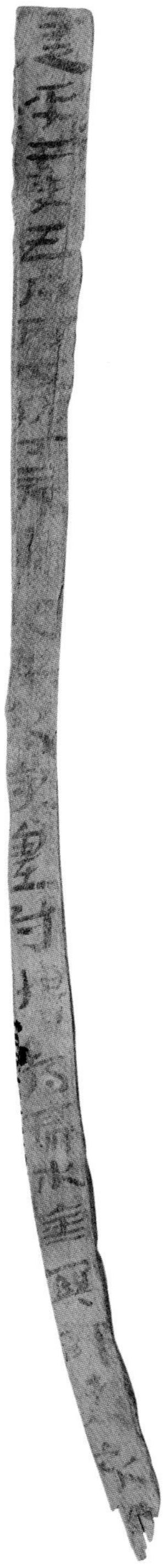

建平二年五月丙戌朔丁亥廣地鰈得守塞尉博移肩水金關部吏卒□　73EJT37:803A

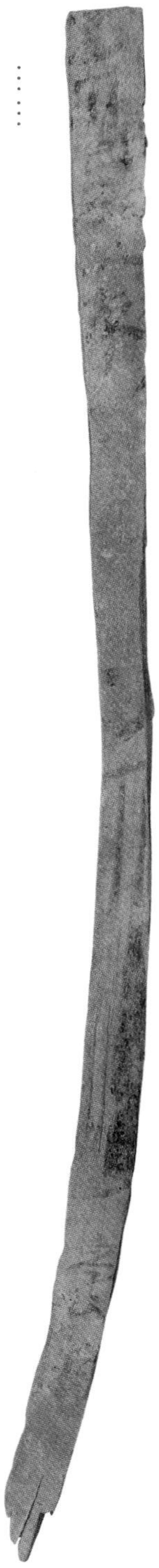

……

五月己丑以來　□下□　亭長惲　73EJT37:803B

車一乘

□騂牝齒七歲高五尺五寸　73EJT37:804

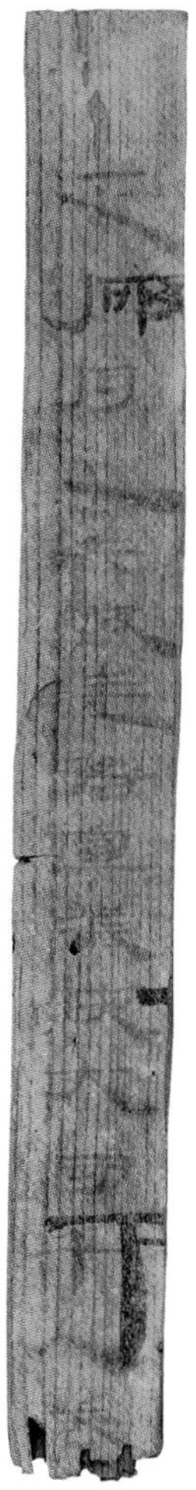

正破月乙未破羌將軍張掖大守千人武　73EJT37:805A

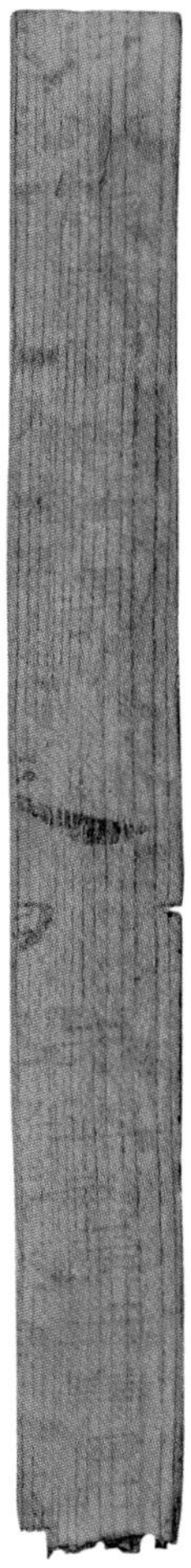

肩水候茂陵息衆里五大夫□□□未得神爵三年四月

……

73EJT37:805B

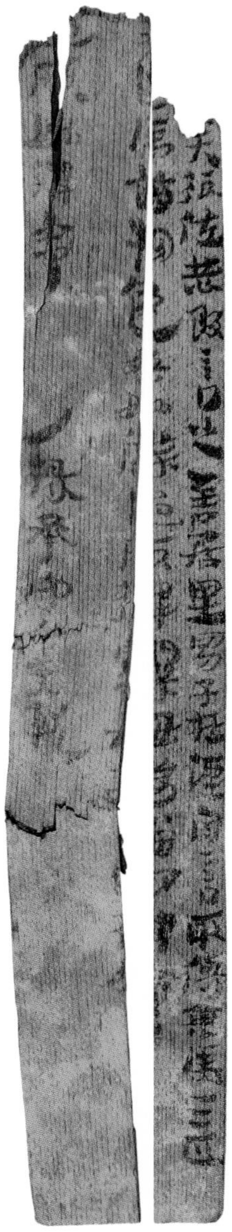

□夫假佐恭敢言之善居里男子莊湮自言取傳乘馬三匹

年長馬齒物色各如牒過所津關毋苛留如律令

過所如律令　／掾承守令史就　73EJT37:806+816

肩水金關　73EJT37:807

董翊年卌丿　用牛二　十一月辛丑北佐音出　十月乙卯南佐音入　73EJT37:808

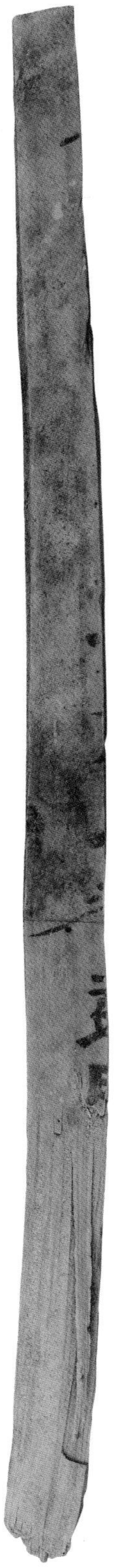

……　73EJT37:809

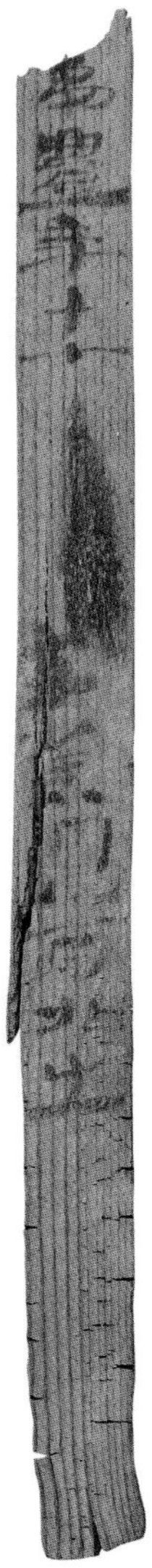

弟豐年十七丿　字少平八月乙酉北出　73EJT37:810

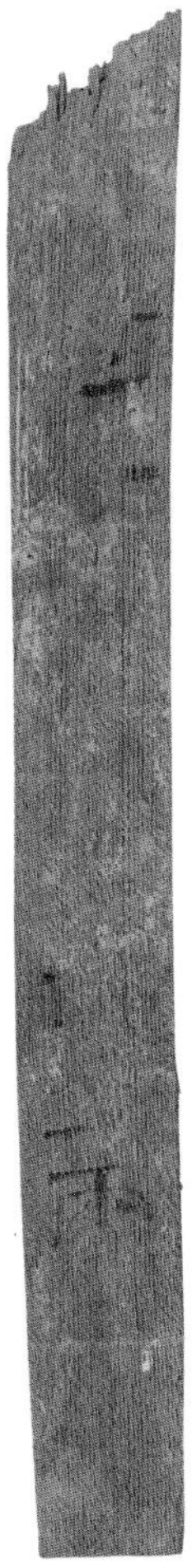

……一兩　73EJT37:811

卒河南郡新鄭安漢里溫奉年卌一　73EJT37:812

□里趙應年廿六　73EJT37:813

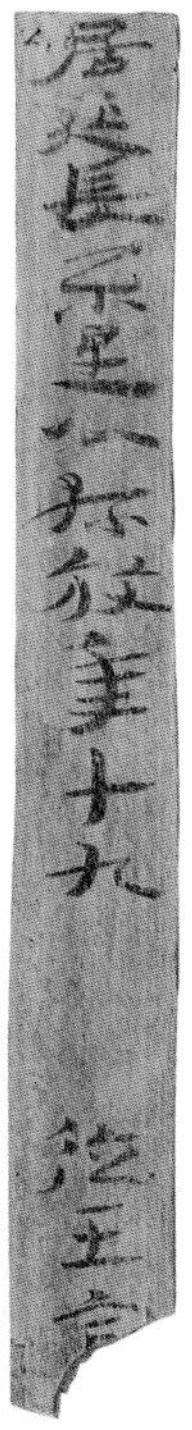

居延長樂里公孫放年十九　從王宣　73EJT37:814

得守長日勒尉丞彭移過所如律令□　73EJT37:815

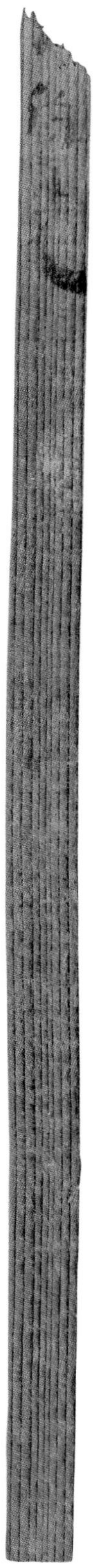

□徐光　73EJT37:817

肩水候官　出關致　73EJT37:818

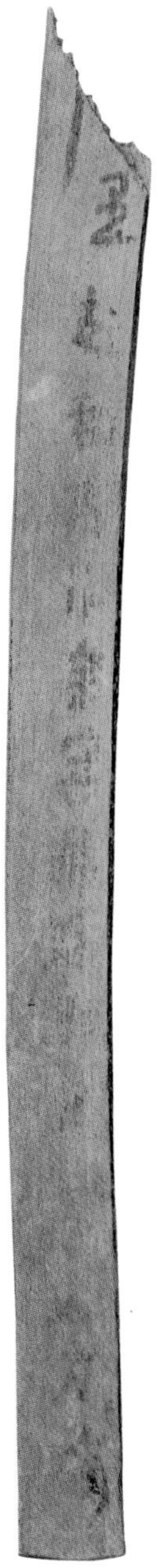

□丞彭移肩水金關居延縣索關過所亭　73EJT37:819

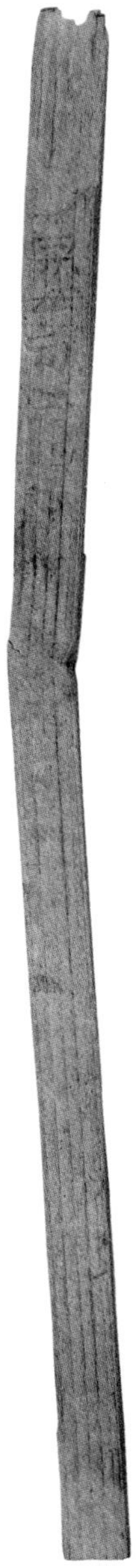

□關毋苛止如律令敢言之……　73EJT37:820

北書詣居延都尉八月癸丑起　八月　73EJT37:821

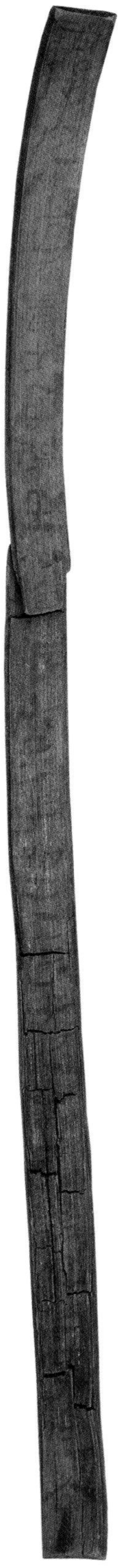

濟陰定陶西鄉嗇夫中關里公乘張廣年卌五長七尺二寸黑色尉史定入丿　73EJT37:822

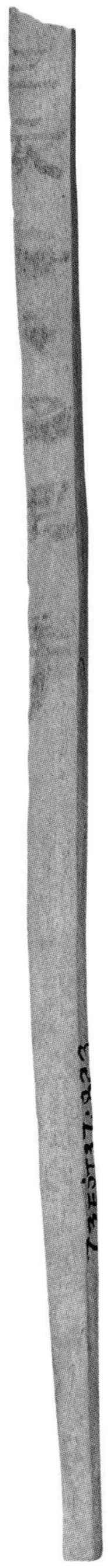

己亥□□□□年　73EJT37:823A

……　73EJT37:823B

金關　73EJT37:824

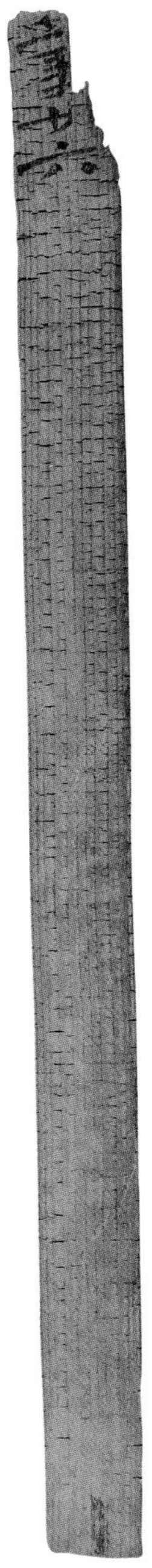

□年廿六　丿　73EJT37:825

小婢眉年一歲　73EJT37:826

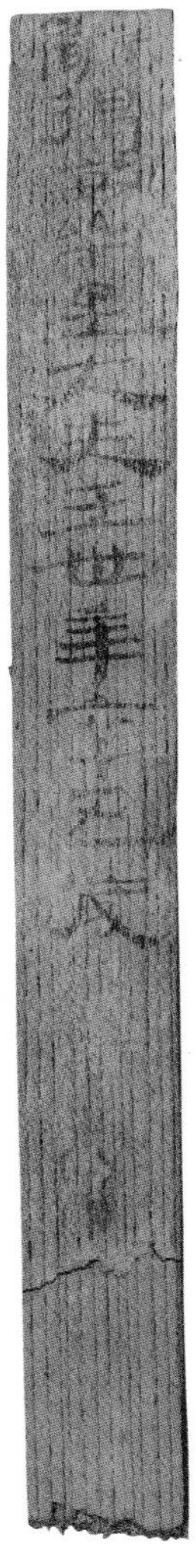

䌶得安樂里大夫王世年六十五歲　丿

73EJT37:827

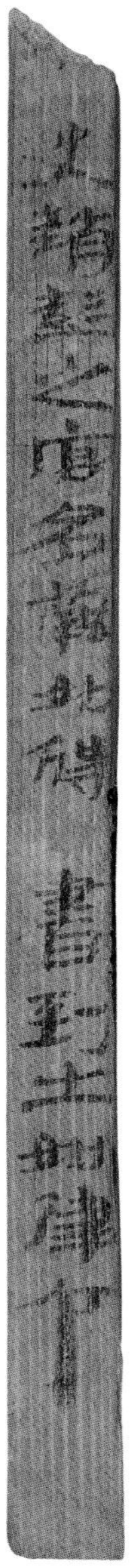

令史趙彭之官名籍如牒　書到出如律令

73EJT37:828A

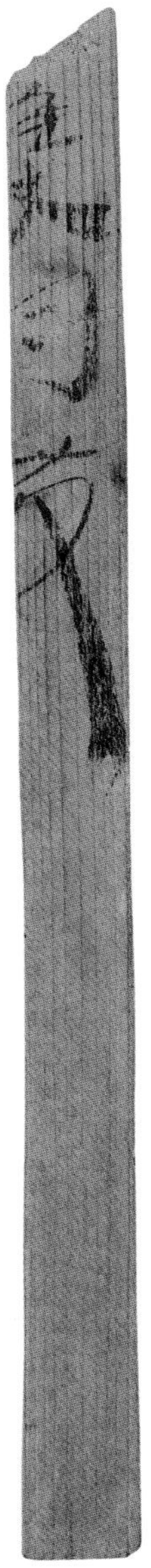

□候史丹發

73EJT37:828B

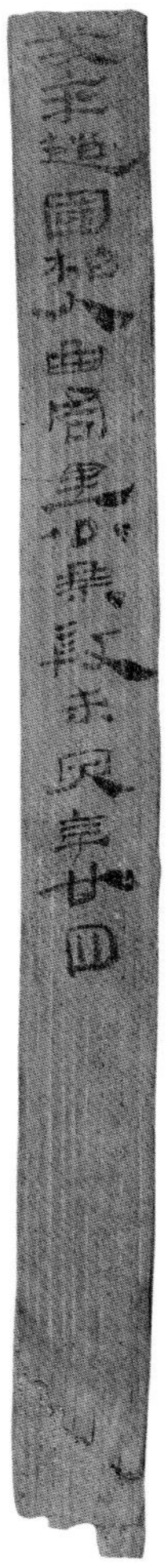

戍卒趙國柏人曲周里公乘段未央年廿四

73EJT37:829

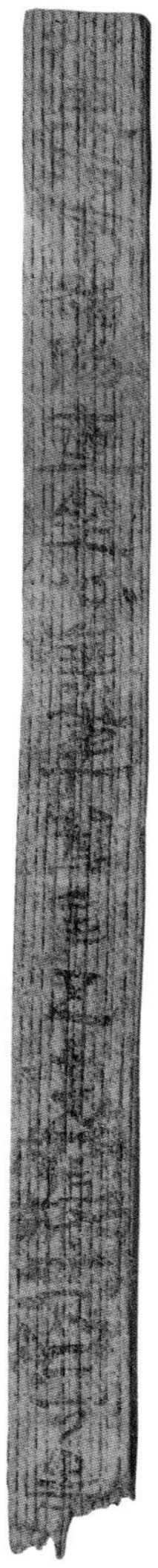

將車河南雒陽直里公乘董賢年五十五長七尺二寸黑

魚三千頭

□□二□

73EJT37:830

長四尺五寸　十二月乙丑北嗇夫豐出　73EJT37:831

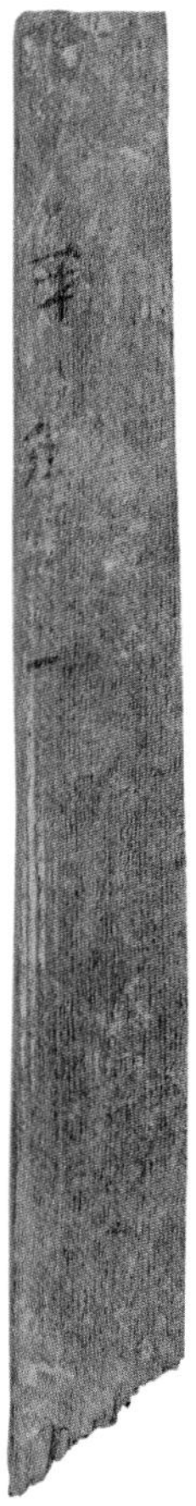

□□移觻……　73EJT37:832

居延亭長平明里不更張廣年廿三長七尺五寸黑色軺車一乘用
□從者居延□□里大夫徐□年十二長五尺四寸黑色五月己亥入七月　73EJT37:833A

亭長廣傳　73EJT37:833B

戍卒趙國邯鄲東召里功孫定　73EJT37:834

肩水關嗇夫放以小官印兼行候事移廣地候官就人　73EJT37:835A

╲守令史宣　73EJT37:835B

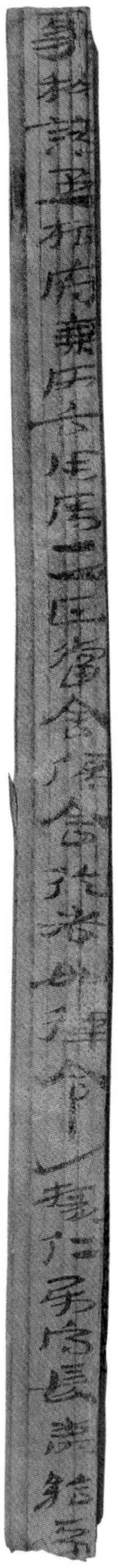

事移簿丞相府乘所占用馬二匹當舍傳舍從者如律令╱掾仁屬守長壽給事　73EJT37:836A

居延都尉章　73EJT37:836B

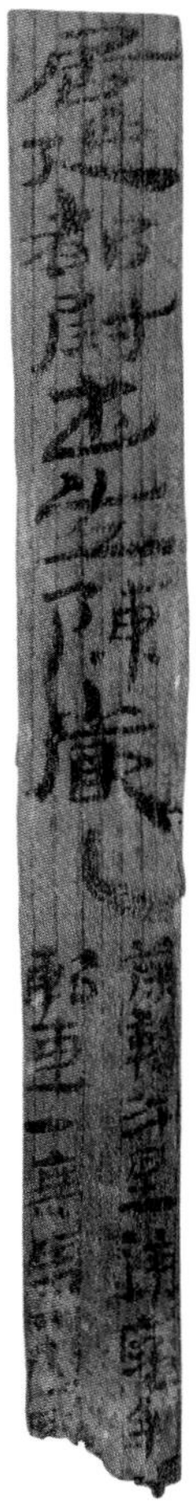

居延都尉書佐陳嚴∟　葆觻汗里徐褒年□

軺車一乘馬一匹駹　73EJT37:837

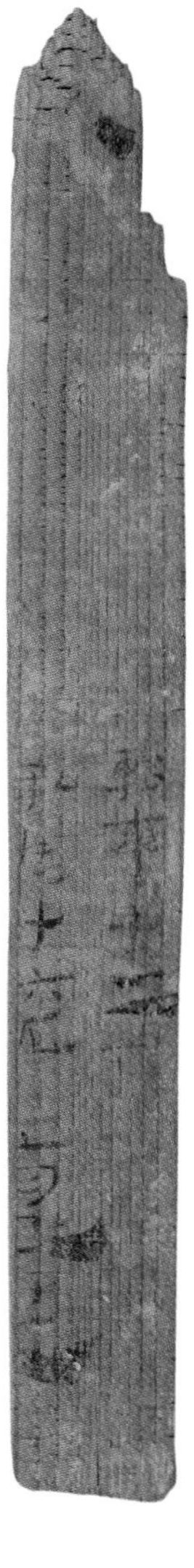

□　軺車十二乘

私馬十六匹　七月己卯出　73EJT37:838

謹□□東□主隧□□　73EJT37:839

居延□□塢長金城里公乘龔憲年卅五　十一月庚　73EJT37:840

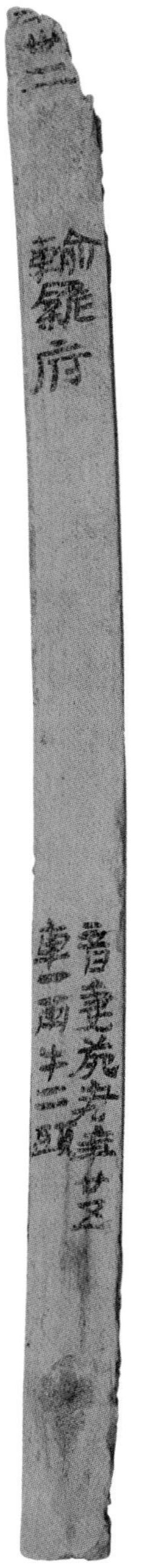

年卅二　輸雞府
音妻苑君年廿五
車一兩牛二頭　73EJT37:841

十月壬申觻得守丞強以私印行事謁移肩水金□　73EJT37:842

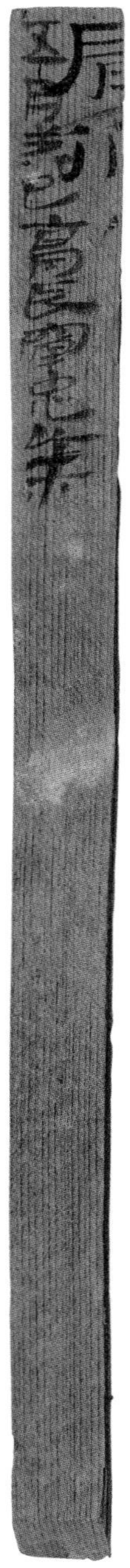

肩候
五月癸巳亭長甯忠以來　73EJT37:843

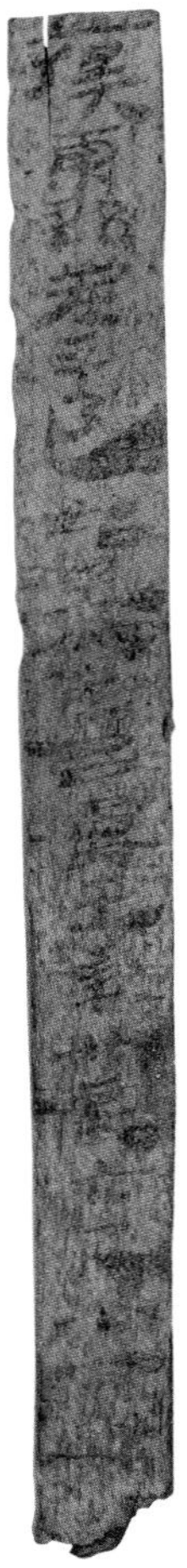

葆東郡茌平邑始里公乘呂壽王年廿長六尺七寸　□　73EJT37:844

句陽高成里莊賜之年卌　73EJT37:845

櫜他野馬隧長趙何　葆妻觻得長壽里趙吳年廿七
子小女佳年十三
子小男章年十一　73EJT37:846

魯國施里不更辛意年卌長七尺二寸黑色　十月辛巳入　牛車一兩　73EJT37:847

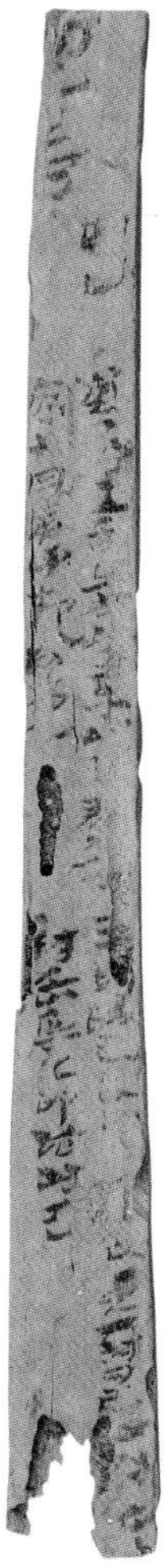

南書五封□□
其一封居延都尉章詣郡大守三封昭武長印詣……其一封……
府十月庚申起□□　一封居延丞印詣昭武　73EJT37:848

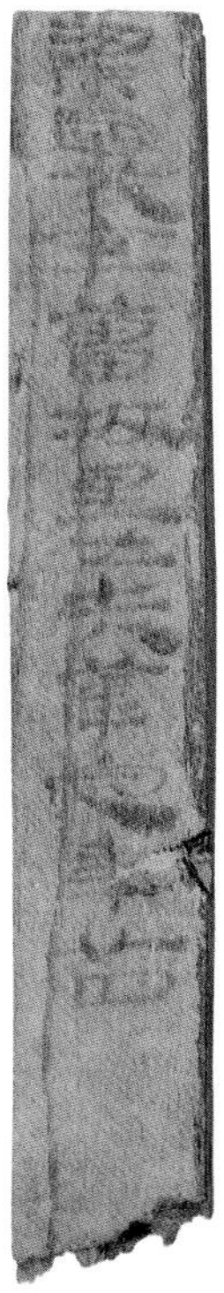

梁國戍卒菑板里大夫華定年廿四　73EJT37:849

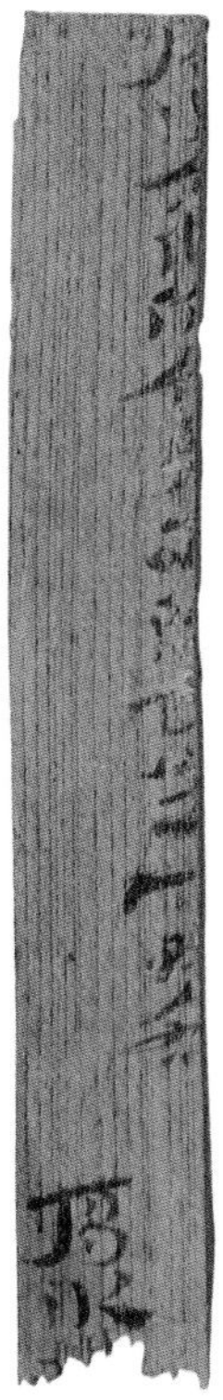

肩水櫜他候長勇士隧長□□孫宏
肩水　73EJT37:850

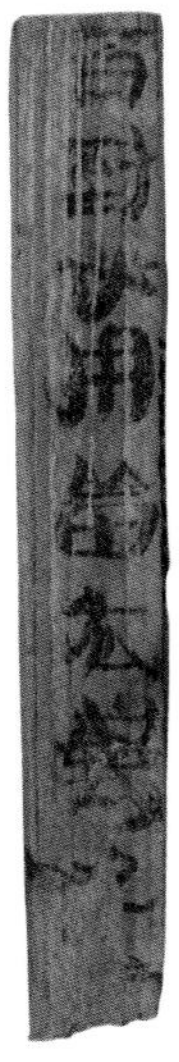

百到必用留衣錢□　73EJT37:851A

來者必與之書令留
……　73EJT37:851B

河東北屈經陰鄉嗇夫梁博　73EJT37:852

九月癸亥陽翟邑守丞蓋邑寫移過　73EJT37:854

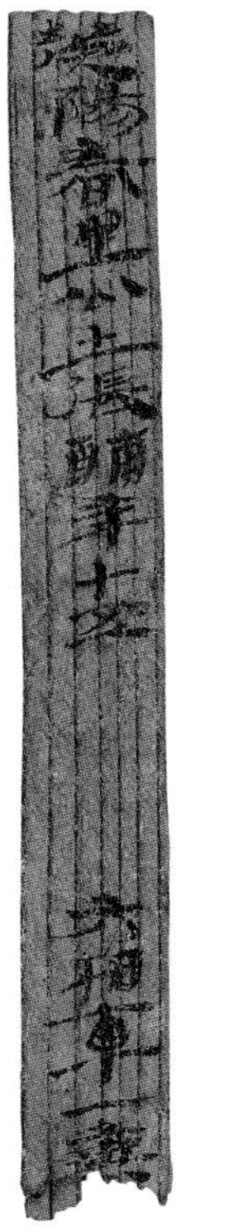

滎陽春里公士張酺年十五　方相車一乘　73EJT37:856

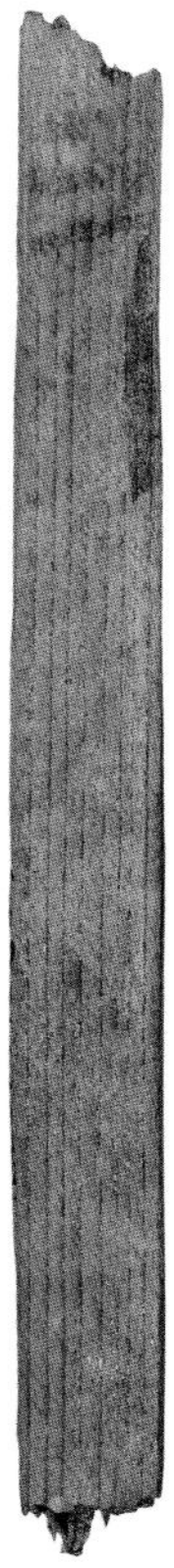

□卿　73EJT37:857B

河南卷市陰里公乘景音年卌　大婢朱憙
方箱車一乘用馬一匹□　73EJT37:859

酒五斗　73EJT37:853

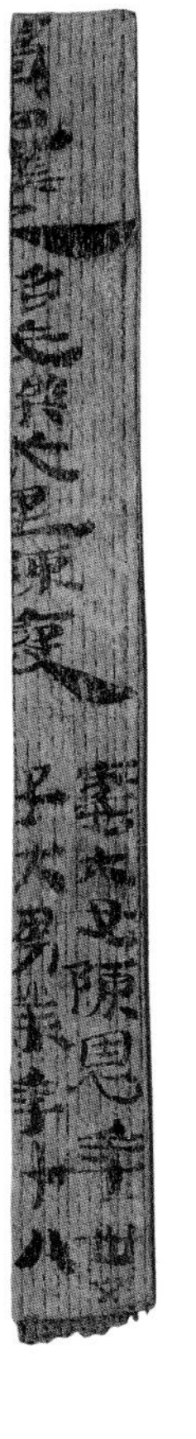

橐他候史昭武樂成里陳褒　妻大女陳恩年卅五
子大男業年十八　73EJT37:855

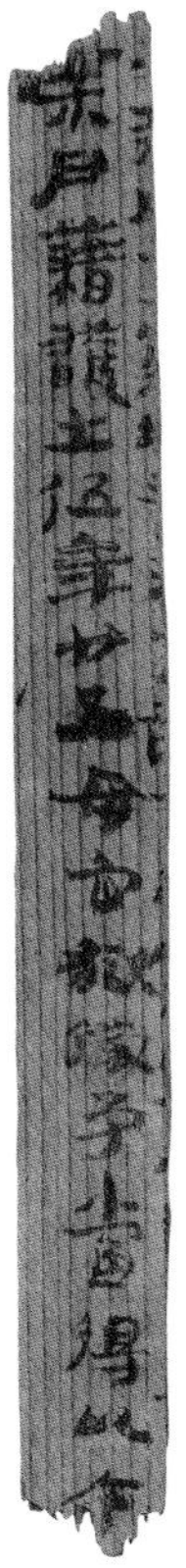

……
案戶籍護士伍年廿五毋官獄徵事當得以令　73EJT37:857A

茂陵始樂里李談年廿八字君功　乘方箱車駕騂牡　73EJT37:858

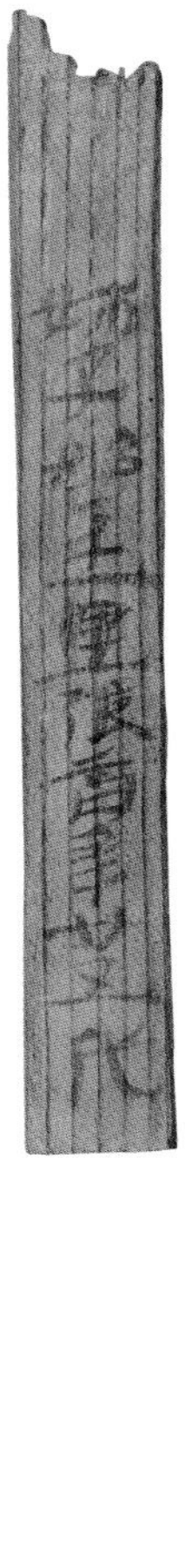

姊子始至里張音年廿五代　73EJT37:860

手巾二
絉布七尺五寸卩　　73EJT37:861

謹案□□□毋官獄徵事謁移過所縣邑
□移過所如律令／掾賢守令史奉　　73EJT37:863

□望安隧長歸生　　73EJT37:865

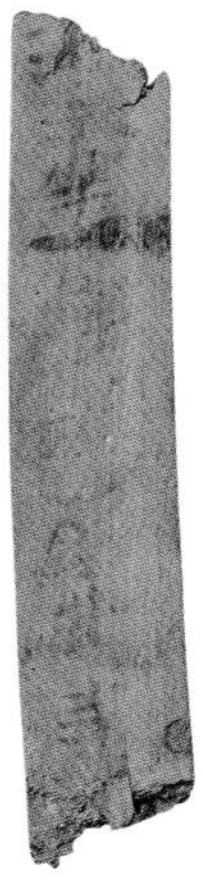

平樂里公乘彭賜之年□　　73EJT37:867

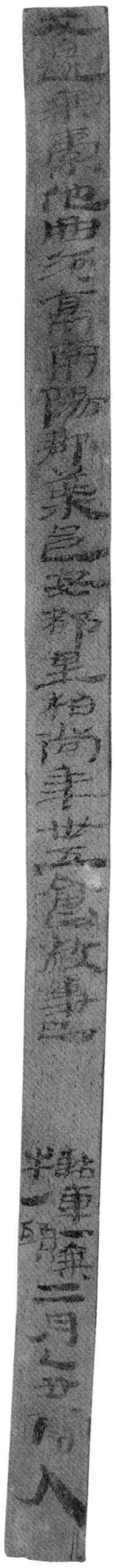

戍邊乘橐他曲河亭南陽郡葉邑安都里柏尚年卅五會赦事已
軺車一乘
牛一頭　　二月乙丑南入　　73EJT37:870

橐他候長觻得安漢里公乘任由年卌四　　73EJT37:862

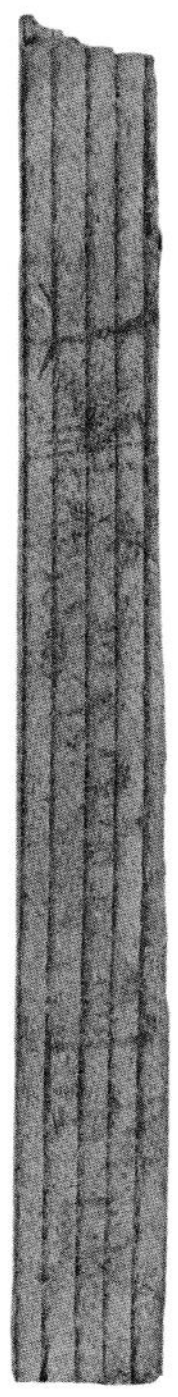

／兼掾臨守令史昌佐長　　73EJT37:864

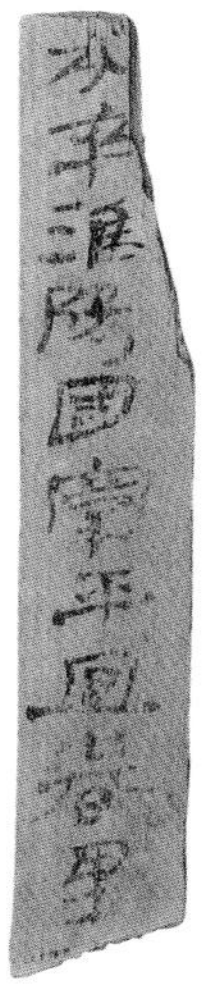

戍卒淮陽國甯平宜春里□　　73EJT37:866

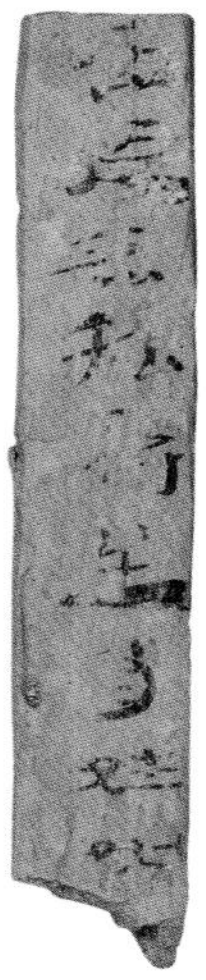

居延名縣爵里年姓如　　73EJT37:868

……謹案戶籍臧
□津關毋苛留止敢言
……　　73EJT37:869

神爵二年十二月壬申朔辛卯東鄉嗇夫生敢言之昌樂里韓忠自言以令占田居延與子女婢溫小男
……乘占用馬四匹軺車三乘謁移肩水金關出入復傳毋苛留止如律令敢言之

73EJT37:871

里公乘郭世年廿九　丿

73EJT37:872

歲長七尺五寸黑色丿　元康二年五月庚
丿　丿
軺車一乘馬一匹弩一矢五十
寅入五月丙申出

73EJT37:873

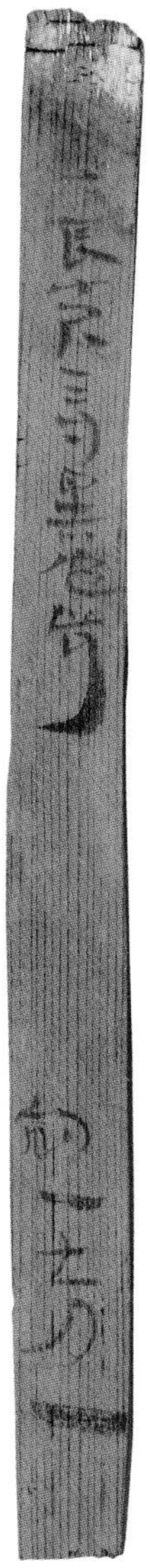

□□長七尺三寸黑色步　劍一大刀一

73EJT37:874

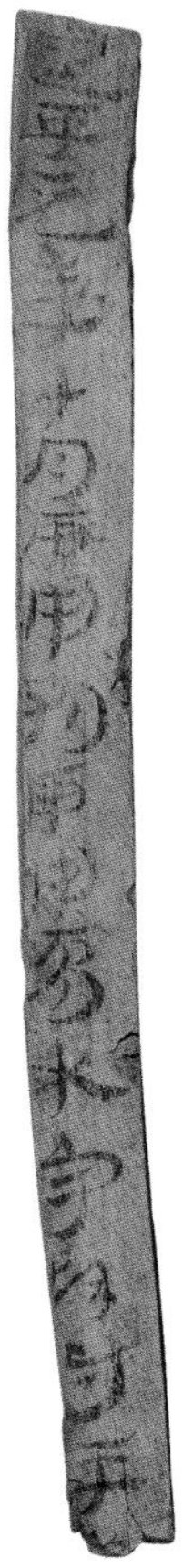

建平元年十月庚申朔庚申肩水守城尉平□

73EJT37:875

元康二年二月庚子朔癸卯西鄉有秩異衆敢言之樂□

73EJT37:876A

閏月戊申□□以來　73EJT37:876B

□平元年□
肩水金關出入□　73EJT37:877

朔乙酉尸鄉守有秩合衆敢告尉史
事當爲傳謁移過所縣邑毋何留
移過所縣邑毋何留／尉史霸七月丁　73EJT37:878A

郭以來　73EJT37:878B

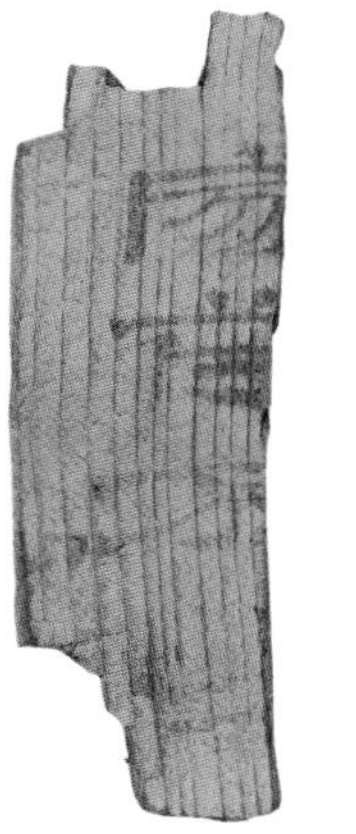

家符不□　73EJT37:879

黑色自言爲家私市張掖正□
毋何留
……守令史□　73EJT37:880A

……之印　73EJT37:880B

長樂充□
如律令　73EJT37:881

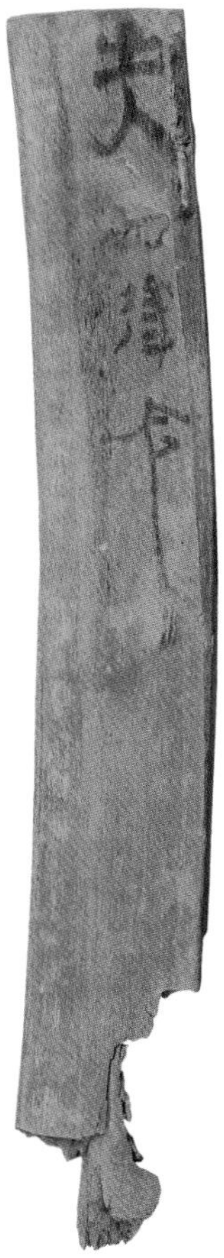

出入如律令　73EJT37:882

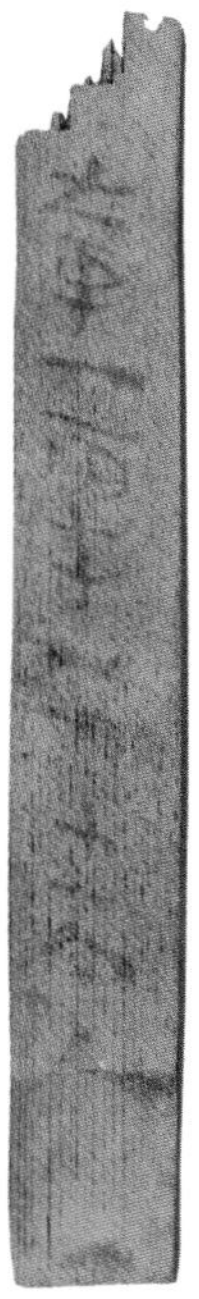

大車一兩牛二　十一月入　73EJT37:883

□占案毋官事當爲
……　73EJT37:884

居延守獄史陳臨
軺車一乘
用馬一匹　73EJT37:885

黨毋所□　73EJT37:886

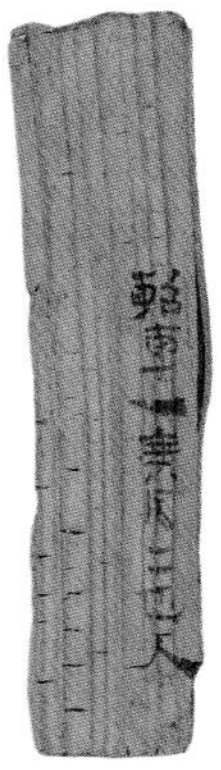

軺車一乘馬二匹入　73EJT37:887

戍卒隱強始昌里公乘朱定年廿九　八月癸亥北出　73EJT37:888

戍卒觻得富安里公乘莊武年廿三　73EJT37:889

滅虜隧卒周寬　73EJT37:890

後起隧長居延累山里大夫廉賞年廿四詣府　73EJT37:891

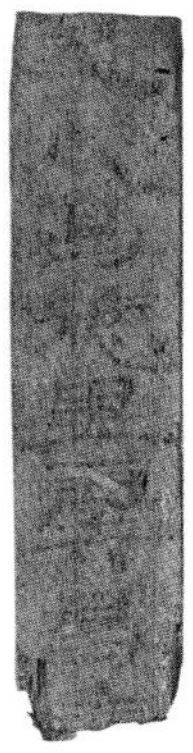

茂陵昌德里虞昌年　73EJT37:892

•南部永始五年　73EJT37:893

□都尉雲城騎千人臨尉　73EJT37:894

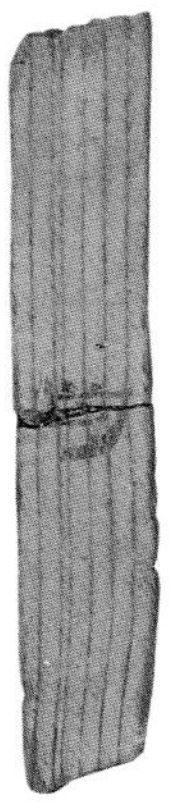

步　73EJT37:895

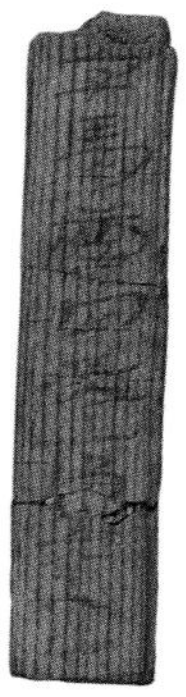

字馬齒四歲高六尺一　73EJT37:896

□年秋八月旦更封敢言　73EJT37:897

服之隧卒馬勝之　73EJT37:898

卷始利里公乘陳惲年廿八　73EJT37:899

卒趙國柏安樂里公乘郭便年卅五　73EJT37:900

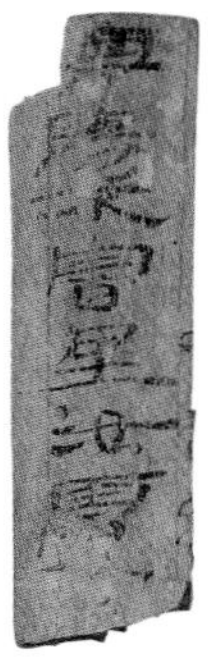

雲陽不審里汝雲□　73EJT37:901

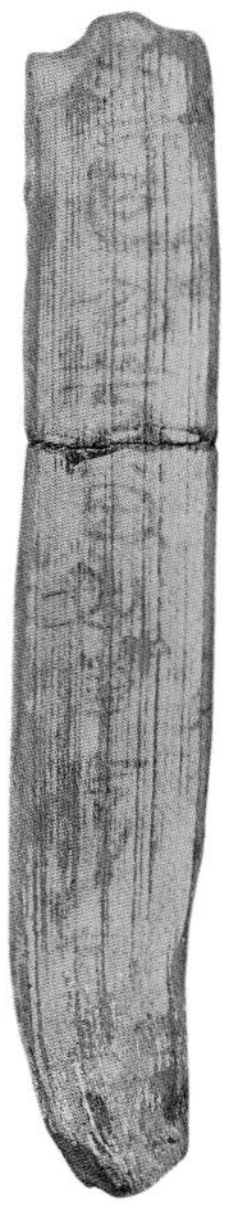

縣邑勿苛留如律令/令史□　73EJT37:902

寸　十月庚午南入　73EJT37:903

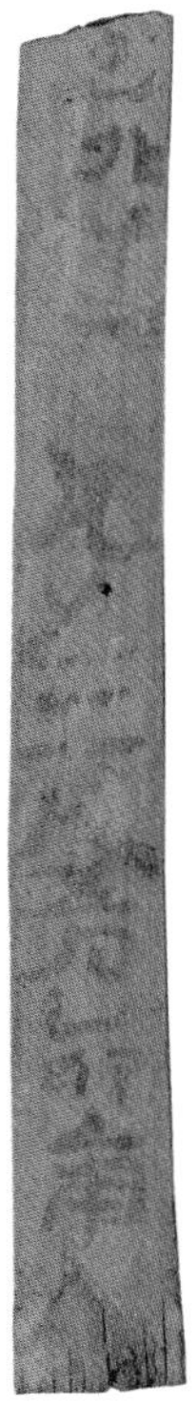

已北出　凡廿二人五月乙卯南入　73EJT37:904

所高下札薄厚繩□　73EJT37:905A

出穀若干石　73EJT37:905B

掾音　73EJT37:906

肩水金關　73EJT37:907

二張掖守部司馬行大守事詣居延都尉七月丁未起　七月
一安定大守章詣居延都尉六月己丑起□□　73EJT37:908

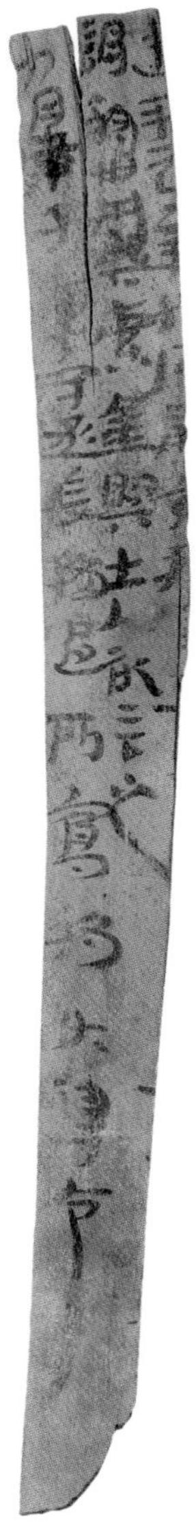

建平元年九月庚寅朔……
謁移卅井縣索金關出入敢言之
九月庚子庫守丞長移過所寫移如律令　73EJT37:909

神爵四年七月丙寅凡吏民十一人　其五人新傳出
一人復故傳出
四人新傳入　73EJT37:910

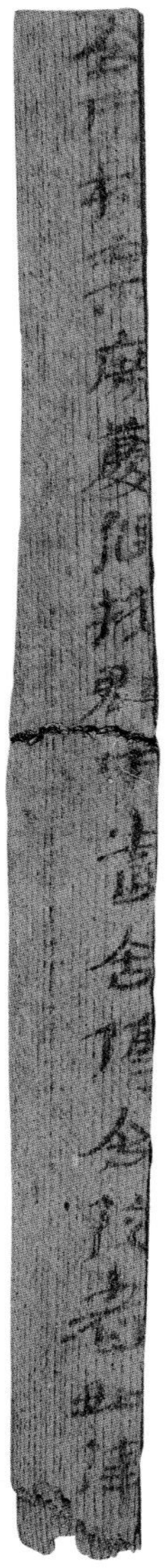

舍市杯案席薦張掖郡中當舍傳舍從者如律　73EJT37:911A

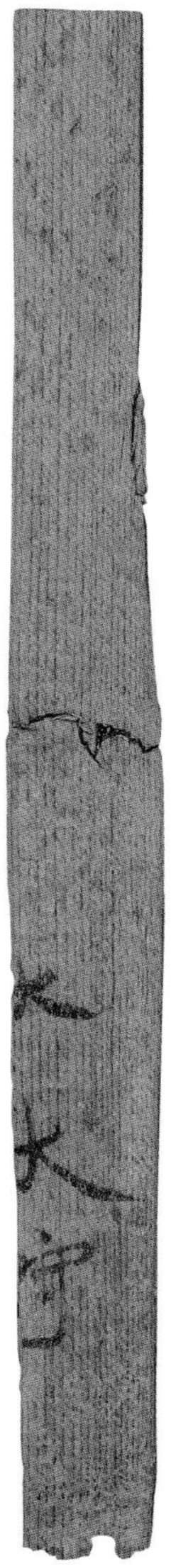

大大守　73EJT37:911B

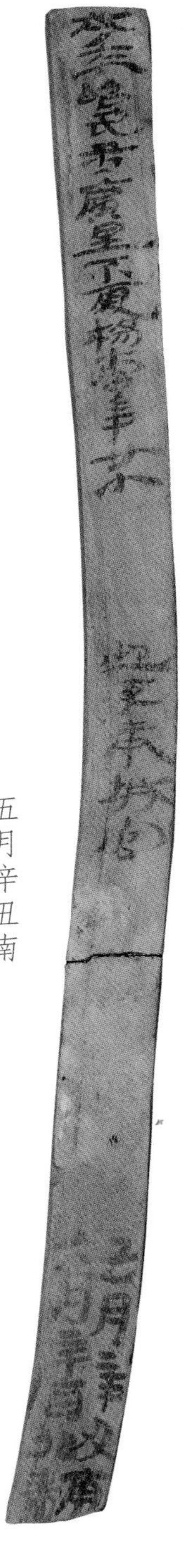

戍卒昭武步廣里不更楊當年廿九　迎吏奉城官　五月辛丑南
六月辛酉北嗇　73EJT37:912

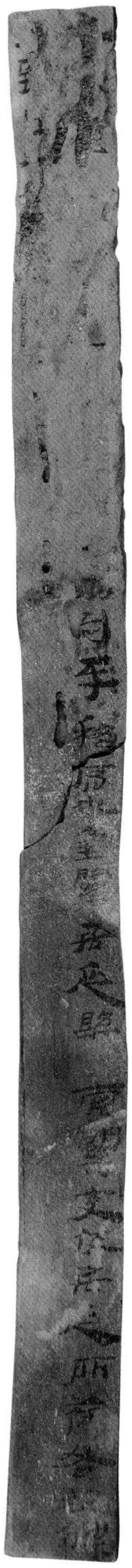

……城尉平移肩水金關居延縣索關吏使居延所葆各如牒
書到出入如律令　73EJT37:913A

嗇夫黨　73EJT37:913B

□□平明里徐護年十六
軺車一乘馬一匹騂牝齒七歲高六尺
……北出
73EJT37:914

□　出錢五十粟五斗驪靬
出錢五十粟五斗顯美
73EJT37:915

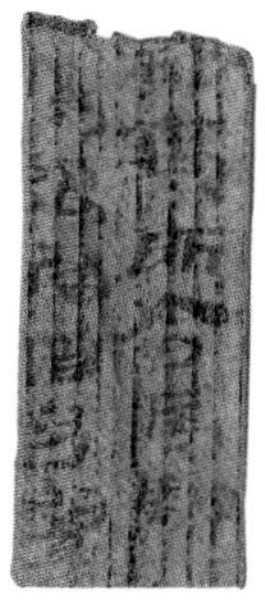

郡乘所占馬騂
傳謁移函谷關
73EJT37:916

關嗇夫吏遣□□
73EJT37:917

入亡人赤表函二　其一起廣地守
一起橐他亭顯
73EJT37:918

□昭武肩水乘所占用馬一匹軺車
……
73EJT37:919

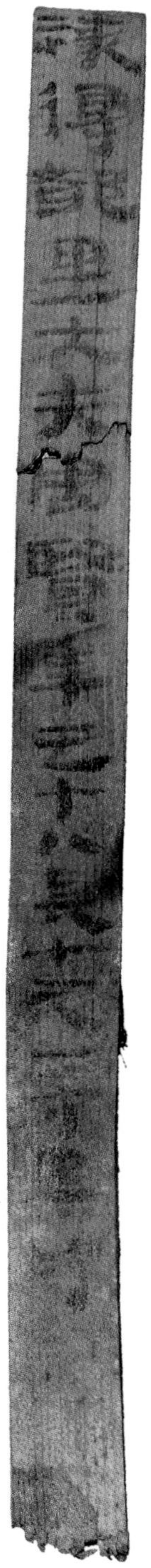

祿得都里大夫周賢年五十八長七尺二寸黑色
73EJT37:920

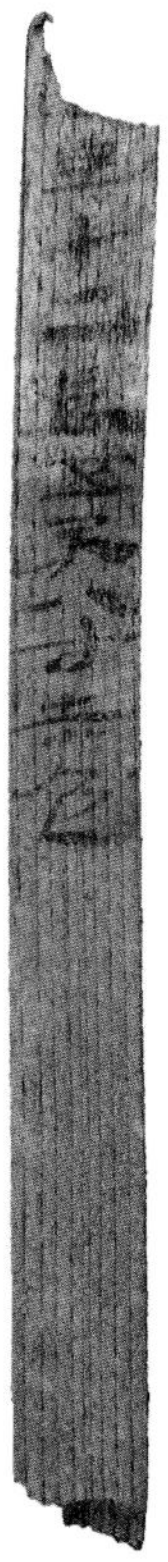

□年十二長五尺八寸赤色　73EJT37:921

黑色　73EJT37:922

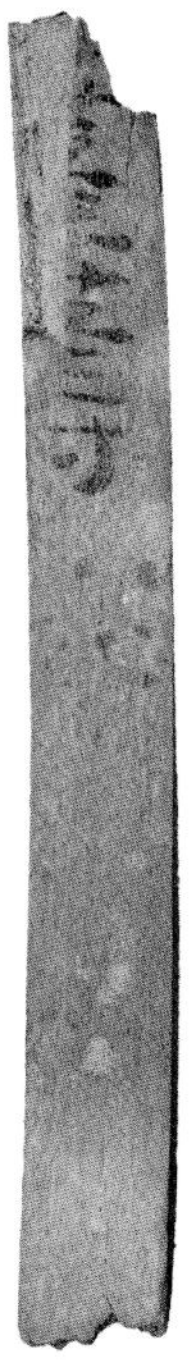

年十六長七尺三寸　73EJT37:923

□觻得樂安里申嚴年廿　73EJT37:924

□　乘方相車駕騩牝馬齒　73EJT37:925

□十六已出　乘故革車駕騮牡馬齒十八歲　八月庚辰北出　73EJT37:926

□騩牝馬一匹齒十四歲　十一月壬辰兼騂北亭長並出　73EJT37:927

□　守丞駿移過所遣中亭長蔡崇司空　73EJT37:928

□□寧北至
□□□□□　73EJT37:929

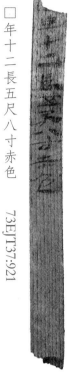

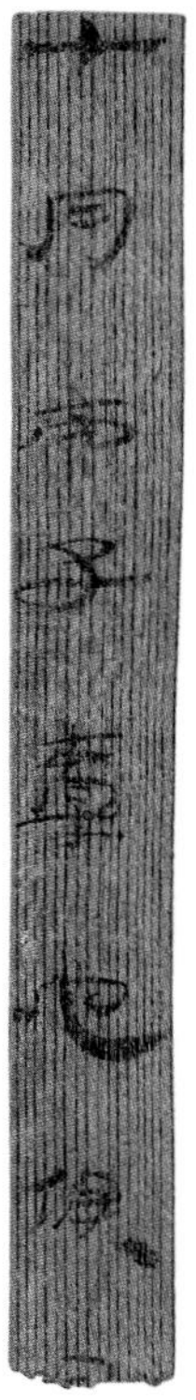

七月丙子橐他候□　73EJT37:930A

橐他候印　73EJT37:930B

元康二年四月己亥朔癸卯西鄉有秩賢敢告尉　73EJT37:931

取傳迎家屬謹案誼　73EJT37:932A

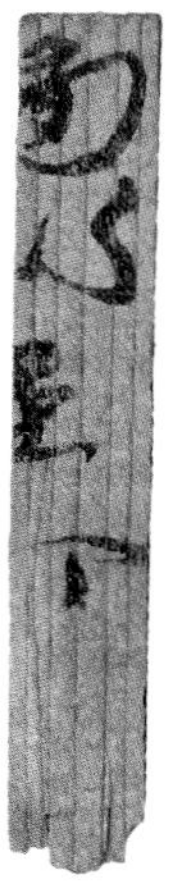

觻得丞印　73EJT37:932B

雒陽臨濕里公乘畢赦年卌　73EJT37:933

……束……　73EJT37:934

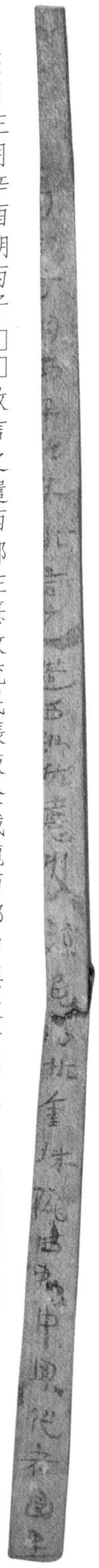

……三月辛酉朔丙子□□敢言之遣西鄉佐意收流民張掖金城隴西郡中與從者昌里　73EJT37:935

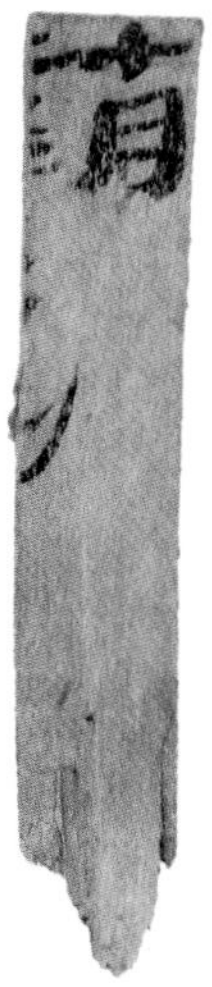

七月

……　73EJT37:936

正月丁巳居延令彊丞循移卅井　73EJT37:937

……毋官獄徵事當得
二月丁丑居延令尚丞順移過　73EJT37:938

百廿七石二斗　73EJT37:939

□□□以令取傳
豐守令史鳳　73EJT37:940

□□□□□□
□□何再拜　73EJT37:941A

□□取十五束□
……　73EJT37:941B

兩脅下支滿少氣溫欬水□得□□□　73EJT37:942A

□□酒飲之會分散□田中　73EJT37:942B

……移過所縣官肩水金關毋苛留如律　73EJT37:943

□乘里張褒　……單衣　73EJT37:944

戍卒趙國邯鄲曲里張錢　正月壬寅入　73EJT37:945

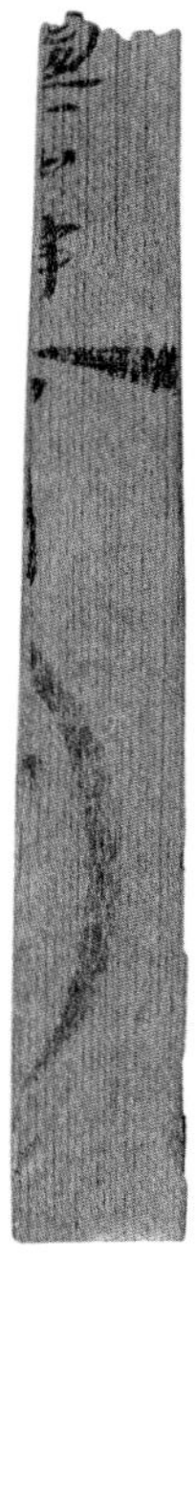

關如律令□　73EJT37:946

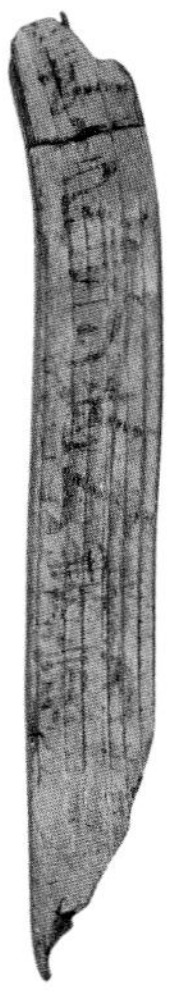

長七尺二寸步入帶劍　73EJT37:947

以律取傳謹案　73EJT37:948

□客校鄣書橐他界　73EJT37:949

……使忠留關下待關下　73EJT37:950A

……願　73EJT37:950B

□車一乘　73EJT37:951

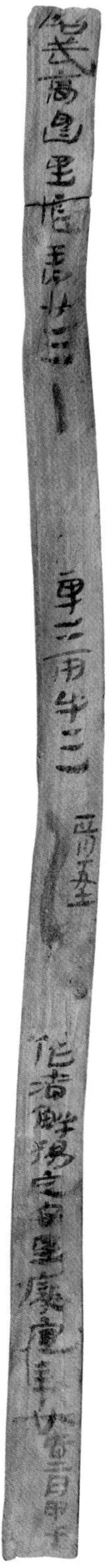

昭武高昌里張壽廿三丿　車二兩牛三　正月丁丑出
～
作者觻得定安里龐宣年廿　皆二月甲午入
73EJT37:952

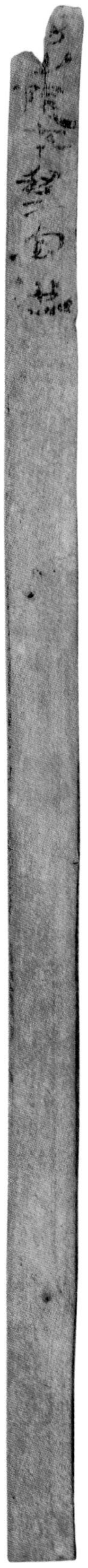

□山隧卒犂安世　73EJT37:953

■右第十三車九人　73EJT37:954

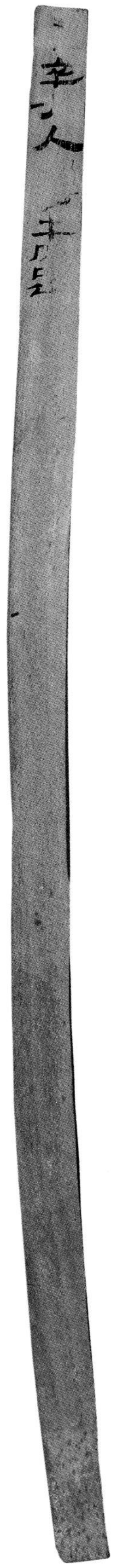

□卒六人□十七石四斗　73EJT37:955

居延亭長李義　馬一匹騧牝齒五歲　十二月癸卯北候史丹出　73EJT37:956

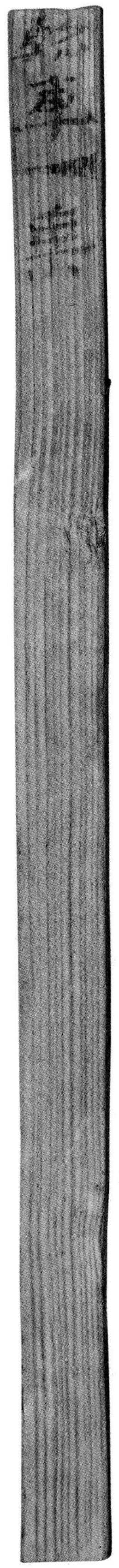

軺車一乘　73EJT37:957

城勢隧長蘇忠　送御史　卩　三月丙寅入即日出　73EJT37:958

以五月廿七人　□　73EJT37:959

五千三百五十以給置稍入過客威未嘗署卒〻不多錢得　73EJT37:960

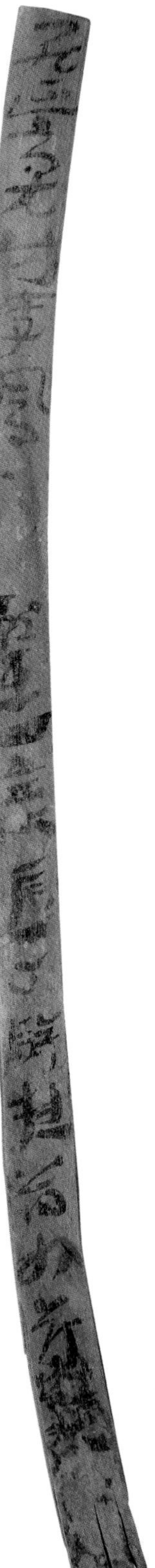

居延守左尉李鳳、　軺車一乘馬一匹騂牡齒九歲　十二月□□出
□□月□□入　73EJT37:961

建平二年六月丙辰朔丁丑肩水候憲謂關嗇夫吏　73EJT37:962A

佐霸　73EJT37:962B

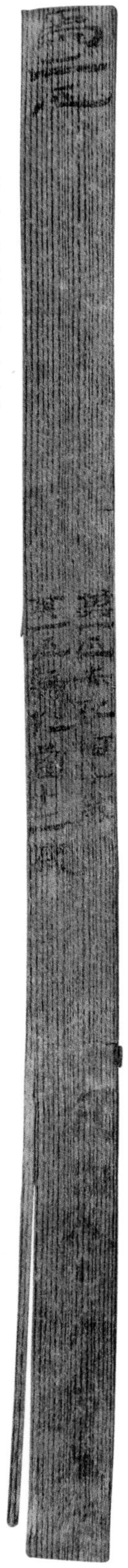

馬二匹　其一匹赤牝齒十歲
其一匹驪牡齒十二歲　凡四人八月庚辰北出　73EJT37:963

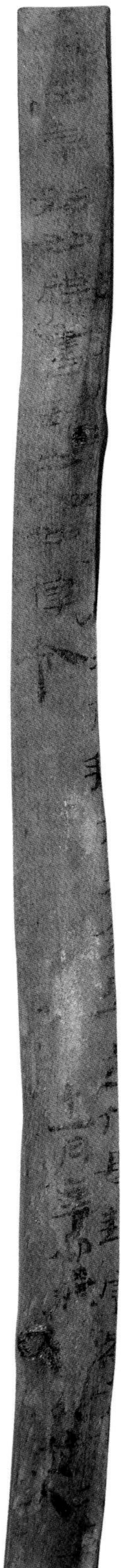

……移肩水金關□候長……關
爵里年姓如牒書到出入如律令　十一月辛卯……並入

73EJT37:964

毋適隧卒郭健

73EJT37:965

觻得□□里公乘陳□□□□　字中實　十一月己丑兼亭長出入

73EJT37:966

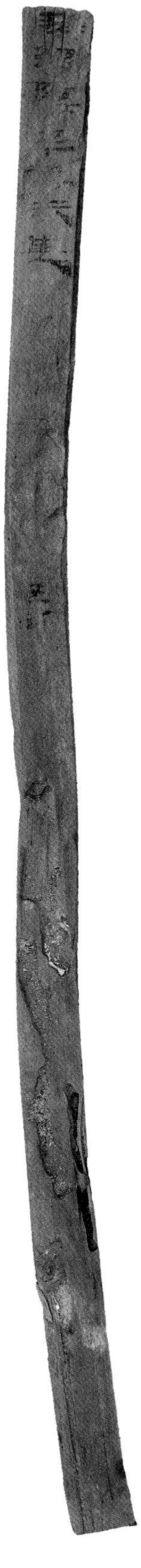

臨澤隧卒□未央　五百

73EJT37:967

安居延願以令取傳謹案戶籍臧鄉者富里有呂晏年廿爵公士呂
……毋官獄徵事當得取傳謁移過所河津關肩水金關出入

73EJT37:968A

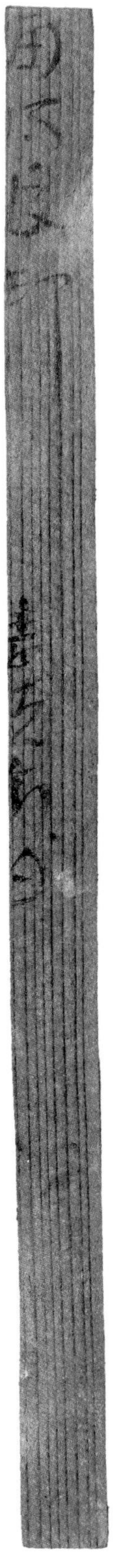

角得長印　嗇夫欽白　73EJT37:968B

蜀郡成都縣直陽里段壽年十七歲　73EJT37:969

田卒濟陰冤句昌成里大夫商廣世年卅九　長七尺二寸黑色　〜　丶　73EJT37:970

觻得壽貴里公乘朱奉親年十四歲長七尺二寸　73EJT37:971

淺水隧長枚良　送御史　卩　73EJT37:972

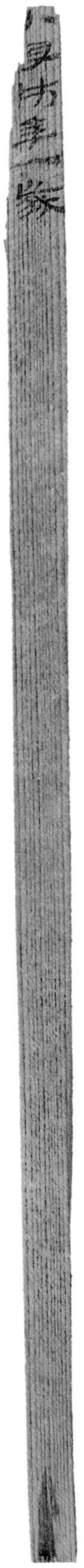

小奴成年一歲　卩

73EJT37:973

囂陵里男子楊譚自言欲取偃檢客田張掖居延南□亭部謹案譚□

……

73EJT37:974

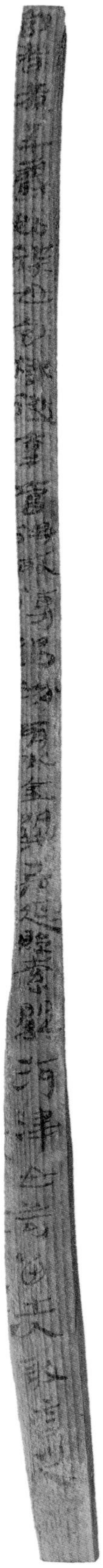

官者都年爵如牒毋官獄徵事當得取傳謁移肩水金關居延縣索關河津毋苛留出入敢言之

……

73EJT37:975

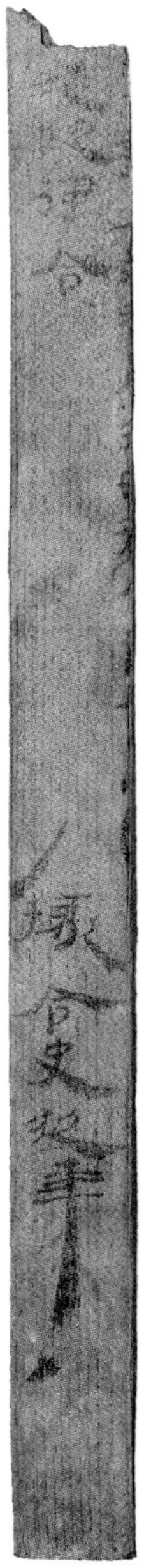

……如律令敢言之

廷如律令　／掾令史延年

73EJT37:976

肩水壙野隧長鄧就

73EJT37:977

建平元年九月戊申居延令彊守丞聖移過所縣道河津關肩水……

73EJT37:978

胡騎苑氏（竹簡）　73EJT37:979

廿六日癸巳食張君游所因宿　出五十□一具　出卌□六封　出十九□一□

十八日癸卯食張君游所因宿　出十發出□

十八日壬申風不行

73EJT37:980

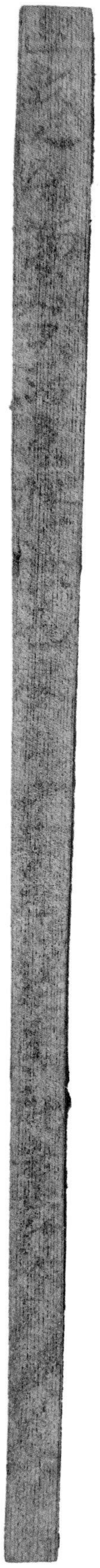

……

追殺人賊□賀酒泉張掖武威郡中當舍傳舍從者如律令　73EJT37:981

田卒河南郡新鄭武成里公乘左奉年卅　卩　73EJT37:982

韓宮尉弘從者好時吉陽里不更莫于禹年卅九長七尺四寸黑色　癸酉出　73EJT37:983

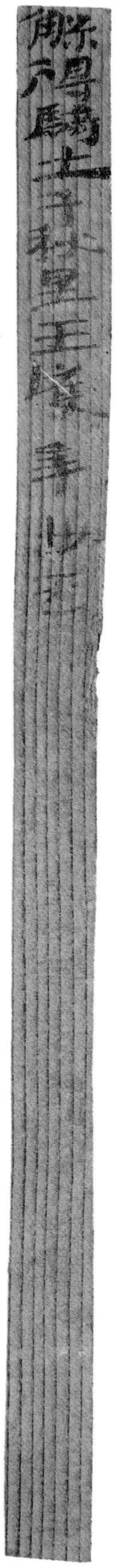

觻得騎士千秋里王護年卅五　73EJT37:984

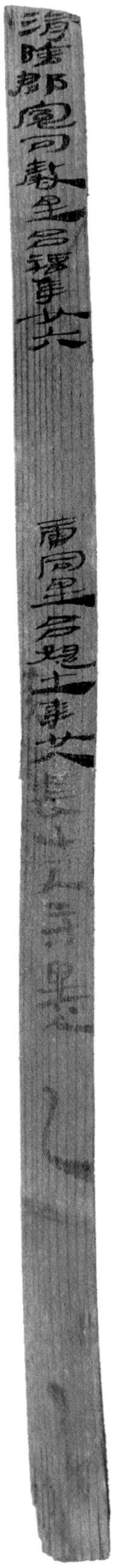

濟陰郡冤句穀里呂福年廿六　庸同里大夫呂怒士年廿八長七尺二寸黑色　～　～～　73EJT37:985

弘農郡陝宜里大夫王定年卌長七尺二寸黑色　牛一車一兩弓一矢五十　73EJT37:986

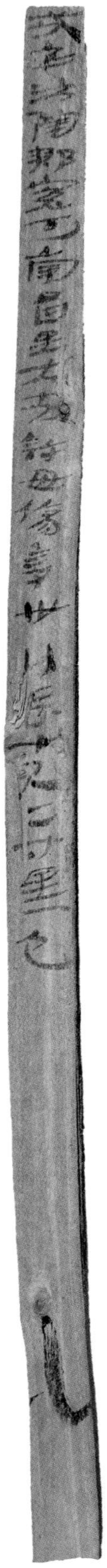

戍卒濟陰郡冤句南昌里大夫許毋傷年卅八長七尺二寸黑色　～　73EJT37:987

魯國壯里士伍恉他年卅五　車二兩牛四頭　十二月庚申南嗇夫□入　73EJT37:988

守屬隨詡葆　頻陽南昌里公乘李鳳年廿五　正月庚午北出　73EJT37:989

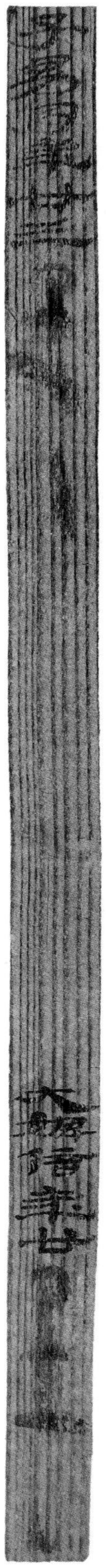

子男丹年廿三已出丿　大婢倍年廿已出　丿　73EJT37:990

河南滎陽吉陽里士伍郭祿年廿五長七尺四寸黑色　三年十一月出　73EJT37:991

觻得富里不更閭丘横年卌五長七尺二寸黑色　閏月戊午入　73EJT37:992

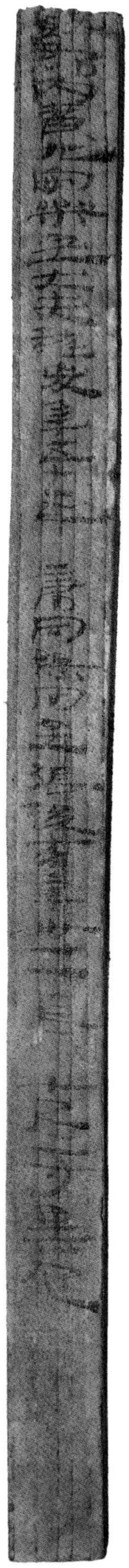

魏郡內黄北安樂里大夫程延年五十五　庸同縣同里張後來年卅二長　七尺二寸黑色　73EJT37:993

魏郡內黄東郭里大夫隋穰年廿六　長七尺二寸黑色　丿　73EJT37:994

禄得千秋里大夫魯遂年五十長七尺二寸黑色　73EJT37:995

觻得守令史壽貴里公乘趙駿年廿二長七尺二寸黑色軺車一乘馬一匹　七月中出　73EJT37:996

長安囂陵里常惲年卅三　方相一乘<br>用馬一匹　十一月癸卯兼亭長並入　73EJT37:997

觻得敬老里女子靳敬年十二　十一月乙丑北出　73EJT37:998

所乘用騧牝馬一匹齒十歲高六尺二寸主狗占　73EJT37:999

令史居延千秋里大夫左嘉年卅三ノ　十月辛未南嗇夫豐出　軺車一乘
用馬一匹驪牡齒八歲高六尺　73EJT37:1000

將車東郡緒者大夫紀歸年卅六　長七尺二寸黑色　十月戊寅入　牛車一兩　癸酉出　ノ　73EJT37:1001

千秋葆京兆新豐西宮里官大夫被長壽年廿一長七尺三寸黑色　六月乙亥出　ノ　73EJT37:1002

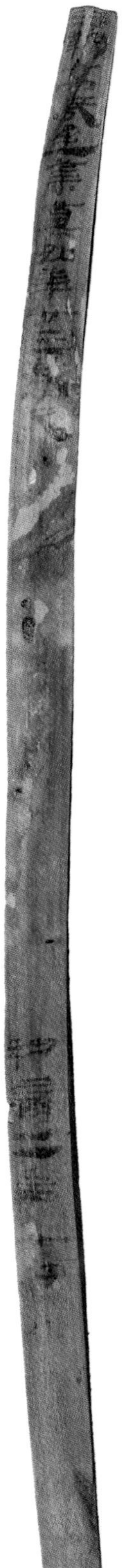

日勒萬歲里華莫如年廿三長七尺　神爵二年七月中出　73EJT37:1003

酒泉祿福廣漢里公乘孟良年卅
酒泉綏彌工里公乘繇便年卅　73EJT37:1004

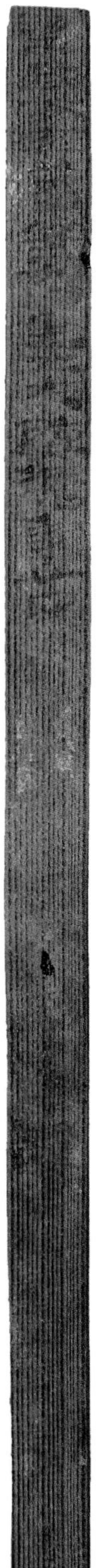

梁國戍卒菑樂陽里大夫陳德年廿四　丿　丿　73EJT37:1005

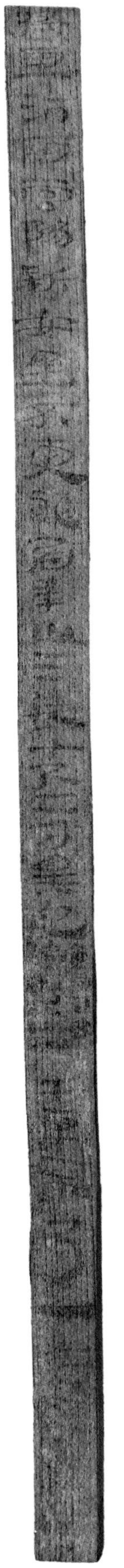

將車河南營陽新安里不更龍眉年卅三長七尺二寸黑色　魚四百頭
槖卅五□□　牛車一兩弓一矢五十丿
出□□　五十四　卌四……入　73EJT37:1006

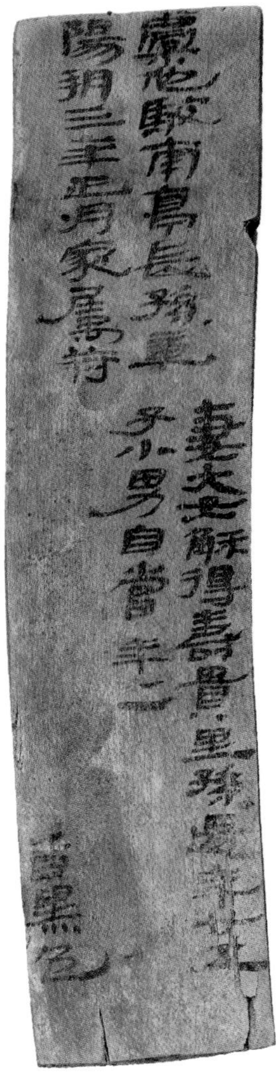

槖他駮南亭長孫章　妻大女觻得壽貴里孫遷年廿五
陽朔三年正月家屬符　子小男自當年二
皆黑色（简右側有一刻齒）　73EJT37:1007

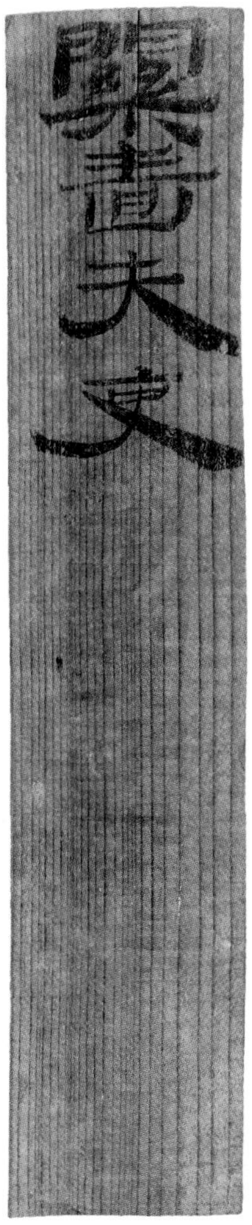

關嗇夫吏　73EJT37:1008A

兼亭　73EJT37:1008B

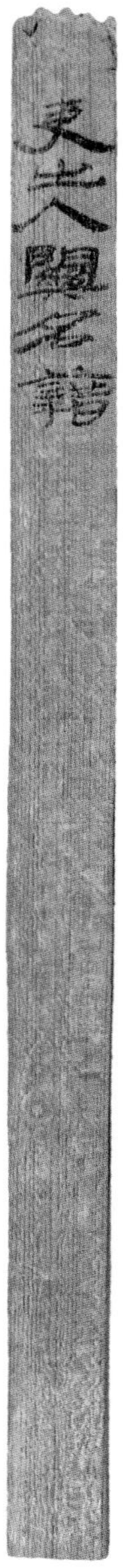

□　吏出入關名籍　73EJT37:1009

勿苛留如律令乘馬一匹

令　73EJT37:1010

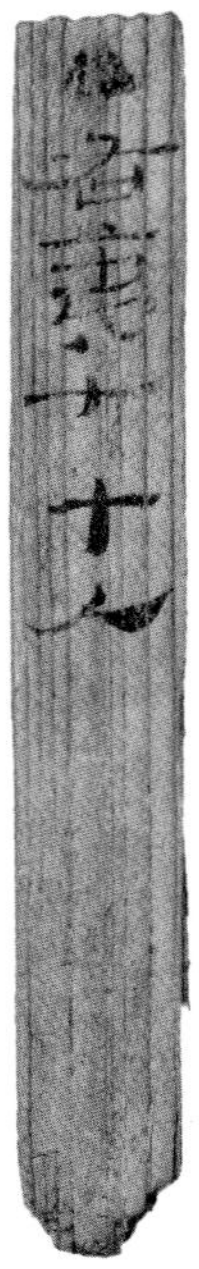

•右第七十人　73EJT37:1012

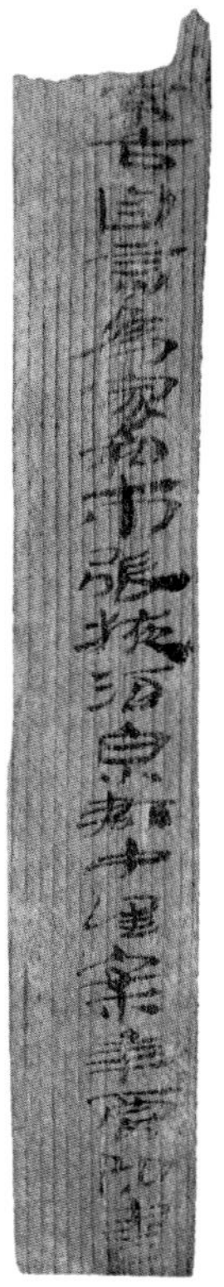

□常占自言爲家私市張掖酒泉郡中謹案年爵如書　73EJT37:1014

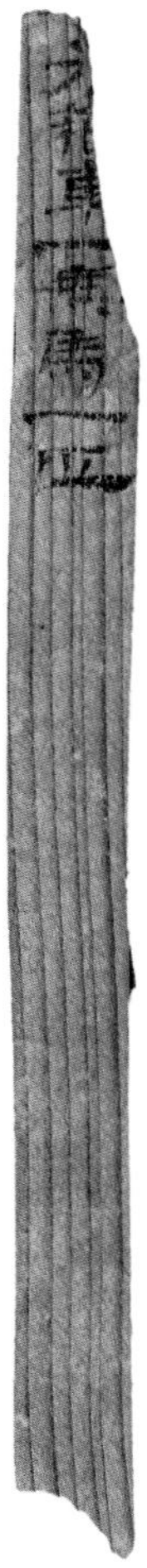

方箱車一乘馬一匹　73EJT37:1016

戍卒趙國邯鄲棘里張歸　73EJT37:1011

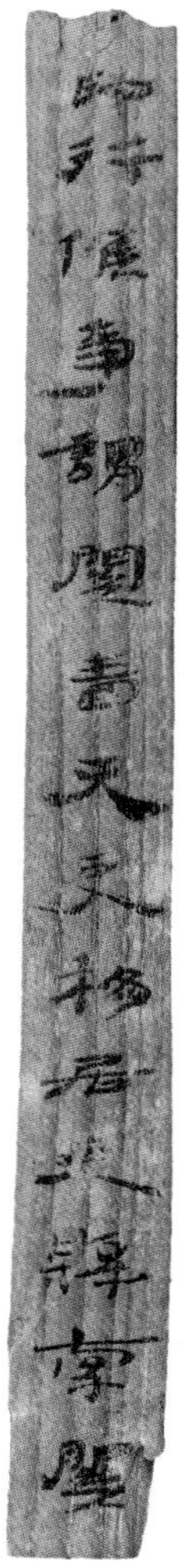

□印行候事謁關嗇夫吏移居延縣索關　73EJT37:1013

乘用騩牝馬齒八歲　丿　73EJT37:1015

□　皆十一月癸巳入　73EJT37:1017

廣地隧蘇安世　73EJT37:1018

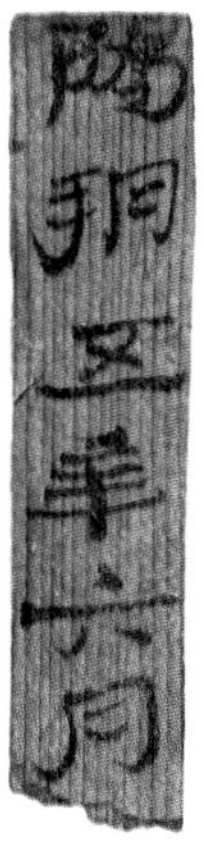

陽朔五年六月　73EJT37:1019

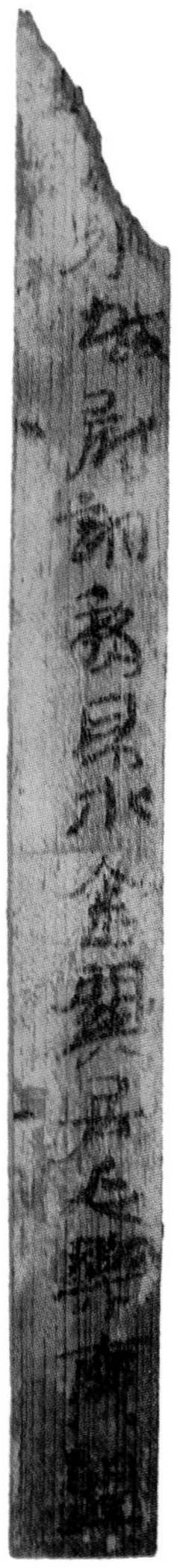

□水城尉詡移肩水金關居延縣索關
……　73EJT37:1020A

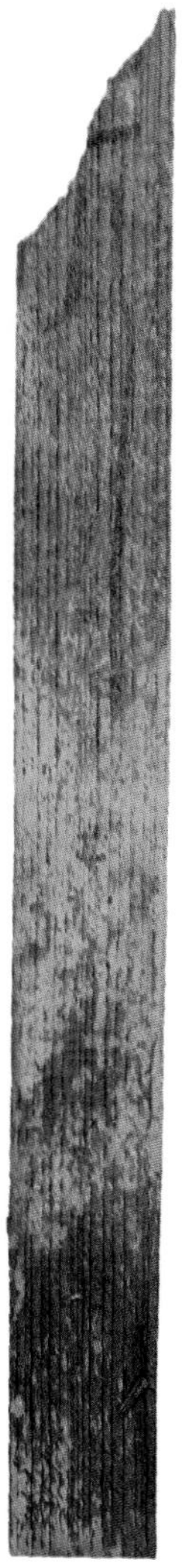

□下　73EJT37:1020B

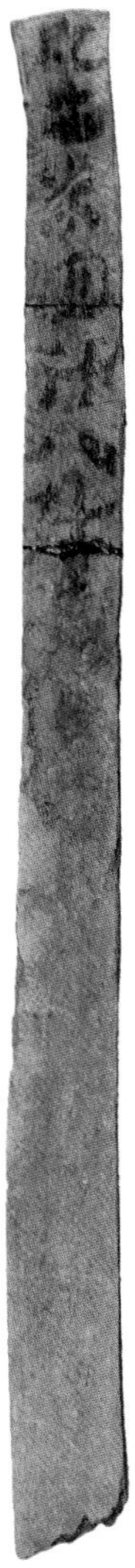

凡出米四斗八升　73EJT37:1021

長安大京里王賞年卌字子阿　乘方箱車駕駹牝　73EJT37:1022

……敢言之
掾宮守令史長　73EJT37:1023

金關　73EJT37:1024

元康三年七月吏
名傳　73EJT37:1025

南部候史居延安故里郭循年廿八　追亡卒　73EJT37:1026

觻得宜樂里楊猛年卅字君公　作者同縣壽貴里男子侯並□　73EJT37:1027

觻得樂就里女子徐女止年十八　73EJT37:1028

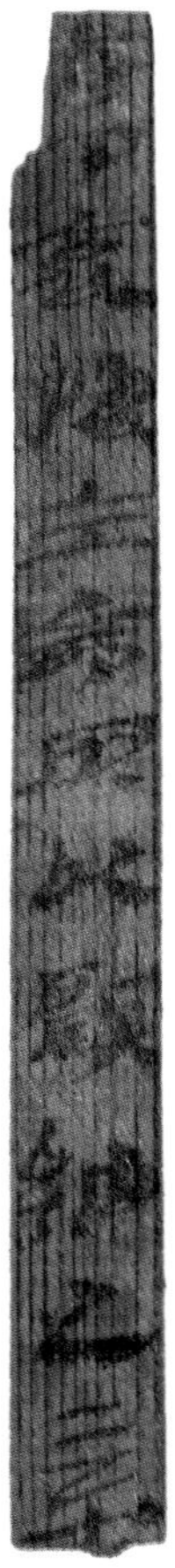

府卿哀憐全命所以顧納之章　73EJT37:1029

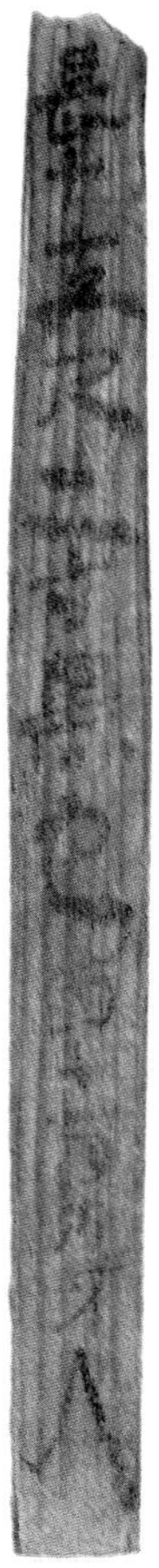

長十七又尺二寸黑色　皆十一月丙戌入　73EJT37:1030

金關　73EJT37:1031

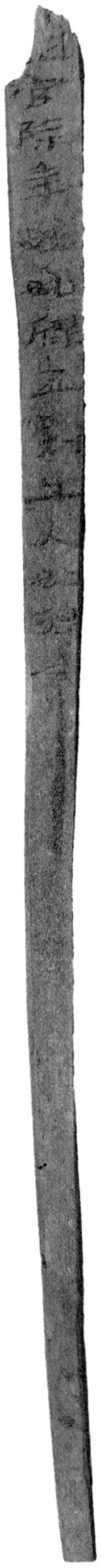

□官除年姓如牒書到出入如律令　73EJT37:1032A

□成尉印　正月十九日武以來　73EJT37:1032B

方箱車一乘　八月□□嗇夫南入　73EJT37:1034

雒陽廣陽里商竝年十八　步　73EJT37:1033

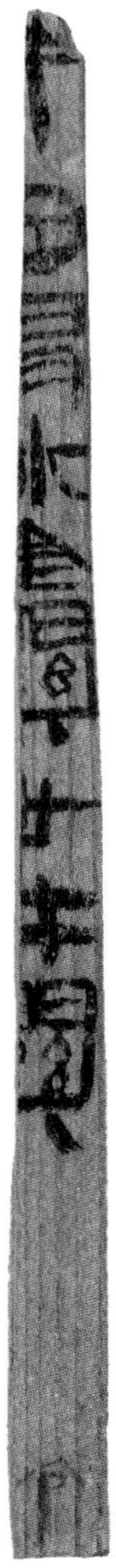

□□肩水金關卅井關　令　73EJT37:1035

觻得宜安里不更郝尊年卌

葆作者同縣樂就里公

車二兩牛四頭　73EJT37:1036

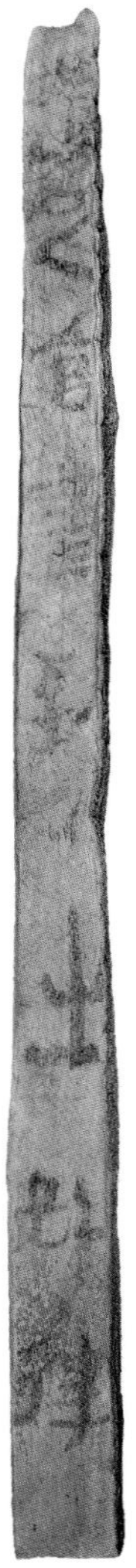

遣之官書到出如律　73EJT37:1037

明　九月己未勉出　73EJT37:1038

壽長孺一直九百　宿昆弟靳安世　十五人爲二石一斗　六斗六升大　73EJT37:1039A

□月二月奉　□守丞王卿　73EJT37:1039B

□傳　送錢居延　73EJT37:1040

□長七尺二寸黑色　～　73EJT37:1041

軺車一乘用馬一匹騂牝齒六歲　73EJT37:1042

傳車一乘馬二匹四月戊寅出　73EJT37:1043

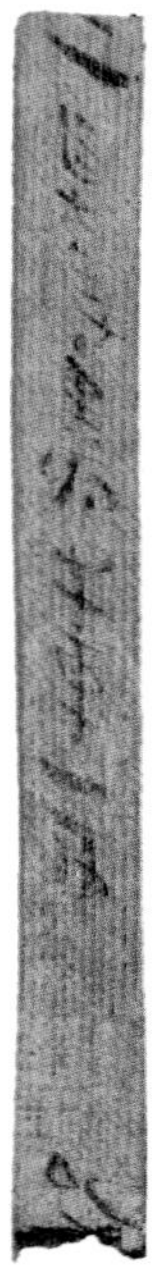

二長七尺二寸黑色牛車一兩　以□　73EJT37:1044

建平元年九月癸丑居延令彊守丞宮移過所縣道河津關遣司空佐張
黨以令對會□月……
73EJT37:1045

署金關□……　女子始至里張音年廿五　73EJT37:1046

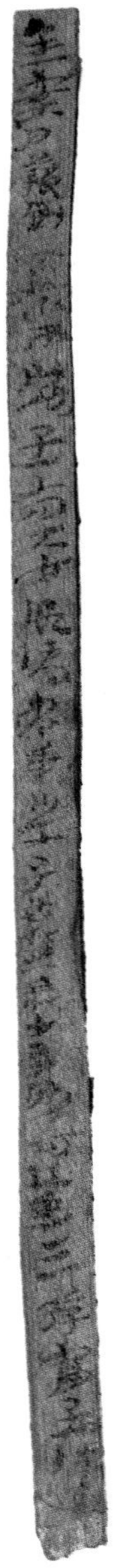

謹案戶籍藏鄉者市陽里有大女張倩君年卌七子女裦年廿子男可丘年三葆富里□□　73EJT37:1047A

昭武長印　73EJT37:1047B

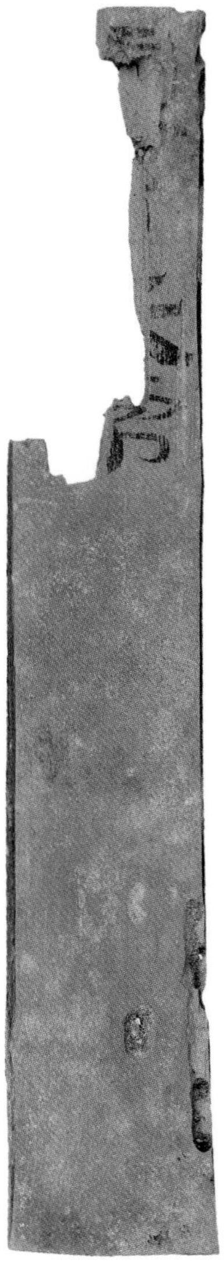

關嗇夫常　73EJT37:1048

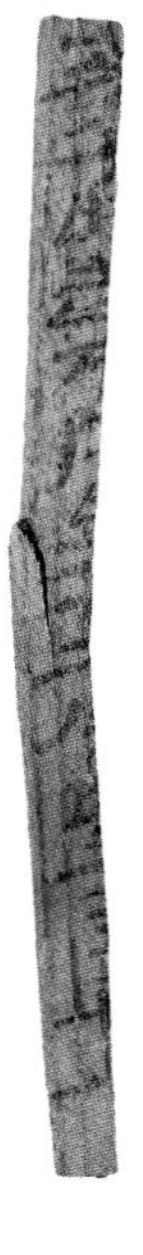

戍卒昭武市陽里公士□豐年廿八　73EJT37:1049

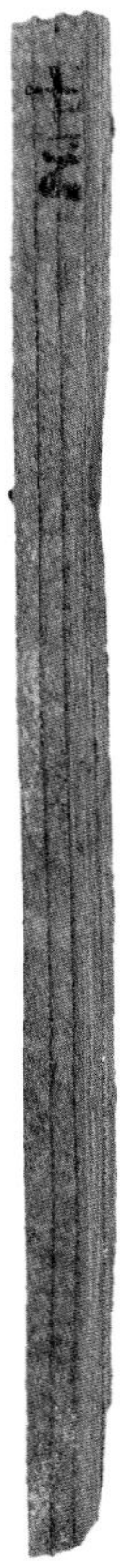

□廿五　73EJT37:1050

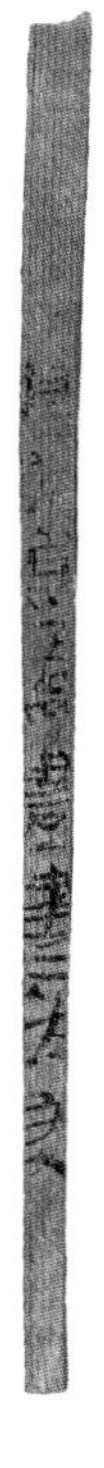

╱掾延兼屬豐書佐良　73EJT37:1051

今日休日井卿夫人來子方中卿爲進丿
奏樂卿文卿□□蚤會宣屬行部還井　73EJT37:1052A

宣伏地報□
子方中卿足下謹道即日厚賜竊日近　73EJT37:1052B

用牛一　73EJT37:1053

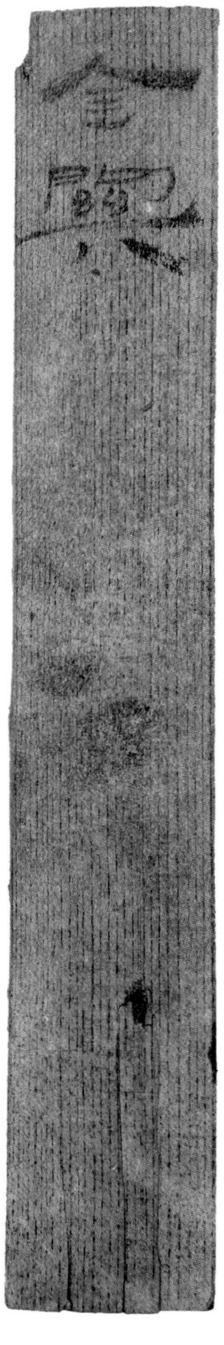

金關　73EJT37:1054

肩水金關　73EJT37:1055

肩水候亭次行　73EJT37:1056

廣地
毋患隧長安世葆居延中宿里公乘徐孺
年七十歲長七尺一寸黑色　73EJT37:1057A

□金關符　73EJT37:1057B

橐他候史氏池千金里張彭
建平四年正月家屬符

母居延庰庭里徐都君年五十　車二兩
男弟觻得當富里張惲年廿　用牛四頭
男弟臨年十八
女弟來侯年廿五　馬三匹
女弟驕年十五
彭妻大女陽年廿五（簡右側有一刻齒）

73EJT37:1058

橐他通道亭長宋捐之
永始四年家屬符盡十二月

妻大女觻得常樂里宋待君年廿二
子小男自當年九
子小女廉年六（簡左側有一刻齒）

73EJT37:1059

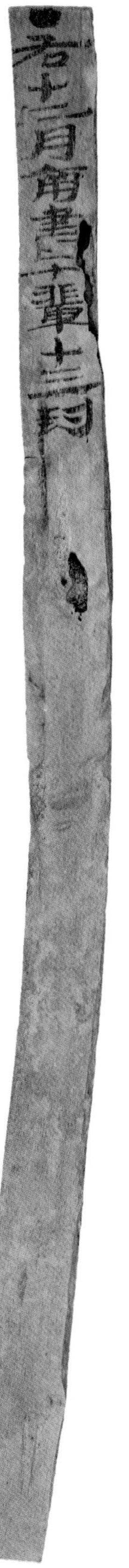

•右十二月南書七輩十三封　丿

73EJT37:1060

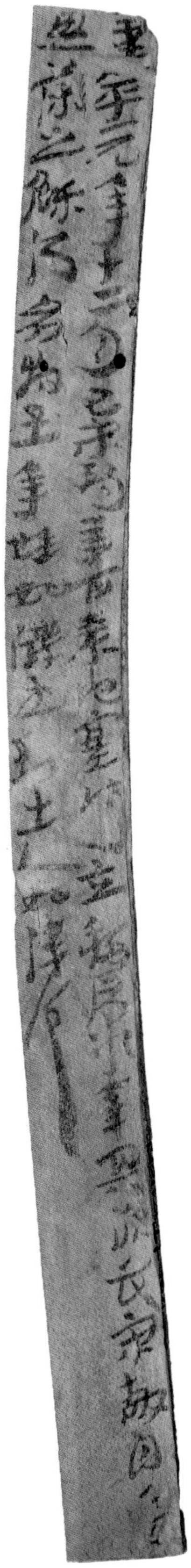

建平元年十二月己未朔辛酉橐他塞尉立移肩水金關候長宋敞自言
與葆之觻得名縣里年姓如牒書到出入如律令

73EJT37:1061A

張掖橐他候印　即日嗇夫豐發
十二月壬戌令史義以來門下　73EJT37:1061B

五鳳四年五月辛未朔乙未廣地守候塞尉順移肩水金關
書到如律令　73EJT37:1062A

張肩塞尉　73EJT37:1062B

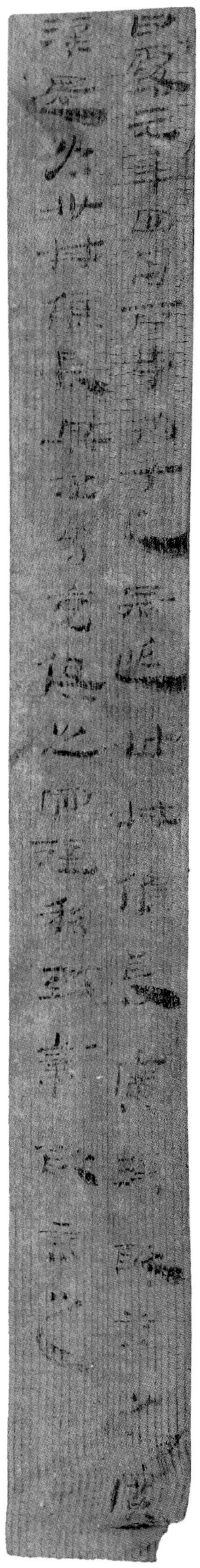

甘露元年四月丙申朔丁巳居延卅井候長廣漢敢言之廣
漢遷爲卅井候長與子男充俱之官謹移致籍敢言之　73EJT37:1063

以請詔見親渭陵園當舍傳舍從者如律令　／兼掾博屬蒲書佐誼尊　73EJT37:1064

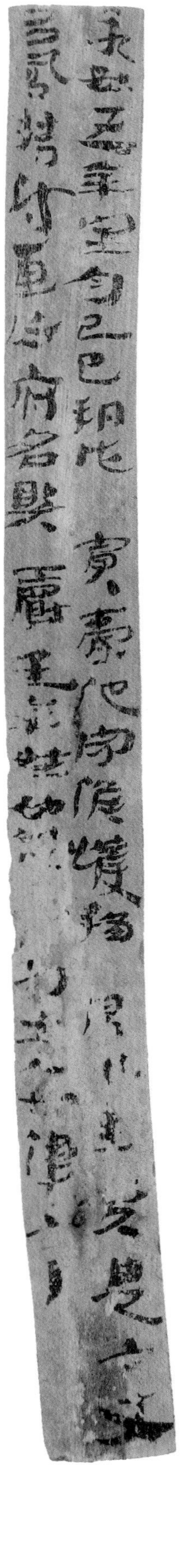

永始五年閏月己巳朔戊寅槖他守候護移肩水金關遣令史
呂鳳持傳車詣府名縣爵里年姓如牒書到出入如律令　73EJT37:1065A

張肩塞尉　　嗇夫欽白發
閏月壬申況以來　君前
／令史鳳尉史敞　73EJT37:1065B

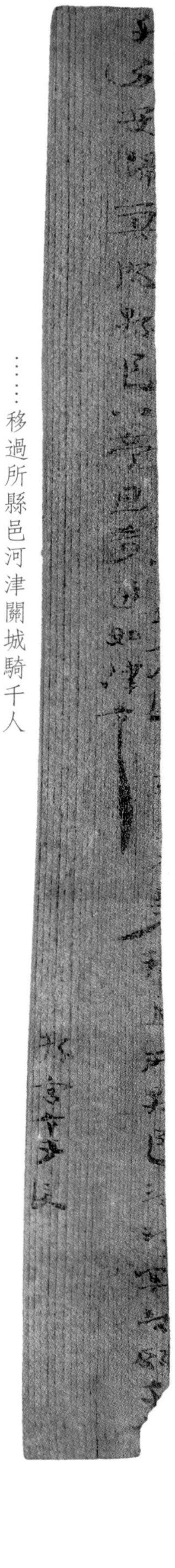

……移過所縣邑河津關城騎千人
子男安歸雲陽縣邑門亭毋苛留如律令
掾宮令史長　73EJT37:1066

綏和二年四月己亥朔癸卯守城尉賞移肩水金關居延卅井縣索關吏自言遣所葆
……　73EJT37:1067A

四月乙巳北　白發君前　73EJT37:1067B

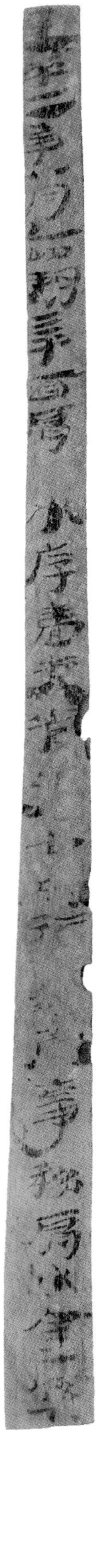

建平二年八月乙卯朔辛酉肩水庫嗇夫賞以小官印行城尉事移肩水金關

73EJT37:1068

襄澤隧

……

塢南面呼以作治

狗少一今以具

塢上□鹿盧不調利已利

六石弩一傷淵中已作治

辛未章不知蓑火今以知

臨澤隧長趙印兼

73EJT37:1069

元延二年二月丙申居延守令城騎千人敞丞忠移過所縣□

關遣都阿亭長徐光以詔書送徒上河當舍傳舍從者如律令

三月壬申出卩　掾陽守令史陽佐賢

73EJT37:1070

北書十四封

其四封肩水倉長印二詣居延都尉二詣居延　十月壬午日二千時□馮賢卒周六始付

二封小府詣居延都二封觻得長印一詣居延都尉一詣肩水候官　當

三封肩水千人一詣肩水候一詣橐他一詣廣地　一封昭武長印詣居延令丞發

一封淮陽內史詣居延都尉府

73EJT37:1071

相伏地再拜請

□□□□□□□□發元謹之相欲□□□二百錢今留

73EJT37:1072A

長□足下　73EJT37:1072B

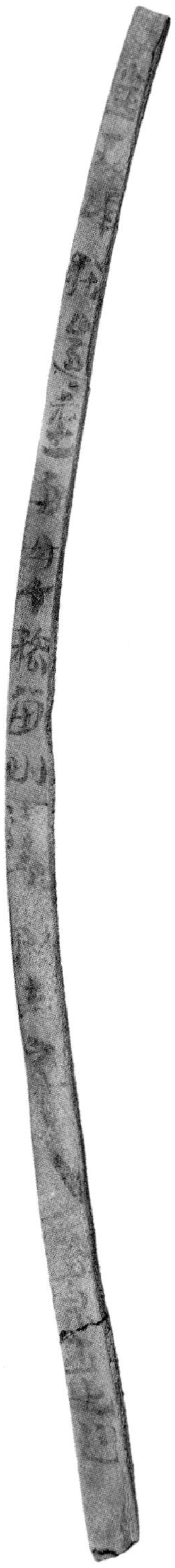

吏送致謹給邊重事毋令稽留如律令敢告卒人／掾崇書佐彭　73EJT37:1073

……行……　73EJT37:1074

五鳳三年正月戊寅朔戊子都鄉嗇夫遂佐得敢言之長陽里師樂自言爲家市張掖郡中謹案
樂毋官獄徵事當爲傳謹移過所勿苛留敢言之正月庚寅原武右尉憙敢言之
謹移案樂年爵如書敢言之尉史萬正月辛卯原武守丞武移過所如律令掾強
佐異衆

73EJT37:1075A

原武丞印　73EJT37:1075B

五鳳四年六月庚子朔甲寅中鄉嗇夫廣佐敢言之囂陵里男子習萬自言欲取傳爲家私使張掖居延界中謹案萬年
五十一毋官獄徵事當得爲傳父不尊證謁言移過所縣邑毋留止如律令敢言之
六月己未長安守右丞世移過所縣邑毋苛留如律令　掾　令史奉
73EJT37:1076A

章曰長安右丞印　73EJT37:1076B

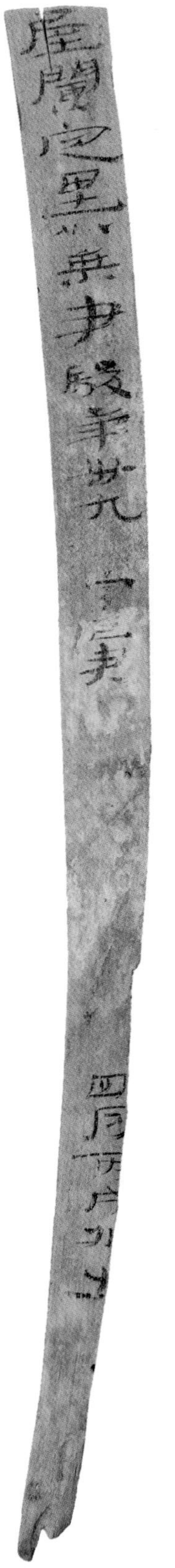

屋蘭定里公乘尹駿年卅九　字巨君　已出　四月丙戌北出　73EJT37:1077

候長觻得定國里公乘負宗年卅二　△　五月戊寅入　送罷卒府　六月庚戌　73EJT37:1078

武威郡張掖丞從史公乘陵里曹奉年五十　73EJT37:1079

將車河南雒陽緒里公乘李定國年廿八　長七尺二寸黑色　正月己丑入　牛車一兩　十一月戊申出入

73EJT37:1080

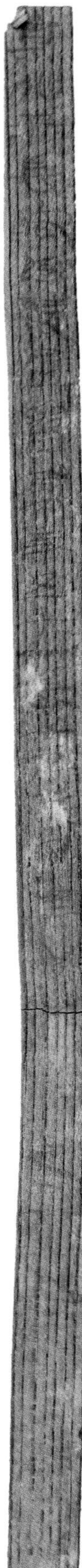

京兆尹長安囂陵里習萬年五十一長七尺三寸黑色　正月丁丑入

73EJT37:1081

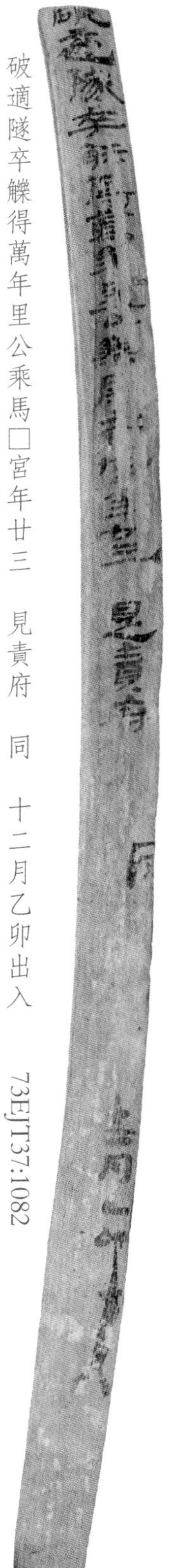

破適隧卒觻得萬年里公乘馬□宮年廿三　見責府　同　十二月乙卯出入

73EJT37:1082

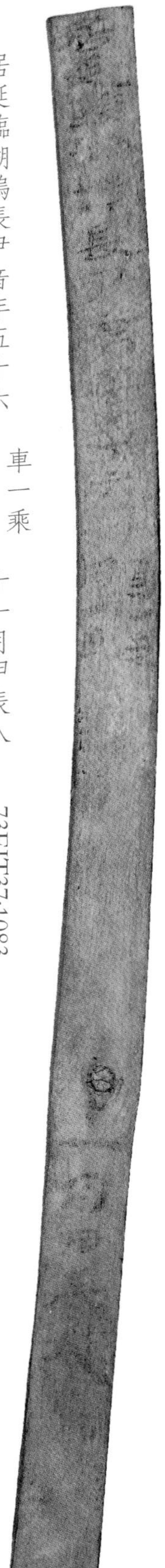

居延臨湖塢長尹音年五十六　車一乘<br>用一匹　十一月甲辰入

73EJT37:1083

河南郡雒陽柘里大夫蘇通年五十五長七尺二寸黑色　五月辛未出<br>六月乙巳入　牛一車一兩弩一矢五十

73EJT37:1084

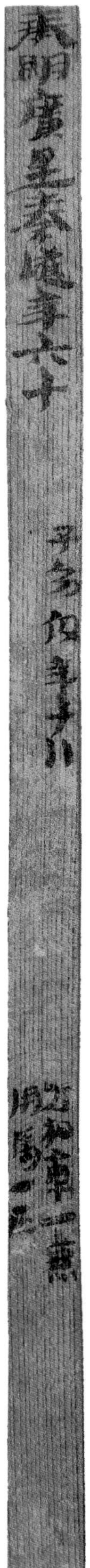

奉明廣里秦護年六十　子幼伋年十八　方相車一乘
用馬一匹　73EJT37:1085

子小男益多年十二　73EJT37:1086

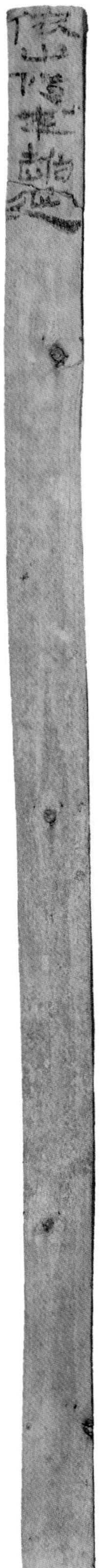

依山隧卒趙延　73EJT37:1087

完城旦徒孫並　丿　十月辛酉北出　73EJT37:1088

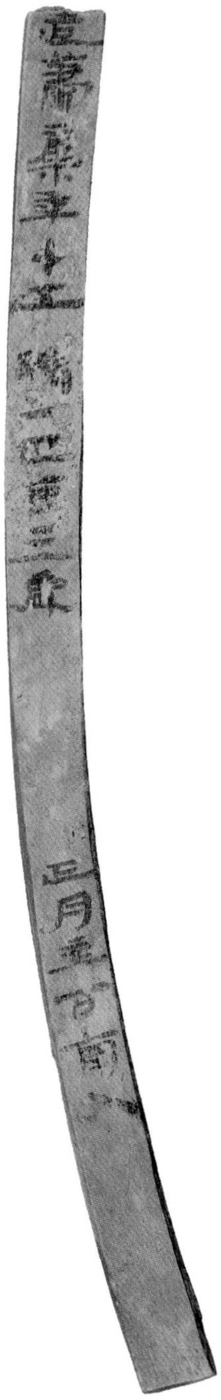

造蕭廮年十五　驪一匹齒三歲　正月辛酉南入　73EJT37:1089

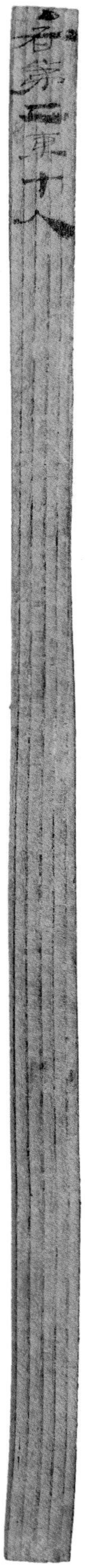

·右第二車十人　73EJT37:1090

廿七日己亥宿胡烏亭　73EJT37:1091

八月乙亥觻得守丞強以私印行事移肩水金關出來傳入如律令　73EJT37:1092

律令　十月甲戌出卩　73EJT37:1093

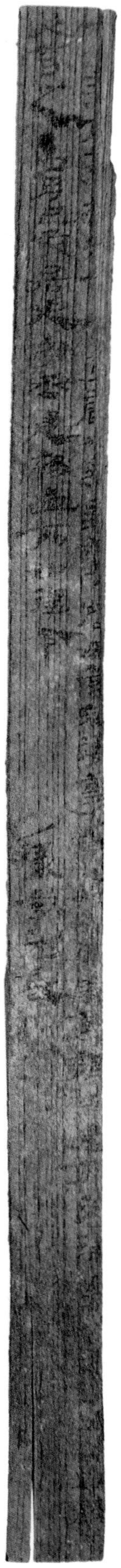

……爵公乘年六十歲毋官獄徵事當得以□取傳謁移過所河津關毋苛留止如律令
敢言之·四月己亥居延守丞建移過所如律令　／掾宮佐長　73EJT37:1094A

居延丞印　73EJT37:1094B

……毋官獄徵事當爲傳謁移廷敢言
之移所過縣毋何止九月癸未鉅定丞登移所過縣邑侯國毋何止如律令掾何　73EJT37:1095A

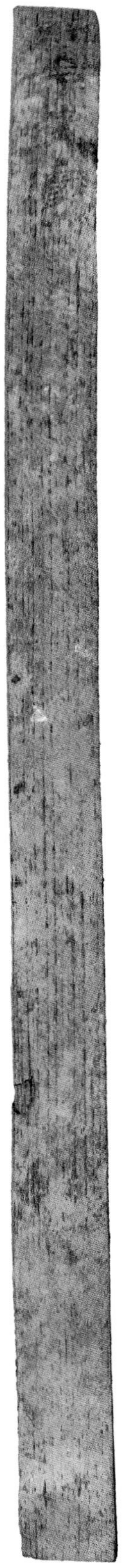

守令史寬　73EJT37:1095B

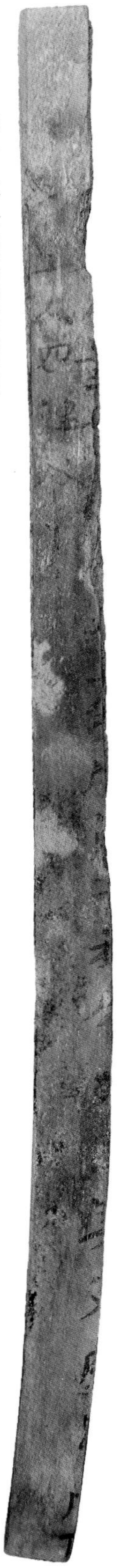

……移肩水金關□□□□□
□牒書到出入如律令　73EJT37:1096A

□他候印　……　73EJT37:1096B

……
守屬負蓋之收責盜臧居延乘家所占用馬當舍傳舍從者如律令　　73EJT37:1097A

張掖大守章
……　　73EJT37:1097B

張掖肩水司馬宜以秩次行都尉事謂□遣千人蔡宗校
□如律令　　守屬豐　　73EJT37:1098A

入計會辯治超等等軼群出尤　　73EJT37:1098B

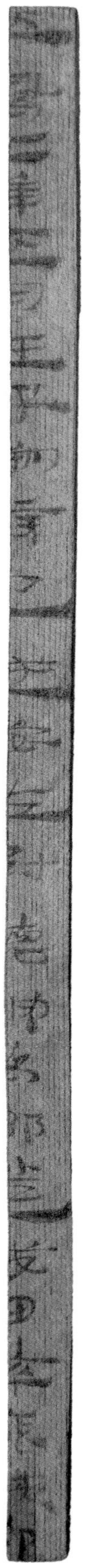

五鳳二年五月壬子朔辛巳武安左尉德調爲郡送戍田卒張掖郡　　73EJT37:1099A

□□□印　73EJT37:1099B

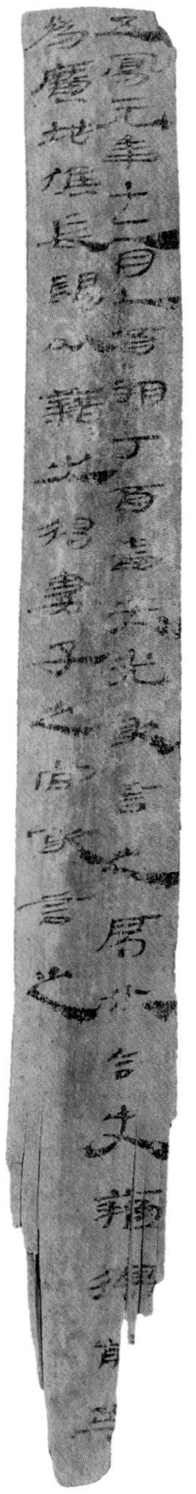

五鳳元年十二月乙酉朔丁酉嗇夫光敢言之肩水令史蘇得前□
爲廣地候長謁以籍出得妻子之官敢言之　73EJT37:1100

居延西道里陳毋房年卅五歲　黑色長六尺三寸　十一月丙　73EJT37:1101

□嬰齊年廿七長七尺二寸黑色　73EJT37:1102

□里士伍周望年廿五　73EJT37:1103

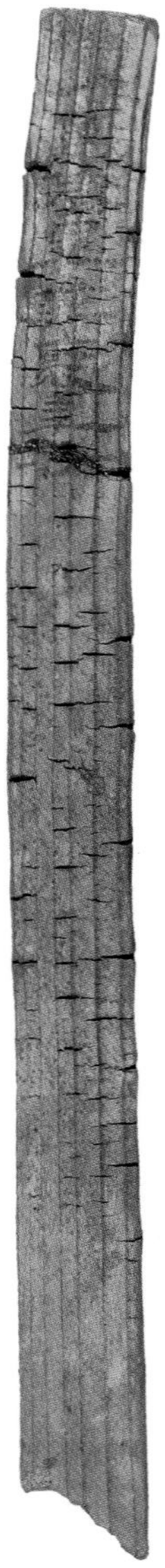

觻得萬歲里莊褒年廿　73EJT37:1104

關嗇夫居延金城里公乘李豐卅八

妻大女君仁

子大女疌年

子小女倩□　73EJT37:1105

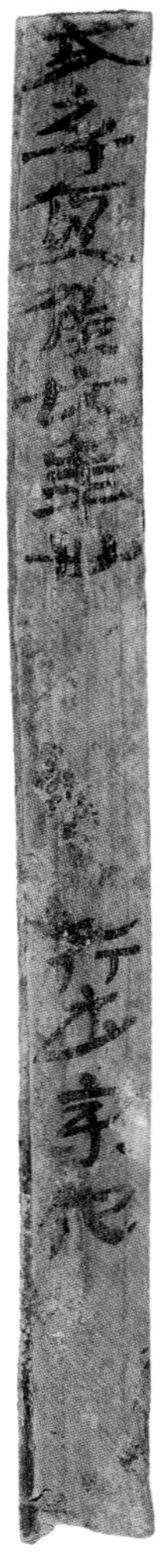

戍卒夏侯長年卅　行書橐他　73EJT37:1106

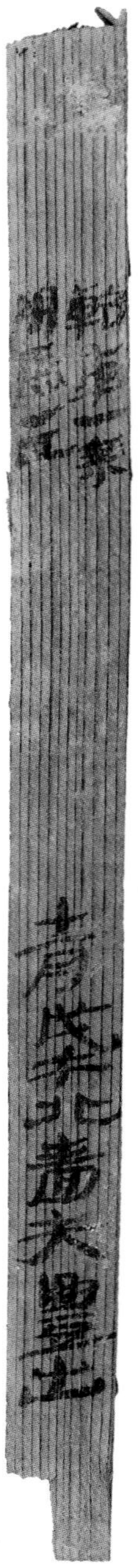

軺車一乘

用馬一匹　十一月戊午北嗇夫豐出　73EJT37:1107

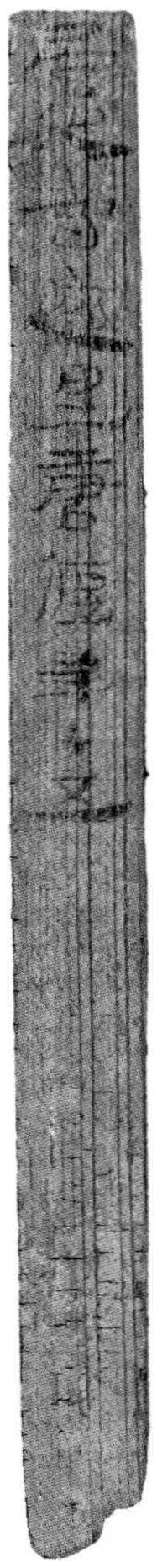

居延當遂里唐偃年十五　73EJT37:1108

河南郡雒陽段里公乘封曼　73EJT37:1109

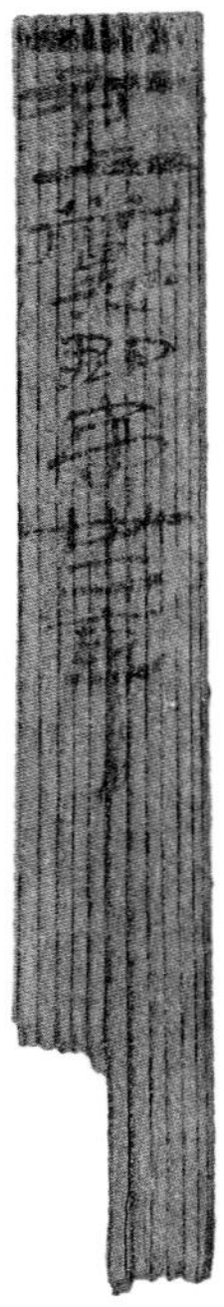

■右上黨郡第卅二車　73EJT37:1110

梁國戍卒菑樂陽里大夫周利年五十二　73EJT37:1111

槖他□□隧……

建平四年家屬符　73EJT37:1112

令史居延沙陰里大夫王嚴年廿九　73EJT37:1113

茂陵孔嘉里公乘□　73EJT37:1114

□　官牛車一兩　十一月入　73EJT37:1115

□來勳光即報中□□不可忽不宜假　73EJT37:1116

延水令史孫仁　73EJT37:1117

月壬午北嗇夫豐出　73EJT37:1118

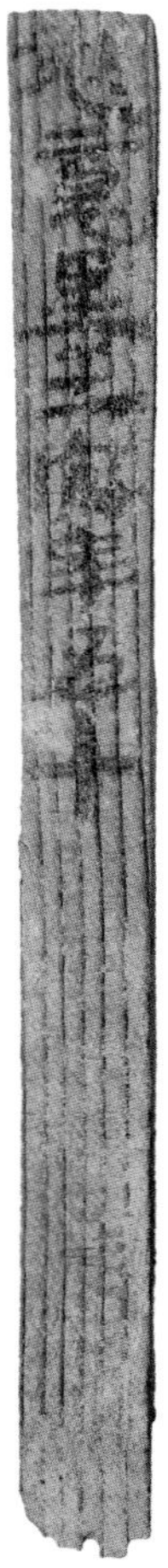

悉意里王鳳年五十　73EJT37:1119

居延完城旦大男梁奉宗　73EJT37:1120

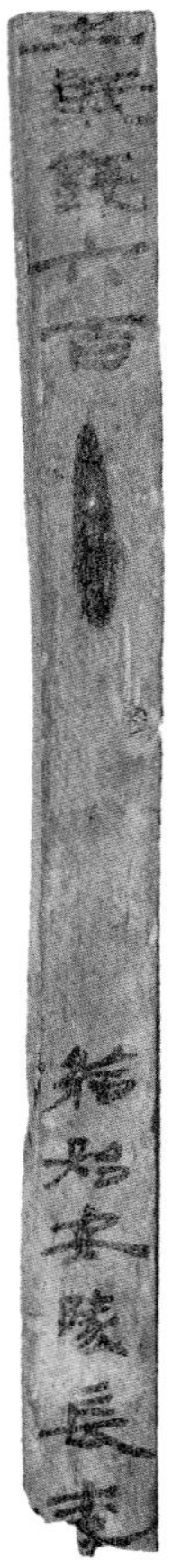

出賦錢六百丿　給始安隧長李　73EJT37:1121

八月丙申出　73EJT37:1122

建平元年十月庚申朔戊子廣地候移　73EJT37:1124

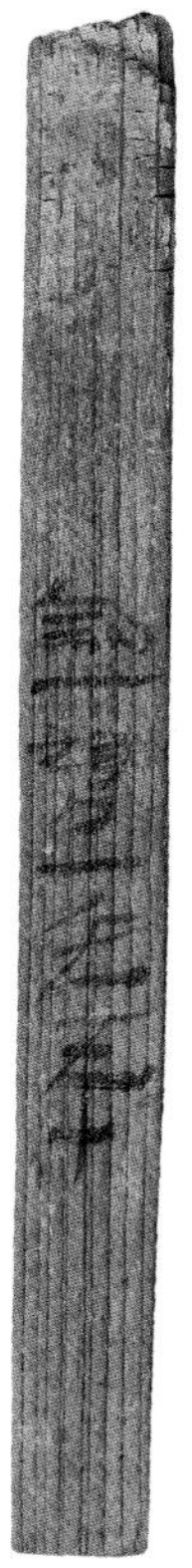

劍一弩一矢五十　73EJT37:1126

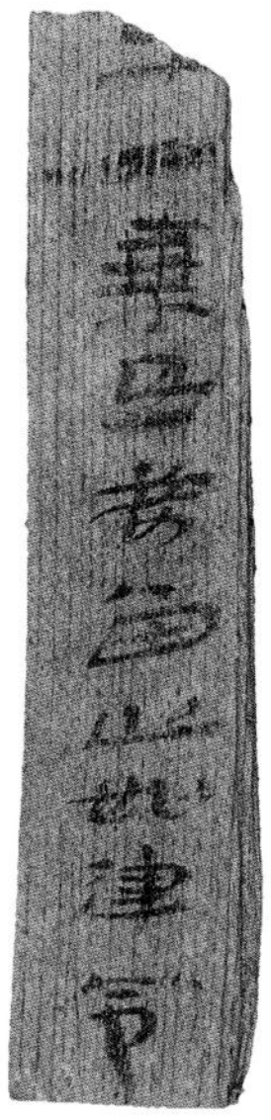

車一乘毋苛留止如律令　73EJT37:1128

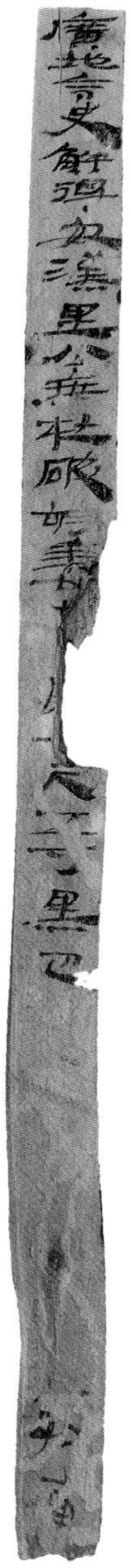

廣地令史觻得安漢里公乘杜破胡年廿七　長七尺五寸黑色　軺車　73EJT37:1130

昭武擅利里弟侯彭且年廿三　車二兩牛三
見將車　△丿　73EJT37:1123

觻得當富里萬去疾　73EJT37:1125

肩水金關　73EJT37:1127

□十步　能諷蓬火品約　丿　73EJT37:1129

乘軺車駕騧牡馬一匹齒六歲　三月戊寅　73EJT37:1131

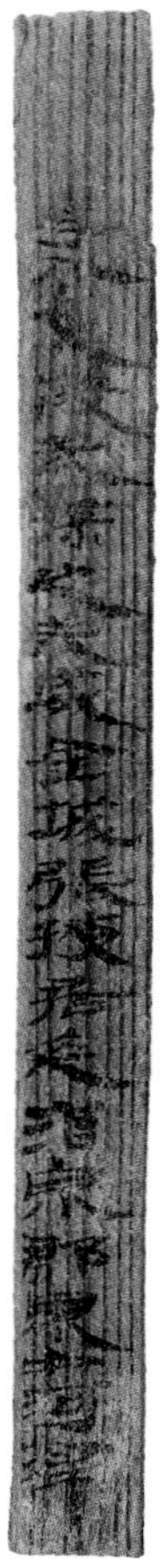

守令史段武葆之武威金城張掖居延酒泉郡界中河津　73EJT37:1132

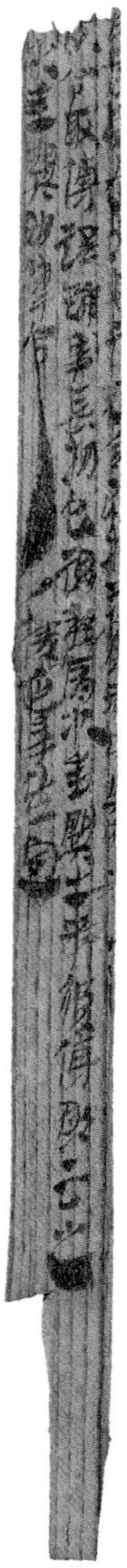

敢言之□□長……

以令取傳謹踈年長物色謁移肩水金關出來復傳敢言之

水金關如律令／掾延年佐宣

73EJT37:1133

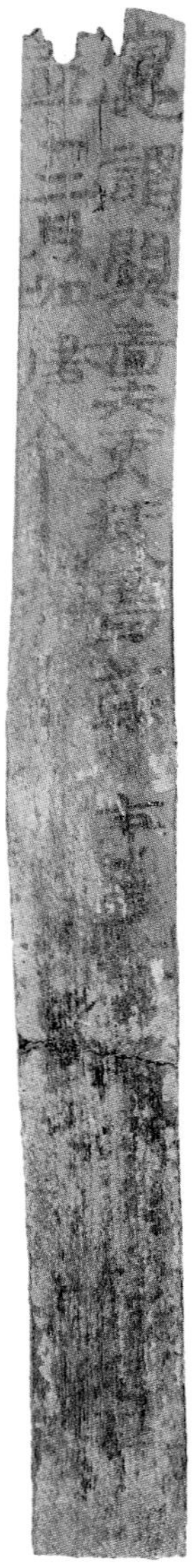

憲謂關嗇夫吏據書葆　妻子收責槖他界中名縣爵

盡十二月如律令

73EJT37:1134

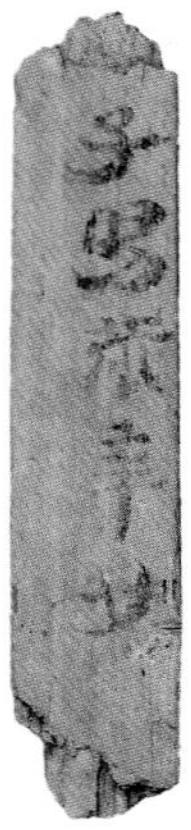

子男恭年廿　73EJT37:1135

字翁兄　皆以十一月己酉出　73EJT37:1136

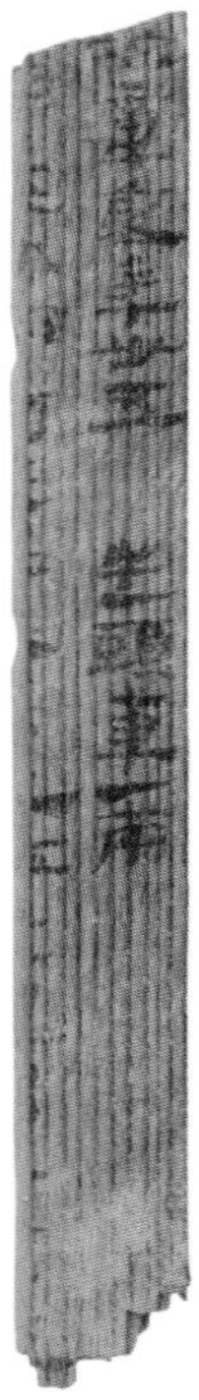

乘章褏年卅五　牛一頭車一兩

……

73EJT37:1137

四歲高六尺　三月□□入　73EJT37:1138

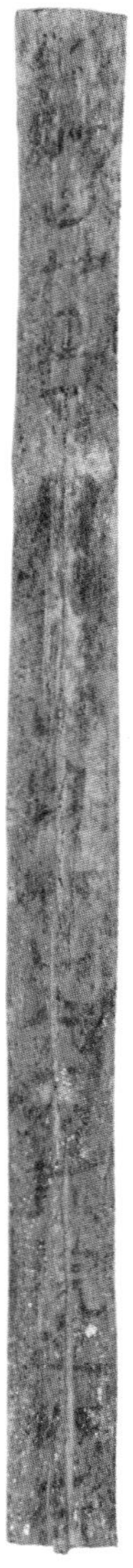

得順曰地且予錢黨曰諾順曰今爲錢浣之順告　73EJT37:1139

二月癸丑出
三月癸酉入南與吏俱吏入　73EJT37:1140

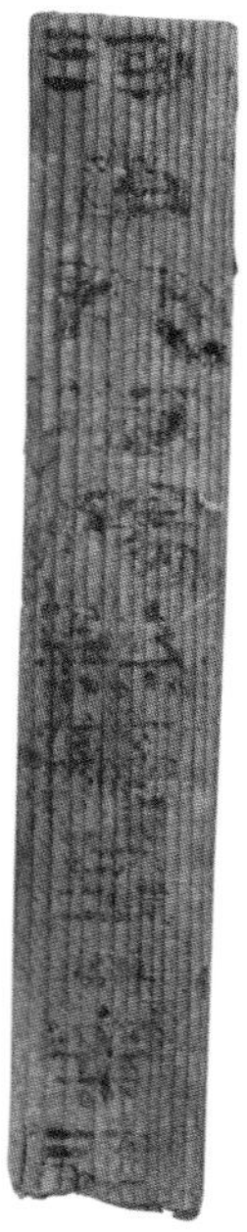

河南郡熒陽縣蘇里公乘□　73EJT37:1141

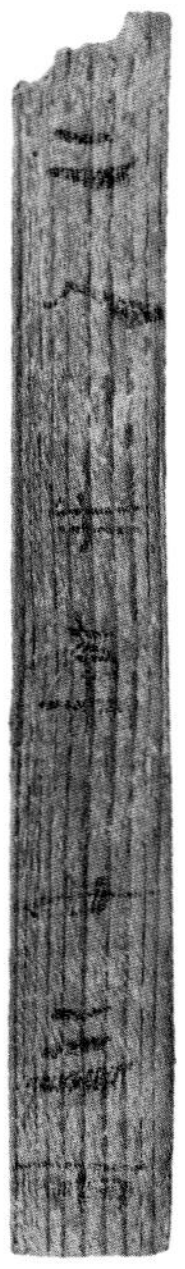

二人牛車廿三兩　73EJT37:1142

直三百五十願以錢□　73EJT37:1143A

□巨君蔡君□□□
誠忘之以故如氏巨君　73EJT37:1143B

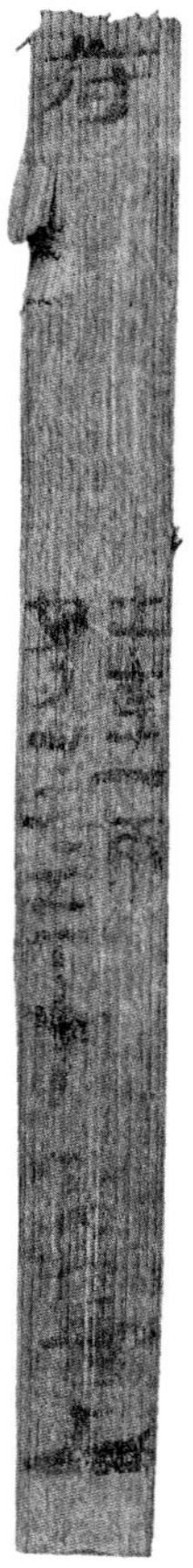

符　牛車一兩
　　弩一矢五十　二月己酉出　73EJT37:1144

十二月□　73EJT37:1145

字君仲　謝汭　73EJT37:1146

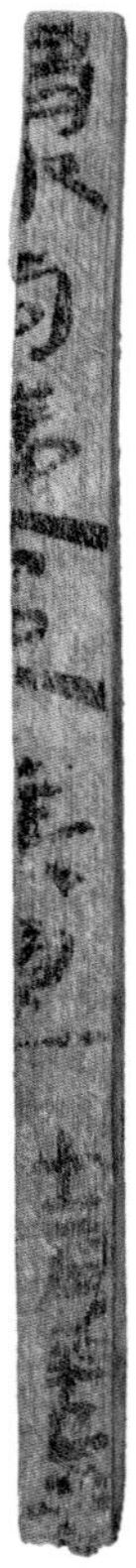

肩水司馬令史侯豊　十二月辛巳出□　73EJT37:1147

五月十七日辛巳除廿一日乙酉受遣
閏月十日甲辰發　73EJT37:1148

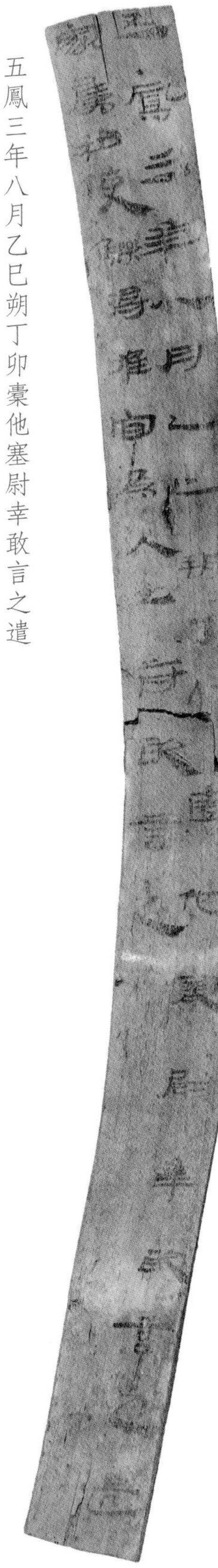

五鳳三年八月乙巳朔丁卯槖他塞尉幸敢言之遣
家屬私使觻得唯官爲入出符敢言之　73EJT37:1149

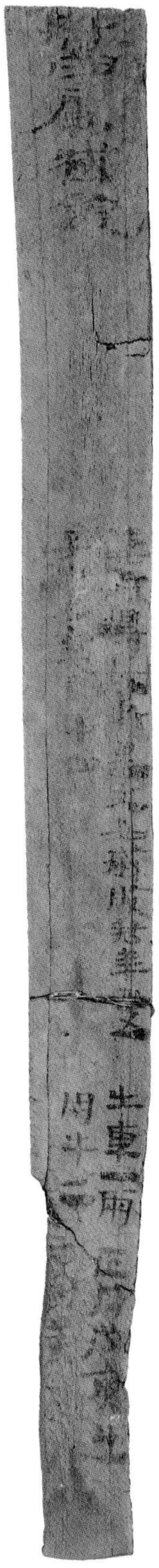

府守屬臧護
妻觻得長壽里大女臧服君年卌五　牛車一兩　正月戊寅出
子小男憲年十四卩　用牛二　二月癸卯入　73EJT37:1150

賦閣已歸東部卒四人以衆人出胗卩　北辟外垣西面□程
令士吏將餘卒持五人食詣驅望並持方銎矛歸之・出胗卒閣在府令袤亭卒持
各有受閣令持矛去並取利紩穿即持皮來令持三皮予服胡千秋爲僵治絝　73EJT37:1151A

東部三　左後三　歸如意卒張同爲記遣令持其歸去丿
南部二　士吏張卿二　遣卒盖宗詣報胡代馬遂令亭□□丿
北部五　一辟北矛　臨利二　歸禁姦卒同丿　鼓下餘十五石五　73EJT37:1151B

戍卒觻得新都里士伍張詡年廿三　73EJT37:1152

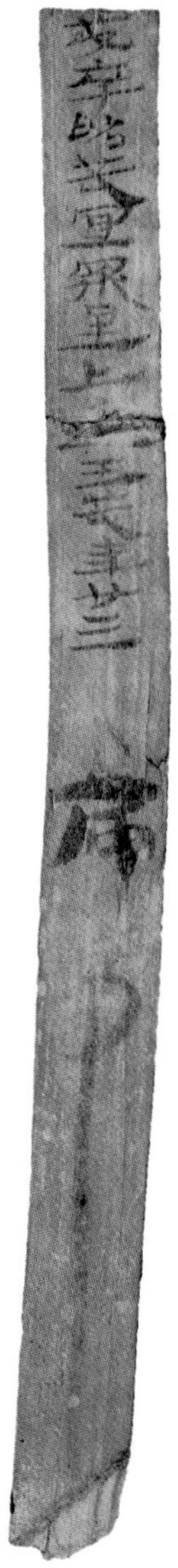

戍卒昭武宜衆里上造王武年廿三　病　卩　73EJT37:1153

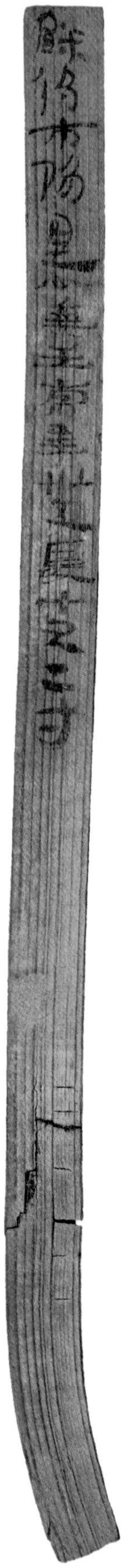

觻得市陽里公乘王常年卅五長七尺二寸　73EJT37:1154

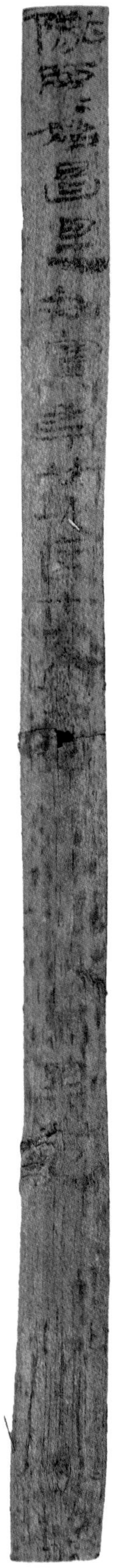

隴西=始昌里知實年廿六長七尺五寸　黑色　73EJT37:1155

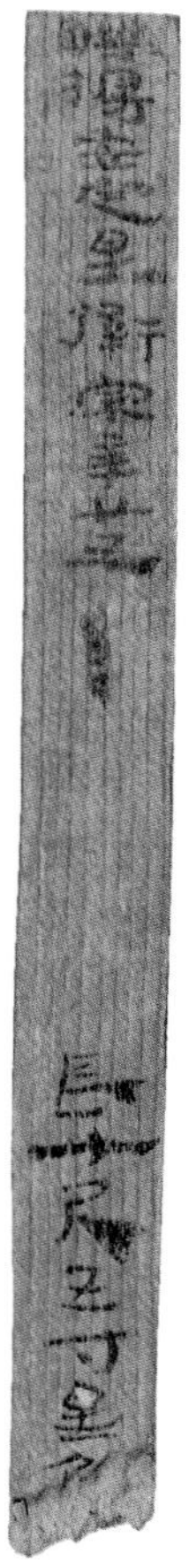

觻得安定里衛宗年廿五丿　長七尺五寸黑色　73EJT37:1156

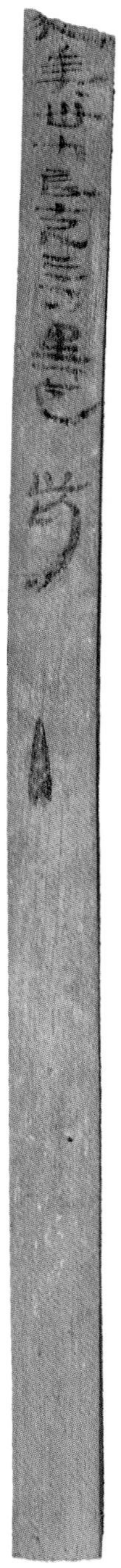

延年=卅九長七尺三寸黑色　步　丿　73EJT37:1157

長七尺二寸黑色乃　十一月己丑入　73EJT37:1158

居延〃水丞孫就　軺車一乘用馬一匹　73EJT37:1159

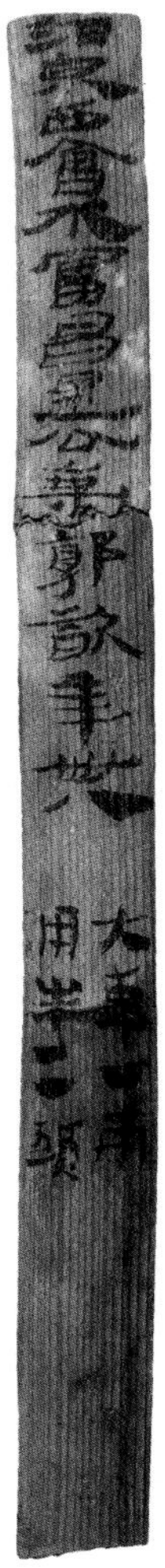

酒泉西會水富昌里公乘郭歆年卌八

大車一兩

用牛二頭　73EJT37:1160

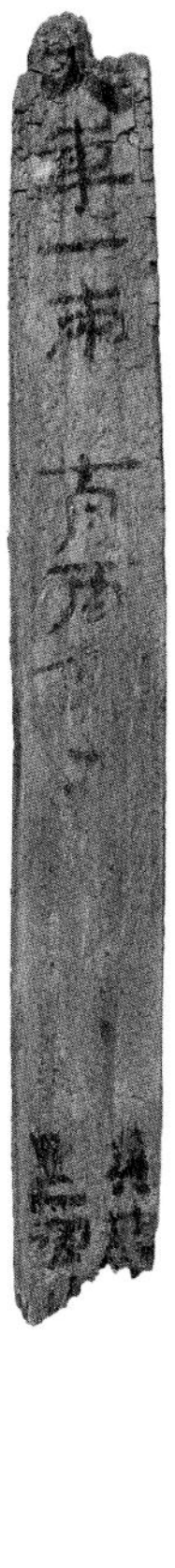

大車一兩　七月丙寅出

負□

□□　73EJT37:1161

□□□年十月庚申朔癸亥橐他塞尉……

肩水界中官除如牒書到出入如律令　73EJT37:1162A

張掖橐塞尉　即日嗇夫豐發

……以来　門下　73EJT37:1162B

河上守候史觻得專心里公乘薛遠年廿三郭迹橐他界中出入盡十二月　73EJT37:1163

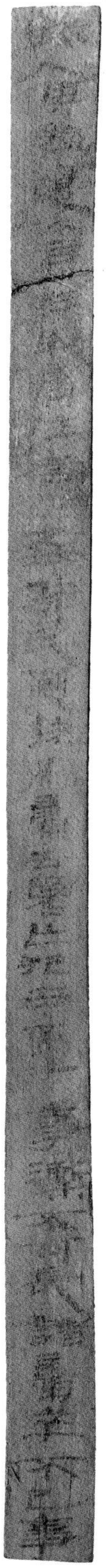

錢入其縣邊以見錢取庸往者姦黠民受錢爲庸去署亡犯法不已事槧不可長諸庸卒不已事　73EJT37:1164

如律令　73EJT37:1165

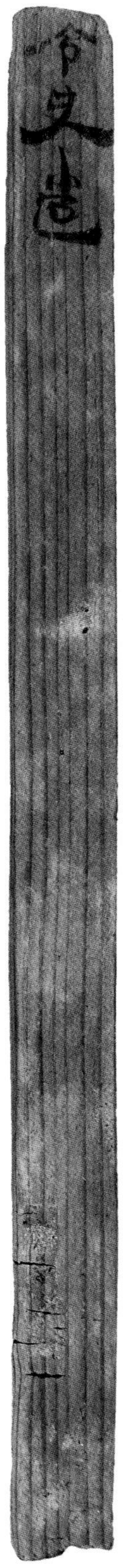

令史遂　73EJT37:1166

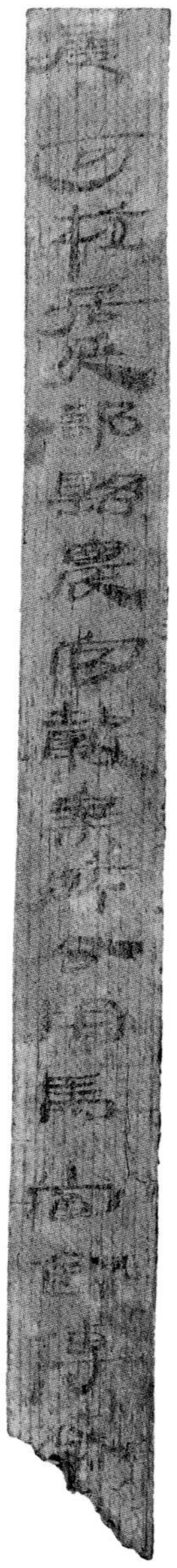

……屬可校居延部縣農官穀乘所占用馬當舍傳舍　73EJT37:1167A

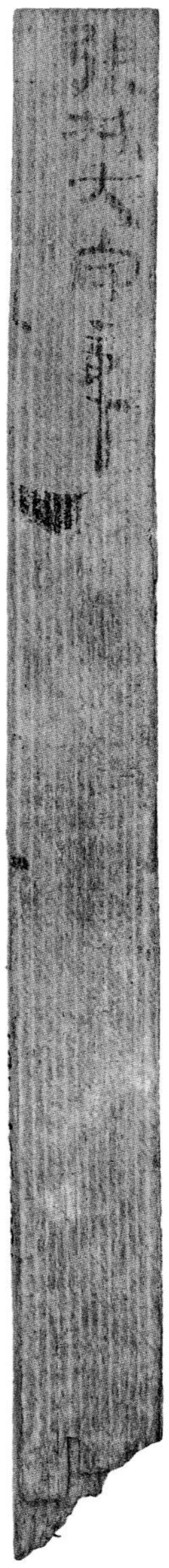

張掖大守章

……　73EJT37:1167B

□級年十八

□年十七　豐郭迹塞外君級戎收責槖他界中盡十二月止　73EJT37:1168

今餘米九石三斗三升　73EJT37:1169

□武敢言之謹寫移敢言之　73EJT37:1170

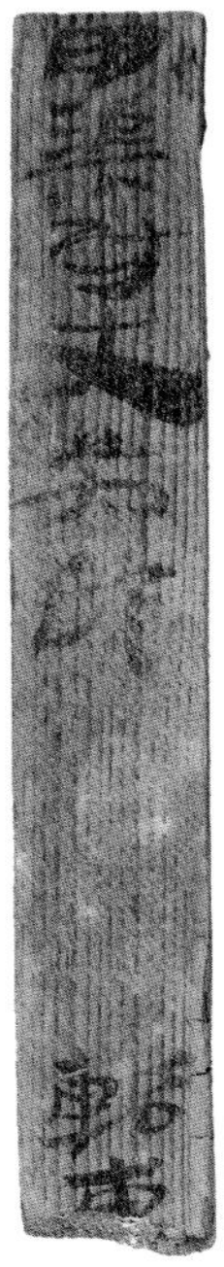

甲渠尉史萬臨已入　軺車　73EJT37:1171

□年長物色謁移肩水金關以致籍出來　73EJT37:1172

京輔都尉政丞咸霸陵園令博東園令放霸陵　73EJT37:1173+1183

二月癸巳肩水行候事騂北亭　73EJT37:1175

毋苛留如律令／掾廣令史彭　73EJT37:1177

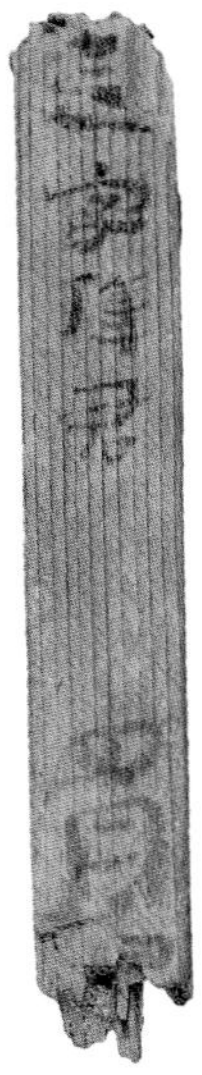

□字偉君　四月甲　73EJT37:1179

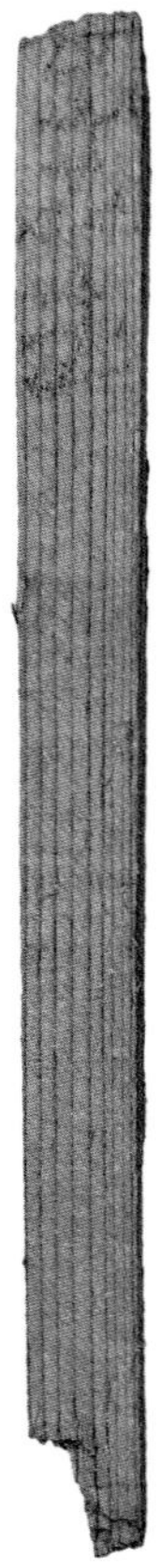

□立以来　73EJT37:1181A

遣弟𦅫得步利里程普年□　73EJT37:1174

所縣道河津關遣守屬陳宗
掾弘屬□　73EJT37:1176

守丞臨移過所縣道張　73EJT37:1178

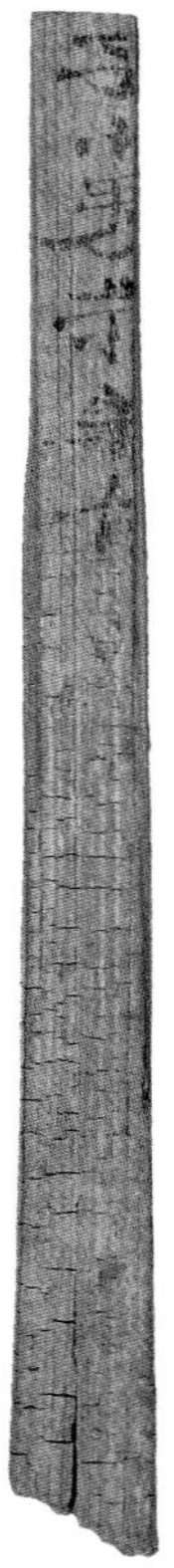

子小男樂年六　73EJT37:1180

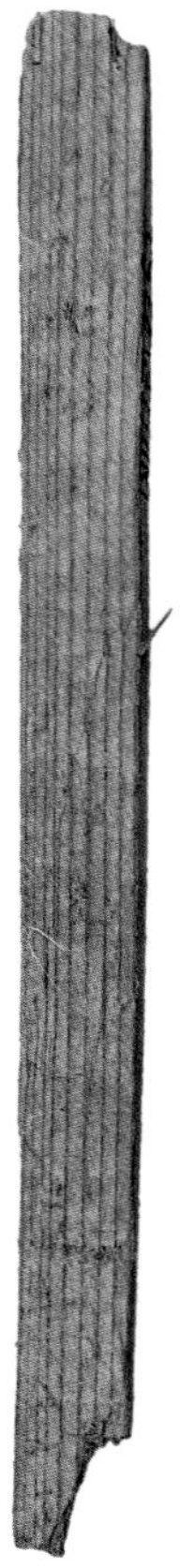

……遣亭長……　73EJT37:1181B

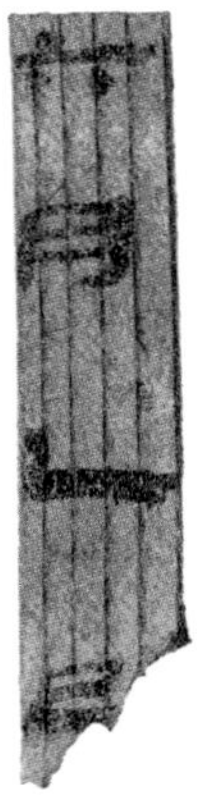

六月乙巳　73EJT37:1182

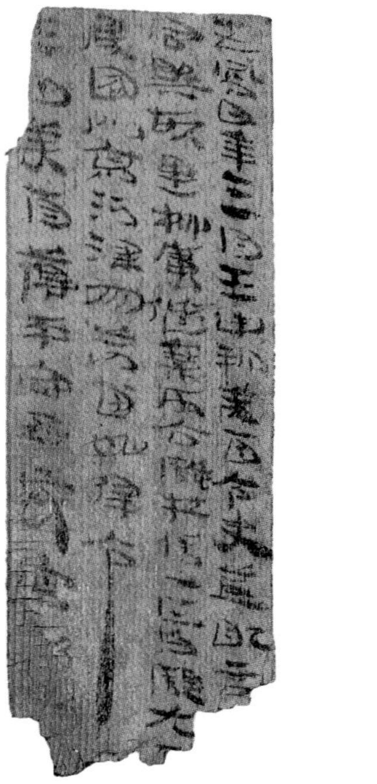

五鳳四年三月壬申朔癸酉令史登敢言
同縣故里柳廣偕乘所占騅牡馬一匹白騩左□
侯國門亭河津勿苛留如律令
三月癸酉隂平守丞寰寫移　73EJT37:1184

居延金城里男子□　73EJT37:1185

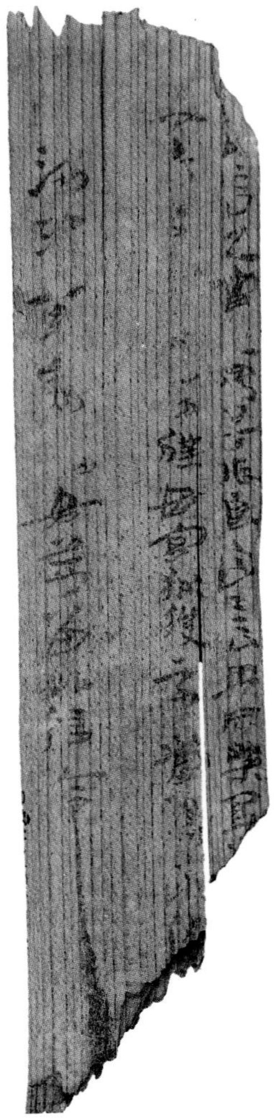

敢言之富里男子張良自言與同縣宜□
鄉……如牒毋官獄徵事當得取傳
……河津關寫移毋苛留如律令　73EJT37:1186A

／掾晏守令史□　73EJT37:1186B

……
史昌佐定　73EJT37:1187

令安世守丞聖移過所縣邑案如書以從事／掾彊令史兼　73EJT37:1188

□北鄉嗇夫黨敢言之樂里男子馬晏　73EJT37:1189

用馬一匹留牡齒十三歲高六尺
□騎馬一匹留牝齒十五歲高六尺二寸　十二月庚辰北嗇夫豐　73EJT37:1190

水金關出入如律令敢言之　73EJT37:1191A

□印……　73EJT37:1191B

已出
已出　葆作者步利里李就年卅字子威　73EJT37:1192

車二乘馬二匹其一匹騩牡齒六歲　七月癸未北出嗇夫欽出　73EJT37:1193

河平四年五月壬子朔甲子……　73EJT37:1194

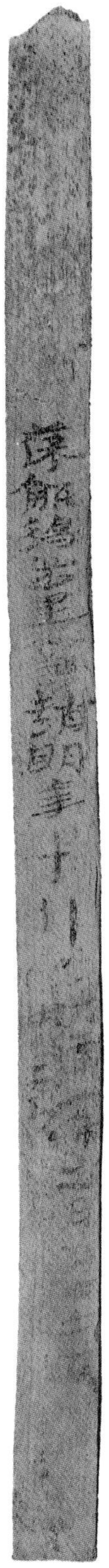

葆觻得步里公乘趙明年十八　大車一兩　用牛二頭　二月丙申出□　73EJT37:1195

……

□所如律令　／掾長守令史歆　73EJT37:1196

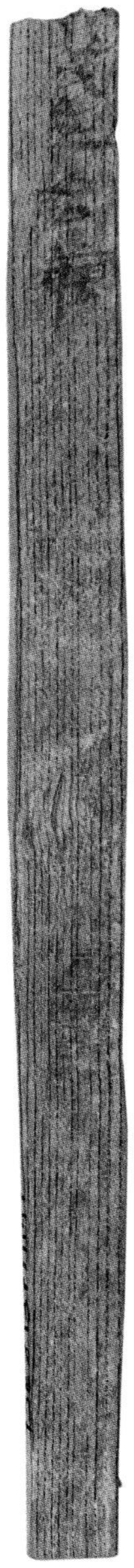

戍卒名籍　73EJT37:1197A

卒名籍　73EJT37:1197B

主吏卒候望備盜賊为職迺二月　73EJT37:1198

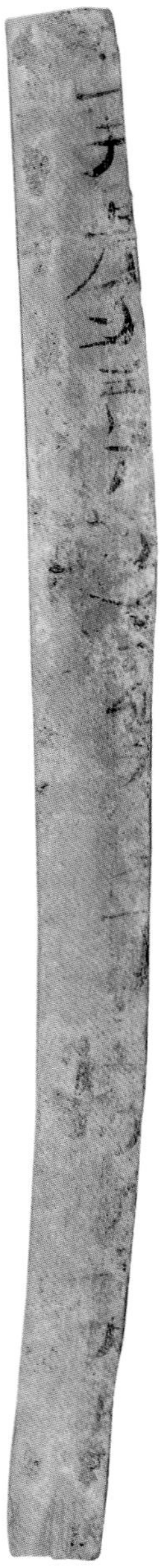

□□□北部候史王卿……　73EJT37:1199A

謁取之毋忘也　□　□　73EJT37:1199B

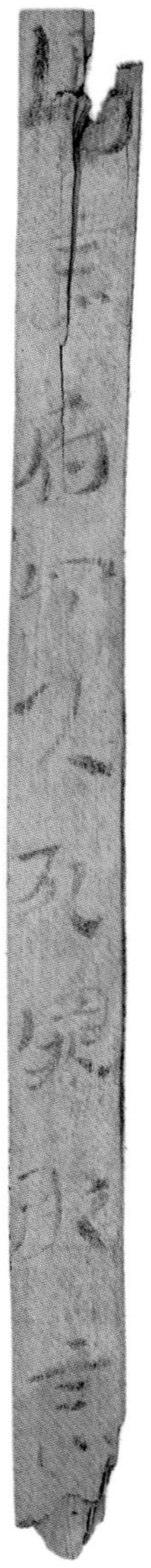

謁言府叩頭死罪敢言　73EJT37:1200A

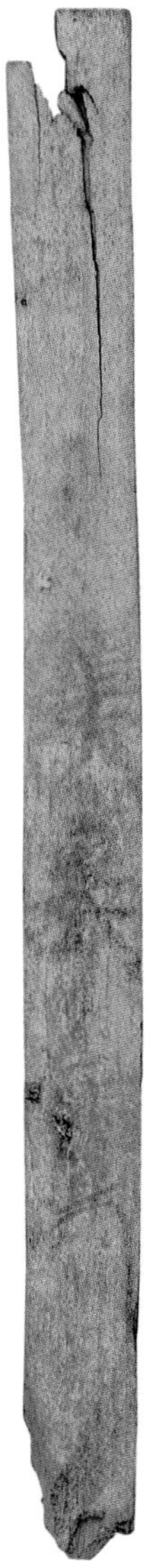

異異　步　73EJT37:1200B

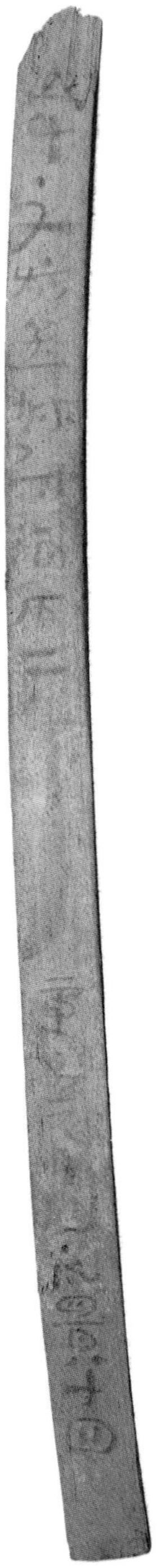

五斗•又前送城尉酒石二斗　章子元十四•凡四百八十四　73EJT37:1201

建平元年十一月甲辰居延令彊守丞　移過所縣道河津關遣守　73EJT37:1202

市丞䜌卿臨謁言敢言之　73EJT37:1203A

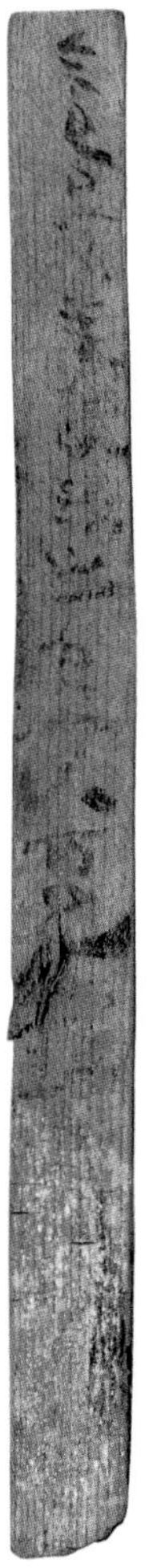

今已巳治癸丑治之食廿人可之……　73EJT37:1203B

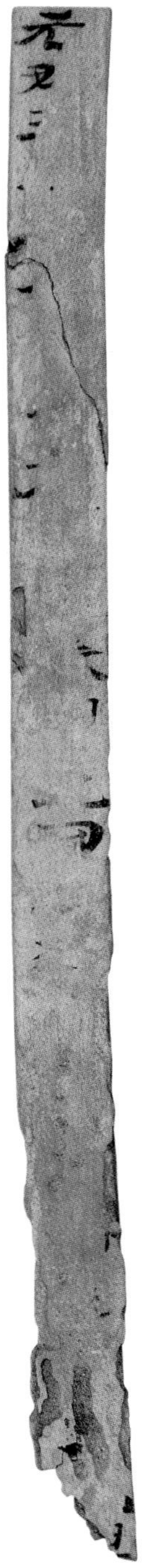

元始三……（字被削去）　73EJT37:1204

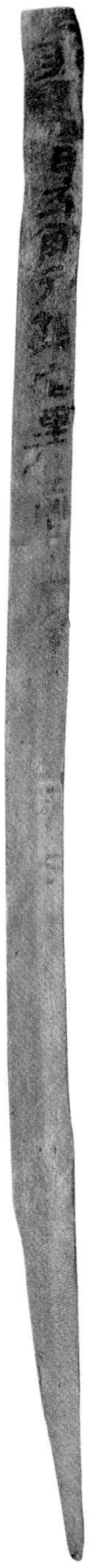

張掖郡□田卒觻得樂安里公士嚴中……　73EJT37:1205

戍卒趙國柏人高望里　73EJT37:1206

建平三年正月癸未朔
……張掖酒泉　73EJT37:1207

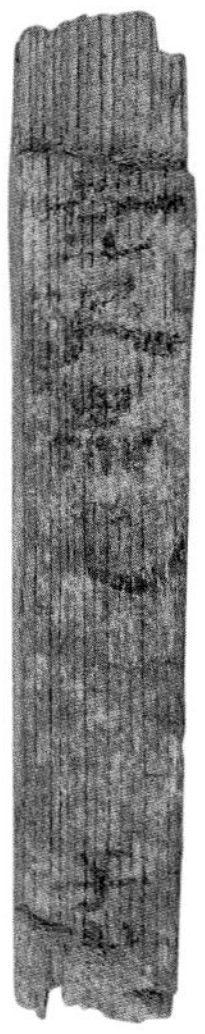

長七尺黑色　子小　73EJT37:1208

雒陽安國里大夫樊辯年卌四長七　73EJT37:1209

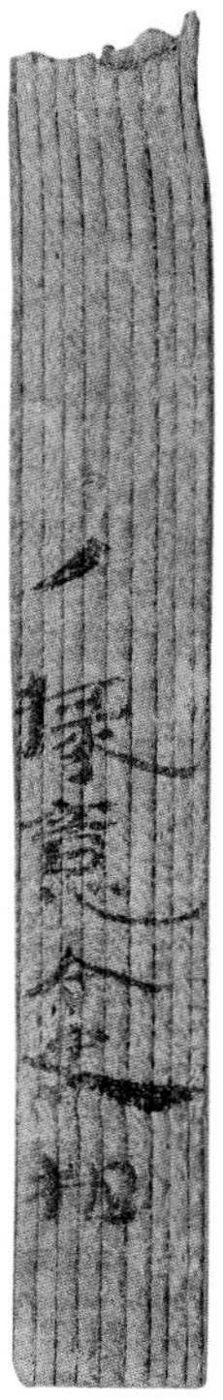

／掾意令史相　73EJT37:1210

盡十二月止　73EJT37:1211

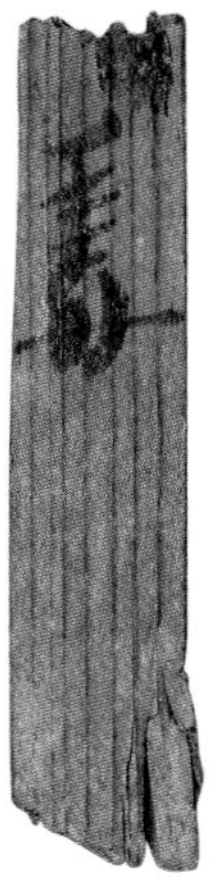

□年卅　73EJT37:1212

乞鞫囚刑忠名籍如牒書　73EJT37:1213

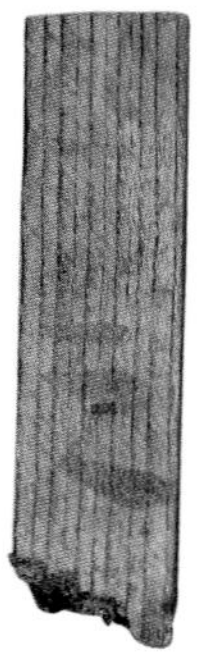

凡百卅二人　73EJT37:1214

傳致籍　73EJT37:1215

當取傳謁移過所縣邑侯國門亭河津　73EJT37:1216

自言爲府卒史朱賢　73EJT37:1218

河南郡雒陽榆壽里不更史勢年卅長七尺二寸黑　73EJT37:1220

南陽宛邑令史段護大奴全□　73EJT37:1222

二月丁卯武騎期門侍郎臣延壽持節奉
傳第九十七
……
……　73EJT37:1225

葆雲里上造曹丹年十七丿　73EJT37:1217

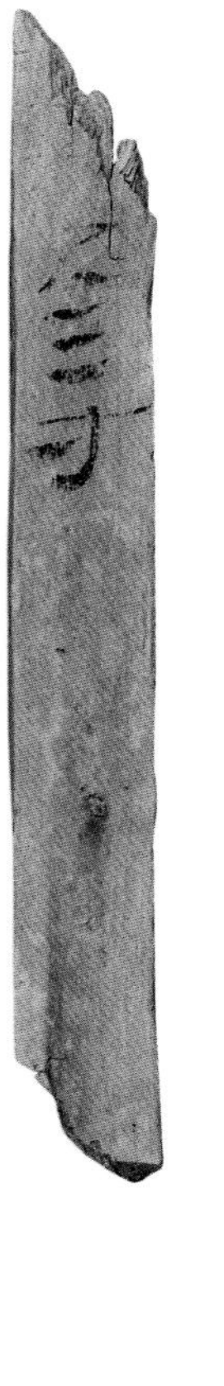

尺三寸　73EJT37:1219

受延隧卒周蒼　73EJT37:1221

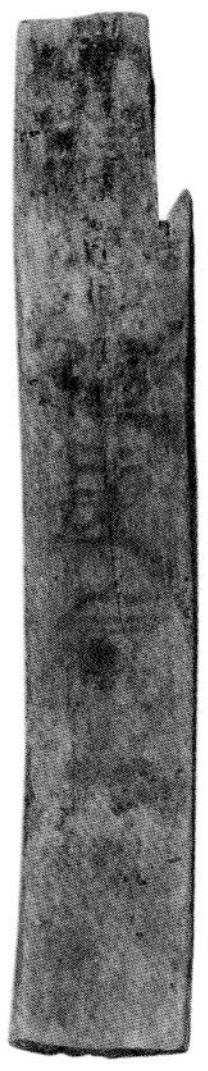

□禁姦隧長嬴　73EJT37:1223

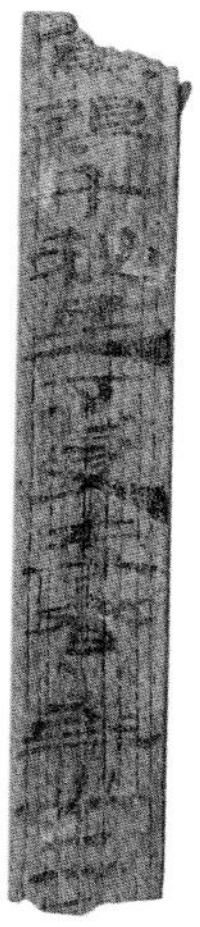

觻得千秋里不更李齋年卅二□　73EJT37:1224

緣薦四皁布緣　73EJT37:1226

卒憙見□　73EJT37:1227A

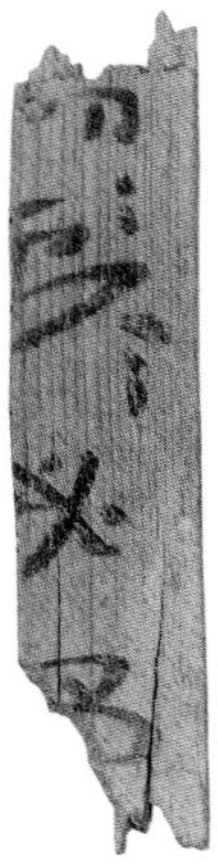

叩〻頭〻必予　73EJT37:1227B

彭陽丞印　73EJT37:1229B

□貞年卌六　73EJT37:1231

行候事謂關嗇夫吏　73EJT37:1233A

他界中出入盡十二月　73EJT37:1235

軺車一乘馬一匹二月己酉出　73EJT37:1228+1346

入關□　73EJT37:1230A

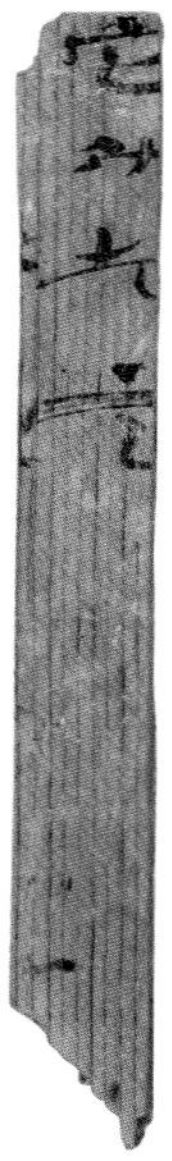

定伏地言
……　73EJT37:1232A

/令史嚴　73EJT37:1233B

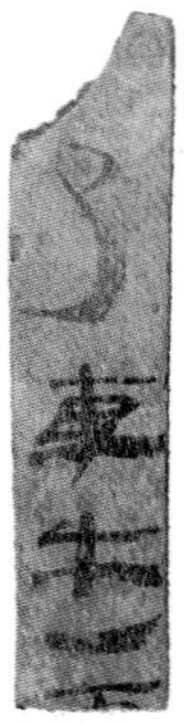

乃車牛一兩　73EJT37:1236

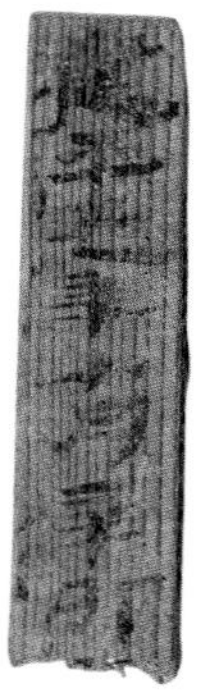

建平元年七月辛卯□
……　73EJT37:1229A

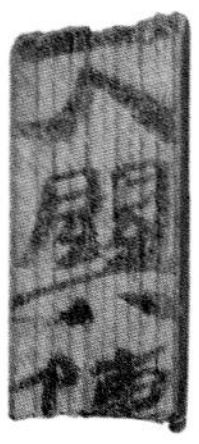

出入關傳　73EJT37:1230B

侯掾　73EJT37:1232B

十九人　73EJT37:1234

時子張都鄉嗇夫　73EJT37:1237

子男鰈得步利里　73EJT37:1238

牛車一兩　73EJT37:1241

戍卒淮陽國甯平邑　73EJT37:1244

豐佐仁送客行書橐　73EJT37:1247

戍卒南陽郡宛邑道□　73EJT37:1250

朔丙辰鶉陰長
□□□□傳　73EJT37:1239

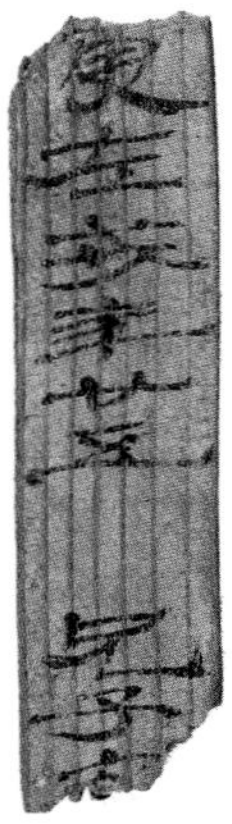
更左戎年廿五　兄子□　73EJT37:1242

河南卷始昌里爰建　73EJT37:1245

令史褒敢言之鰈得男子孟　73EJT37:1248

戍卒淮陽國苦□　73EJT37:1251

□二年九月□
收責橐他□　73EJT37:1240

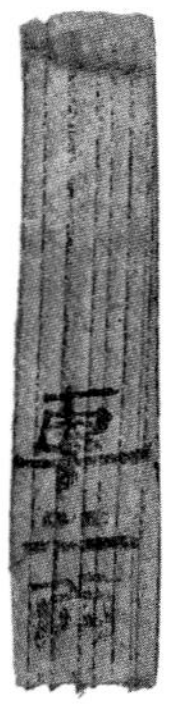
車二兩□　73EJT37:1243

田卒濟陰郡定陶前安里不更李千秋　73EJT37:1246

□候史□　73EJT37:1249

如律令敢言之　73EJT37:1252

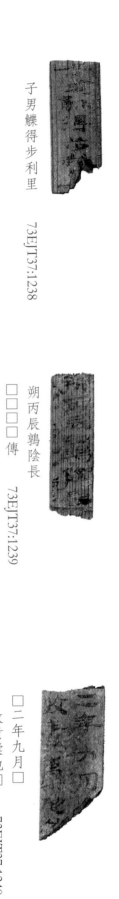

券　73EJT37:1253A

券　73EJT37:1253B

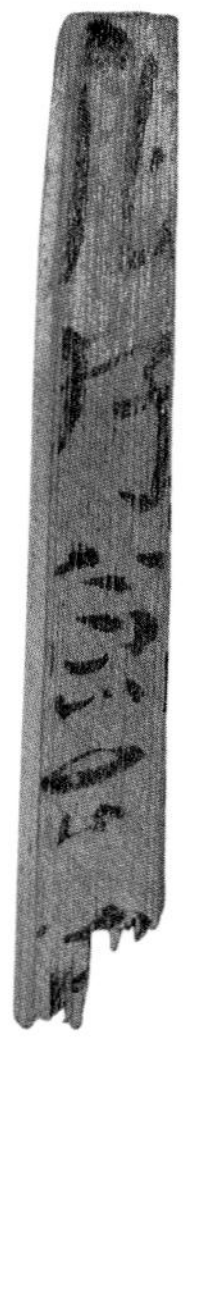

張掾急□□　73EJT37:1254

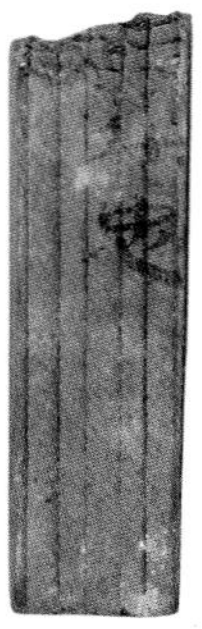

□佐忠　73EJT37:1255

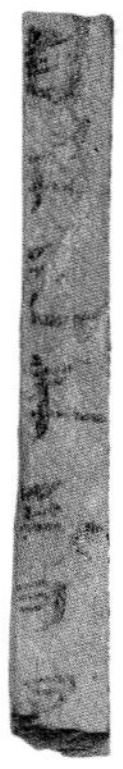

建平元年正月甲　73EJT37:1256

□年五月己亥□　73EJT37:1257

田卒河南郡密邑　73EJT37:1258+1291

□吏送致縣次傳續食　73EJT37:1259

夏侯忠　73EJT37:1260

……所……

□□取傳謁移過所縣道河津　73EJT37:1261

正月丁酉……　73EJT37:1262

里陳安世大婢財□　73EJT37:1263

出錢千八百　73EJT37:1264

•右一人輸晉□　73EJT37:1265

□居第五亭卬賦筭給　73EJT37:1266

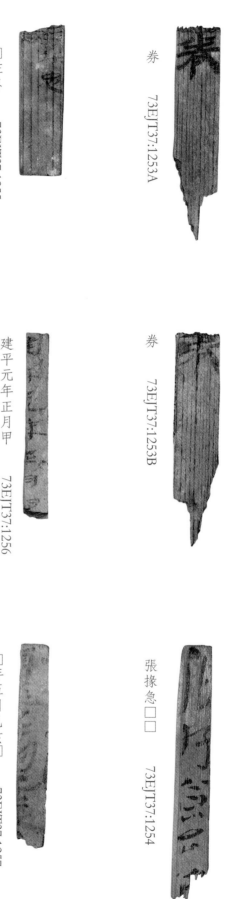

居延䚟汗里□　73EJT37:1267

觻得成漢里上　73EJT37:1268

建……
當舍傳舍□　73EJT37:1269

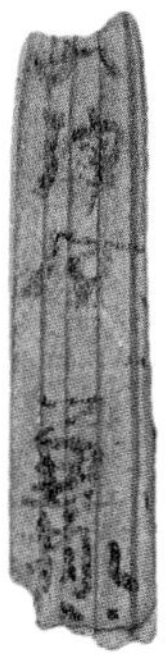
如律令　兼掾□　73EJT37:1270

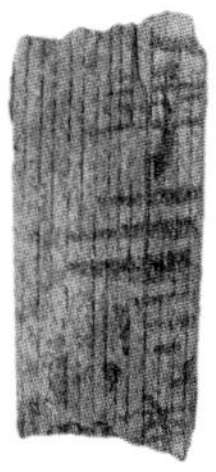
□年三月吏　73EJT37:1271

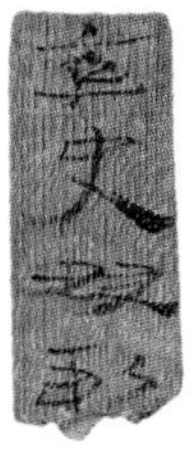
卒史奴軺　73EJT37:1272

釀錢三百五　73EJT37:1273A

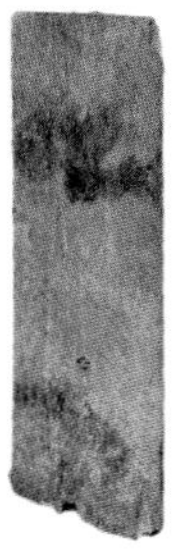
□□　73EJT37:1273B

叩頭死罪敢言之　73EJT37:1275+1276+1274

□五束率人七十五□　73EJT37:1277

錢少百五十今　73EJT37:1278A

□賜記□□　73EJT37:1278B

一封詣城官　73EJT37:1279A

□　73EJT37:1279B

□尹鳳年　73EJT37:1280

甲戌　卒□　73EJT37:1281

□且鹿候長　73EJT37:1282

居延守獄史王常寫　73EJT37:1283

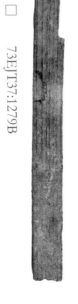

孝子山　73EJT37:1284A

夫莊況年卅　73EJT37:1286

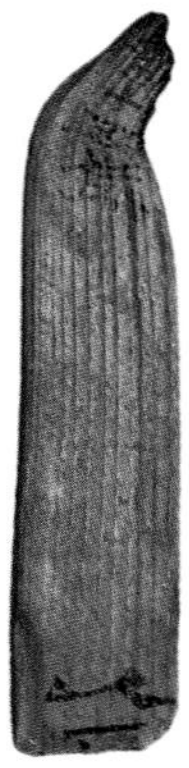
齒十五歲　以□　73EJT37:1289

居豐上坐豐□　73EJT37:1293

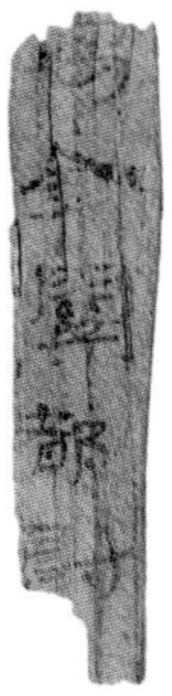
移金關都尉　73EJT37:1296

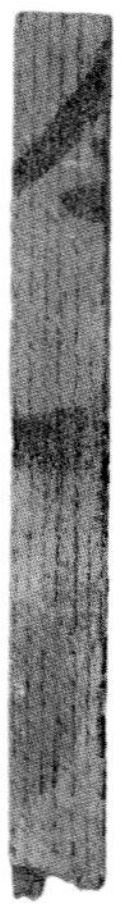
□□　73EJT37:1284B

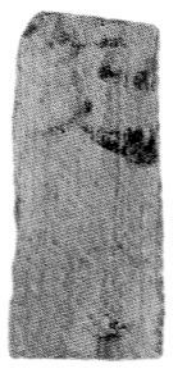
九人　73EJT37:1287

夫所動年廿六　四
長六尺　73EJT37:1290

當得取傳謁移　73EJT37:1294

□弩一矢卅　73EJT37:1298

書到出入如律令　73EJT37:1285+1297

敢言之　73EJT37:1288

命屬此□　73EJT37:1292

歲長七尺二寸黑　73EJT37:1295

次長坐前萬年毋恙叩頭……　73EJT37:1299A

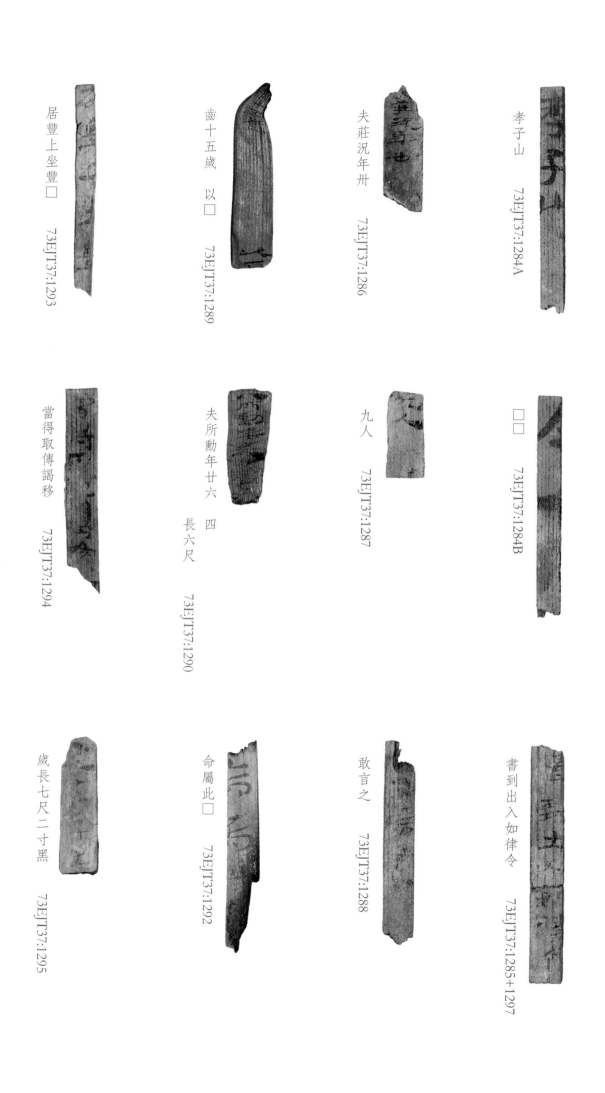

及京幸得關掾馬卿幸哀憐……　73EJT37:1299B

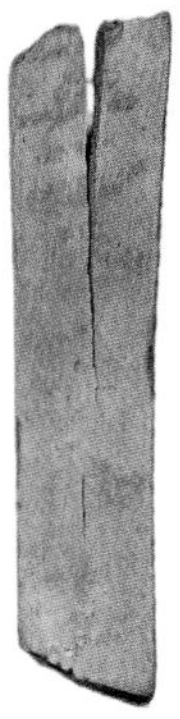

年廿二長六尺七寸　73EJT37:1300

建平五年九月壬寅□　73EJT37:1301

敢言之　73EJT37:1302

□受　73EJT37:1303A

永　73EJT37:1303B

卒忠　73EJT37:1304A

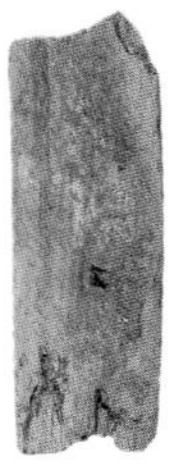

□　73EJT37:1304B

年卅一　73EJT37:1305

尉史□　73EJT37:1306

出錢六十王殷貸
出錢三百卌王譚貸
出錢百一十王武貸　73EJT37:1307A

□二石八斗又麥一石　73EJT37:1307B

其一人養
定作九人得茭六□　73EJT37:1308

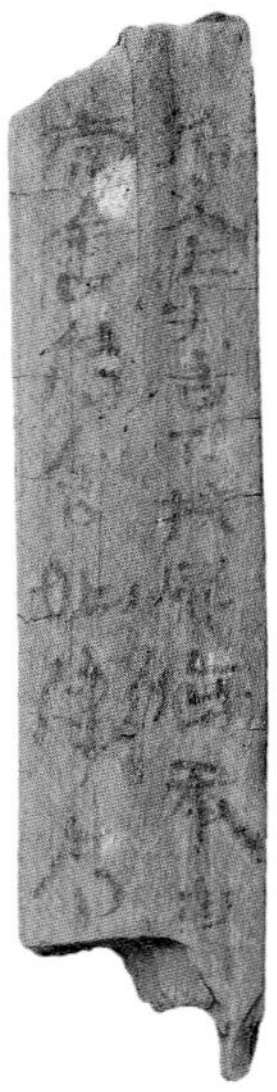

御史大夫吉下扶風廄承書
當舍傳舍如律令　73EJT37:1309

移過所河津關肩水金關出入
博守丞戎移金關居延縣索關　73EJT37:1310

申朔庚午肩水騂北亭長何以私印
□縣里年姓如牒書到出入如律令
73EJT37:1311

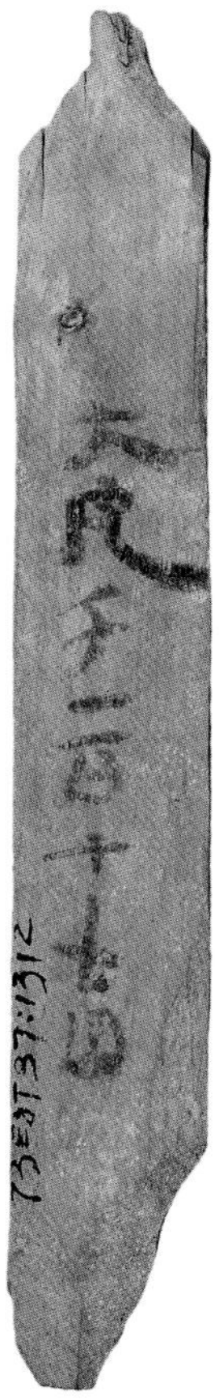

大凡千一百七十四　73EJT37:1312B

肩水候官
張掖□□□印
九月己亥騂北卒林赦之以來　73EJT37:1314

甲寅　日中一分一通□□□分一通　風
餔二分一通三分一　73EJT37:1316

戍卒南陽郡葉昌里楊意年卅九　73EJT37:1318

出錢卌七常良貸　出錢十五侯盧貸
出錢七十一陳功貸　出錢十四郭良貸
出錢二百七十七李放貸　凡九百卌四
73EJT37:1312A

年二歲乀　伏匿車一乘乀
正月癸酉北出
五乀　馬一匹騂牝齒六歲高五尺八寸乀
73EJT37:1313

信年卅五
年十五　•送迎收責　槖他界
73EJT37:1315

戍卒趙國邯鄲平阿里吳世　73EJT37:1317

戍卒淮陽國甯平故市里大夫丁臣年卅□　73EJT37:1319

戍卒濟陰郡桂邑千秋里大夫左實年卅長七尺　73EJT37:1320

高六尺
……
73EJT37:1322

觻得萬年里姚宫年卅字子胥　73EJT37:1324

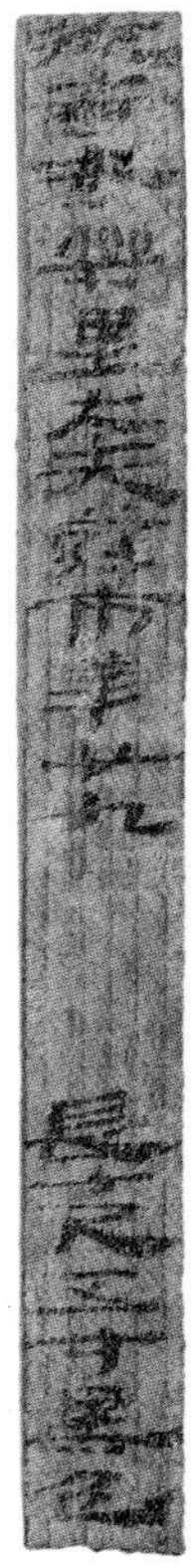

從者安樂里大夫薛市年廿九　長七尺五寸黑色　73EJT37:1326

□里公大夫陳得年卌五長七尺二寸黑色　73EJT37:1328

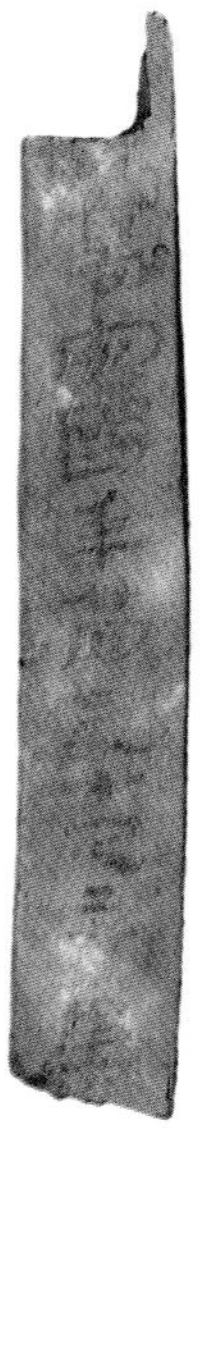

夫高安國年廿四長七尺二寸黑　73EJT37:1321

□張林年十三黑色　長五尺七寸　73EJT37:1323

居延亭長延年里大夫陳輔年廿三長七尺三寸黑色　73EJT37:1325

日置佐威受卒趙詡　73EJT37:1327

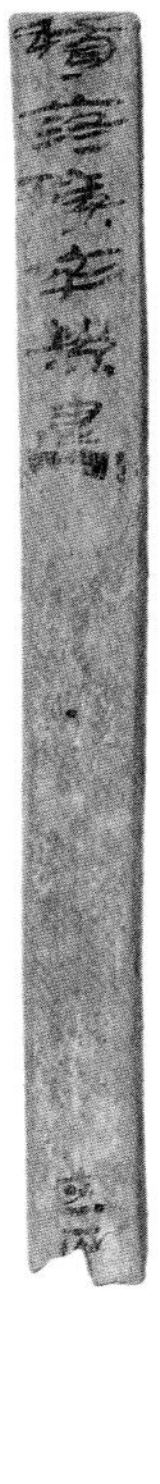

積落隧卒孫建　五石　73EJT37:1329

雒陽謝里不更尹□　73EJT37:1330

觻得騎士成漢里張安　73EJT37:1331

□長七尺二寸黑色　卩　73EJT37:1332

觻得東鄉敬兄里□　73EJT37:1333

長七尺二寸黑色小襌衣皁繒襲白布襜褕　劍一　73EJT37:1334

戍卒濟陰郡　73EJT37:1335

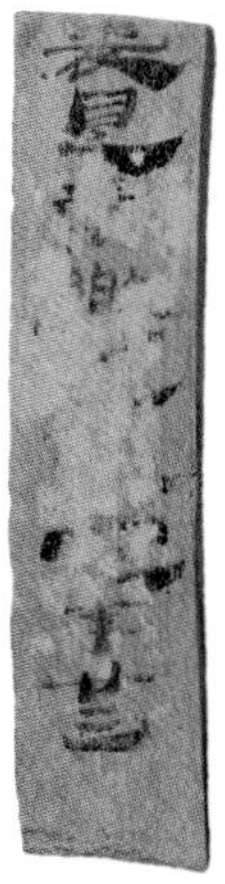

表是常樂里□宣年廿三　73EJT37:1336

居延亭長孫妻　軺車一兩
馬一匹　73EJT37:1337

□　車牛一兩　73EJT37:1338

中部五鳳三年正月吏卒被兵簿　73EJT37:1339

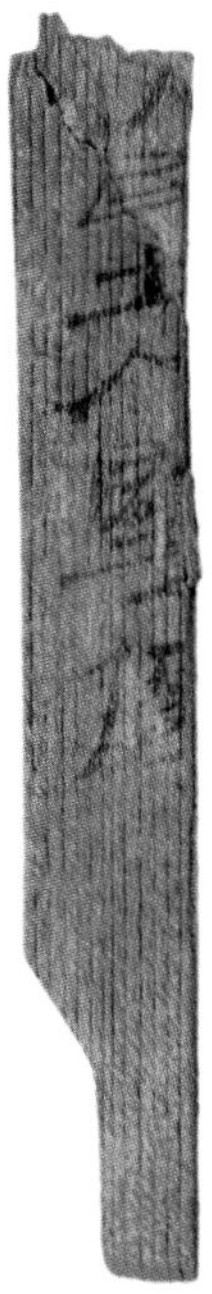

吏民出入關傳　73EJT37:1340

正月壬寅入　73EJT37:1341

□故里左賢年廿三
□　十一月甲申南關佐音入　73EJT37:1342

步入以二月出 73EJT37:1343

卒段德爲取 73EJT37:1344

以食登山隧卒孟長安三月 73EJT37:1345

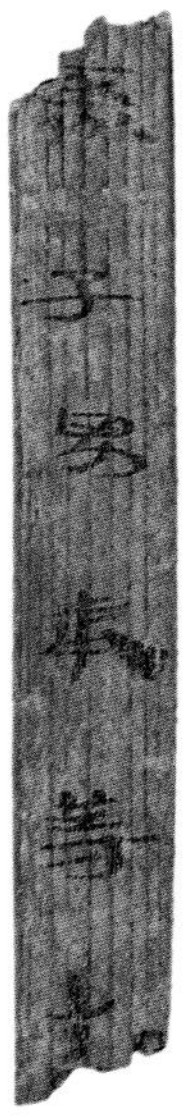
聚子男奉等十 73EJT37:1347

吉 73EJT37:1348

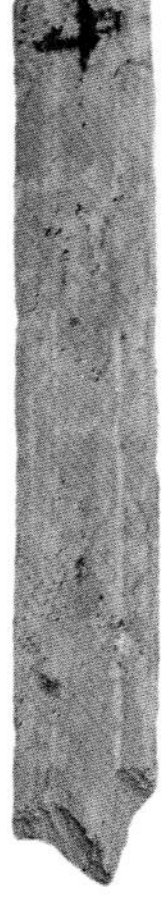
界中 73EJT37:1349

□唯□ 73EJT37:1350

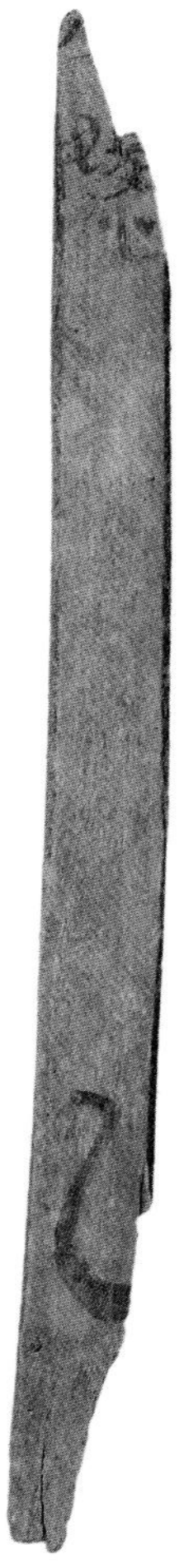
□媛心 ～ 73EJT37:1351

關遣候長趙審爲官市名縣 73EJT37:1352A

令史嘉 73EJT37:1352B

□外橐他界中 73EJT37:1353+1358

申朔 73EJT37:1354

仁罪容姦力 …… 73EJT37:1355

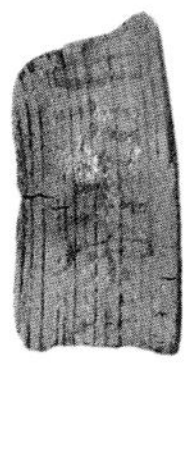
里大夫宋之 73EJT37:1356

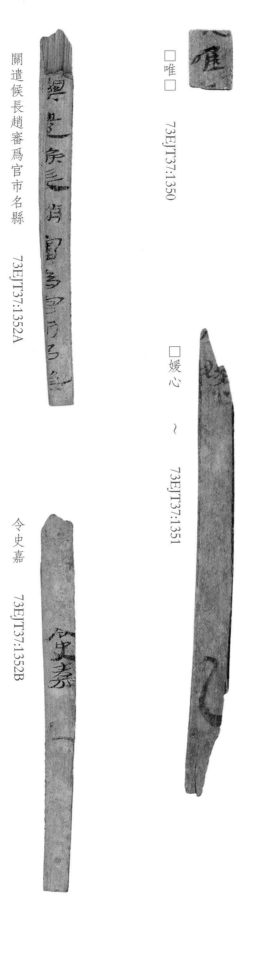

□三千　73EJT37:1357

冤句廣里大夫　73EJT37:1359

□西部□　73EJT37:1360

郭迹塞　73EJT37:1361

騎士成漢里□　73EJT37:1362

□爲肩水塞尉　73EJT37:1363

□謁　73EJT37:1364

如律令　73EJT37:1365

……出關　73EJT37:1366

告之至意甚深厚叩〃頭〃願□　73EJT37:1367A

嗇夫〃人坐前毋恙頃者舍中□　73EJT37:1367B

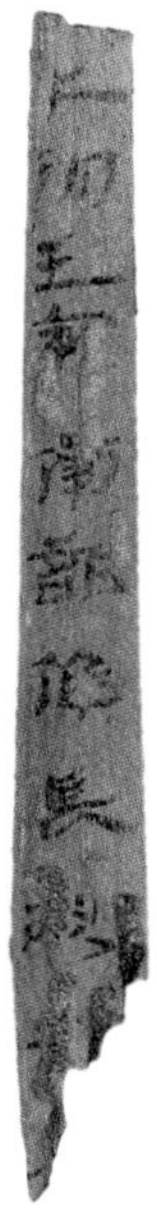

午朔壬寅南部候長敞□□　73EJT37:1368

……
居延都尉胡驛一人□□
……
73EJT37:1369

見
居延富昌里
……
73EJT37:1370

食盡十二月十日　73EJT37:1371

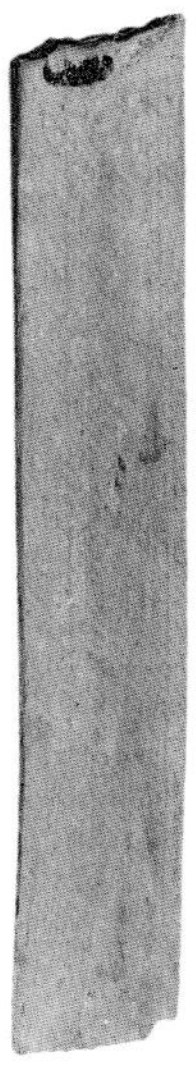

□　73EJT37:1372

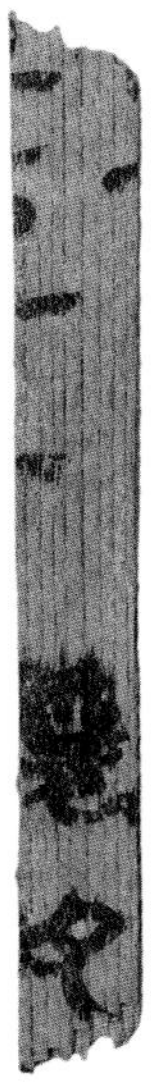

……襲袍　73EJT37:1373A

……　73EJT37:1373B

肩水金關　73EJT37:1374

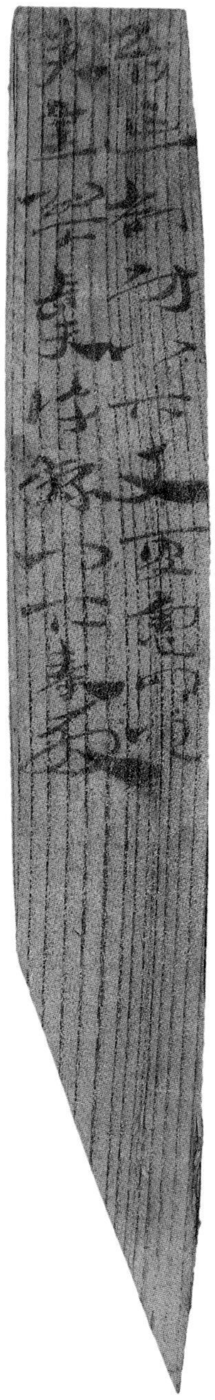

居延都尉門下史夏憲叩頭
事金關嗇夫許掾門下奉教　73EJT37:1375A

□史　73EJT37:1375B

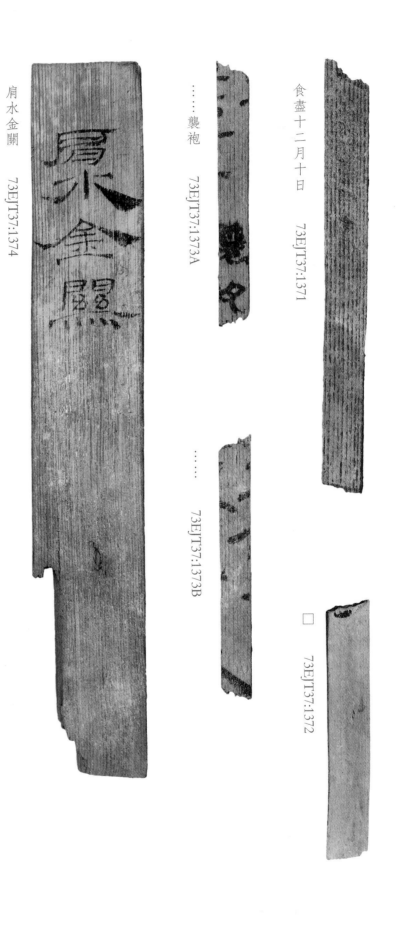

五鳳四年六月戊申
槖他故駮亭長符

亭長閻得葆昭武破胡里公
葆觻得承明里大夫王賢年十五□
葆昭武破胡里大女秋年十八歲　（簡左側有一刻齒）　73EJT37:1376

□亥朔庚午居延丞順移過所遣守令史郭陽送證觻得獄當舍
令　守令史宗佐放　73EJT37:1377

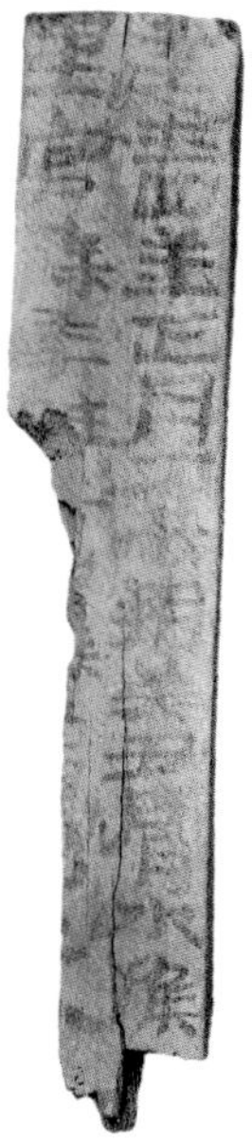

建平四年正月丁未朔癸丑肩水候
里官除年姓□名縣書到出入　73EJT37:1378

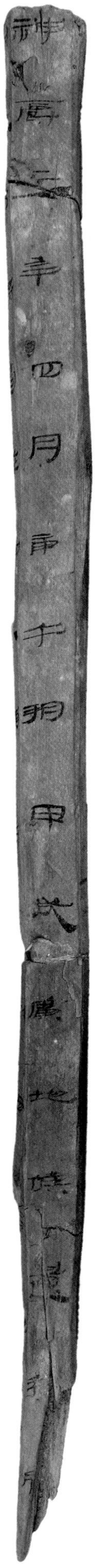

神爵三年四月庚午朔甲戌廣地候遣移肩（觚）　73EJT37:1379A

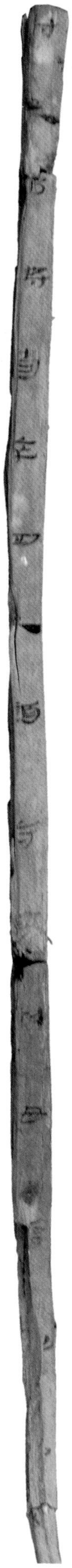

付□□將省卒四人詣府檄到毋留止□（觚）　73EJT37:1379B

子女呈配年六小

神爵五年二月庚寅朔辛卯駿鄉嗇夫仁敢言之道德里樵威自言田張掖郡居延界中□

……

73EJT37:1380A

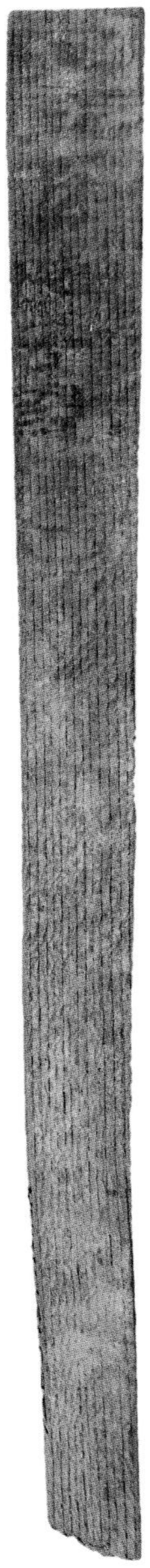

印曰霸陵右尉　73EJT37:1380B

長安水上里丁宣年卅五　乘蘭輿車驪牡馬一匹齒十二歲高五尺八寸　73EJT37:1381

二寸黑色　軺車二乘馬三匹•弓一矢卅　73EJT37:1382

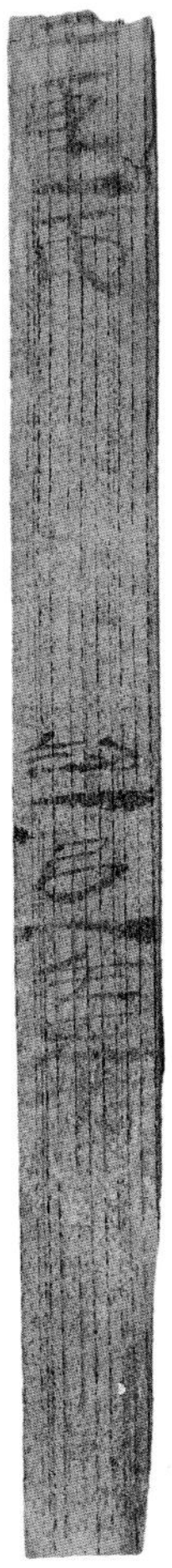

牛車一兩　劍一弓一矢五十　73EJT37:1383

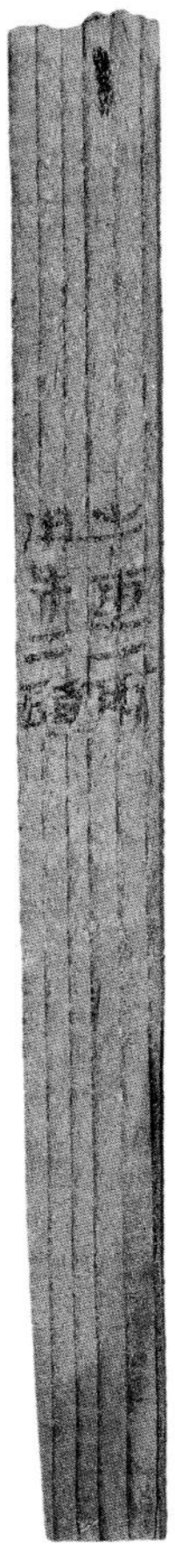

丿　牛車一兩

用牛二頭　73EJT37:1384

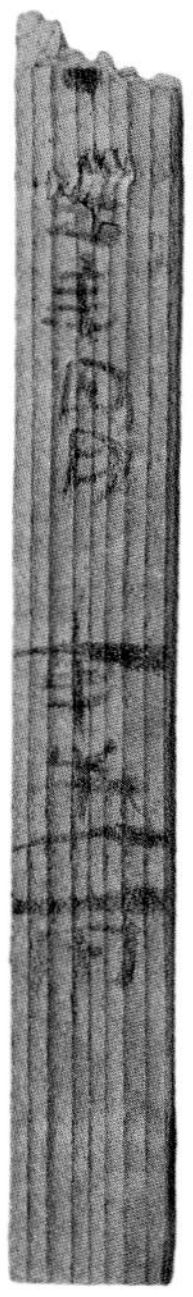
□五年四月　車牛一兩　73EJT37:1385

河南落陽東鄉上言里趙武年廿九　馬一匹騂白牡　73EJT37:1386

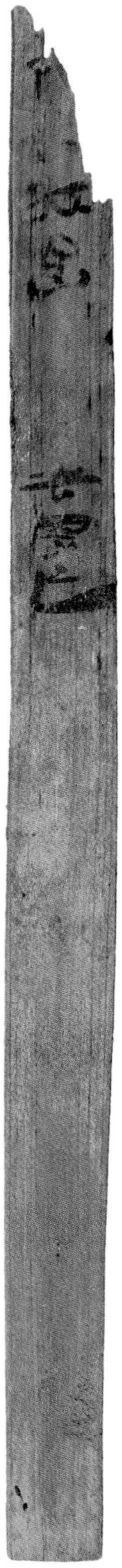
□隧長孫昌　去署亡　73EJT37:1387

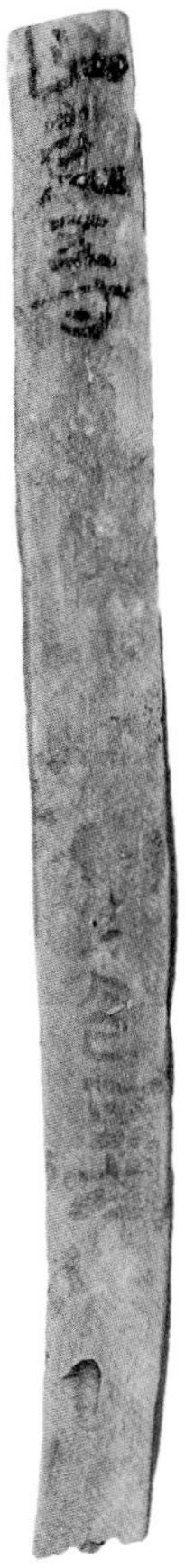
長七尺五寸　十二月己酉出　73EJT37:1388

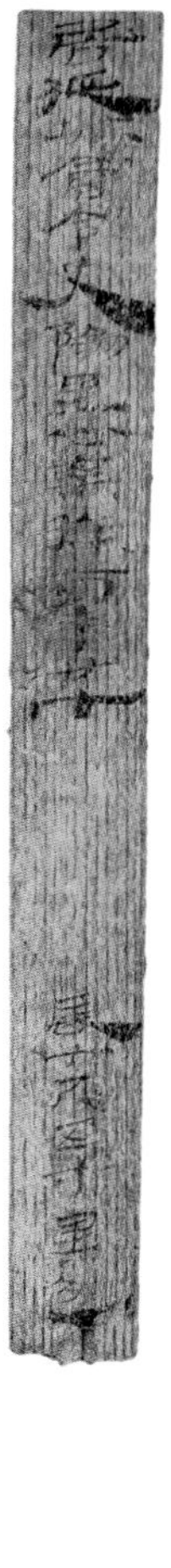
居延城倉令史陽里公乘徐占年廿七　長七尺五寸黑色　73EJT37:1389

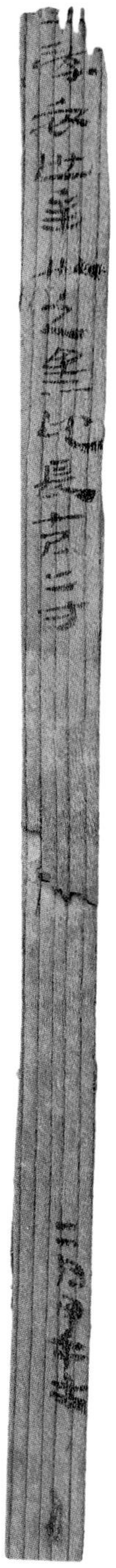
□游安世年卅六黑色長七尺二寸　二月甲午出　丿　73EJT37:1390

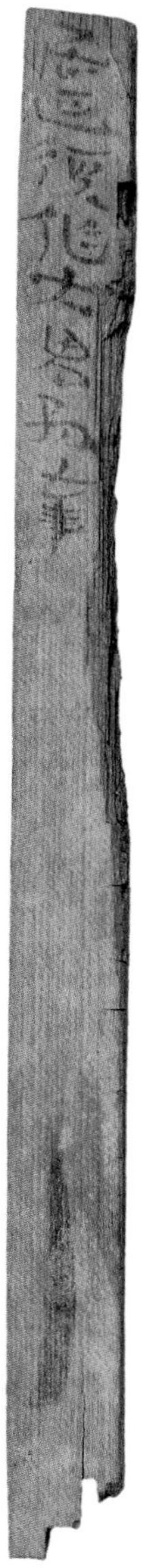
居延復作大男孫奉　丿　73EJT37:1391

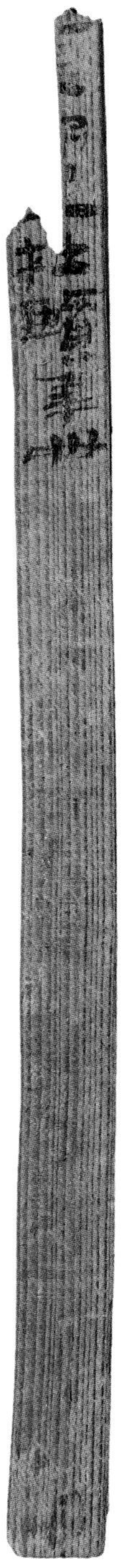

□長明里杜賢年卅　卩　73EJT37:1392

□得卌二　73EJT37:1393

充保魏郡陰安倉正里士五張武年卅□□　73EJT37:1394

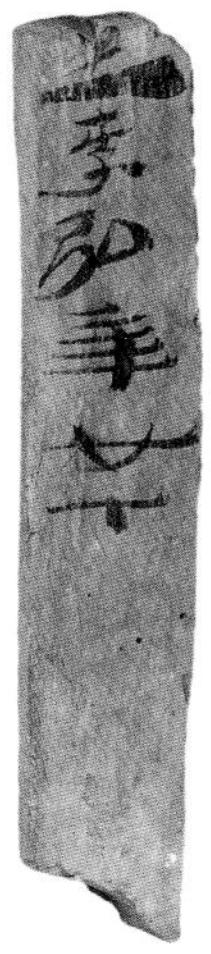

里李弘年廿七　□　73EJT37:1395

元延元年十一月甲子朔辛卯槖他守塞尉宣移肩
……
73EJT37:1396A

……
十一月辛卯以來　君前　73EJT37:1396B

……敢言之田卒所假長安
東陽亭長忠付臨渠令史華信陌史柳　73EJT37:1397A

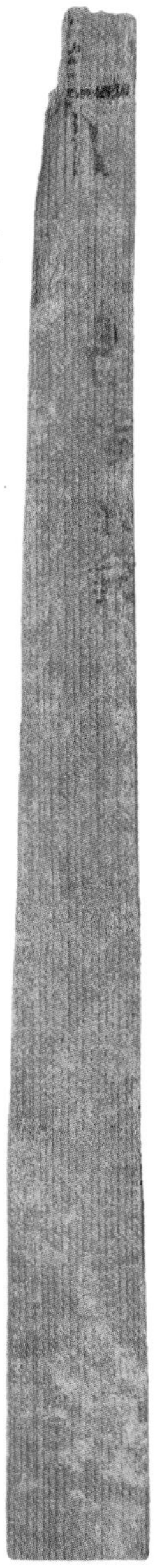

□□　□乘軸□　73EJT37:1397B

□符　73EJT37:1398A

傳　十月辛亥□□□取　73EJT37:1398B

表是常樂里公乘陳宣年廿　73EJT37:1399A

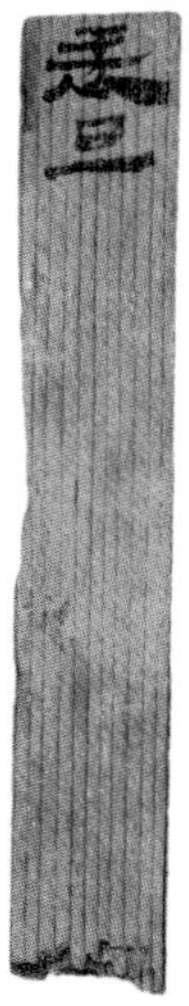

表是　73EJT37:1399B

元延三年三月　73EJT37:1400A

吏民出入關致　73EJT37:1400B

雲丞歆謂過所縣道津關
從者如律令　73EJT37:1401

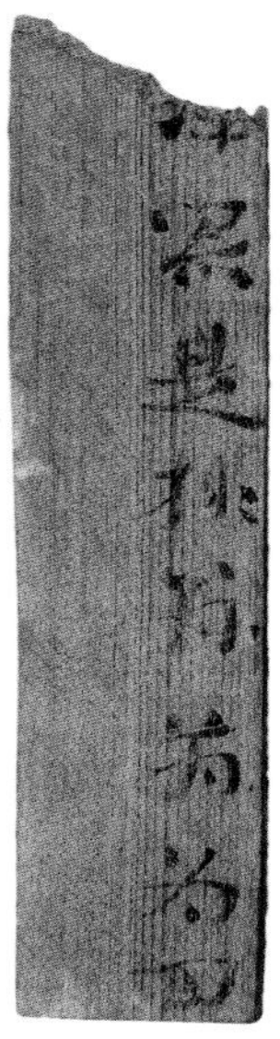

津關遣掾孫萬爲官　73EJT37:1402

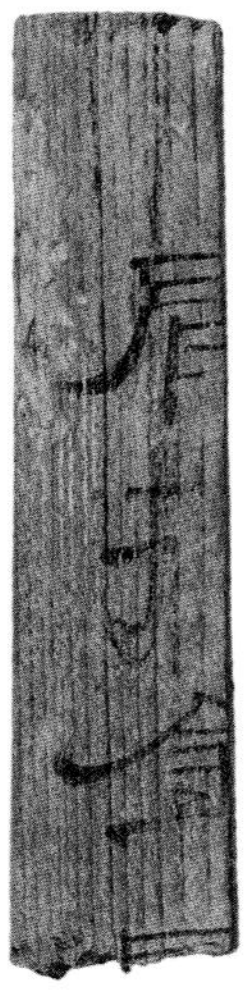

肩水金關　73EJT37:1403

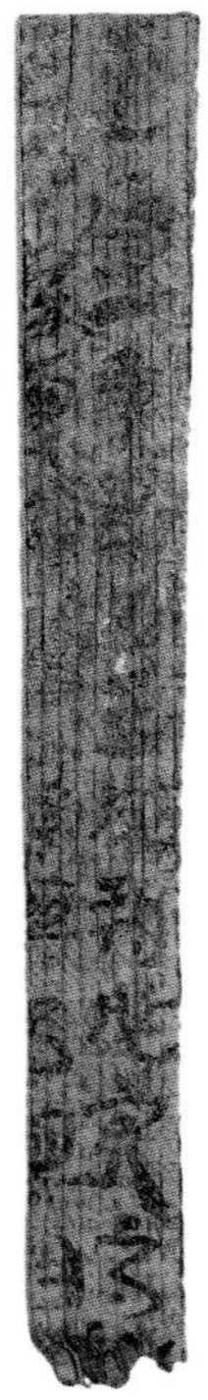

元延二年三月壬戌朔戊寅守☐
壬寅掾憲☐☐☐謁☐☐　73EJT37:1404

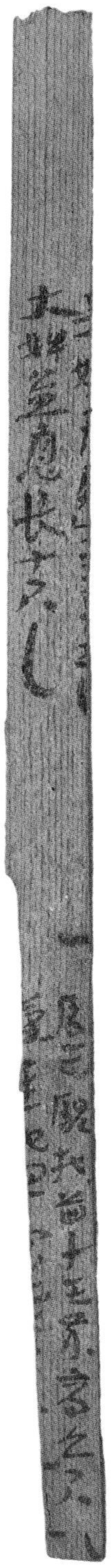

……乚　馬一匹騩牝齒十五歲高六尺乚
大婢益息長七尺乚　葆……　73EJT37:1405

肩水庫嗇夫王護　妻大女君以年卌
子大男鳳年十七
子大男襃年十六　73EJT37:1406

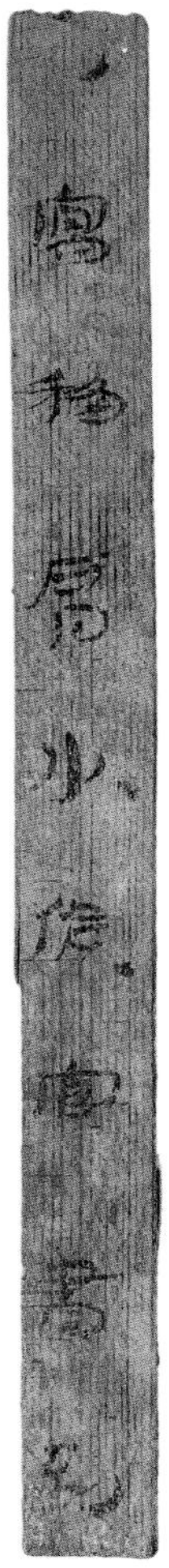

☐寫移肩水候官書到　73EJT37:1407

建平元年正月壬子張掖☐　73EJT37:1408

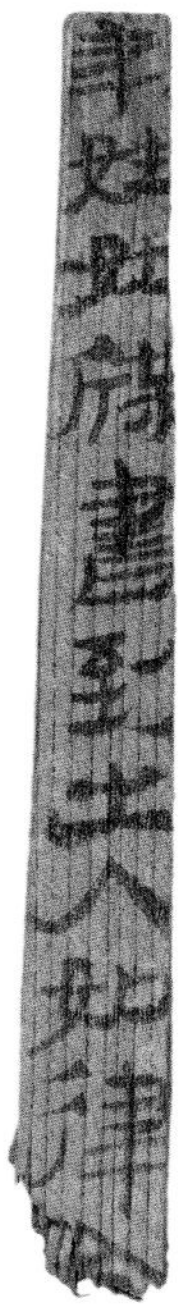

年姓如牒書到出入如律令　73EJT37:1409

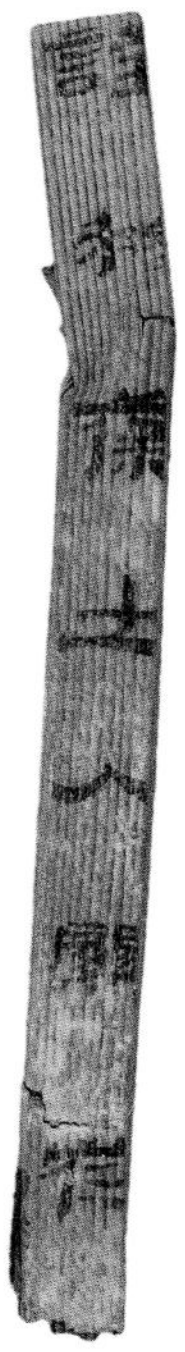

謹移葆出入關符　73EJT37:1410

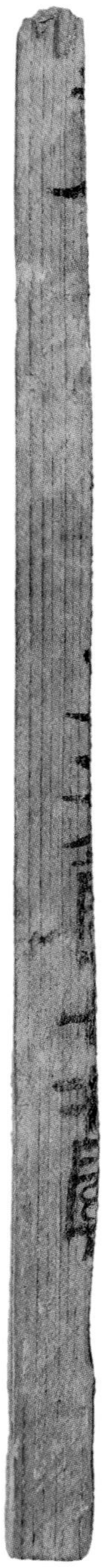

□□　　□□關卅井關　73EJT37:1411

八尺平二　其一□
一□　73EJT37:1412

觻得廣昌里田萬年六十六字長賓　方相車一乘　73EJT37:1413

觻得宜產里大夫王多牛年廿二　73EJT37:1414

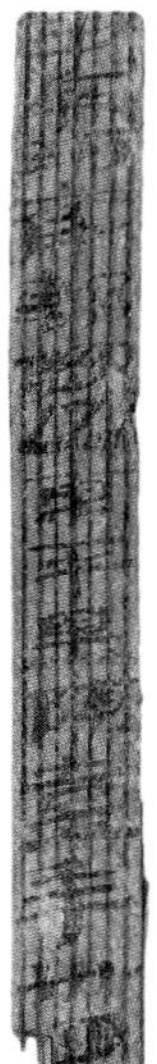

田卒河南郡密邑東平里陳憙年卅四　73EJT37:1415

八月庚午偃師丞義移過所河津門亭勿　73EJT37:1416

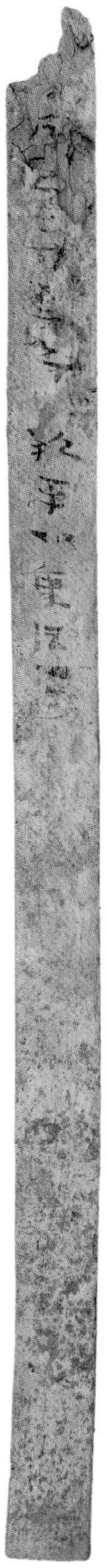

□長七尺五寸黑色　軺車一乘馬一匹　五月丁亥出　73EJT37:1417

陽武廷里魯□　73EJT37:1418

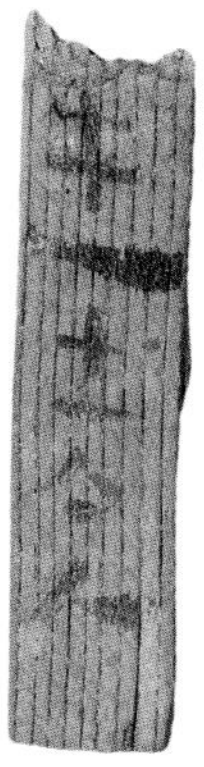

牛一十一月入　73EJT37:1419

……謹案賢並毋官獄徵事當爲傳謁移廷□
……
73EJT37:1420A

□丞印　73EJT37:1420B

……府書□□□年盡□□□　73EJT37:1421A

都尉府書曰假佐□□除盡十二□　73EJT37:1421B

嗇夫豐出　車□　73EJT37:1422

月甲子朔壬辰肩水候憲　73EJT37:1423A

守□　73EJT37:1423B

□守府　八月乙丑入　73EJT37:1424

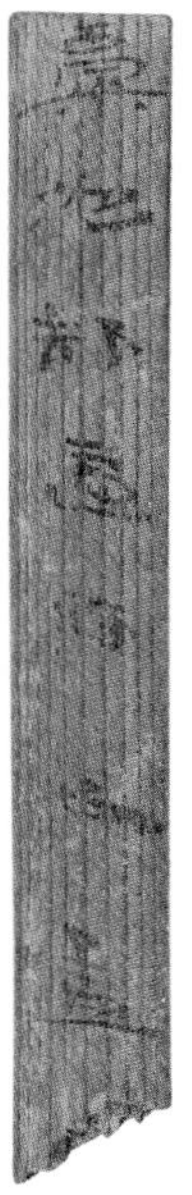

槖他却適隧長孟　73EJT37:1425

□月六日出　持皁袍一領　73EJT37:1426

子大夫永年廿七　車二兩
　　　　　　　　用馬三匹　73EJT37:1427

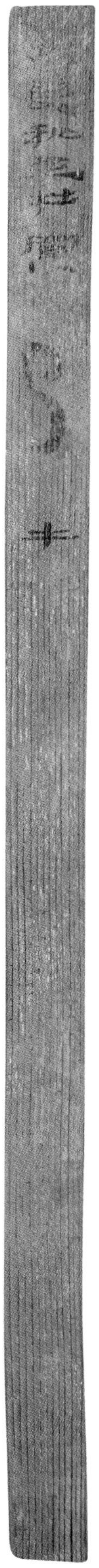

鰈得長秋里杜買　马　牛　73EJT37:1428

·辭謾若令辭者罰金一斤　73EJT37:1429A

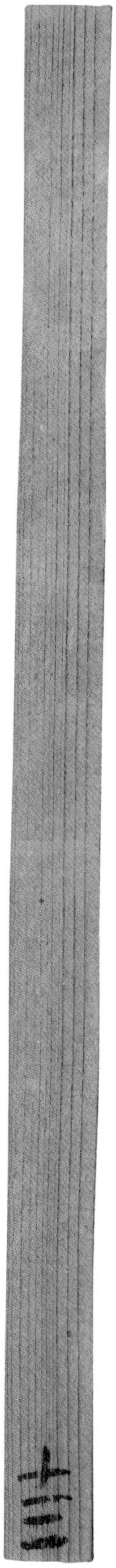

十三　73EJT37:1429B

令史居延孤山里常熙年卅　送客校書橐他界中　73EJT37:1430

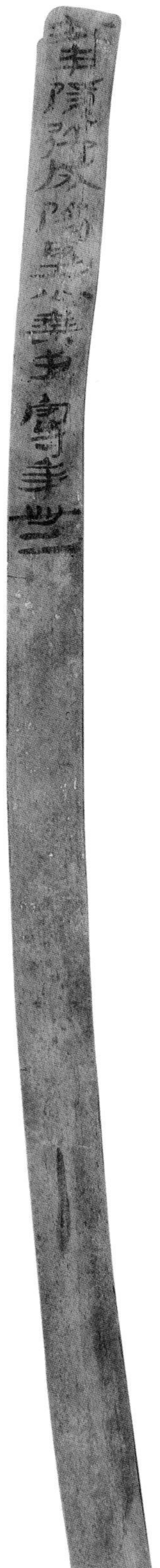

戍卒隱強成陽里公乘尹曼年卅二　丿　73EJT37:1431

肩水鄣卒董習　行書橐他界中盡十二月　73EJT37:1432

賤子聖謹請使再拜　73EJT37:1433

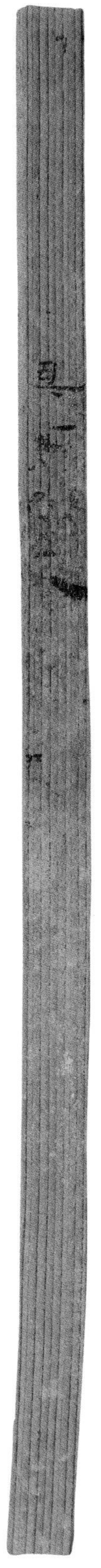

□　與□□□……　73EJT37:1434

兄兄兄　73EJT37:1435

……勿苛留止如律令敢言之

三月戊寅居延丞忠移過所如律令／掾陽守令史誼　73EJT37:1436

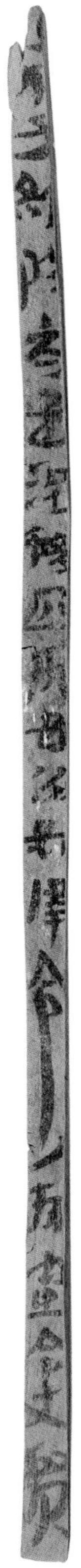

□庚子雒陽守丞況移過所毋留如律令／掾宣令史賢　73EJT37:1437

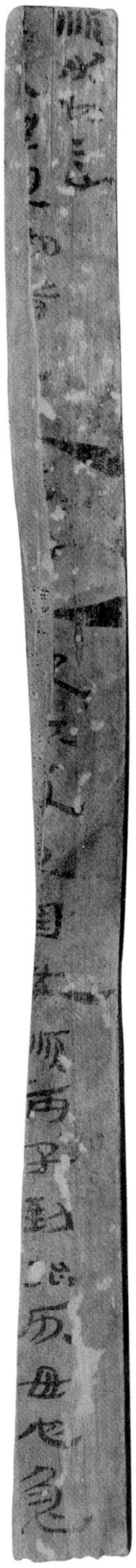

順伏地言

……因道順丙子到治所毋它急　73EJT37:1438

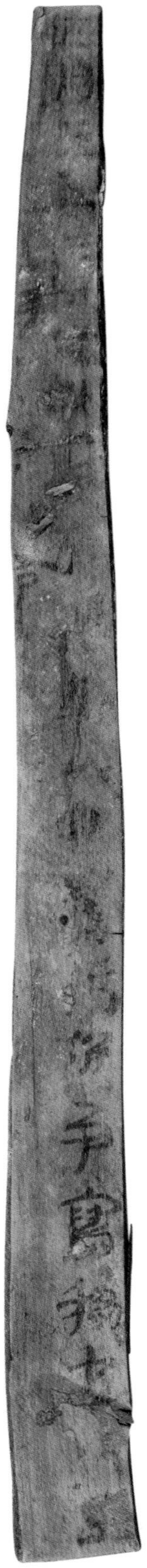

正月壬子橐他北部候長勳以私印行候事寫移書到出

……正月如律令

73EJT37:1439

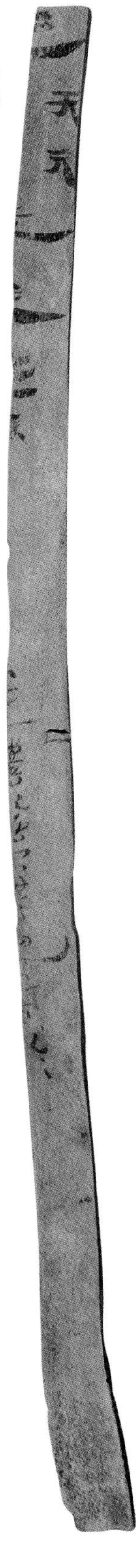

元元
元元□□□居□□□□□叩＂頭＂　73EJT37:1440A

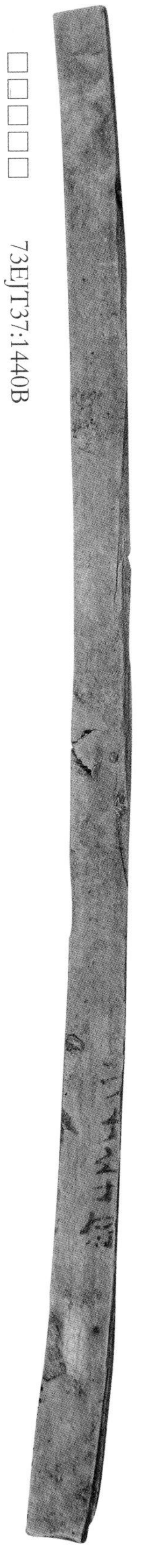

□□□□□　73EJT37:1440B

肩水金關居延縣索關隧次行　73EJT37:1441A

子□孫元延三年□丘得毋有它急如牒　73EJT37:1441B

願且貸七十一錢乃爲行道用者不宜□財不行出入叩＂頭＂　73EJT37:1442A

劉儀伏地叩頭庚都卿屬□□□□陳愚□道今北毋錢　73EJT37:1442B

居延都尉守屬趙武年卌五　乘軺車一乘用馬一匹騂牡齒四歲高五尺　73EJT37:1443

南陽宛北當陽里公乘范有年卌長七尺二寸黑色　73EJT37:1444

河南郡雒陽榆壽里不更史勢年廿四長七尺二寸黑色　五月辛　73EJT37:1445

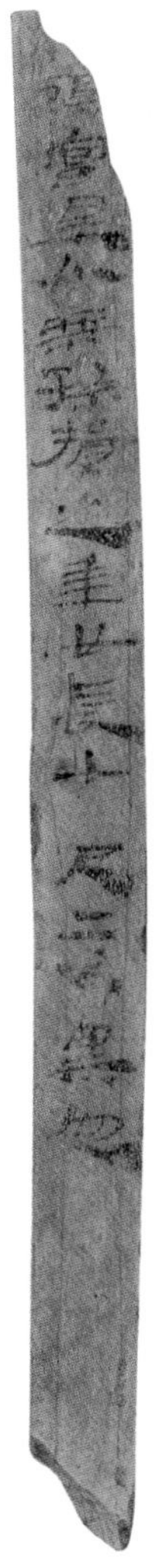

觻得富里公乘孫捐之年廿長七尺二寸黑色　73EJT37:1446

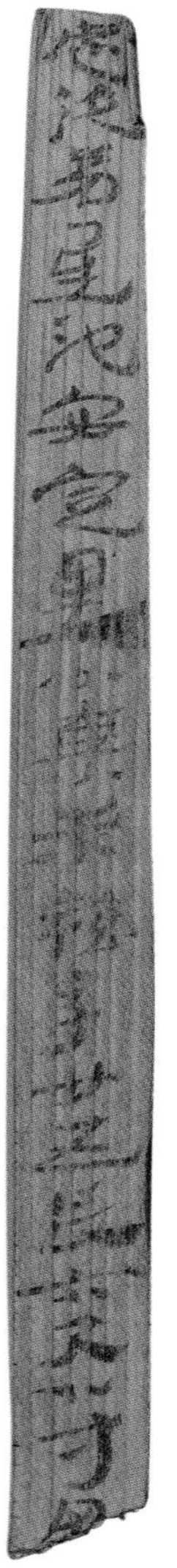

忠從弟氏池安定里公乘朱福年卅五長六尺八寸黑　73EJT37:1447

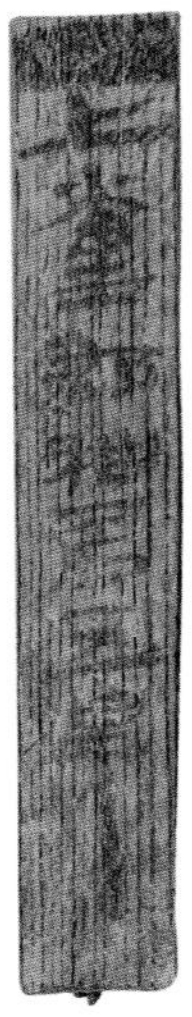

■上黨郡神爵五年　73EJT37:1448A

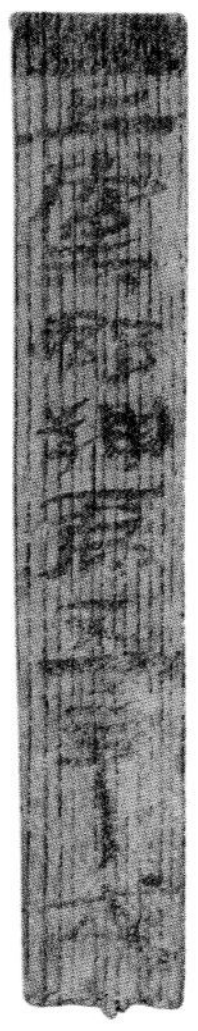

■上黨郡神爵五年戍　73EJT37:1448B

■右九月北書四輩　丿　73EJT37:1449

元延二年三月壬戌朔丁丑居延卅井候譚移過縣道河津
市上書具觻得當舍傳舍從者如律令　尉史忠　73EJT37:1450

元延元年七月丙寅朔丙寅東鄉嗇夫豐佐章敢言之道德
使之張掖郡界中願以令取傳•謹案戸籍臧官者豐爵公士　73EJT37:1451A

允吾丞印　73EJT37:1451B

元延四年九月戊寅朔丁酉都鄉有秩訢敢言
更至五年八月更封敢言之
九月丁酉茂陵令閣丞護移觻得如

73EJT37:1452+1460

綏和二年十二月甲子朔己丑宛邑市丞華移過所縣……
諸責人亡賊處自如弘農三輔張掖居延郡界中當舍傳舍……

73EJT37:1454

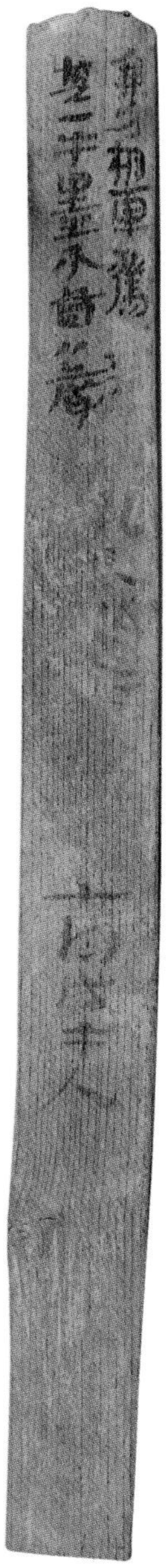

乘方相車駕□

其一牛墨介齒八歲丿

孔長伯任　七月戊午入73EJT37:1455

建平四年正月家屬出入盡十二月符

73EJT37:1457

□□

73EJT37:1458B

□月甲寅朔庚申東鄉有秩禁敢言之西函里男子
獄徵事當爲傳謁移過所縣邑侯國郵亭津

73EJT37:1453

建平五年七月

73EJT37:1456

張掖肩水東望隧長觻得敬老里不更騶惲

73EJT37:1458A

田卒河南郡新鄭章陽里公乘朱兄年卅

73EJT37:1459

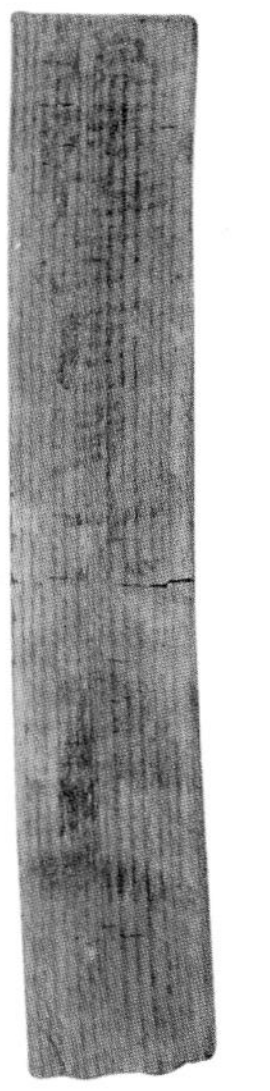

鶉陰佐王匡年十八　已出　73EJT37:1461

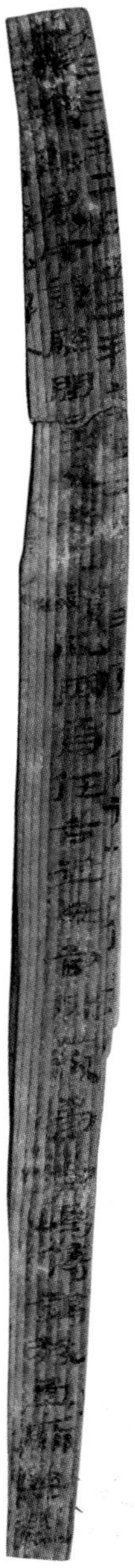

建平三年二月壬子朔癸丑……
之張掖郡界中謹驗問里父老王護正同皆任占並毋官獄徵事當爲傳謁移過所縣邑
……如律令　敢言之　73EJT37:1462A+1471A

臨菑丞印　73EJT37:1462B+1471B

橐他隧長吾惠葆　妻屋蘭宜春里大女吾阿年卅
阿父昭武萬歲里大男胡良年六十九　□　73EJT37:1463

曲河亭長昭武長壽里公乘李音年廿九　御史　73EJT37:1464

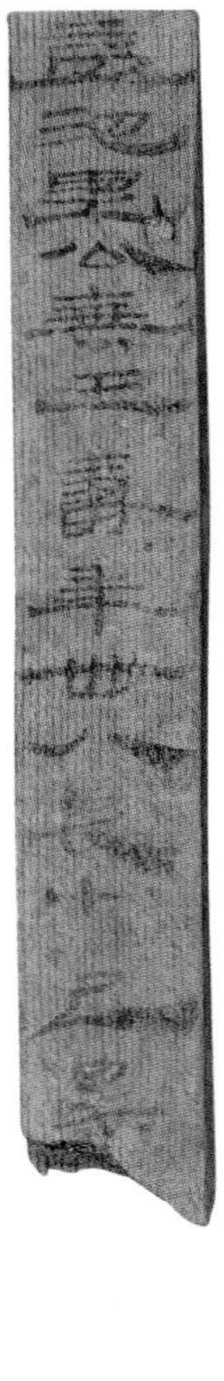

益池里公乘王壽年卌八長七尺黑　73EJT37:1465

觻得定安里趙勳年卅五　車一兩牛二頭　十二月癸亥北出　73EJT37:1466

肩水金關　□　73EJT37:1467A

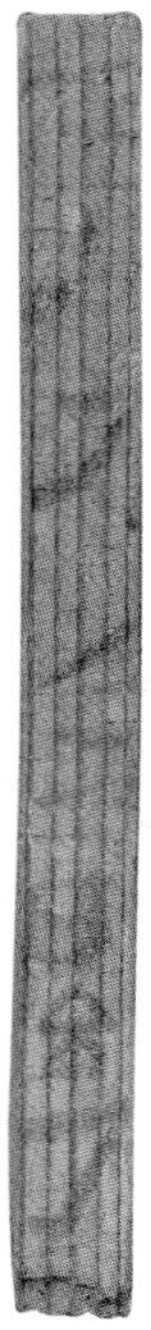

肩水金關　73EJT37:1467B

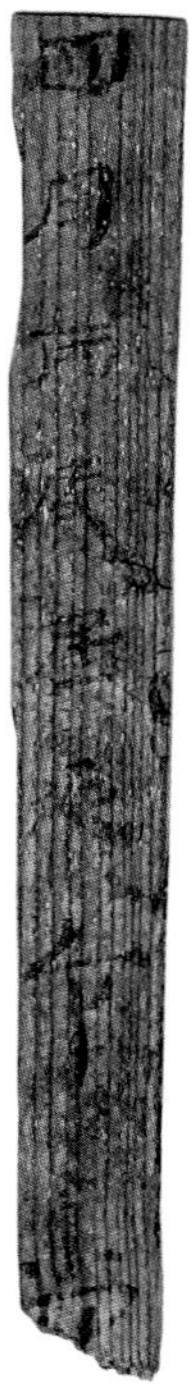

四月丙辰居延令□　73EJT37:1468A

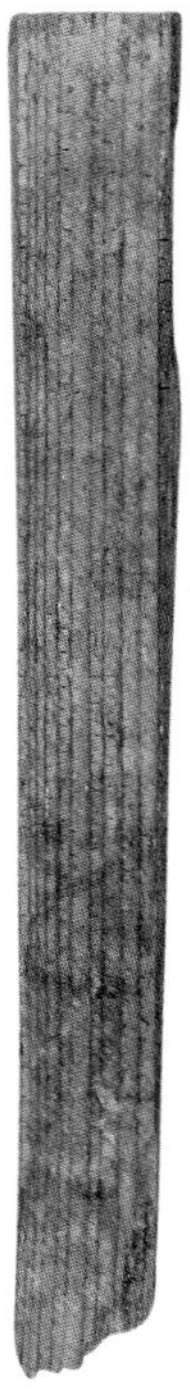

縣官□□　73EJT37:1468B

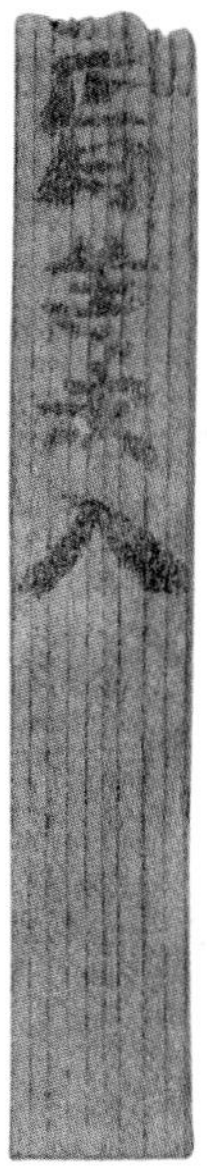

正月癸未入　73EJT37:1469

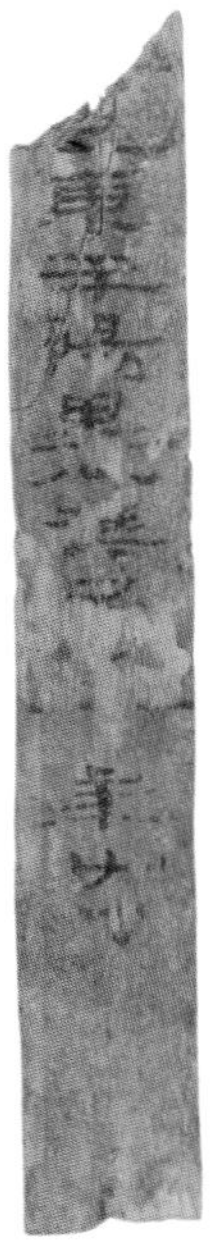

□□東平陽里公乘呂□年廿□　73EJT37:1470

辰橐他候曾移肩水金關石南亭長　73EJT37:1472

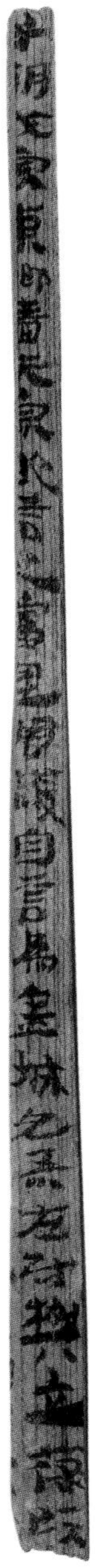

子朔戊寅東鄉嗇夫宗敢言之富里周護自言爲金城允吾左尉樊立葆願
……

73EJT37:1473

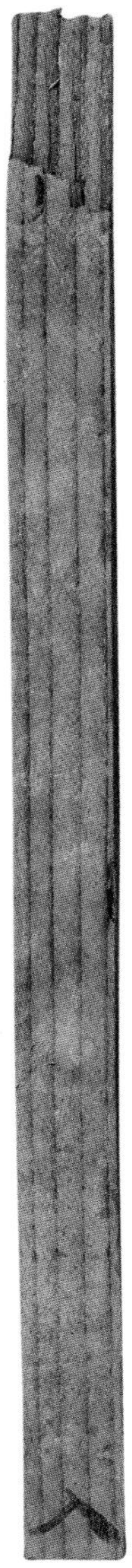

□　入

73EJT37:1474

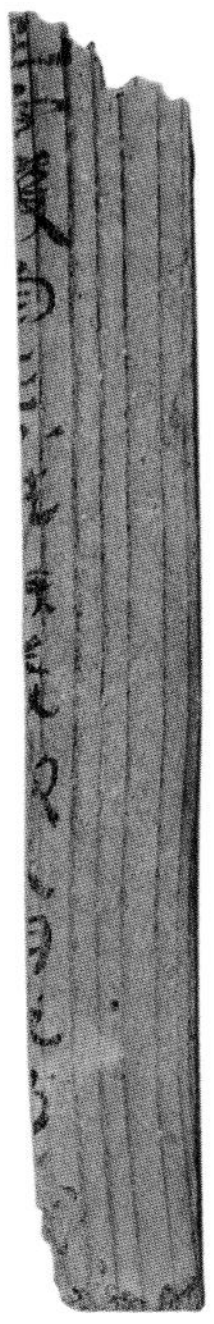

里□護自言□□□□□□□□

73EJT37:1475

河南雒陽南堂里不更□

73EJT37:1476

當□里共意年卅　大車一兩
……

73EJT37:1477

七月壬子居延令勝之丞延年移肩水金關

73EJT37:1478

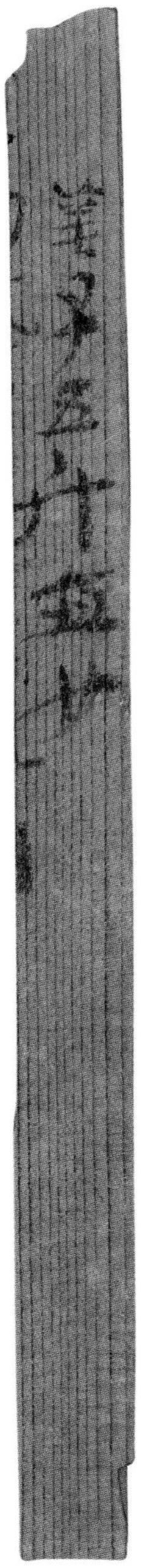

葵子五升直廿
……

73EJT37:1479

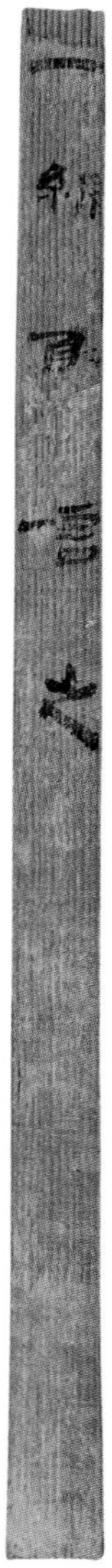

一編敢言之　73EJT37:1480

……肩水金關居延縣索關出入

鄉嗇夫當內　•肇守左尉印　73EJT37:1482

……取傳謁移肩水

七月庚戌觻得長□丞臨移過所亭□□　73EJT37:1484A

八月辛亥出　73EJT37:1485

字曼卿八月丁卯出　73EJT37:1486

恭敢言之應里張林自言取傳爲郡送錢□

……

73EJT37:1481

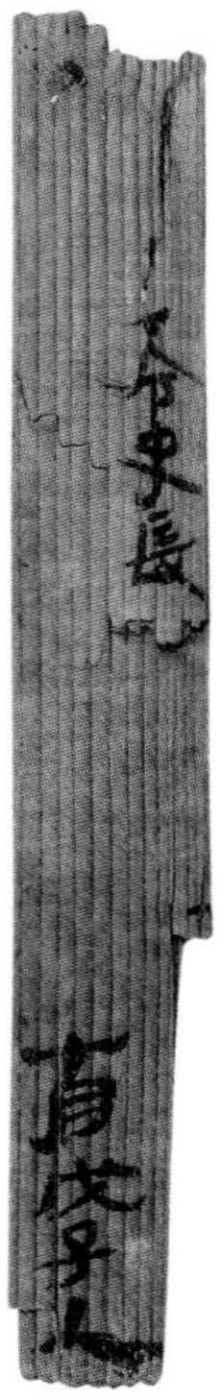

□令史長　七月戊子入　73EJT37:1483

觻得長印　73EJT37:1484B

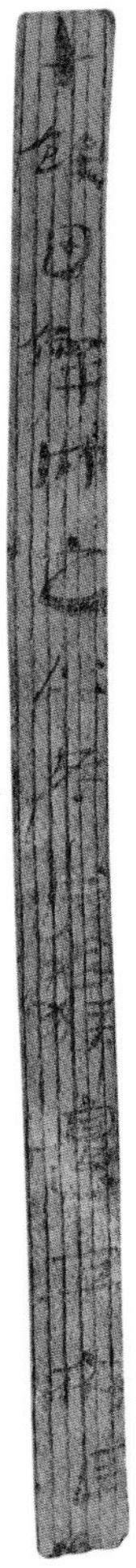

十餘日解破之以爲兒衣狹遺其補□　73EJT37:1487

敢言之　73EJT37:1488

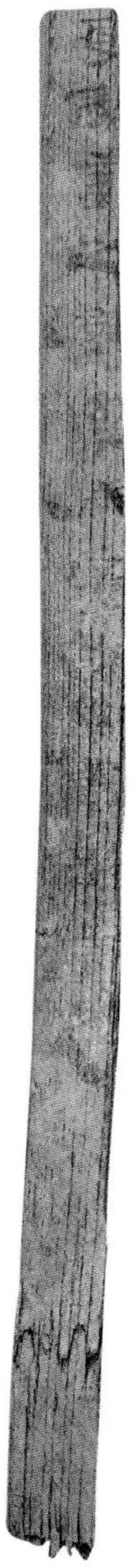

更敢言之謹案武宗年爵如書敢言之
……　73EJT37:1489

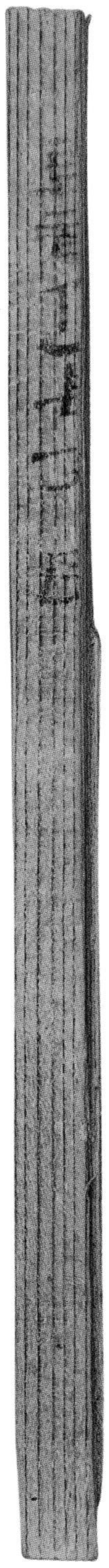

東部候長□□　73EJT37:1490

□寅朔己酉都鄉嗇夫武敢言之龍起里房則自言願以令取傳爲居延倉令史徐譚葆俱迎錢
上河農•謹案戶籍臧鄉者則爵上造年廿歲毋它官獄徵事當得以令取傳與譚俱謁移過所縣道河津關
毋苛留止如律令敢言之
九月庚戌居延令彊守丞宮寫移過所如律令／兼掾臨守令史褒
73EJT37:1491

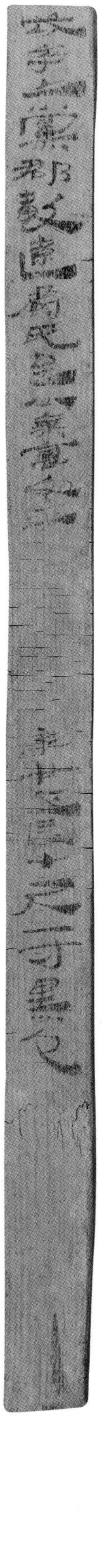

戍卒上黨郡穀遠爵氏里公乘高安平　年廿五長七尺一寸黑色　丿　73EJT37:1492

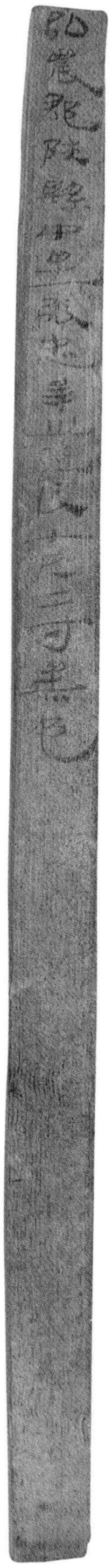

弘農郡陝縣中里張忠年卅五長七尺二寸黑色　73EJT37:1493

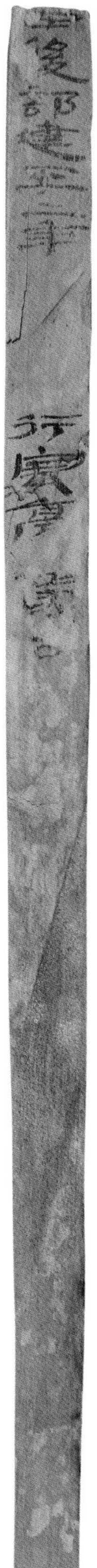

左後部建平二年　行塞亭隧名　73EJT37:1494

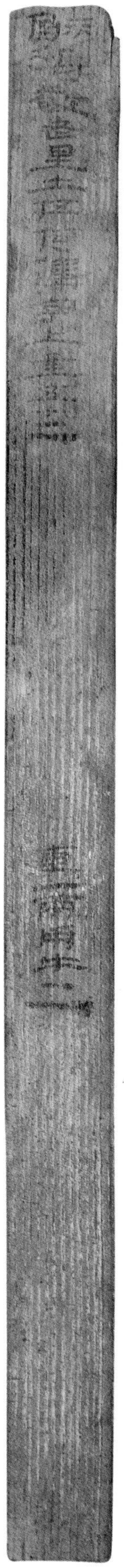

觻得敬老里士伍何偉字上年五十二　車一兩用牛二　73EJT37:1495

淮湯陳國朱里蔡畢　卩　73EJT37:1496

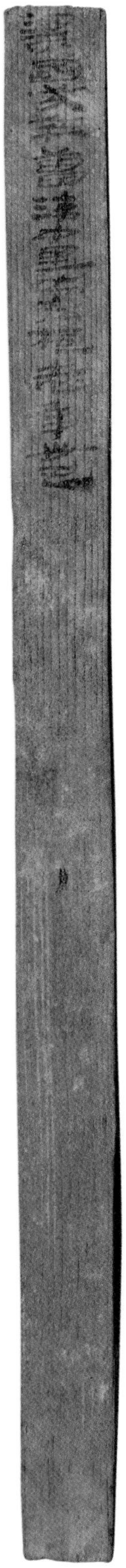

梁國戍卒菑□中里大夫桓志年卌五　丿　丿　73EJT37:1497

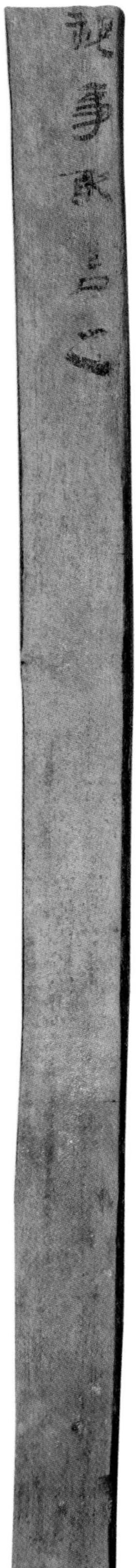

視事敢言之　73EJT37:1498

史昌敢言之遣倉嗇夫勝之移簿大守府與從者始至里陳未央俱

謁移過所縣道關毋苛留止如律令敢言之

律令　／掾宗守令史昌　73EJT37:1499A

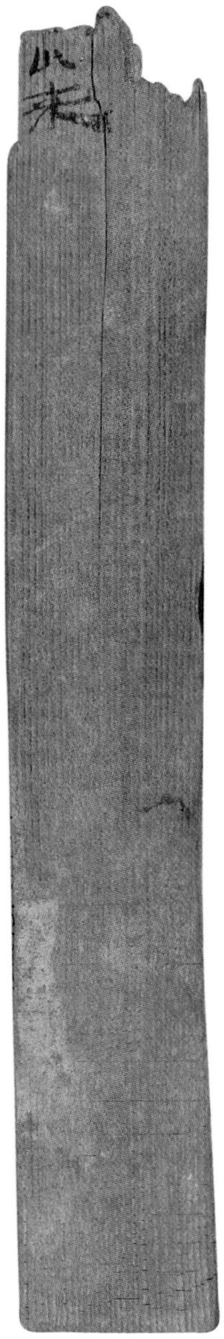

以來　73EJT37:1499B

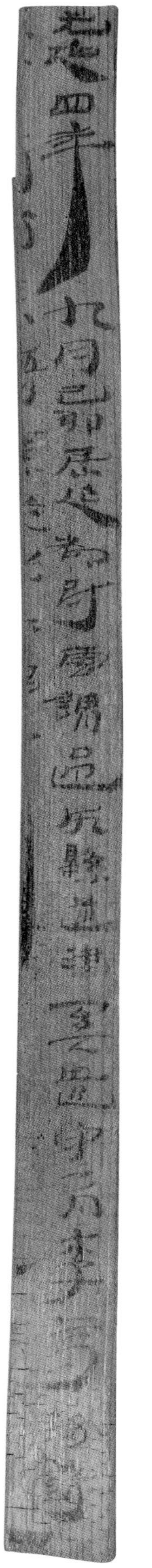

元延四年九月己卯居延都尉雲謂過所縣道津關遣守屬李尊移簿

□□當舍傳舍從者如律令　……　73EJT37:1500

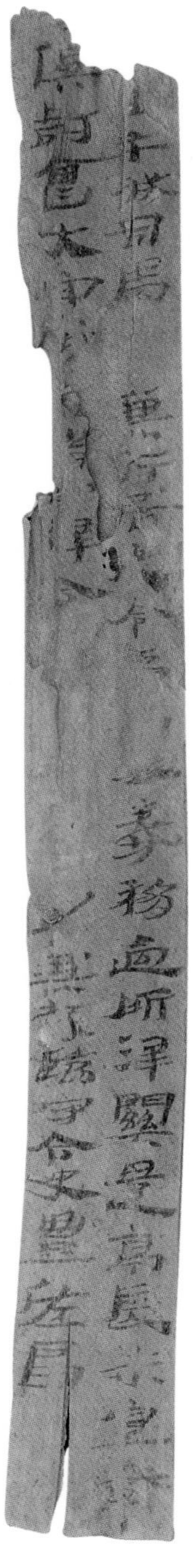

□午城司馬　兼行居延令事守丞義移過所津關遣亭長朱宣載
俱對會大守府從者如律令　／兼掾臨守令史豐佐昌

73EJT37:1501

年十二月辛未朔甲戌張掖廣地候況移肩水金關吏使
里年姓如牒書到出入如律令

73EJT37:1502A

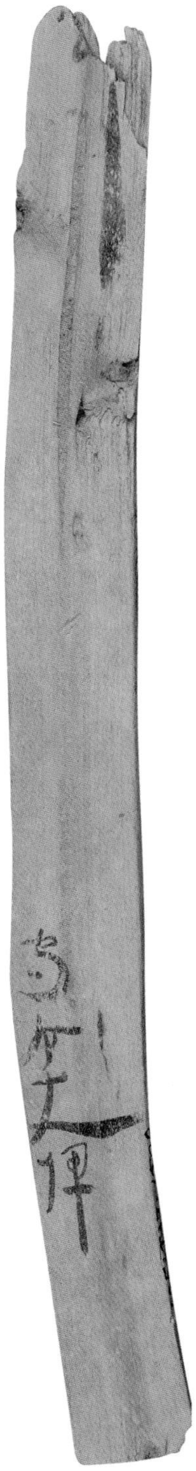

□　守令史惲

73EJT37:1502B

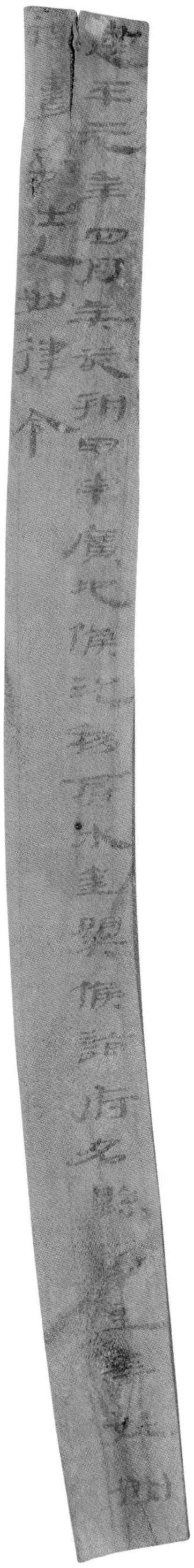

建平元年四月癸亥朔甲申廣地候況移肩水金關候詣府名縣爵里年姓如
牒書到出入如律令

73EJT37:1503A

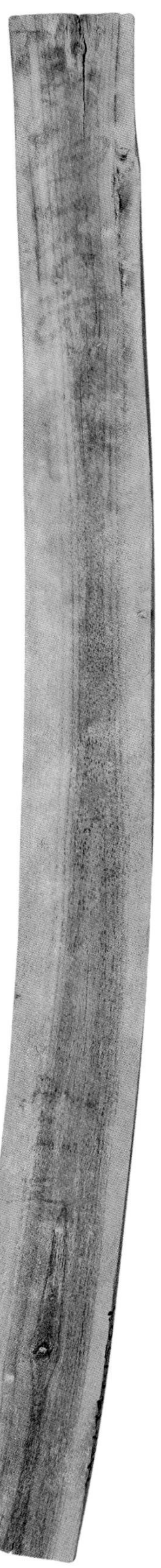

廣地候印　令史嘉

73EJT37:1503B

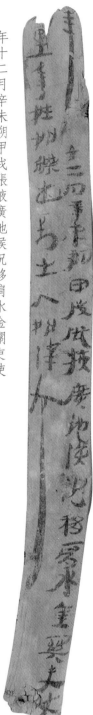

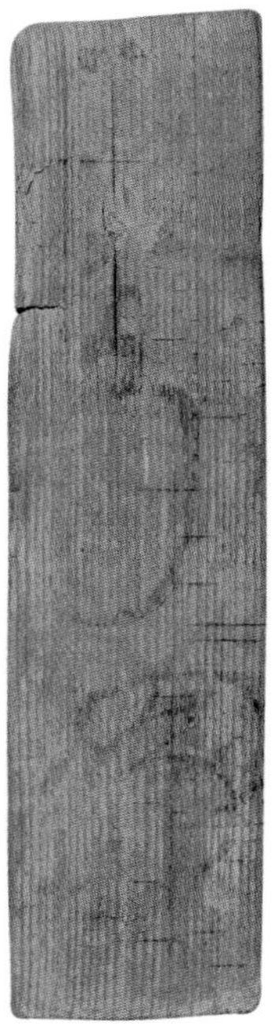

□寫　73EJT37:1504A

元康四年六月
吏民出入傳籍　73EJT37:1504B

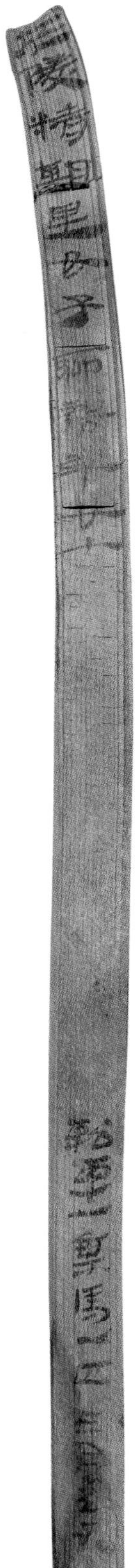

茂陵精期里女子聊碧年廿七　軺車一乘馬一匹　三月癸亥入　73EJT37:1505

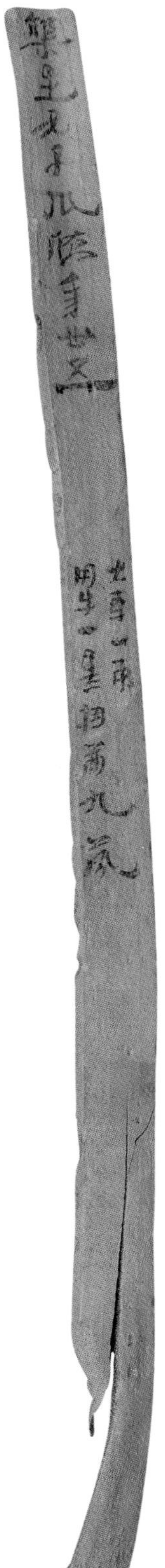

雒里女子張驕年卅五　大車一兩
用牛一黑犗齒九歲　73EJT37:1506

助府佐徐臨　軺車一乘
馬一匹騂牡齒四歲　十月戊子北出　73EJT37:1507

肩水都尉孫賞　未到　十一月乙卯南嗇夫豐入　73EJT37:1508

居延司空佐張黨　葆卅井里九百同<br>軺車一乘馬一匹　十月壬午北嗇夫豐出　73EJT37:1509

居延□長黨□　軺車一乘<br>馬一匹　十月壬申北嗇夫　73EJT37:1510

茂陵常賀里公乘莊永年廿八　73EJT37:1511

臨利卒觻得長秋里閔奄年廿三　二月食廩臨利倉<br>三月食已廩　73EJT37:1512

辛酉出關　73EJT37:1513

通道亭長虞憲　母昭武平都里虞俠年五十　十一月壬寅候史□□<br>十二月丁巳北嗇夫豐出　73EJT37:1514

□月辛卯兼亭長並出　73EJT37:1515

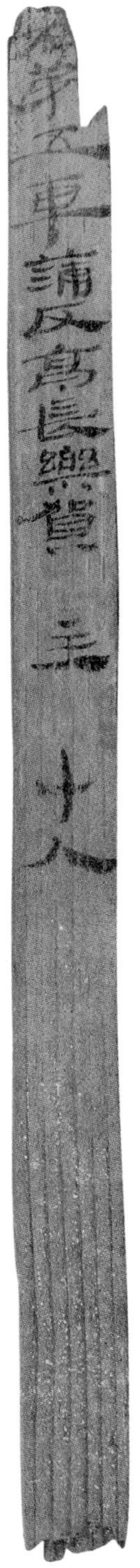

右第五車蒲反亭長樂賀　主　十人
丿
73EJT37:1516

林隧
隧
元延三年七月丁巳夜食五分騂北卒賀受莫當隧卒同
73EJT37:1517

九月丙子氐池守長昭武尉異衆丞丹移肩水金關居延縣索寫移　73EJT37:1518

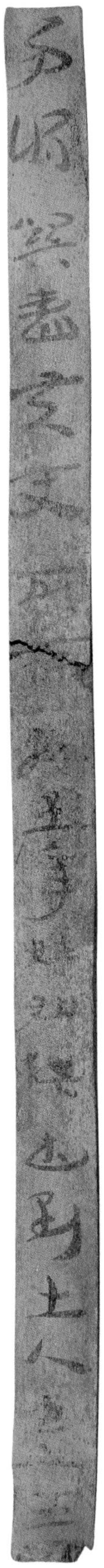

事謂關嗇夫吏〻所葆縣里年姓如牒書到出入盡十二月　73EJT37:1519

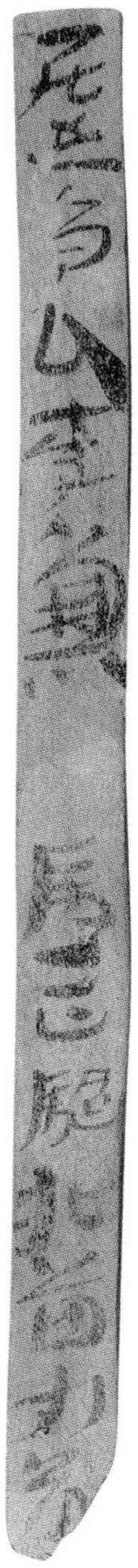

居延亭長李兼　馬一匹騩牝齒九歲　73EJT37:1520

肩水司馬行居延都尉事……　73EJT37:1521

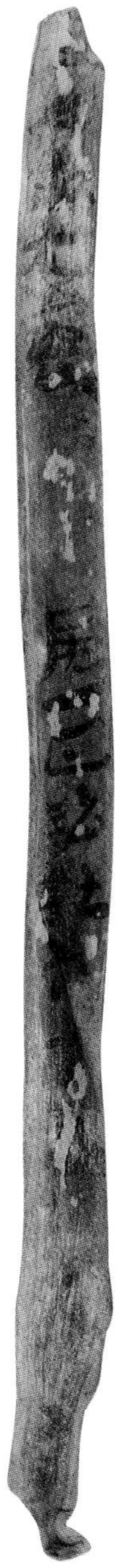

□游徼左褒　馬一匹騮牡齒十歲　十二月丙子　73EJT37:1522

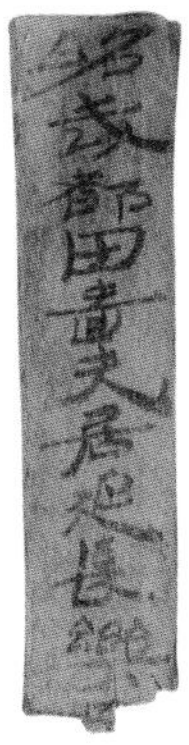

昭武都田嗇夫居延長樂里　73EJT37:1523

……
酒泉張掖武　73EJT37:1524

出賦錢九百　73EJT37:1525

何應北界又　73EJT37:1526

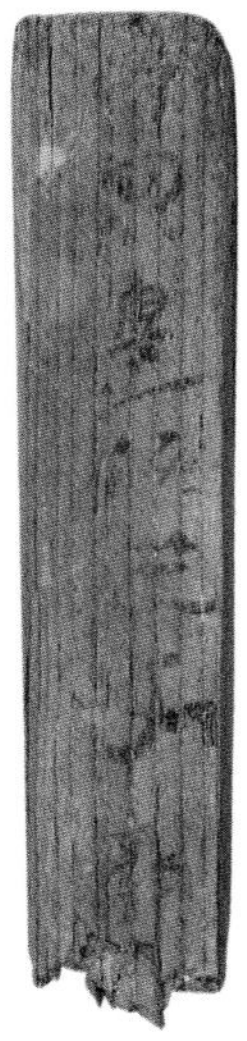

津關遣候從史顏　73EJT37:1527

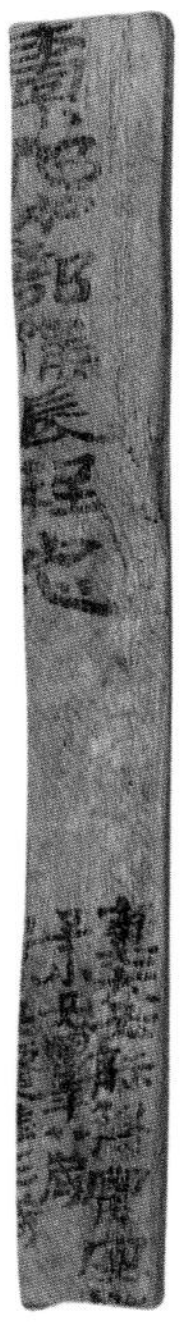

橐他中部候長程忠
妻大女觻得富安里
子小女買年八歲
子小女遷年三歲　73EJT37:1528

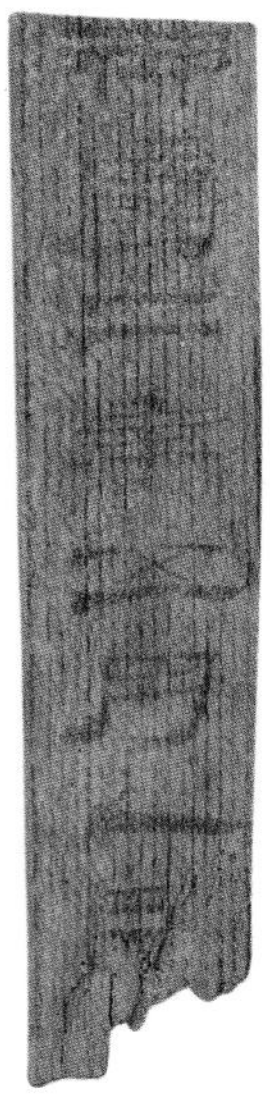

神爵二年五月乙巳　73EJT37:1529

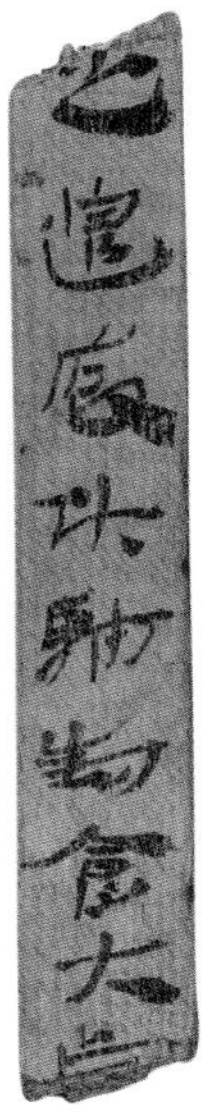

之遣廄佐輔對會大守　73EJT37:1530

建平三年十月□□　73EJT37:1531

……移□□金關遣就人名籍如牒　73EJT37:1532A

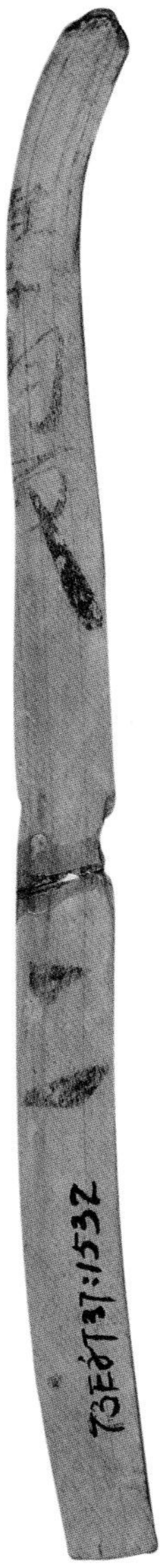

候史丹發　□　73EJT37:1532B

五鳳四年五月丁丑廣地候豊（檢）　73EJT37:1533A

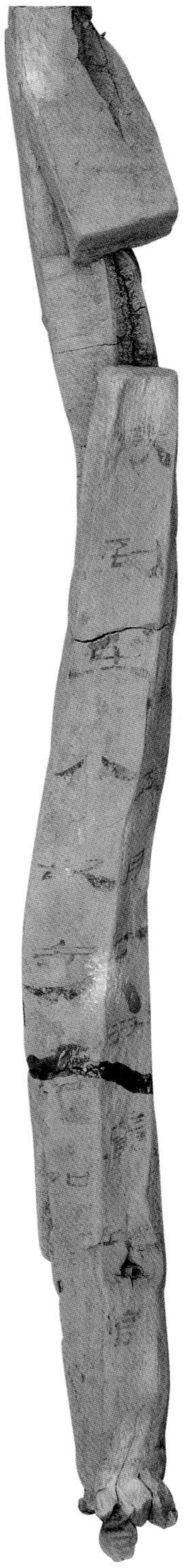

檄到出入毋苛留如律令（檢）　73EJT37:1533B

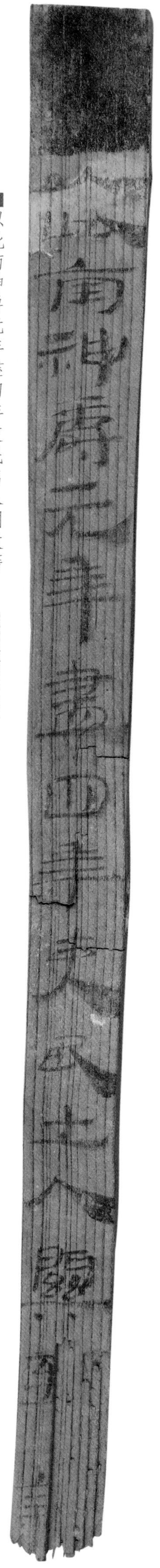

■以此南神爵元年盡四年吏民出入關致籍　73EJT37:1534

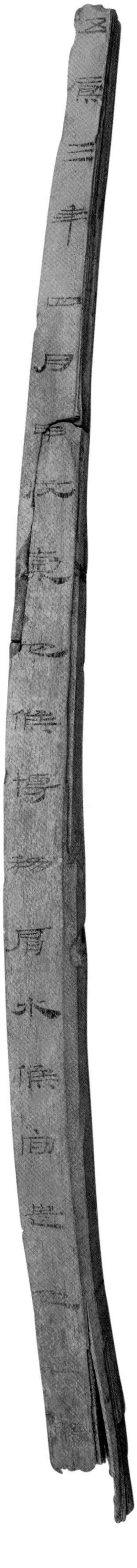

五鳳三年四月甲戌槖他候博移肩水候官遣隧長勝（觚）　73EJT37:1535A

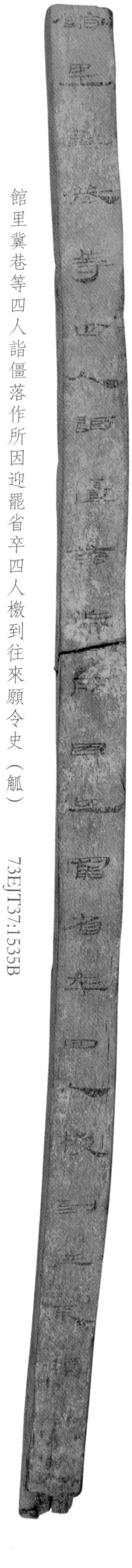

館里冀巷等四人詣儷落作所因迎罷省卒四人檄到往來願令史（觚）　73EJT37:1535B

元年二月庚午槖他候遼移肩水候官遣槖他隧長常年戍卒……　73EJT37:1536A

75%

館里陳道送……如律令　/守令史猛　73EJT37:1536B

75%

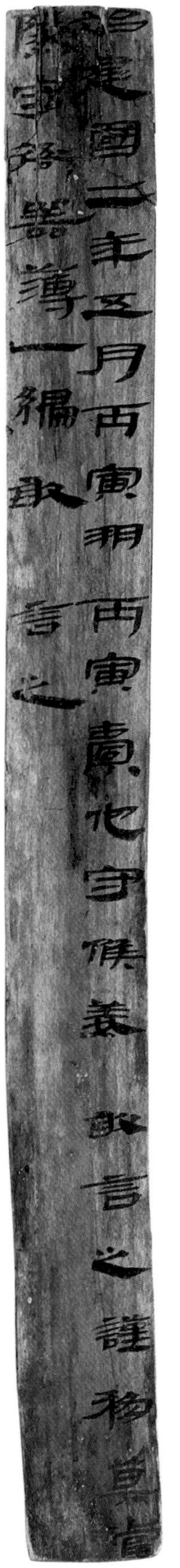

始建國二年五月丙寅朔丙寅橐他守候義敢言之謹移莫當
隧守衙器簿一編敢言之
73EJT37:1537A

令史恭　73EJT37:1537B

•橐他莫當隧始建國二年五月守　衙器簿　73EJT37:1538

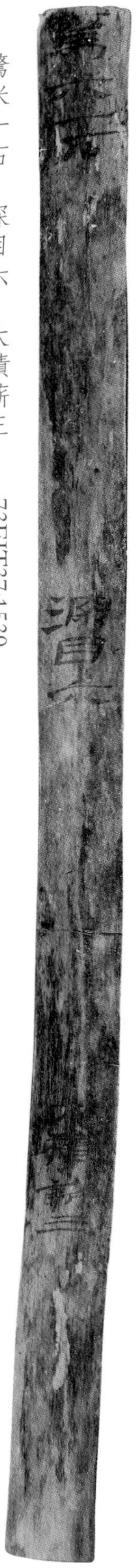

驚米一石　深目六　大積薪三　73EJT37:1539

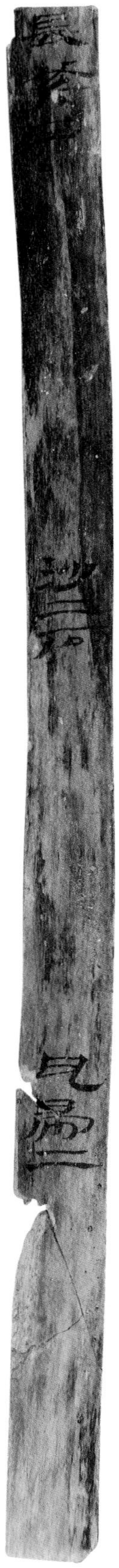

長斧四　沙二石　瓦帚二　73EJT37:1540

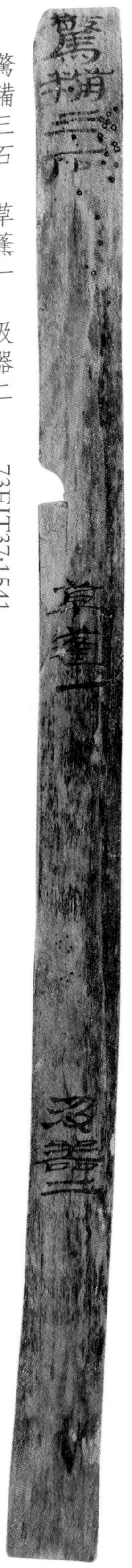

鷩糒三石　草蘩一　汲器二　73EJT37:1541

皮冒草萆各一　瓦枓二　73EJT37:1542

承纍四　瓦箕二　73EJT37:1543

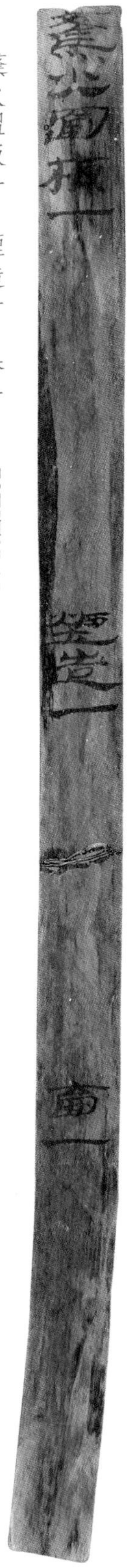

蘩火皿板一　煙造一　畚一　73EJT37:1544

馬矢橐一　布表一　儲水罌二　73EJT37:1545

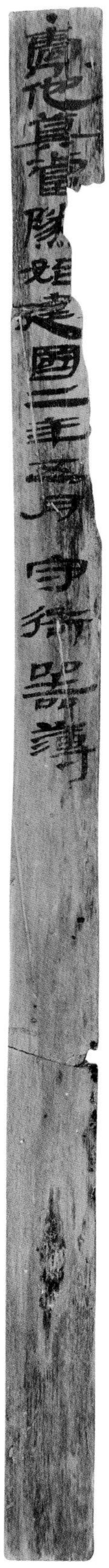

•槖他莫當隧始建國二年五月守衙器簿　73EJT37:1546

茹十斤　鼓一　木椎二　73EJT37:1547

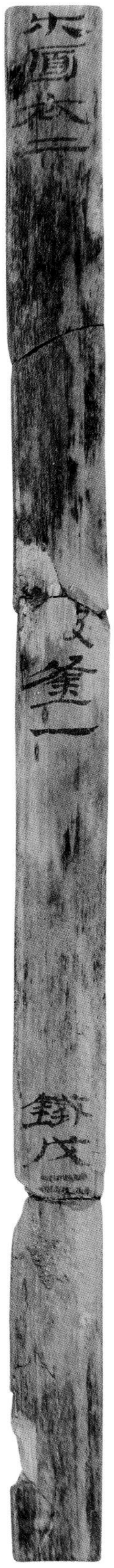

木面衣二　破釜一　鐵戊二　73EJT37:1548

芳槖一　布蓬三　塢戶上下級各一　73EJT37:1549

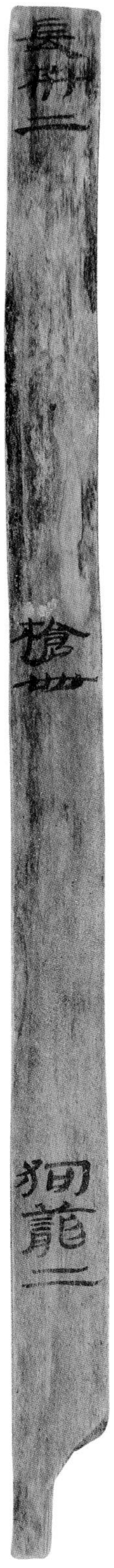

長科二　槍卌　狗籠二　73EJT37:1550

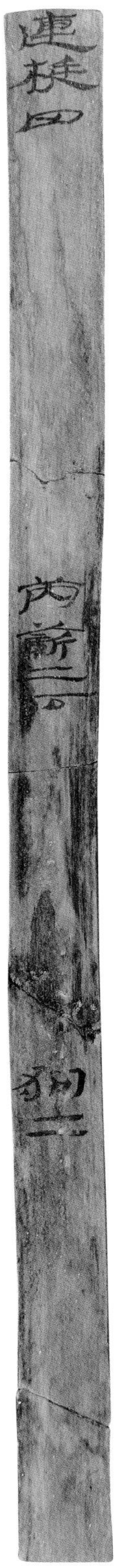

連梃四　芮薪二石　狗二　73EJT37:1551＋1555

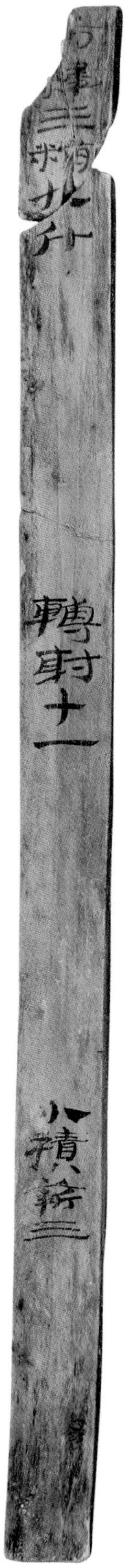

布緯三糒九斗　轉射十一　小積薪三　73EJT37:1552

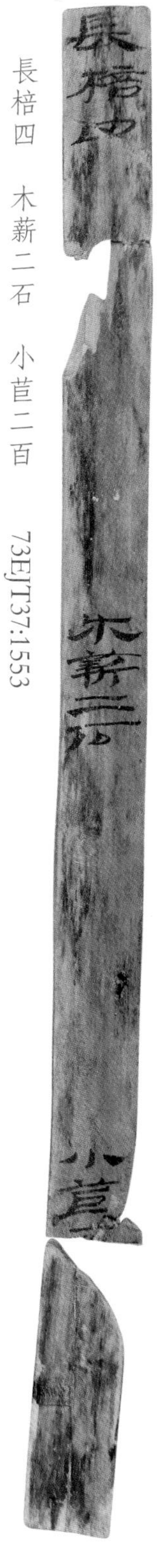

長棓四　木薪二石　小苣二百　73EJT37:1553

長椎四　馬矢二石　程苣九　73EJT37:1554

□二具　蓬干二　椄楪四　73EJT37:1556＋1558

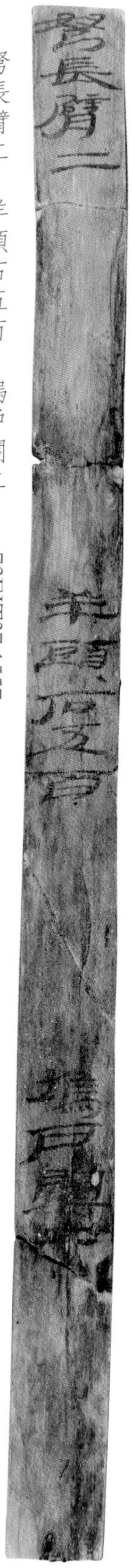

弩長臂二　羊頭石五百　塢戶關二　73EJT37:1557

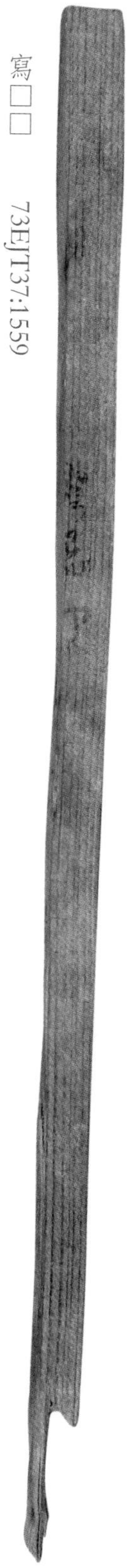

寫□□　73EJT37:1559

守丞宮移卅井縣索□　73EJT37:1560A

□　□□　73EJT37:1560B

□行塞函　73EJT37:1561A

□水候□□□□□　73EJT37:1561B

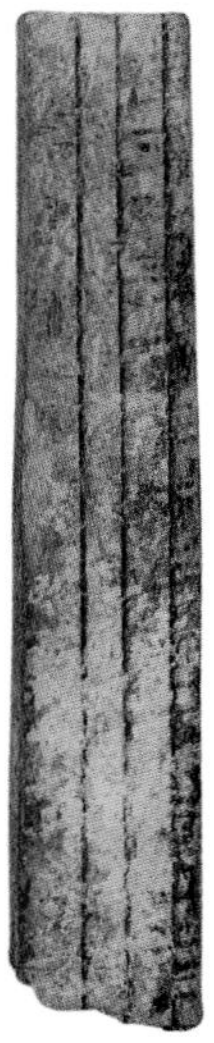

建平四年正月家屬出入盡十二月　73EJT37:1562

□隆行大守事丞成下部都尉郡庫……　73EJT37:1563

居延司馬行□□□□□□□□□□□□　73EJT37:1564

威卿偶仲孫任　十一月癸亥候史丹內　73EJT37:1565

葆梁樂成里蔡臨年廿ノ　73EJT37:1566

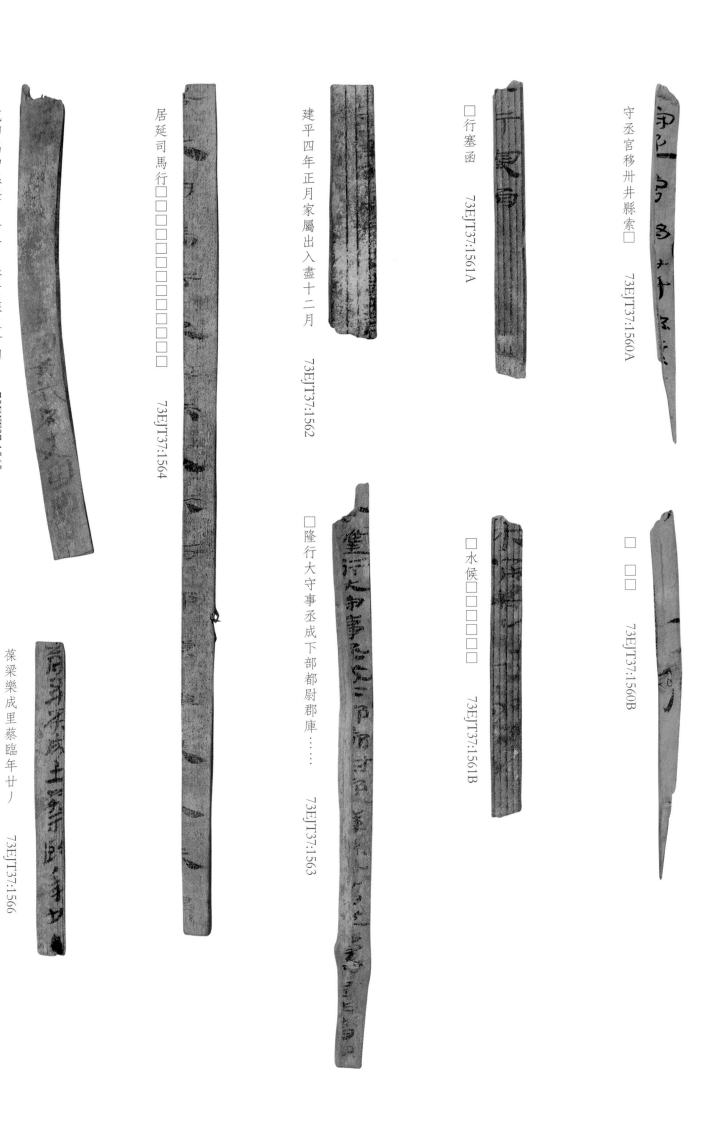

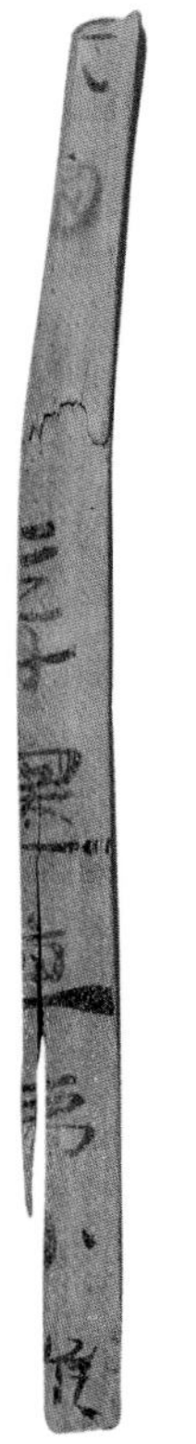
□□　□遷直肩水候　73EJT37:1567

□□敬老里王□年十四　方箱車一□
用馬一匹騂　73EJT37:1568

年六月壬戌□□□守令史臨敢言之□　73EJT37:1569

……願報謁之幣盡府　73EJT37:1570A

魏長兄　73EJT37:1570B

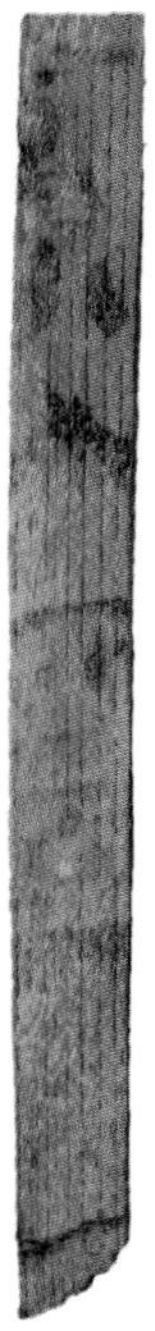
會水□□章　73EJT37:1571A

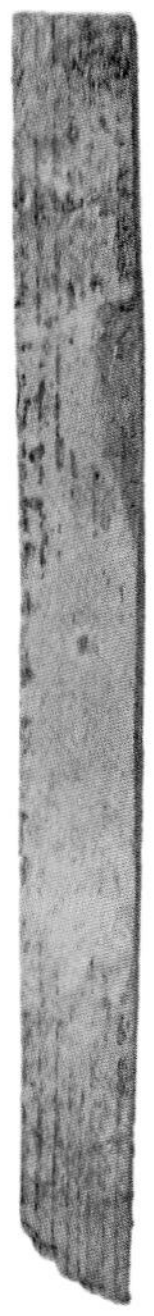
……　73EJT37:1571B

槖他□
爲□□　73EJT37:1572

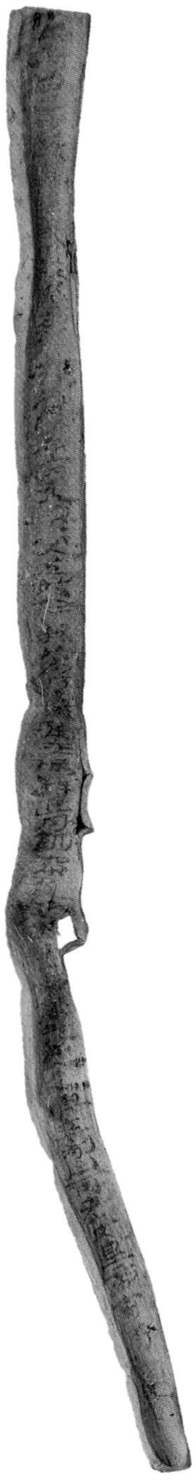

•樂府卿言齋□後殿中□□以不行……迫時入行親以爲□常諸侯王謁拜正月朝賀及上計飭鐘張虡從樂人及興卒制曰可孝文皇帝七年九月乙未下　73EJT37:1573

妻大女　73EJT37:1574

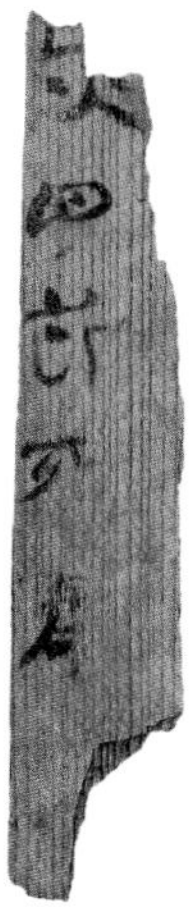

炅四節不舉　73EJT37:1575

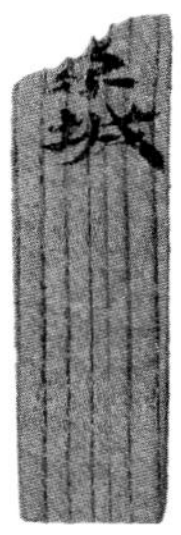

□城　73EJT37:1576

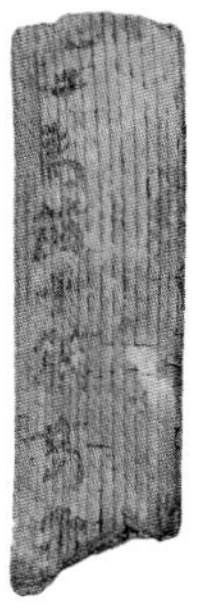

□牡馬齒十歲高六　73EJT37:1577

……

居延謹案□□□　73EJT37:1578A

……　73EJT37:1578B

以近秩次行大守□　73EJT37:1579

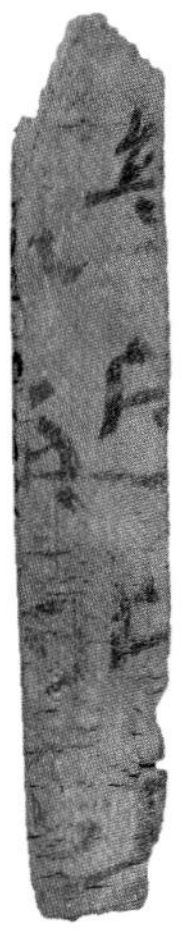

□近頃□

叩頭再□　73EJT37:1580A

□願爲今□　73EJT37:1580B

河上守候史觻得春舒里不更馮長年廿八　郭迹塞外盡三月　73EJT37:1581

觻得成信里大夫功師聖年十八　長七尺二寸黑色　七月庚子入　七月壬辰出　卩　73EJT37:1582

觻得新成里公乘王利年卅二長七尺二寸黑色牛車一兩
十二月戊寅出
弩一矢五十　73EJT37:1583

居延廷掾衛豐年卌
葆居延平明里劉弘年十九
軺車一乘用馬一匹騮牡齒五歲高五尺八寸
十月癸未北嗇夫豐出　73EJT37:1584

觻得豪上里公士賈武年五十五
不入
子男放年十五不入
作者同里公乘朱音年廿八
十月壬子入　73EJT37:1585A

丞印　73EJT37:1585B

大常郡茂陵始樂里公乘史立年廿七　長七尺三寸黑色　軺車一乘騩牡馬一匹齒十五歲弓一矢五十枚
六月乙巳出

73EJT37:1586

河南郡雒陽東雍里公乘萇通年廿一長七尺二寸黑色　牛車一兩以正月出

73EJT37:1587

居延守令史董並　葆居延始至里男子徐嚴
軺車一乘馬一匹　十月壬午北嗇夫豐出

73EJT37:1588

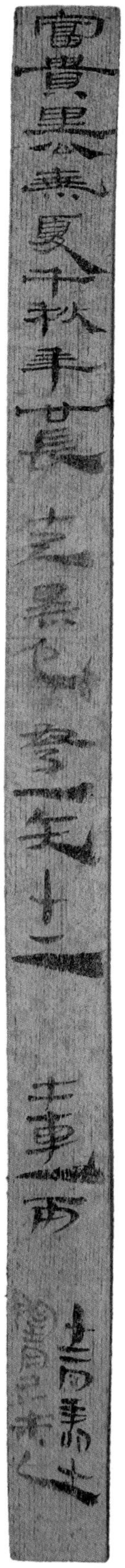

富貴里公乘夏千秋年廿長七尺黑色弩一矢十二　牛車一兩
十二月辛卯出
閏月己未入

73EJT37:1589

……
童弟小女貞年九長五尺一寸黑色正則占不□□　占所乘用騩牡馬一匹齒三歲高五尺六寸正則占

73EJT37:1590

肩水金關H1:1—82

肩水金關　73EJH1:1

十一月□己卯　庚辰　辛巳　壬午　癸未　甲申　乙酉　丙戌　丁亥　戊子　己丑　庚寅　辛卯　壬辰　73EJH1:2

神爵三年六月己巳朔乙亥司空佐安世敢言之復作大男呂異人故魏郡繁陽明里迺神爵元年十一月庚午坐傷人論會二年二月甲辰赦令復

作縣官一歲三月廿九日・三月辛未

罰作盡神爵三年四月丁亥凡已作一歲一月十八日未備二月十一日以詔書入錢贖罪免爲庶人謹爲偃檢封入居延謁移過所　73EJH1:3A

之伏居延令地從子平元長伏爲地爲地伏元子　73EJH1:3B

□　辛　辛　庚　庚　庚　己　己　戊　丞相史陳　戊

初伏　後伏

□　酉　卯　申　寅　申　丑　未　子　卿從居延來　午　73EJH1:4

■右第六十五方三人　多一　73EJH1:5

發所棄之草中□愚不知匿所在今元知所爲長卿侍□
……拜……
73EJH1:6A

進主茭校長　73EJH1:6B

禽寇隧長秦憙　未得九月……　十一　卩　73EJH1:7

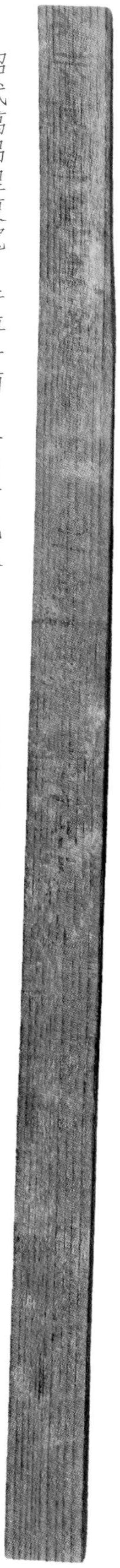

昭武萬昌里夏寬　牛車一兩　十月丁巳入　卩　73EJH1:8

它人唯子長留=意=延壽伏地言　73EJH1:9

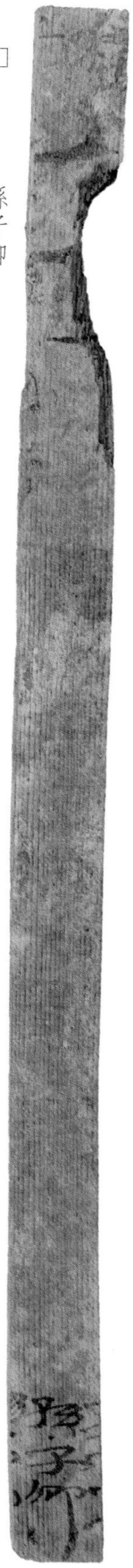

□　孫子卿
□□□□　孫子卿
□□□　73EJH1:10A

□　73EJH1:10B

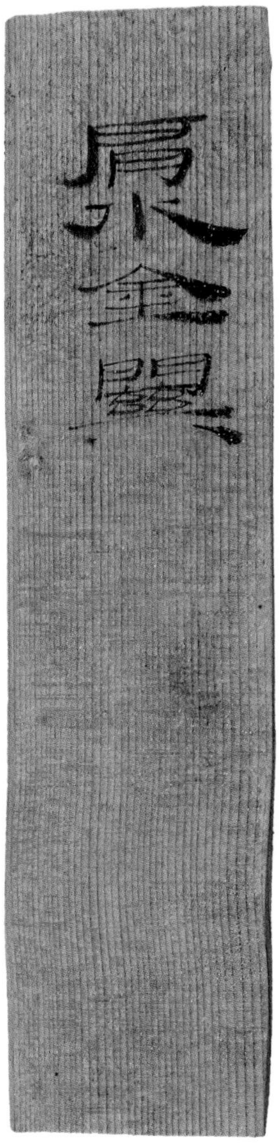

肩水金關　73EJH1:11

肩水金關　73EJH1:12A

•居延卅井候官常寬隧長公乘李廣
神爵二年功勞案　73EJH1:12B

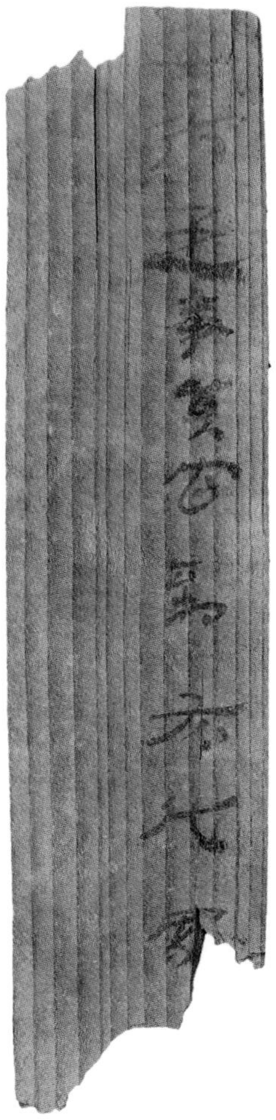

安行丞事真官到有代罷　73EJH1:13

本始五年二月己亥朔戊申尉史幸敢言之
□偕案賢等年爵如書毋徵事當爲傳謁移過
二月戊申西華長遣移所縣邑侯國如律　73EJH1:14

置伏地再拜
子卿足下……幸甚□□□□　　73EJH1:15A

子卿　　73EJH1:15B

□五腸一脘
□茭一束□通　　73EJH1:16A

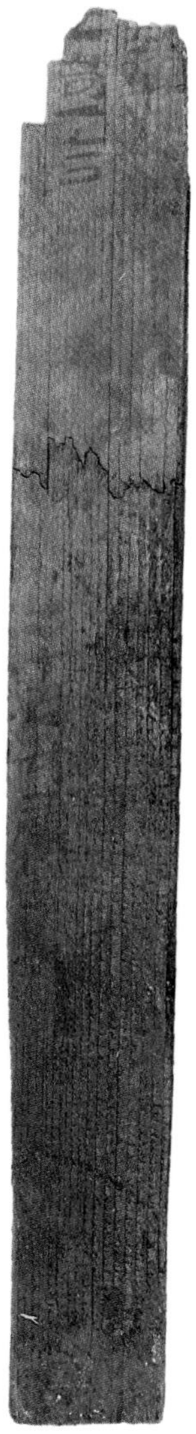

半斗　　出十五韭廉半升
出筍一合　　出十五地膚半升　　73EJH1:16B

久守天門人主絕祀各爲其居國野占　　73EJH1:17

登山隧卒濟陰郡定陶中莊里儋福　有方一　曲旃緹紺胡各一　73EJH1:18

•右付子明錢萬六千　73EJH1:20

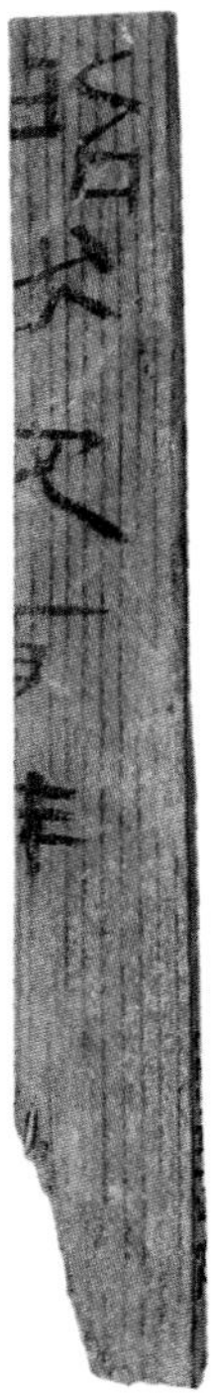

昭伏地再拜　73EJH1:22A

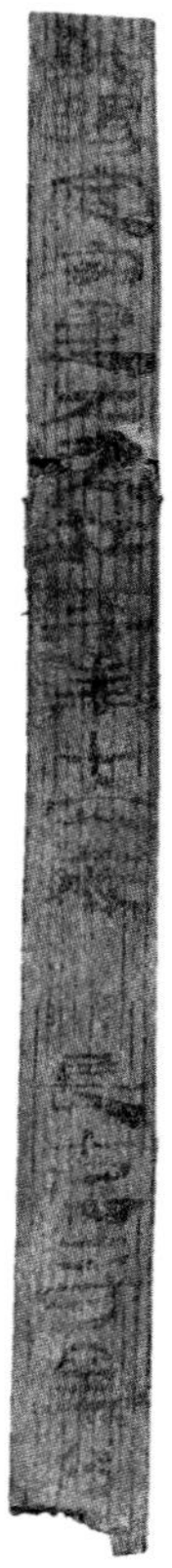

觻得定安里大夫杜平年十六歲　長七尺二寸黑色　73EJH1:23

廣地鬧都亭長蘇安世妻居延鉼庭里薛存年廿九長　73EJH1:25

沙頭隧長氏池臨市里馮賢友　73EJH1:19

肩水令史觻得樂□里□明　已□　73EJH1:21

夫人御者□　73EJH1:22B

□主五大夫子長者爲王次□　73EJH1:24

騂北五石具弩一　73EJH1:26

止北隧長常富　六百<br>自取　卩　六百自取<br>士吏賦　ㄢ

73EJH1:27

有識車者歸錢取車沽酒旁二斗王宣知

73EJH1:29

□耳賊斬髮皆完爲城旦

73EJH1:28

□八人其一人車父　•凡百卅九人　軺車七兩□□□牛車百一十兩<br>□百卅一人其十六人輸廣地置　馬七匹　牛百一十二其十五輸廣地還

73EJH1:30

緩急□如□有急□<br>□聞賓緩急家室

73EJH1:31A

充再拜

73EJH1:31B

□□部三百<br>……<br>出八錢<br>出十□

73EJH1:32A

出十狗肴半升　出□<br>出十肉脩廿枚　出□

73EJH1:32B

□丘不喜也它

73EJH1:33

□其二人三石弩各一稾矢

73EJH1:34

……<br>橫刀　吏

73EJH1:35A

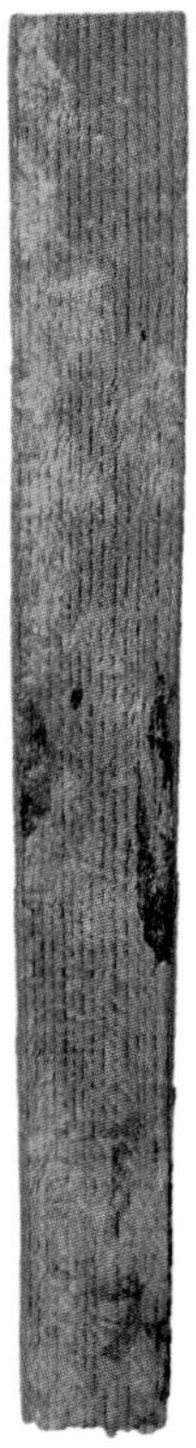
八□□　73EJH1:35B

□　甲寅食時　73EJH1:36

奏　□　73EJH1:37

祿福尊賢里公乘趙□　73EJH1:38

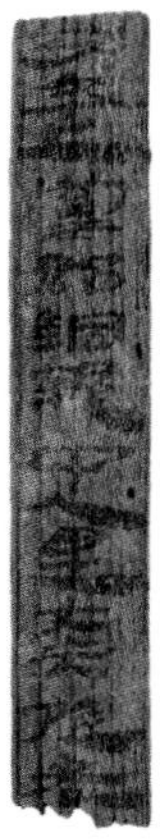
戍卒上黨郡銅鞮中人里大夫陰春　73EJH1:39

□少史建德下御史承書從事從今箭封印出下當用者　73EJH1:40

牛車一兩　73EJH1:41

車四兩人七　73EJH1:42

報治所敢言　73EJH1:43

六月戊寅入　73EJH1:44

戍卒趙國伯人陽春里　73EJH1:45

怨謂久氏子何爲如此　73EJH1:46

六石弩一射二百　73EJH1:47

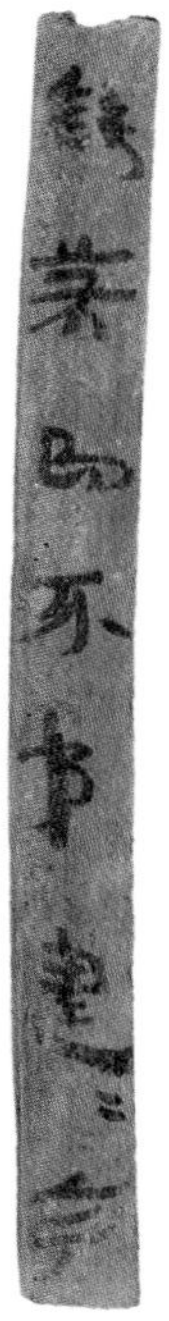

錢若即不子建〃今　73EJH1:48

□　車一兩　73EJH1:49

戍卒上黨郡壺關雒東里大夫王湯　年　73EJH1:50

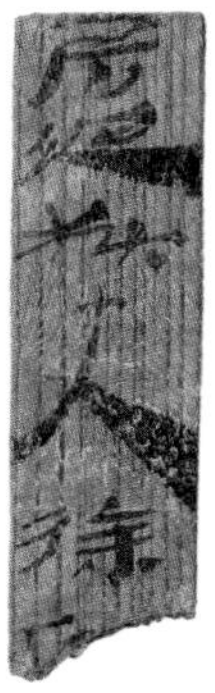

居延獄史徐□　73EJH1:51

戍卒上黨郡長子龀里公士趙安世　73EJH1:52

□有白報　73EJH1:53

中部亭長屈始昌年廿三　73EJH1:54

神爵二年□　73EJH1:55

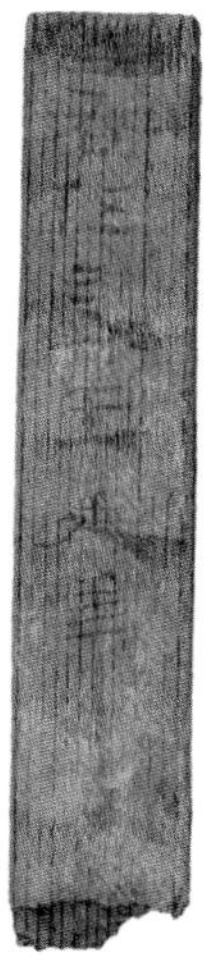

■右伍長王廷年　73EJH1:56

寸黑色　73EJH1:57

之方也思理自外可以知□　73EJH1:58

□召湯　牛車一　73EJH1:59

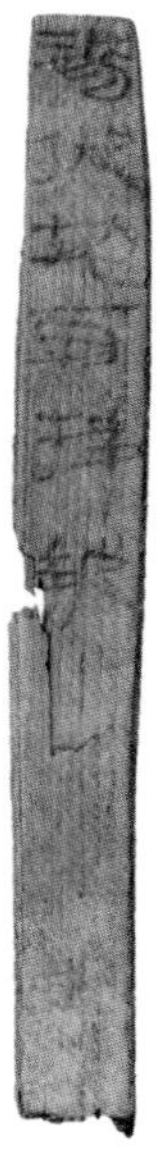

湯伏地再拜報　73EJH1:60

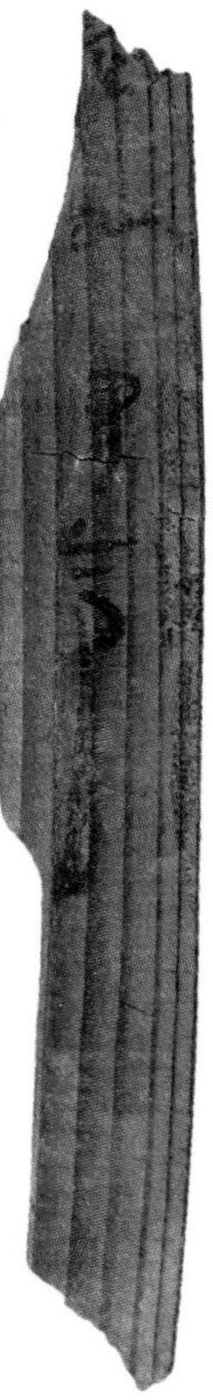

□如律令　73EJH1:61

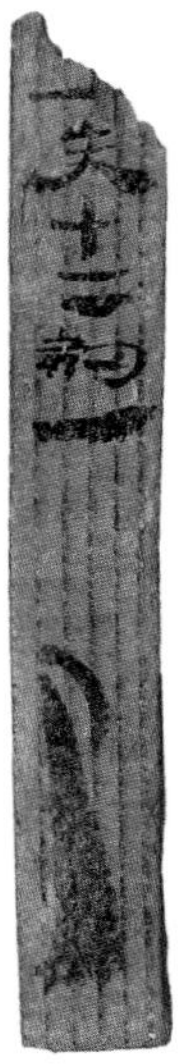

一矢十二劍一　卩　73EJH1:62

前迫逐表火　73EJH1:63A

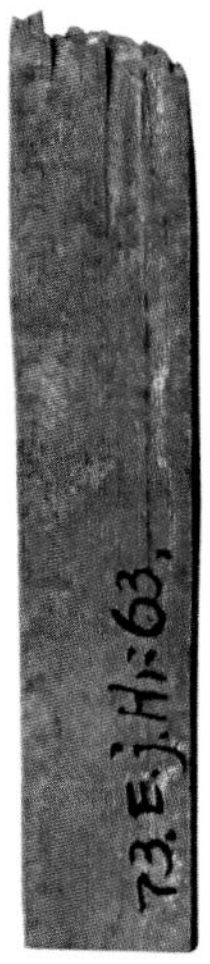

□水　73EJH1:63B

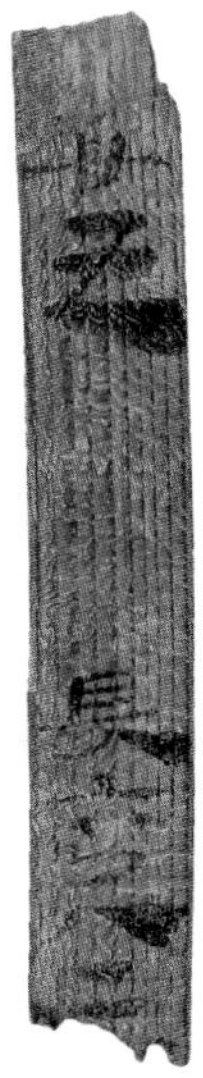

□廿五　長六尺二　73EJH1:64

□奴　73EJH1:65

五月食　73EJH1:66

……第二車　73EJH1:67

原武南長里王富
原武南長里張□
□□□園里　73EJH1:68

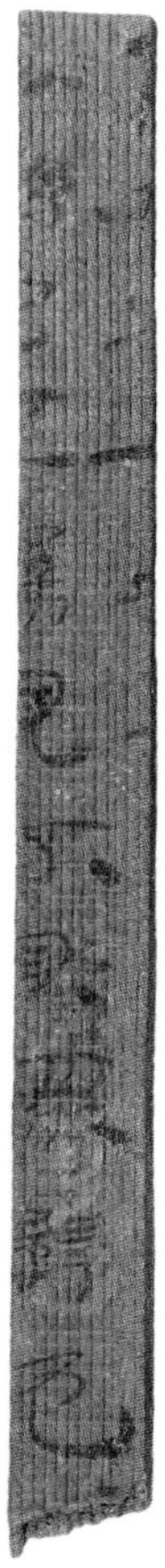

□伏地再拜……
長孫□□屬見不敢衆辭死　73EJH1:69

戍卒趙國邯鄲□　73EJH1:70

今爲積四百廿三萬〃九千七百卌二萬六千五百七十九□　73EJH1:71

親年十五長七尺黑色　六月癸未　73EJH1:72

當出內卒〃至□　73EJH1:73A

長孫廚　73EJH1:75

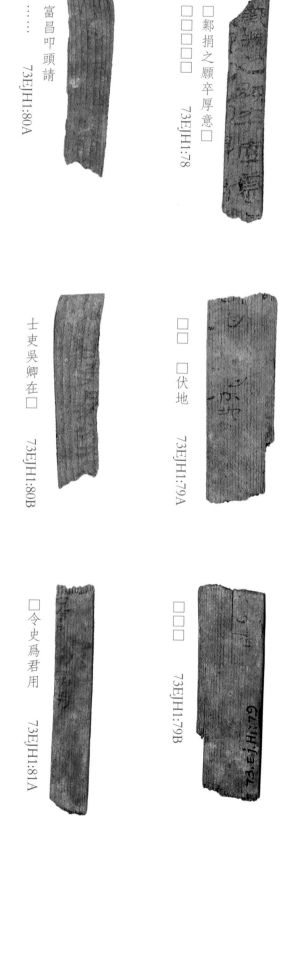

□鄰捐之願卒厚意□
□□□□□　73EJH1:78

富昌叩頭請
……　73EJH1:80A

……
未宿詣亭　73EJH1:81B

□過幸〃甚〃　73EJH1:73B

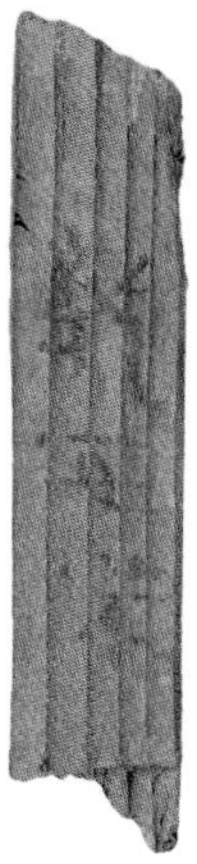

乾安樂　73EJH1:76

□□　□伏地　73EJH1:79A

士吏吳卿在□　73EJH1:80B

見謹道　73EJH1:82A

出五十米五斗卩　出十□
出廿四牛肉卩
……　73EJH1:74

□□宜都里李武　牛車一兩
載肩　73EJH1:77

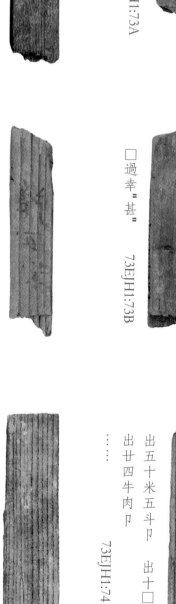

□□　73EJH1:79B

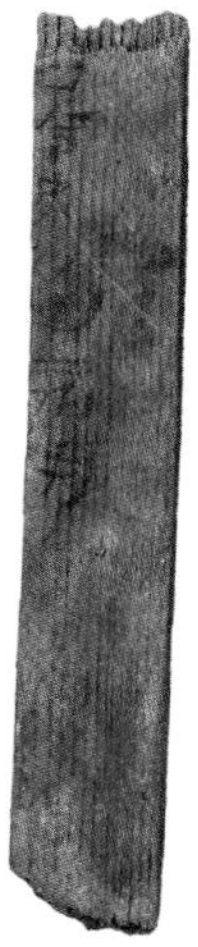

□令史爲君用　73EJH1:81A

其人□　73EJH1:82B

# 肩水金關H2:1－110

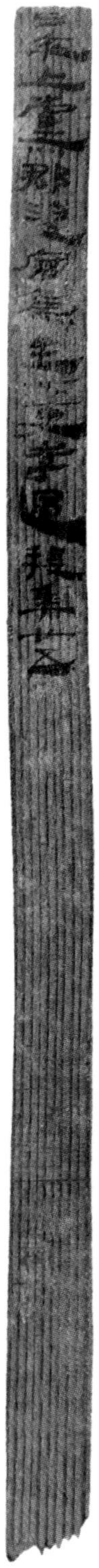

田卒上黨郡涅磨焦里不更李過程年廿五　73EJH2:1

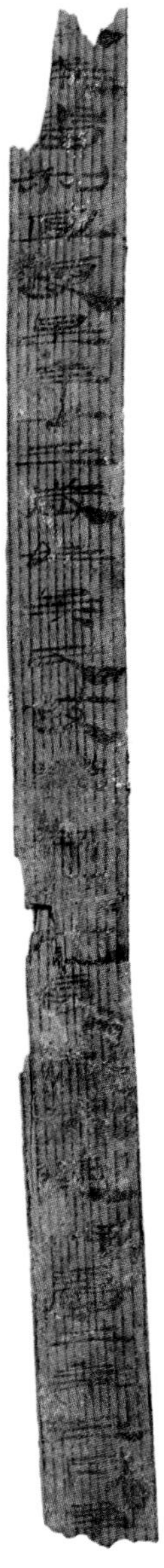

公乘番和宜便里年卅三歲姓吳氏故驪靬苑斗食嗇夫迺神爵二年三月辛　73EJH2:2

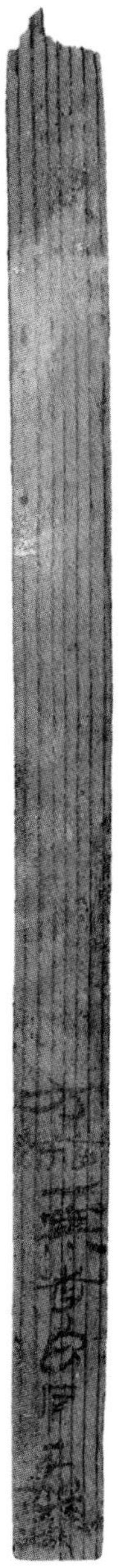

字買　方箱一乘者白馬一匹　73EJH2:3

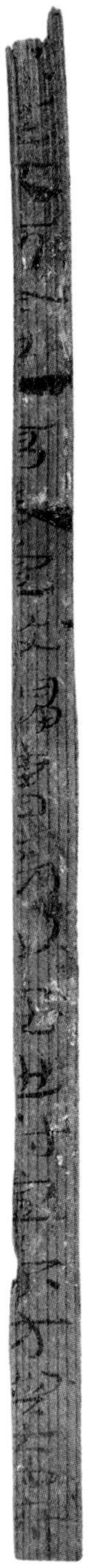

□□□所占遣亭長宣□歸書到以安世付宣□方關大守府　73EJH2:4

三月辛巳溫丞湯謁移過所縣邑侯國如律令掾輔令史　73EJH2:5A

河內溫丞印　73EJH2:5B

□願以令取致籍遺猛衣用唯廷移卅井縣　73EJH2:6

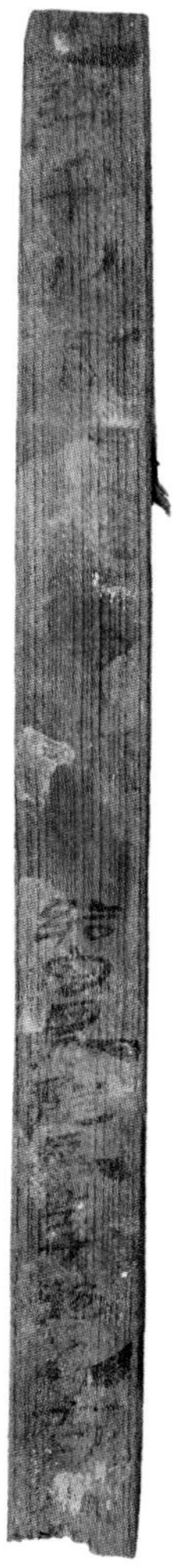

出錢千八百　其六百都君取　給安農隧長李賜之七月八□　73EJH2:7

□弩一矢五十　卩　馬一匹　㔾　73EJH2:8

□□□　方箱一乘騩牝馬一匹齒十四歲　73EJH2:9

居延臨仁里小女孫召令年二長三尺黑色　73EJH2:10

•東部甘露二年三月吏卒被　73EJH2:11

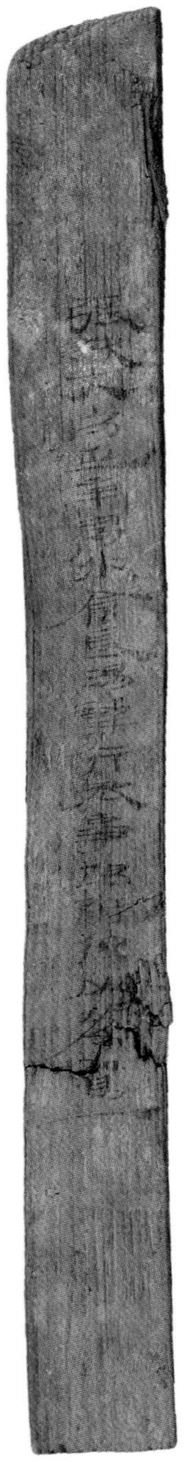

張掖大守延年肩水倉長湯兼行丞事謂觻得以爲駕一　73EJH2:12

□左丞孝移居延如律令　掾　73EJH2:13

居延卅井誠南隧長市陽里周仁　年卅六歲　73EJH2:14

□朔壬寅西鄉嗇夫賢敢言之故里公乘　73EJH2:15

觻得成漢里王意年五十　長七尺二寸　衣皁襲布單布絝
黑色　牛一車一兩弩一矢五　73EJH2:16

昭武萬歲里大夫張安世年卌長七尺二寸黑色　軺車一乘　73EJH2:17

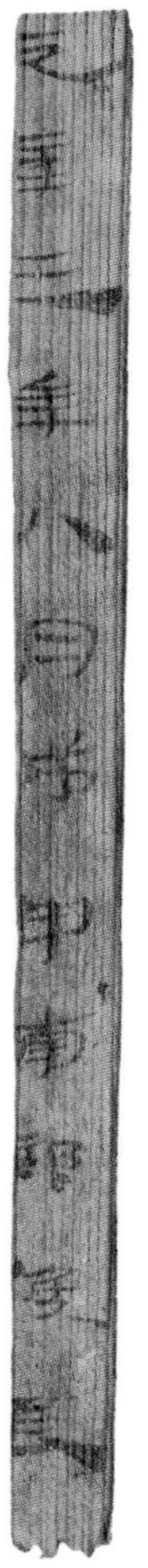

元康三年八月戊申南部候長　73EJH2:18

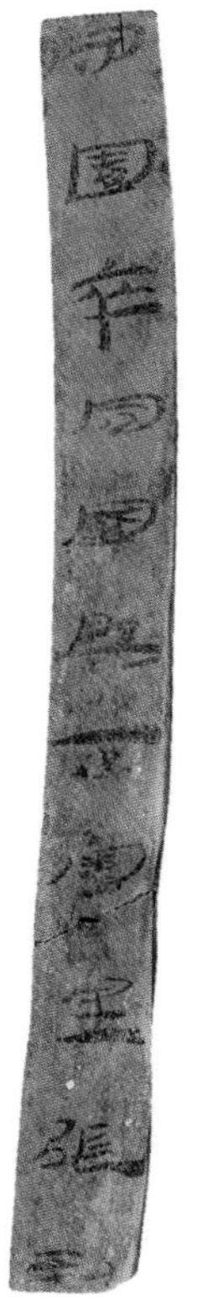

守園卒同國縣不審里張到　73EJH2:19

十一月入凡二百五十四人馬卅八匹軺車廿九乘牛百七十九車百七十九兩　73EJH2:20

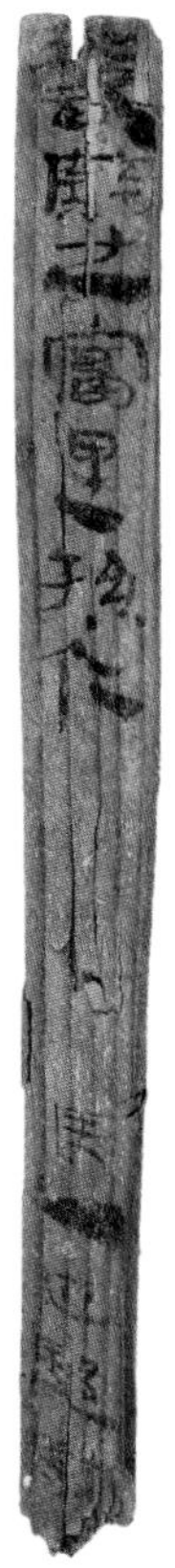

昭武騎士富里孫仁　馬一匹騮駮　73EJH2:21

日十日所即復來歸捐亦心恐　73EJH2:22

……
□□□如律令敢言之二月辛卯……謁移過所□　73EJH2:23A

章曰長安左丞印　73EJH2:23B

中部候長敖主隧七所當省卒七　73EJH2:24

□□敢言之謹移元康　73EJH2:25

縣索金關出入敢言之　73EJH2:26

□至神爵二年十　73EJH2:27

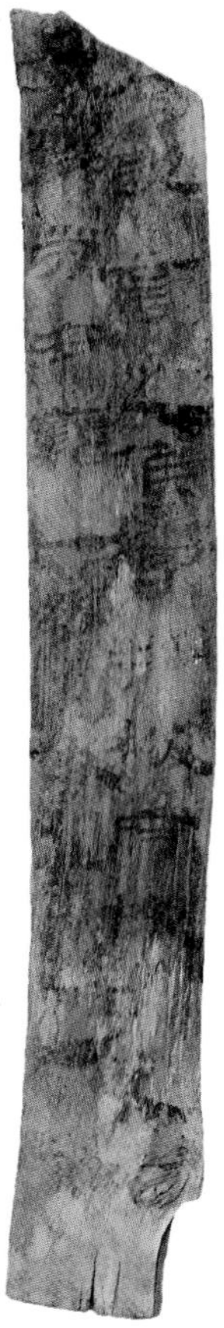

□敢言之候官移檄府檄曰吏□
上功勞名籍一編敢言之　73EJH2:28

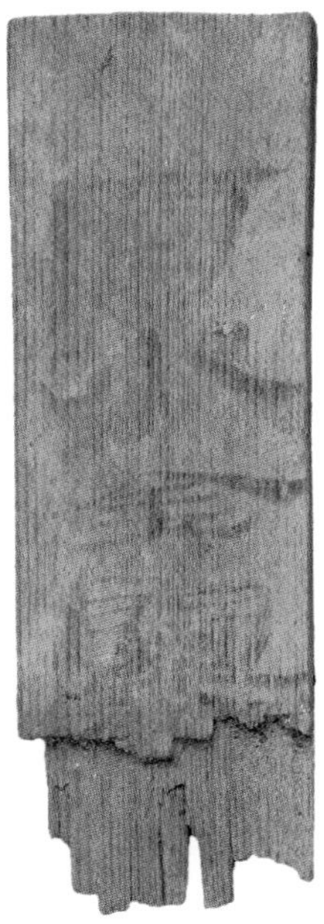

肩水金關　73EJH2:29

謹移亭廣袤一編　73EJH2:30

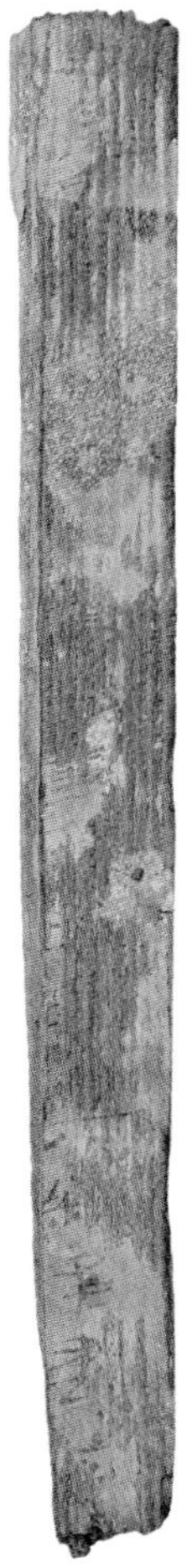

□長史□肩水倉長常樂兼行丞事下縣承書從□　73EJH2:31

牛車一兩　十二月壬子入　劍一　73EJH2:32

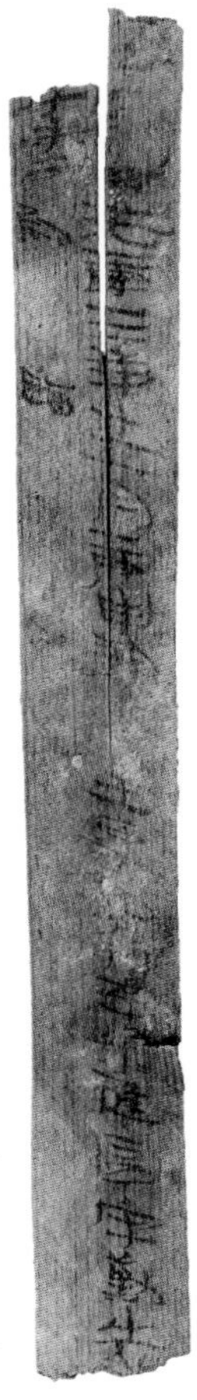

□□□元康三年十二月庚申朔癸未士吏弘付平樂隧長宋勳出入
□未又尉　臨　73EJH2:33

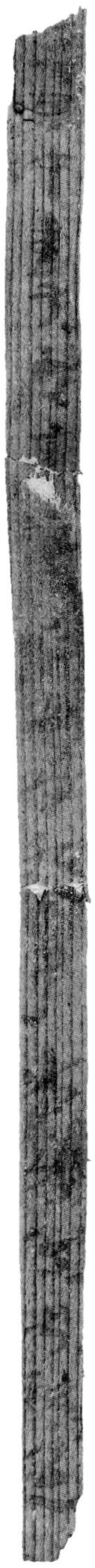

過界中啬夫賢謹案仁毋官獄事當爲傳謁移過　73EJH2:34

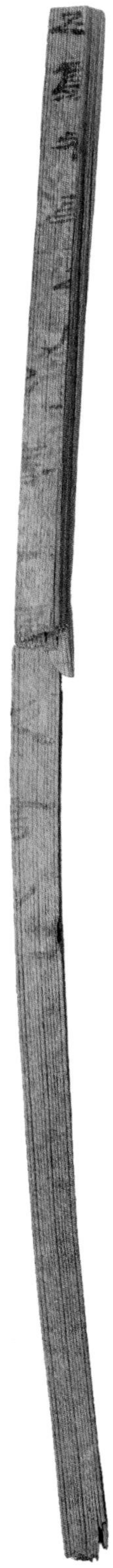

五鳳元年五月□□□
名籍一編敢言之　73EJH2:35+36

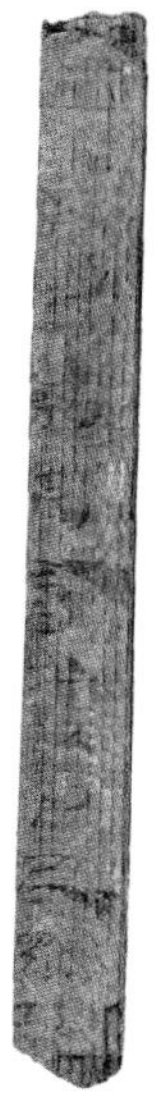

□　能書會計治官民頗知　73EJH2:37

伏地再拜請
□□足下今　73EJH2:38A

……
進宋子　73EJH2:38B

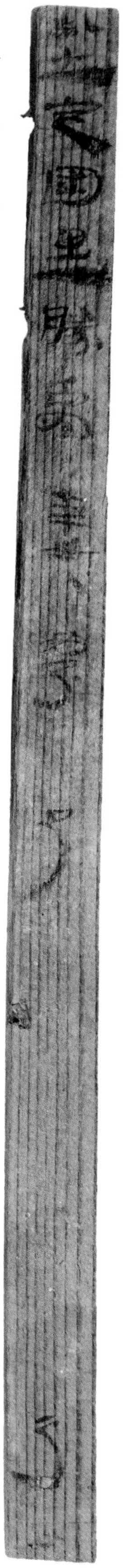

騎士定國里勝禹　年卅八　弩　弓　弓　73EJH2:39

河南郡雒楊槐中公乘李譚年廿一歲　•方相一乘騮駮牡馬一匹齒十五歲　73EJH2:40

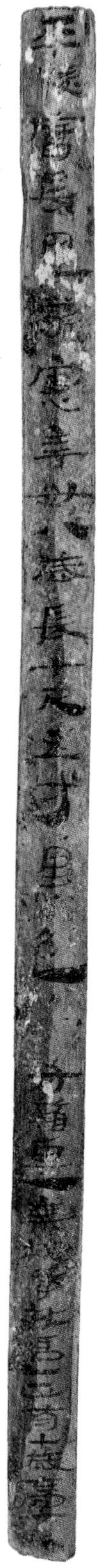

平陵富長里蘇憲年卅八歲長七尺五寸黑色　方箱車一乘桃華牝馬一匹齒七歲高六尺　73EJH2:41

道人謹案亭隧六所驚精皆見毋少不足當實敢言之　73EJH2:42

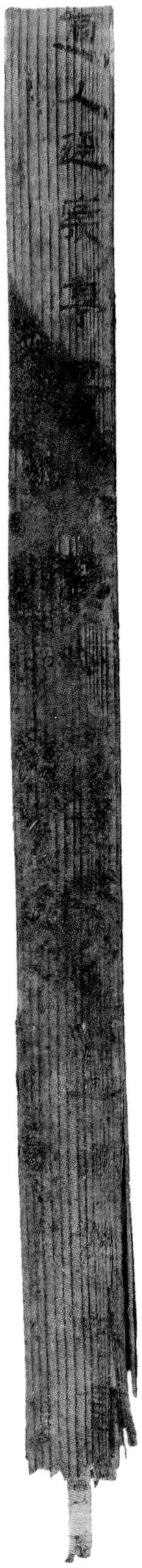

贏伏地再拜請
少翁子賓少君子君孝婦足下良苦過行兵勞賜使者謹道贏丈人病不偷□□□轢得臧錢用少馬不□　73EJH2:43A

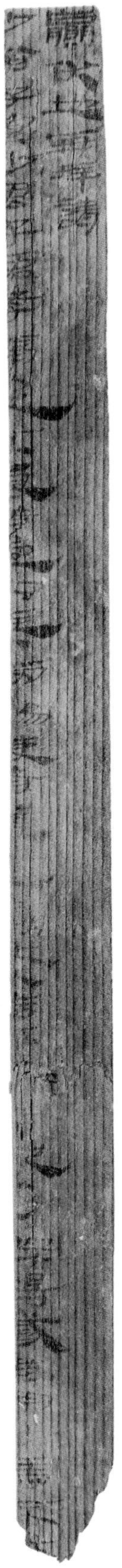

少翁子賓少君子君孝婦足下
石胥少翁
進　寇子賓
高少君　唐贏　73EJH2:43B

益之伏地再拜　73EJH2:44

會水候史莊齊
元康二年六月甲辰初迹盡元康二年九月晦日積百卌二日
張掖肩水都尉廣德丞勝胡卒史終根以令賜齊勞七十一日　73EJH2:45

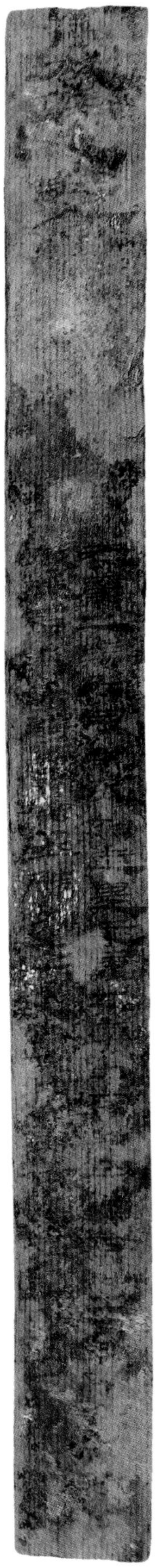

今不肯爲封事已函唯大守君依憐道人叩頭死＝罪＝ 73EJH2:46

長倩足下善毋恙甚苦事寒時壽伏願長倩節衣強幸酒食愼出入辟小人察
所臨毋行决＝壽幸甚因道□□□□□□□□□□□□ 73EJH2:47A

聞毋恙伏地再拜請
長倩足下 □長倩 73EJH2:47B

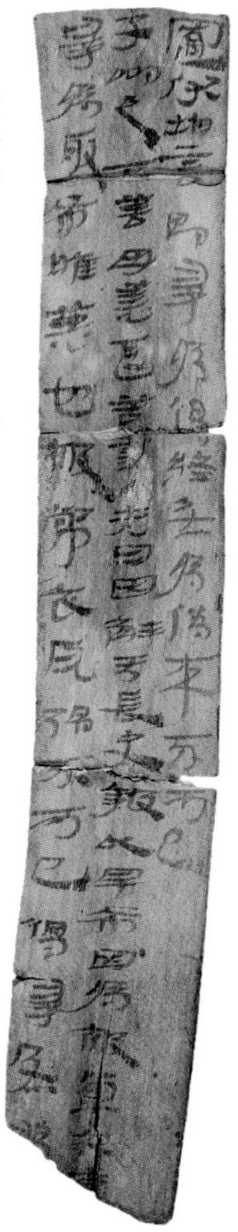

置伏地言即幸爲得終急爲傳來不可已
子卿足下善毋恙甚苦事先曰因鮮于長史報以皁布因爲被單衣□
幸爲取布唯惡也被幣衣耳強不可已得幸急□ 73EJH2:48A

終又少闌下當有願得七尺耳即可得願子卿幸爲取
願留意依儴拒財不可已事毋急此者王子長言孫長史
置爲子長取之願得其約索屬元毋所得願留 73EJH2:48B

北書廿四封

五封都尉章其二詣橐他三詣廣地

一封□□□詣居延

三封太守章其二詣居延都尉一居延

三封大司農□章其一封破詣居延農都尉

一封樂官丞印詣居延

一封表是丞印詣居

七月戊寅日食時□

二封□

73EJH2:49

初元五年六月壬寅朔甲子中鄉有秩忠敢告尉史溫東謝里公乘孫禹自言

73EJH2:50

道里公乘宮尚年卅三　軺車一乘用馬二匹　十二月甲午入

73EJH2:51

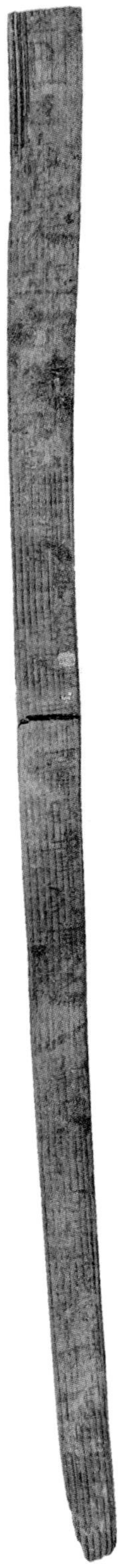

五月丁巳廄嗇夫蓋衆行有尉事謹案憙年爵如書敢言之／尉史□五月戊午熒陽守……

73EJH2:52

北單檄三　其一檄詣廣地肩水都尉章閏月壬申日蚤餔官卒□□

73EJH2:53A

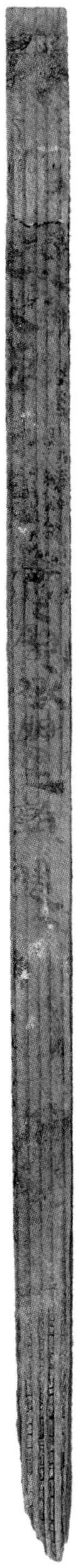

昭武……屋蘭承明里韓猛卩

……

73EJH2:53B

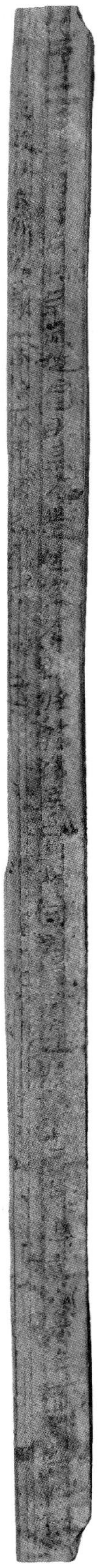

元康二年六月戊戌朔辛亥佐昌敢言之遣佐常爲郡將轉輸居延與葆同縣安國里徐奴年十五歲俱乘家所占畜馬一匹軺
一乘謹案奴毋官獄徵事當得取傳謁移過所縣邑……
73EJH2:54A

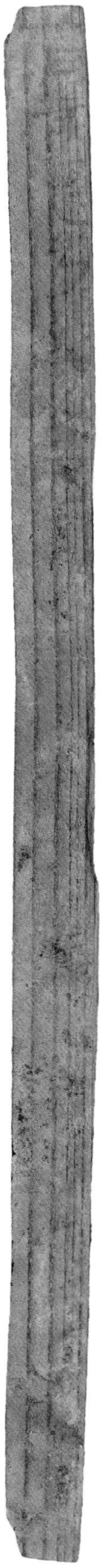

七月辛巳佐常以來　73EJH2:54B

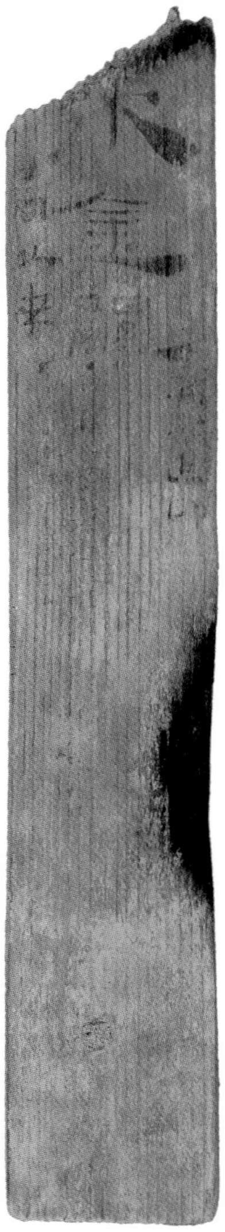

居令延印
水金關
王同以來　73EJH2:55

言之伏地再拜請長道令史得〃再拜謁□□
人再拜請長三老足下番伏地□年　73EJH2:56A

符卒史言候言伏地再拜請長伏地再拜請長伏
……候長……
73EJH2:56B

肩水金關　居延丞印
亥王齋以來
□官　孫□　73EJH2:57

北部隧七所　省卒五人詣金　73EJH2:59

……長七尺三□　車一兩　73EJH2:61

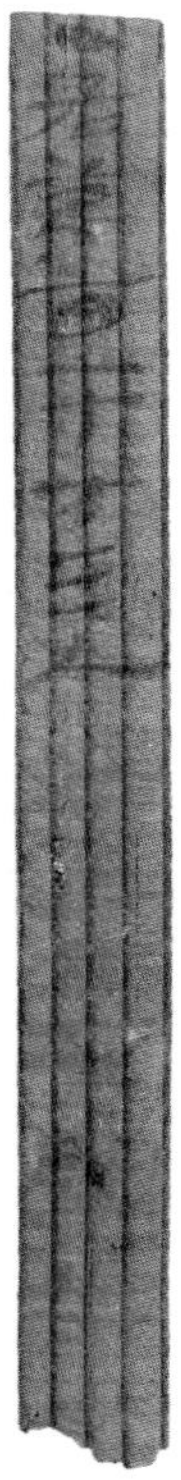

•右第百一十方三人　73EJH2:63

□定□捐迺甘露　73EJH2:65

四百六十五人三百少百六十五當責趙贛定少　73EJH2:58

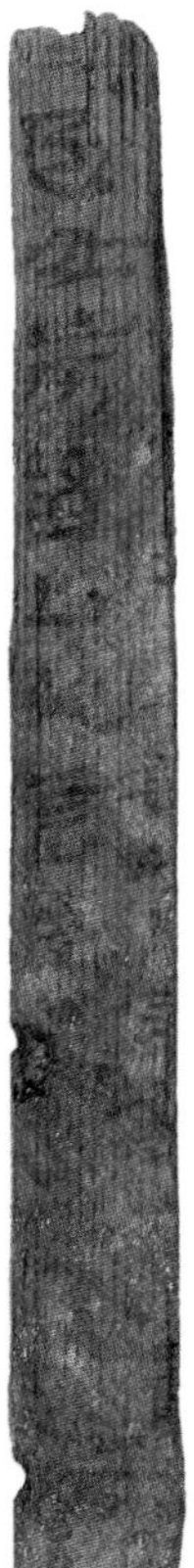

……里大夫□賢年廿四……
□邑毋苛留止敢言之　73EJH2:60

□□里朱福年廿□　大車一　73EJH2:62

觻得常窜里不更魯國年廿六　牛　73EJH2:64

彊漢隧長趙彊輔　73EJH2:66

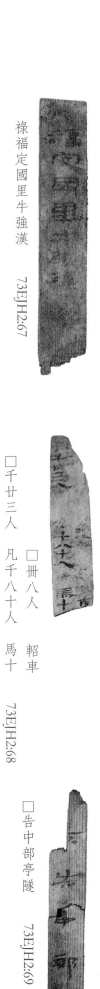

祿福定國里牛強漢　73EJH2:67

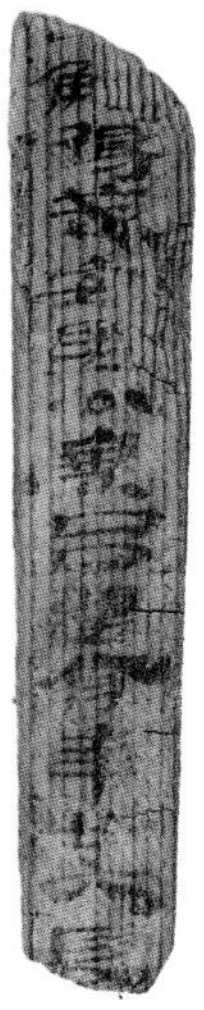

□鑠得武安里公乘呂嬰齊年廿六長　73EJH2:70

一完
完　73EJH2:73

廣德來之都倉　73EJH2:76

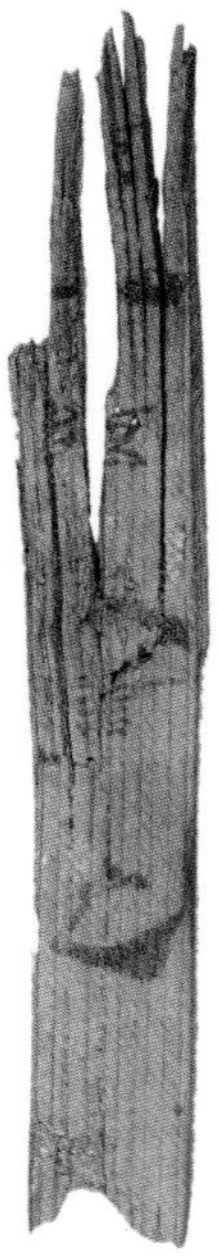

□一編敢言之　73EJH2:79

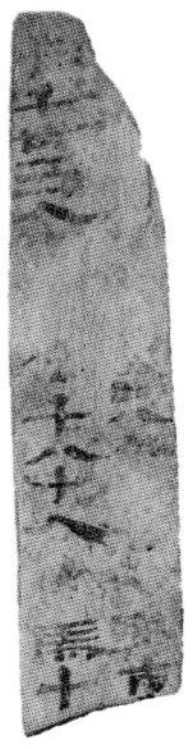

□卌八人　軺車
□千廿三人　凡千八十人　馬十　73EJH2:68

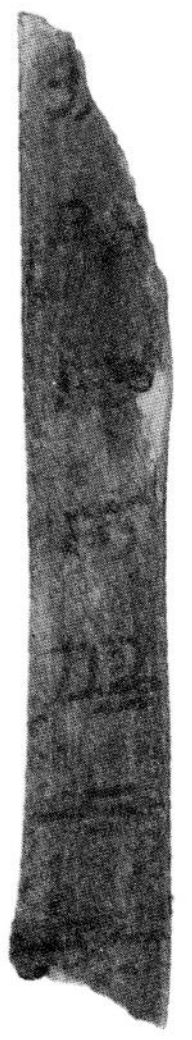

□即日可俱去來　73EJH2:71

言之　73EJH2:74

□騎司馬海承書從事下　73EJH2:77

……
□子願子文爲報卒□　73EJH2:80

□告中部亭隧　73EJH2:69

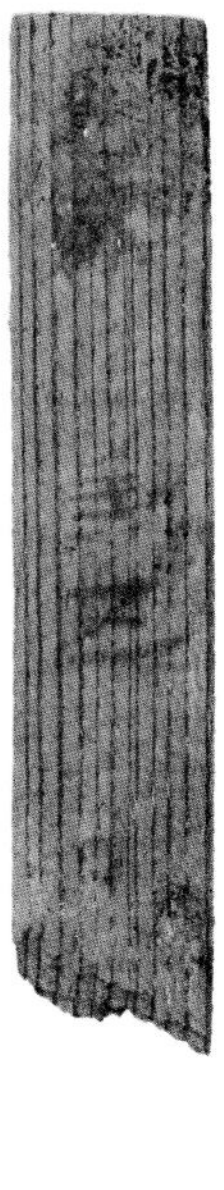

元康二年五月丁□　73EJH2:72

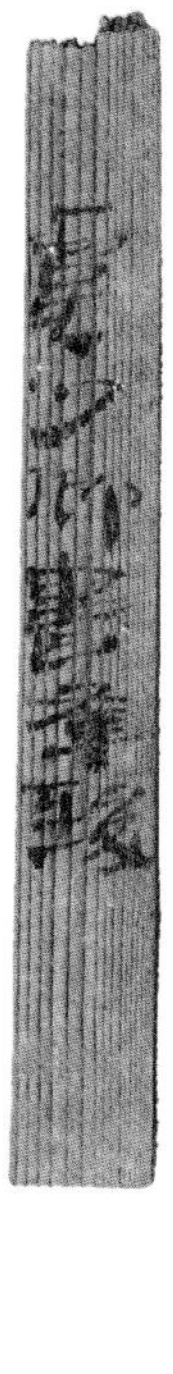

虞少卿書幸致　73EJH2:75

書罷歸軍餘出衛士及
□謁移過所縣次續食給　73EJH2:78

田卒上黨郡高都水東里不更甘□　73EJH2:81

名籍一名敢言之　73EJH2:82

□仁自言爲家私使　73EJH2:83

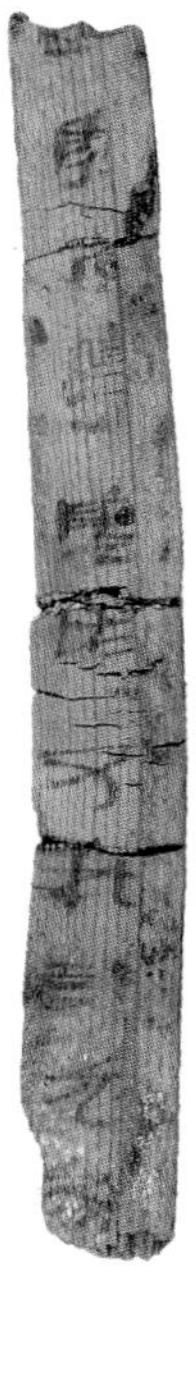
□縣官事寒時不和謹衣強　73EJH2:84

九月奉自取　73EJH2:85

記到各遣　73EJH2:86

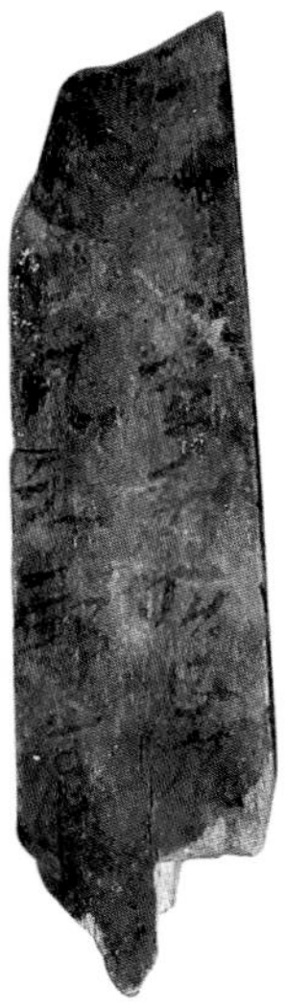
二人　六年部候長候
凡六部會　73EJH2:87A

□□□史二人
□長六人卒十五人
西部候長候史二人　73EJH2:87B

騂北亭長牛慶　73EJH2:88

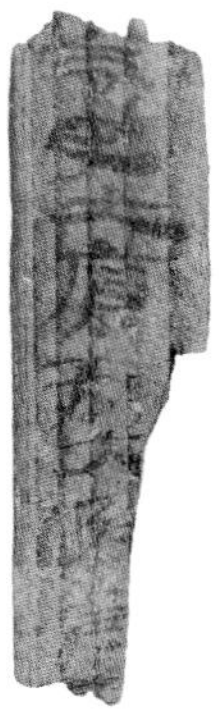
令史大原郡大陵□　73EJH2:89

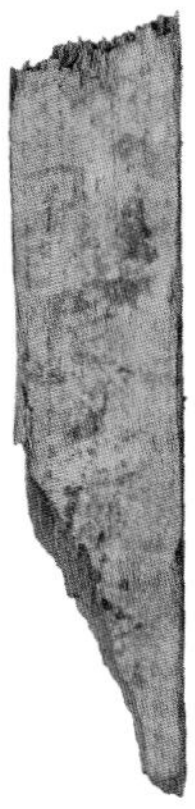
□隧長贏□　73EJH2:90

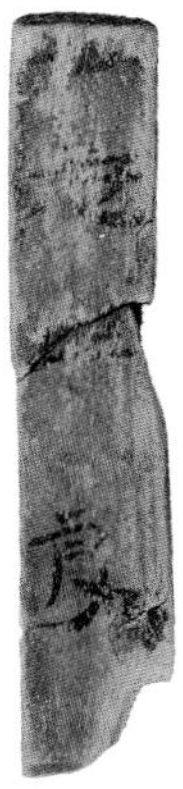
卅歲姓殷　73EJH2:91

九月丙申入　73EJH2:92

□索□　73EJH2:93

戍卒梁國菑板里董□　73EJH2:94

九月癸酉將屯張掖大守
□／屬富昌給事佐□　73EJH2:95

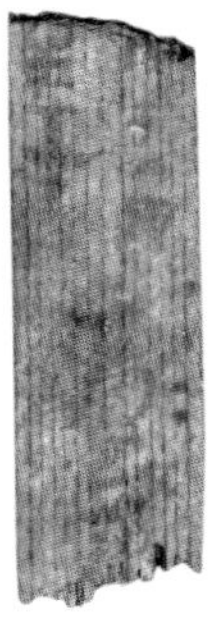
□千二　二月己酉
□五十　73EJH2:96

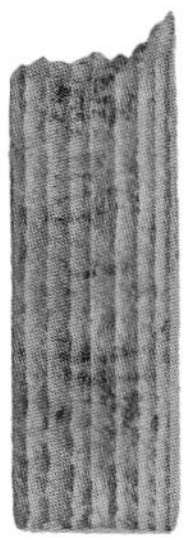
□年六歲　73EJH2:97

弦二
長弦一　73EJH2:98

史利敢　73EJH2:99

矢五十　73EJH2:100

不舉曰□　73EJH2:101

即應　73EJH2:102

□卒淮陽郡苦高陵里　73EJH2:103

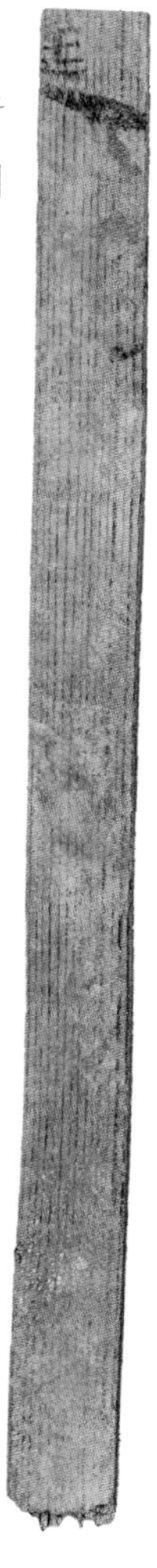

進　□　73EJH2:104

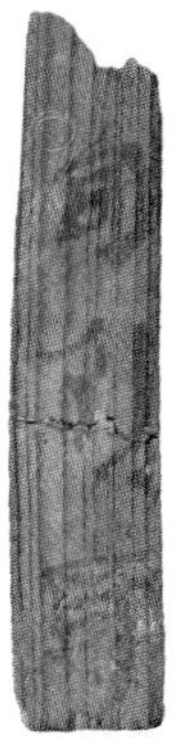

鰈得印　73EJH2:105A

□□　73EJH2:105B

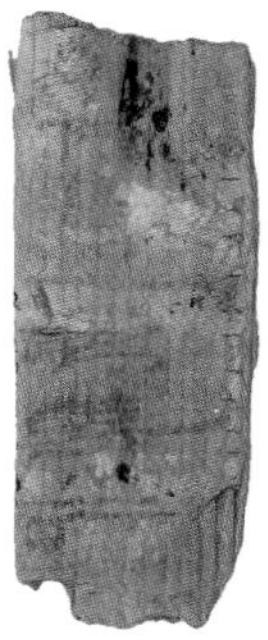

□隧長王延壽等行□　73EJH2:106A

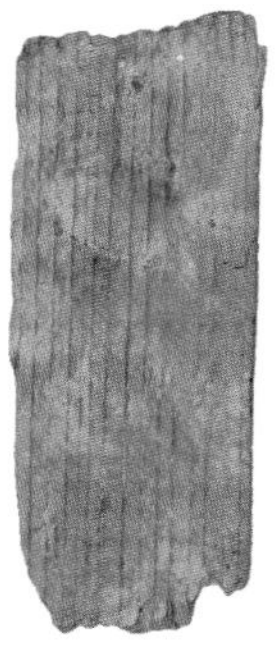

□長□□□　73EJH2:106B

足下善毋恙良苦事　73EJH2:107A

□長信□□　73EJH2:107B

……　73EJH2:108

符爲家私市居延□　73EJH2:109

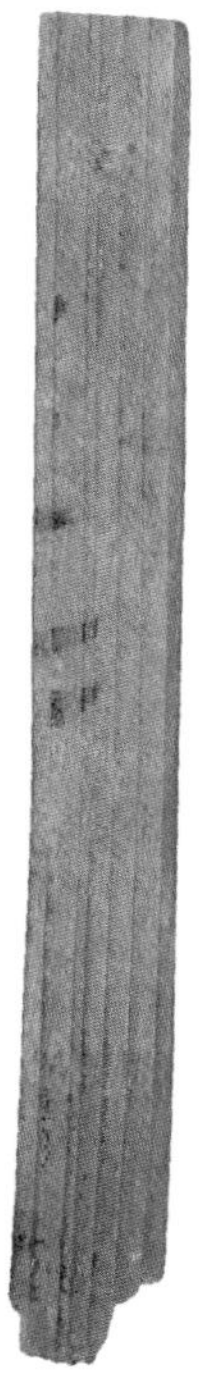

弩一矢卅□
……
……
……　73EJH2:110

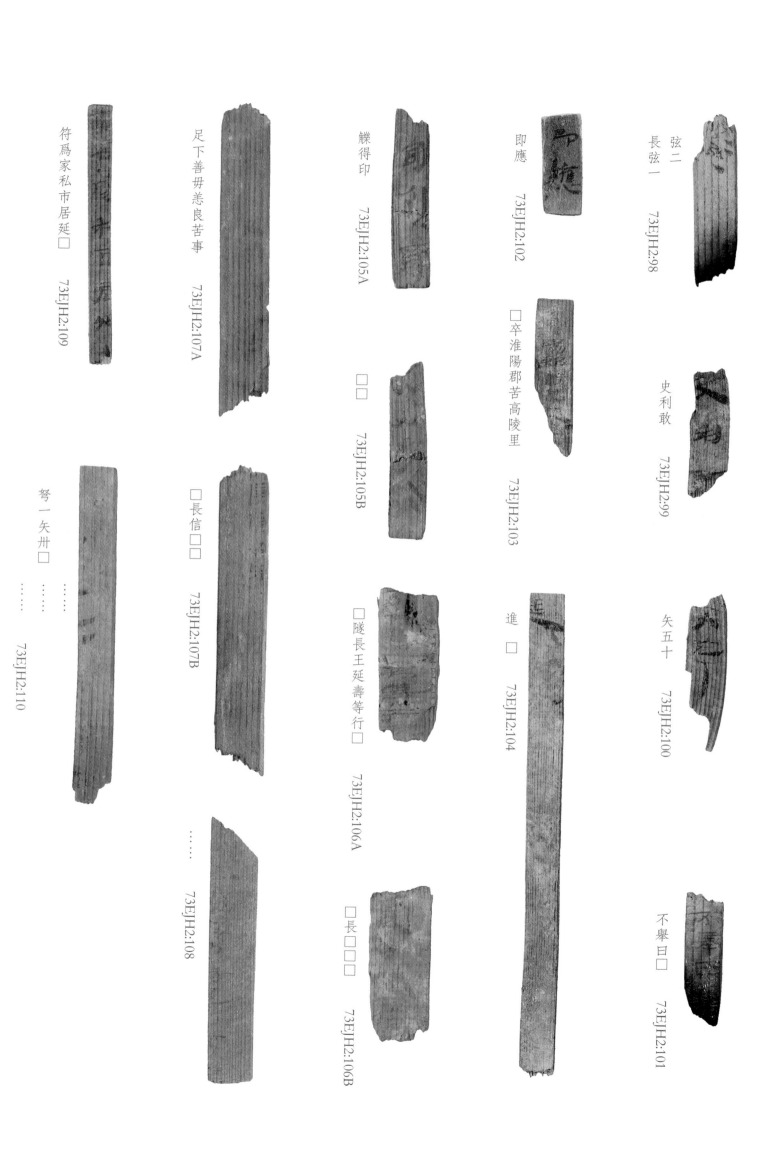

# 肩水金關 F1:1—126

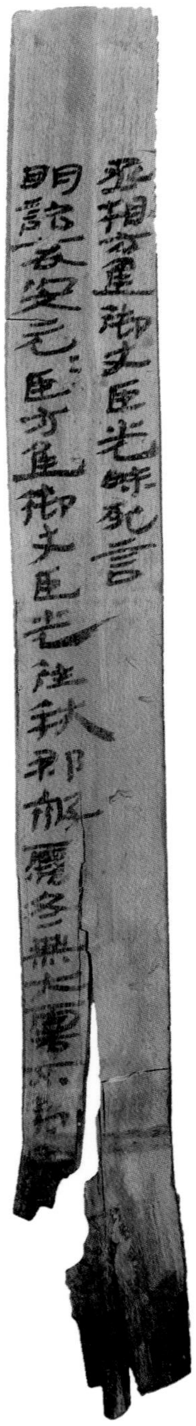

丞相方進御史臣光昧死言
明詔哀閔元〃臣方進御史臣光往秋郡被霜冬無大雪不利宿麥恐民□　73EJF1:1

調有餘給不足不民所疾苦也可以便安百姓者問計長吏守丞條封
臣光奉職無狀頓〃首〃死〃罪〃臣方進臣光前對問上計弘農大守丞□　73EJF1:2

令堪對曰富民多畜田出貸□
……　73EJF1:3

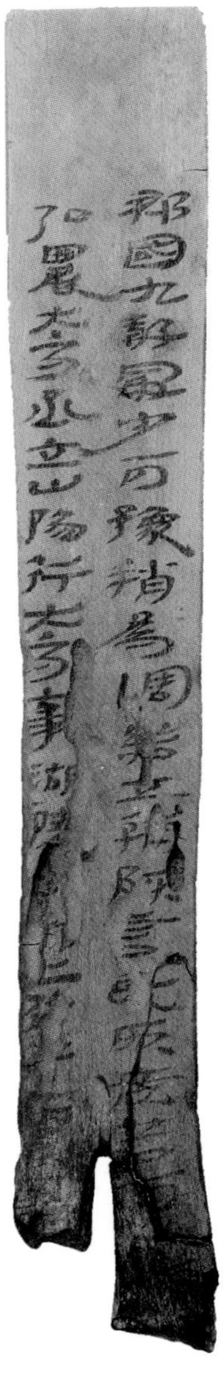

郡國九穀最少可豫稍爲調給立輔預言民所疾苦可以便宜
弘農大守丞立山陽行大守事湖陵□□上谷行大守事　73EJF1:4

來去城郭流亡離本逐末浮食者浸□……
與縣官並稅以成家致富開並兼之路陽朔年間　73EJF1:5

治民之道宜務興本廣農桑□□□□
來出貸或取以賈販愚者苟得逐利□　73EJF1:6

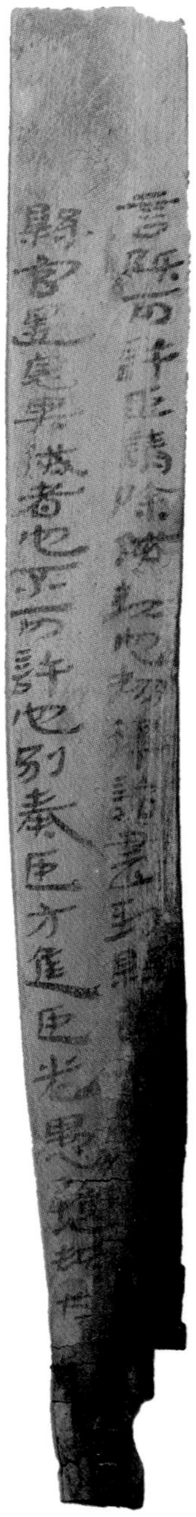

言預可許臣請除貸錢它物律詔書到縣道官得假貸錢□□
縣官還息與貸者它不可許它別奏臣方進臣光愚戇頓〃首〃死〃罪〃　73EJF1:7

制　可　73EJF1:8

永始三年七月戊申朔戊辰御
下當用者　73EJF1:9

八月戊戌丞相方進重令長安男子李參索輔等自言占租貸
又聞三輔豪黠吏民復出貸受重質不止疑郡國亦然書到　73EJF1:10

賞得自責母息毋令民辦鬬相殘賊務禁絕息貸
令　73EJF1:11

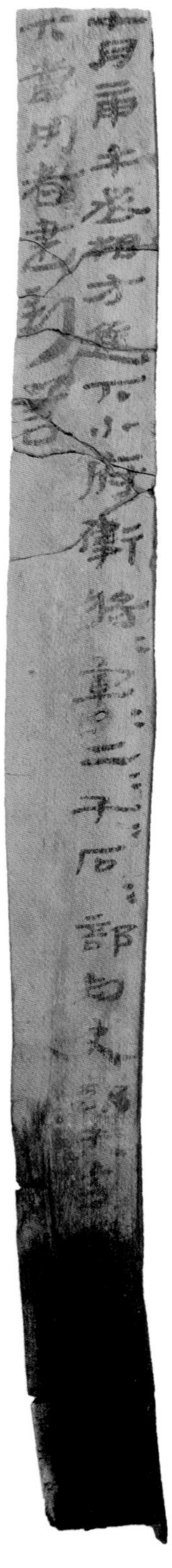

七月庚午丞相方進下小府衛將〻軍〻二〻千〻石〻部刺史郡大守諸侯……
下當用者書到言　73EJF1:12

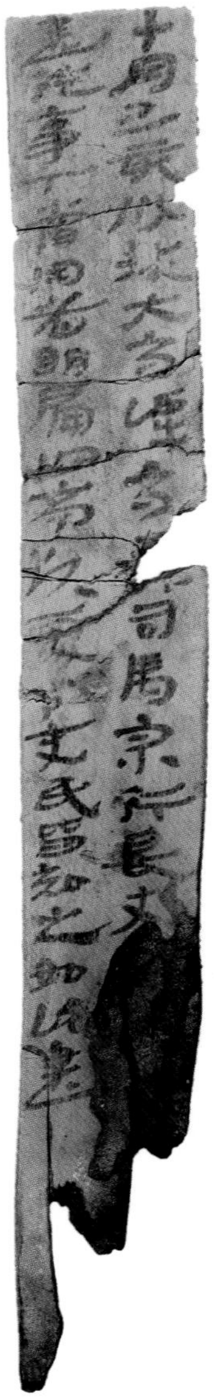

十月己亥張掖大守譚守部司馬宗行長史……
書從事下當用者明扁鄉亭顯處令吏民皆知之如詔書　73EJF1:13

十一月己酉張掖肩水都尉譚丞平下官下當用者如　73EJF1:14

十一月辛亥肩水候憲下行尉事謂關嗇夫吏承書從事明扁亭隧關
處如詔書　士吏猛　73EJF1:15

□作宜可益倍其□□□
……長假貧民物□□　73EJF1:16

□□善親平滿家即持糒一斗　73EJF1:17

關嗇夫吏　73EJF1:18

•居延部舉蓬燔積薪廣地北界隧受和地蓬苣火毋　73EJF1:19

侯掾所魚主　73EJF1:20A

三願詣在所□　73EJF1:20B

三石具弩一今力三石七斤傷兩淵□

□□□六石具弩一今力四石五十六□　73EJF1:21A＋24A

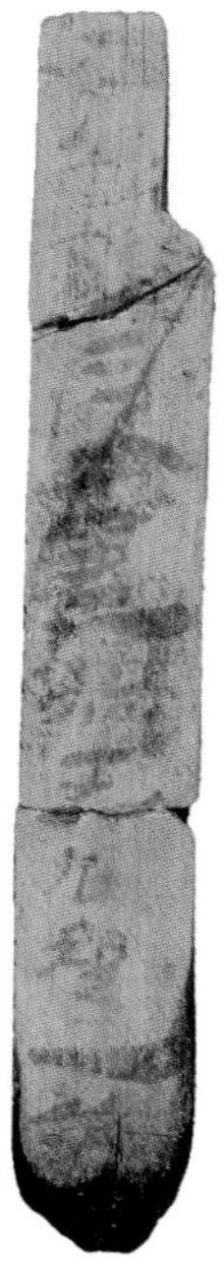

□□隧長蓋衆五石弩一傷　73EJF1:21B＋24B

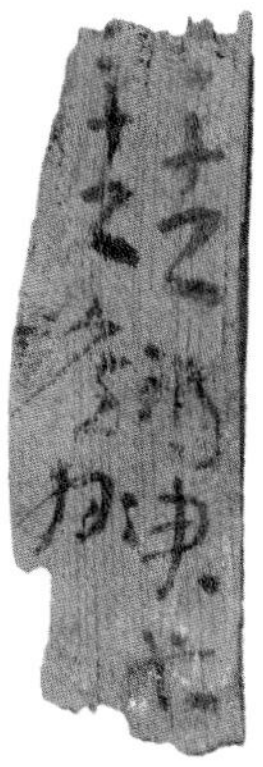

□十頭馮君長

□十頭侯掾　73EJF1:22

五石具弩　73EJF1:23A

士吏　73EJF1:23B

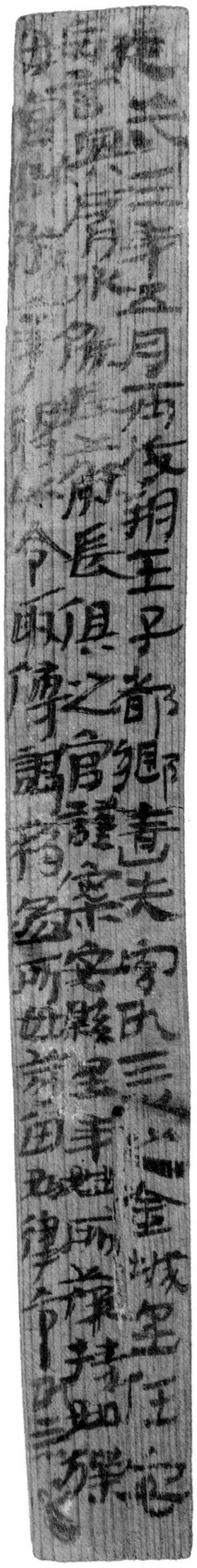

建武三年五月丙戌朔壬子都鄉嗇夫宫敢言之金城里任安

自言與肩水侯長蘇長俱之官謹案安縣里年姓所葆持如牒

毋官獄徵事得以令取傳謁移過所毋苛留如律令敢言之　73EJF1:25

□□里韓成年廿　萬歲里馮竟年卅　大車二兩牛四頭釜一

載魚五千頭　作者肩水里李立卅五

弩二箭二發　73EJF1:26

張蓋衆　詣府受奉須定賦籍前記召金關隧長
張蓋衆　俱謁賦奉記到趣遣須以俱遣殷華
謁告　候遣吏齋吏受奉券至今不到解何（簡左側有一刻齒）　73EJF1:27A

官　會癸酉夕毋留急＂＂　73EJF1:27B

關嗇夫河上候史（習字）　73EJF1:29

表是宰之印　作者樂得廣昌里張錢年三十
錯田表是常安善居里李欽年三十　大車一兩
用牛二頭　十二月庚子入　73EJF1:30＋28

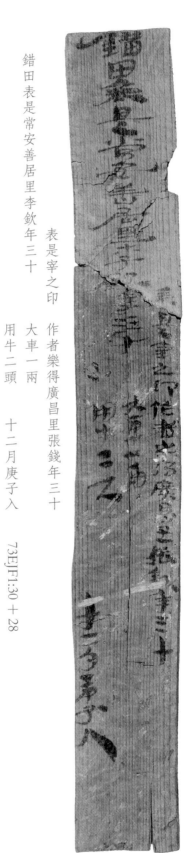

元鳳二年二月癸卯居延與金關爲出入六寸符券齒百從第一至千左居官右

移金關符合以從事　　齒八百九十三（右齒，「居官」二字中間有穿孔）

73EJF1:31

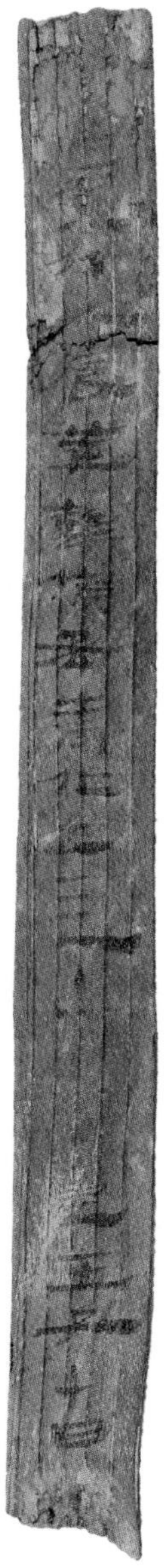

□□一石八斗以食萃彭候丞青北出三人十一月□□盡壬子十日積

73EJF1:32

表實北界卻虜隧監滿隧　私舉□

73EJF1:33

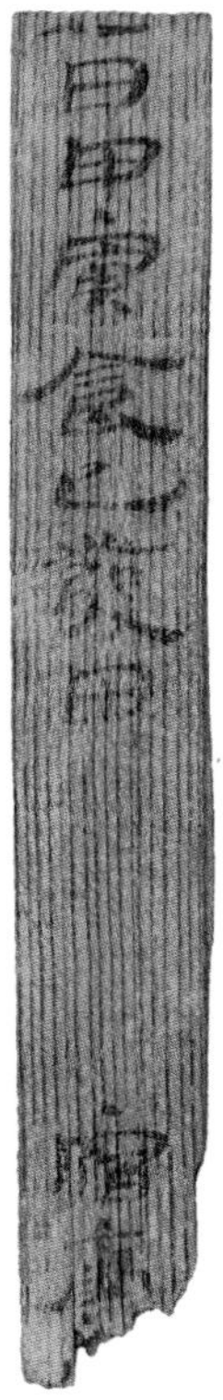

八日甲寅食已發田　宿廉□

73EJF1:35

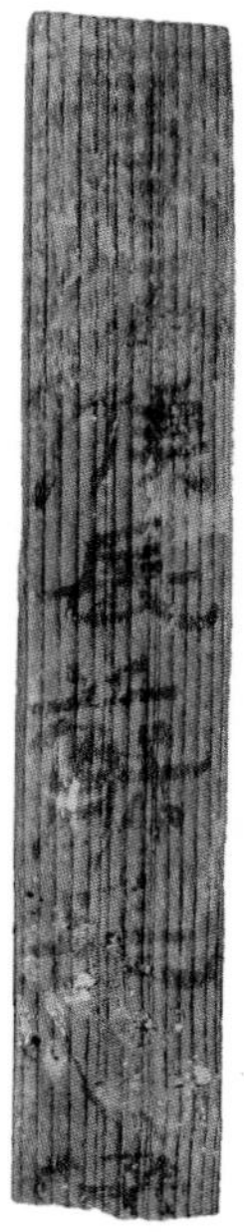

肩水候長蘇長□

73EJF1:37

史尉史尉史馬承駒馳

73EJF1:34

錯田祿福敦煌案平里韓定年卅五　馬一匹

73EJF1:36

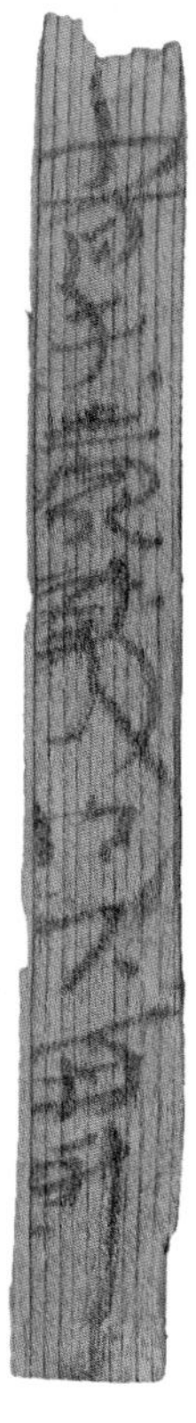

者未蒙教叩頭再拜

73EJF1:38A

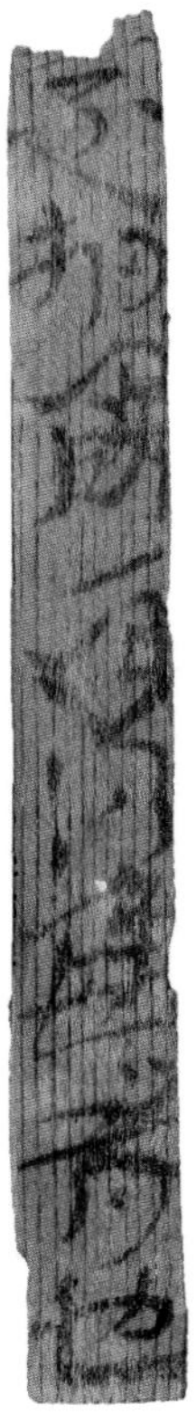

逐相□□得毋有它　73EJF1:38B

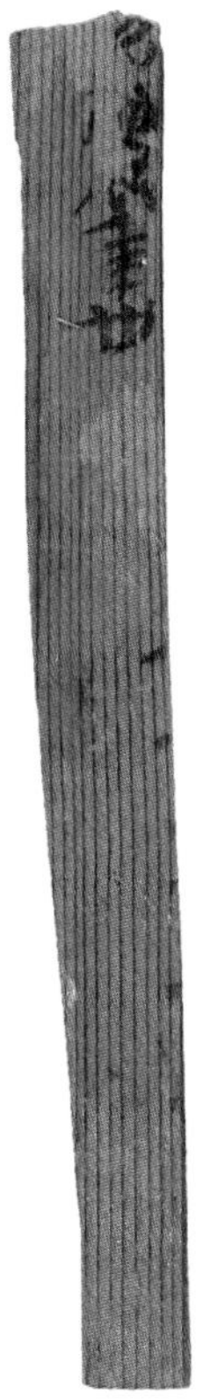

□□□年卌　73EJF1:40

□格言廷　73EJF1:42A

□常幸自言弟爲廣地今
出入符〻齒第……　73EJF1:43

長安大昌里陳歆□在下方
市西第二里南入□
□□□　73EJF1:45A+54A

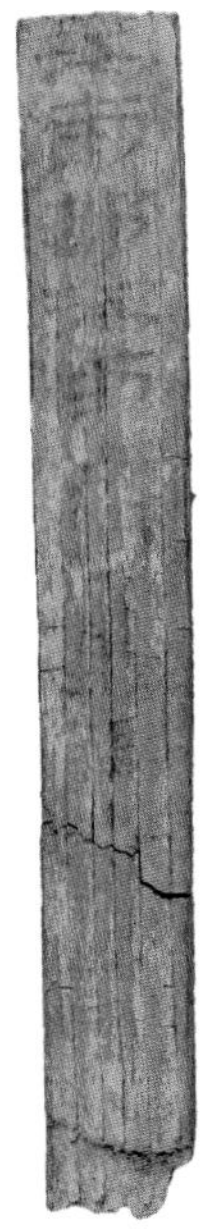

河南郡河南東甘里張忠　73EJF1:39

十二月丁卯北出　73EJF1:41

千三百賦卒張　73EJF1:42B

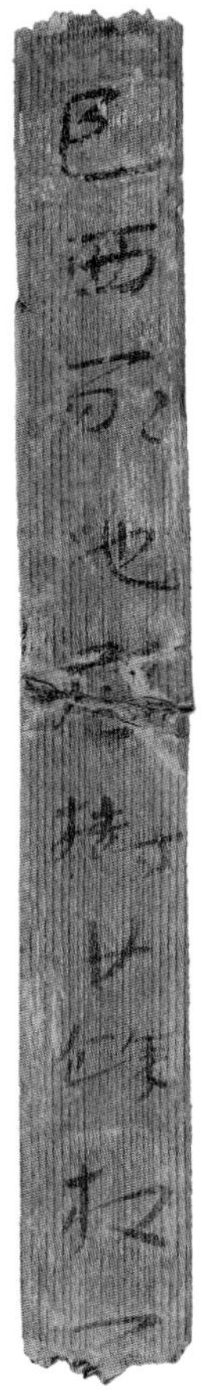

□邑西冢地有樹廿餘枚□　73EJF1:44+47

子淵坐前□兄不前見□□　73EJF1:45B+54B

前未及
所遣牒來　73EJF1:46B

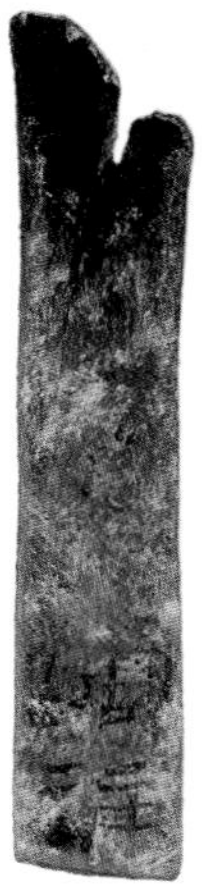
調注　73EJF1:50

甲
二十三日　73EJF1:52

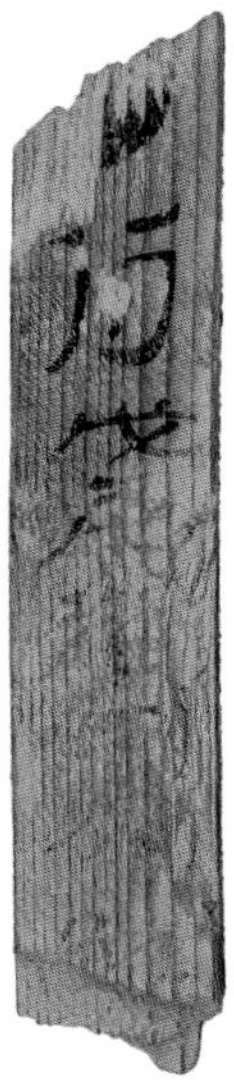
□八月戊辰朔甲戌□　73EJF1:48

□舍中君歆　73EJF1:51A

二十九日
□
卯　73EJF1:53

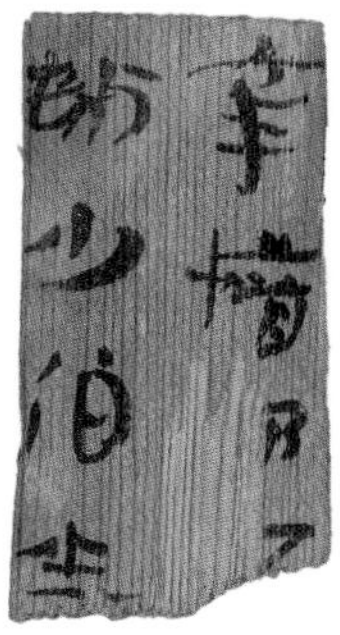
幸惜叩頭
趙少伯坐　73EJF1:46A

南　界望澤隧萬世隧舉亭　上一表□　73EJF1:49

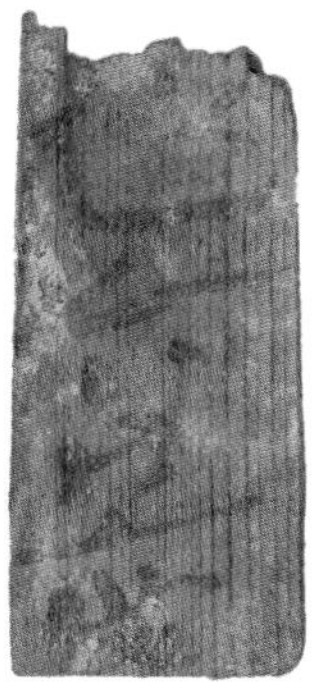
也今旦成　73EJF1:51B

棱闌三（三字在墨框内）　73EJF1:55

廣地候長孫黨（削衣） 73EJF1:56

□從巨卿（削衣） 73EJF1:59

□介中□（削衣） 73EJF1:62

功曹李君□
庫宰萬□（削衣） 73EJF1:65+68

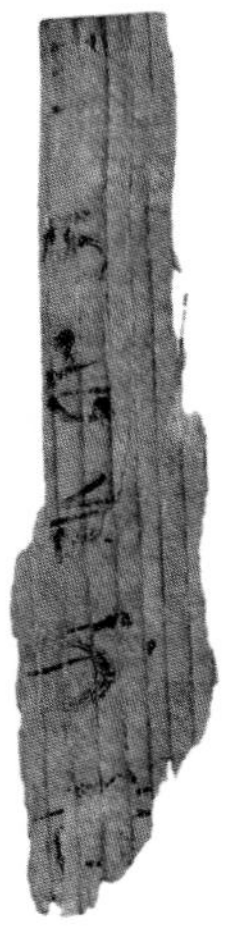
□□□今千葆（削衣） 73EJF1:67

□二年六月辛亥丞相　大將軍
□□　□（削衣） 73EJF1:57

□今宋少□（削衣） 73EJF1:60

肩水彊□（削衣） 73EJF1:63

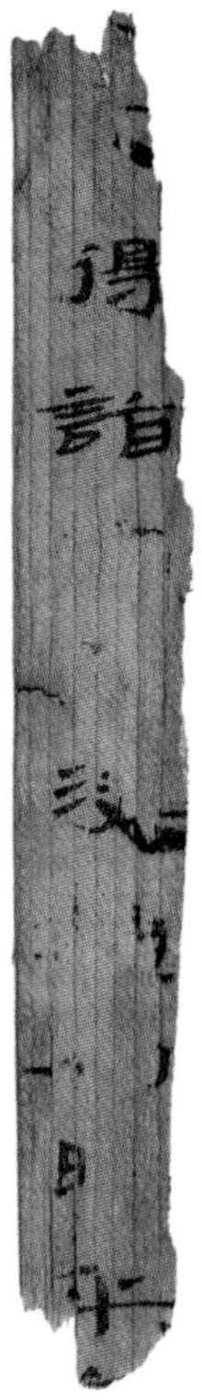
□得詣□□□□平□（削衣） 73EJF1:66

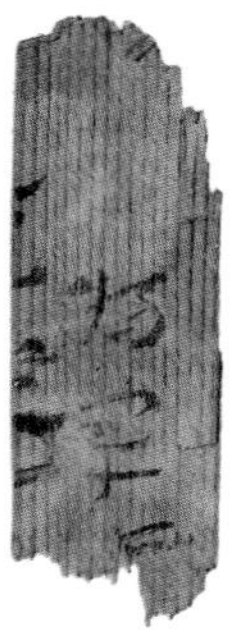
將軍□
□□□（削衣） 73EJF1:69

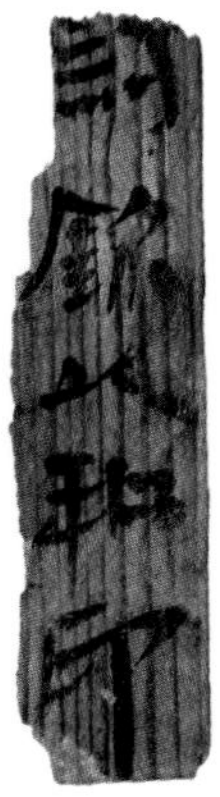
尉欽以私印（削衣） 73EJF1:58

□數□
諸人往來巨卿
□報□如何道小通
……（削衣） 73EJF1:61

居延都尉從史范宏葆（削衣） 73EJF1:64

平樂隧長武白馬月十五日持之都倉糴未還請還持詣治所　73EJF1:70

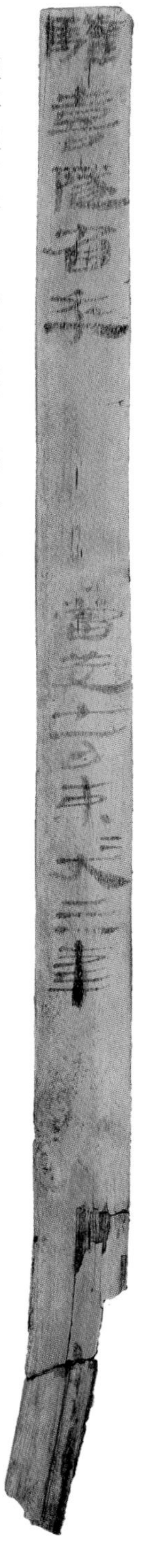

驩喜隧省卒　當茭七百束〃大三韋　73EJF1:71

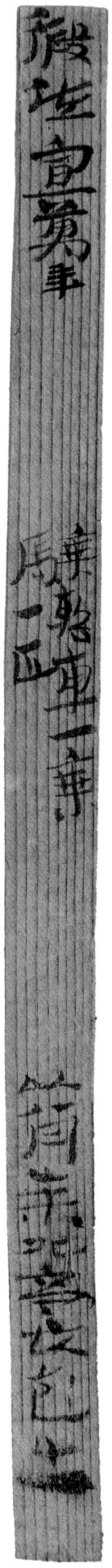

假佐宣萬年　乘軺車一乘
馬一匹　以八月己未北亭長彭出　73EJF1:72

宣威鄉佐范章　軺車一乘
用馬一匹　八月庚子北守亭長豊出　73EJF1:73

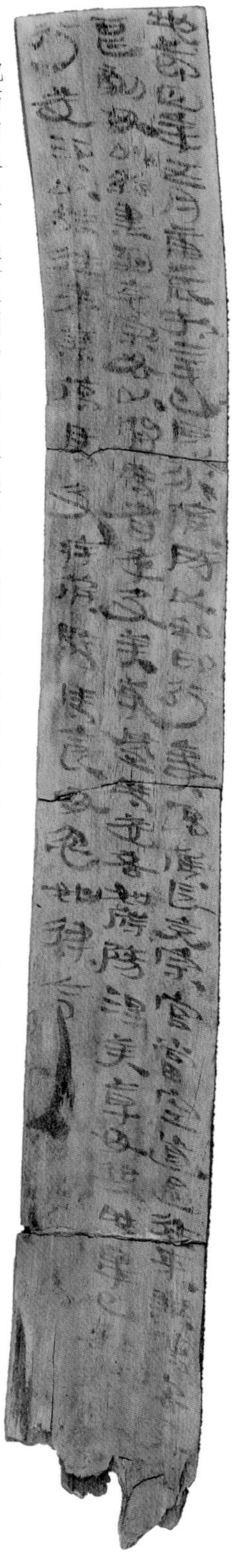

地節四年五月庚辰朔辛巳肩水候房以私印行事謂候長充宗官當空道過往來乘傳客及庌□
甚劇毋以給書到充宗各以閒時省卒及美草盛時茭各如牒務得美草毋假時畢已移□□
行茭須以給往來乘傳馬及庌候騎馬食毋忽如律令　73EJF1:74

□陽宣甯卿寄不審里名姓字長孫舍居二月餘更徙
□母少君疾死孺卿與勝客及兄賓復之長孫舍
男子不審名字子孟居一月子孟父字功與
73EJF1:75

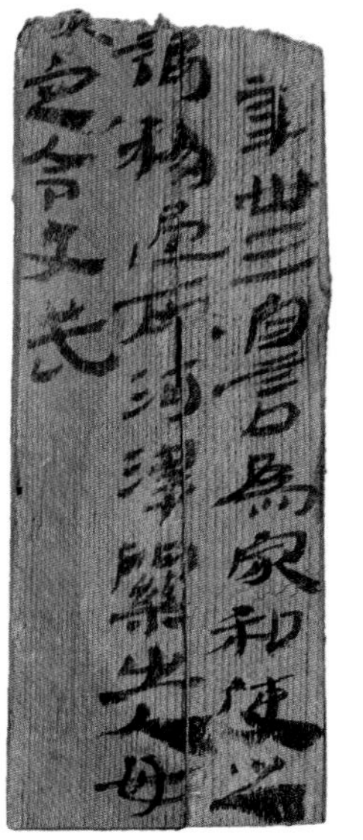

年卅三自言爲家私使之
謁移過所河津關出入毋
掾定令史武
73EJF1:76

三月三日具記博多問子梁□□　恐力□□
主候望蓬火事也臨部毋忽記到亡　府令□□
□□□□易行召辛子孝可傳告令以馬遣子孝
73EJF1:77A＋78A

□□□□……往受候□長□□□□之
者□□……
73EJF1:77B＋78B

五月甲午東部候長充宗謂驩喜隧長廣漢寫移書到
□省卒茭它如候官書律令
73EJF1:79

四日　氏池尉　安邑里□□
肩水金關　徒成　□二月　73EJF1:80

肩水金關　73EJF1:81

守丞放移居延如律令
／掾晏令史就　73EJF1:82

升大　其七十二石五斗六升大食省卒卅五人八月十三□十九日積□
八十一石……食省卒廿一人八月十三日九月十九日十月□日積六十二日食　六石五
……升稟省卒廿七人八月十五日九月廿九日積卌四日食　73EJF1:83A

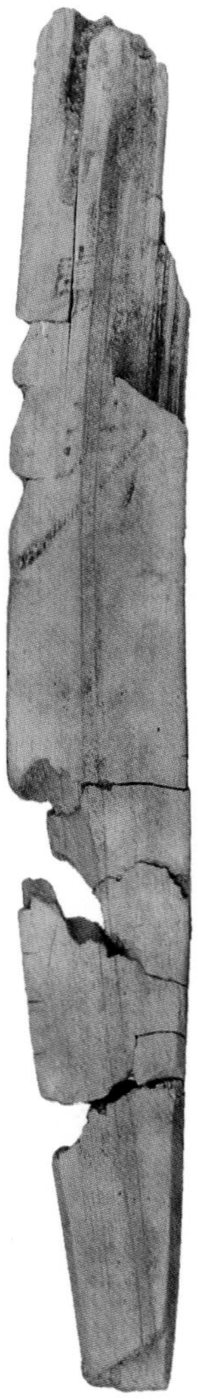

穀券　73EJF1:83B

□昌自言願以令取傳爲家私使之酒泉右平郡
……
73EJF1:84A

元始元年四月戊子朔辛卯新鄭守左
……（削衣）
73EJF1:85

□汙辱君欲數往
……
73EJF1:87

望金關隧
……
73EJF1:89

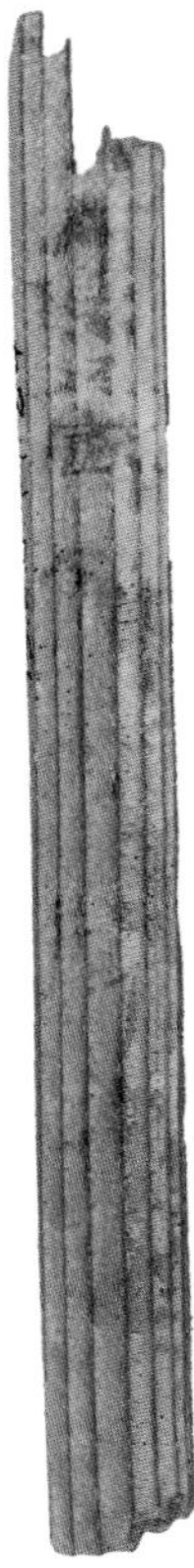

尺齒五歲斛斛
73EJF1:84B

得之之　毋毋毋毋（削衣）
73EJF1:86

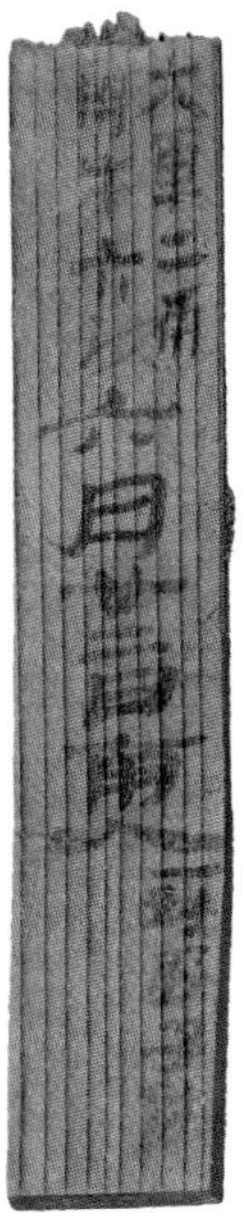

大車二兩　六月廿二日南入　一姓耿子俠
用牛六頭
73EJF1:88

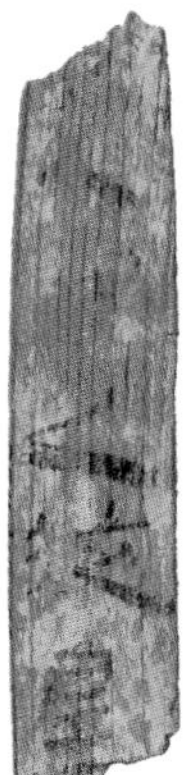

令入關之從皇
73EJF1:90A

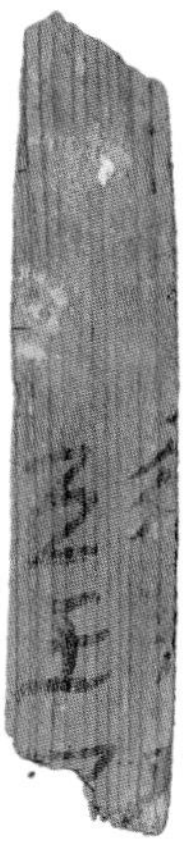

□□□
與王卿
73EJF1:90B

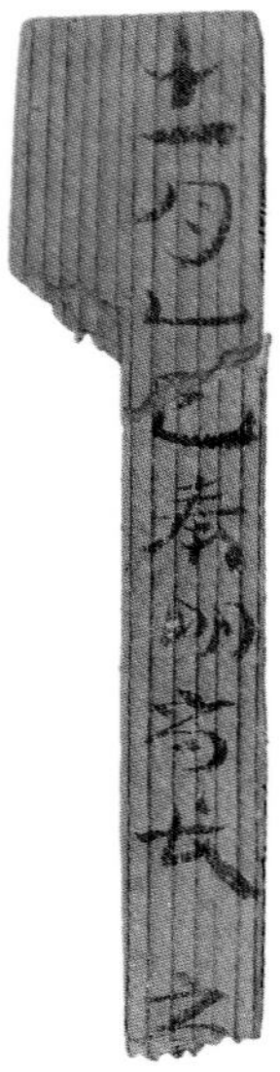

十一月乙巳奉明守長　守　73EJF1:91A+93B

□　八十　73EJF1:94

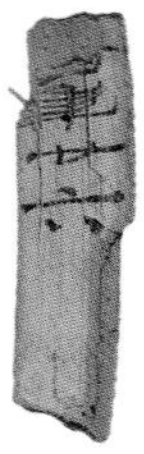

□年廿六　73EJF1:95

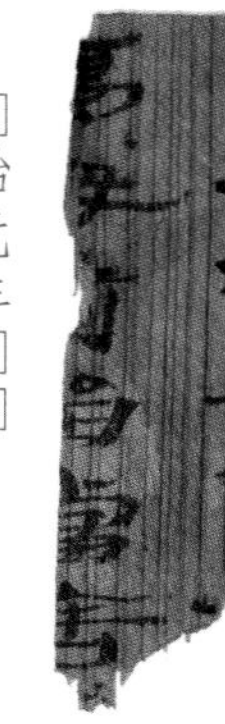

□始元年□□
亭毋苛留當舍（削衣）　73EJF1:97

□年（削衣）　73EJF1:100

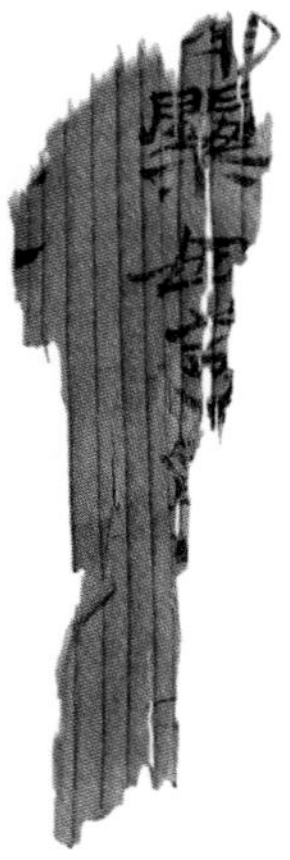

津關毋苛留止（削衣）　73EJF1:103

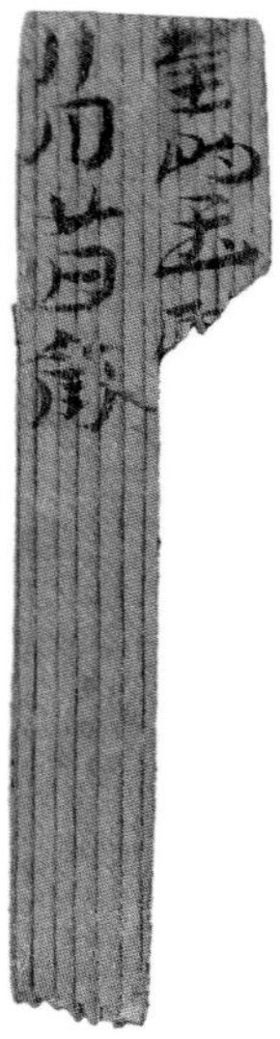

奉明丞印
八月廿日南　73EJF1:91B+93A

□年廿二歲
男丹年七歲子（削衣）　73EJF1:98

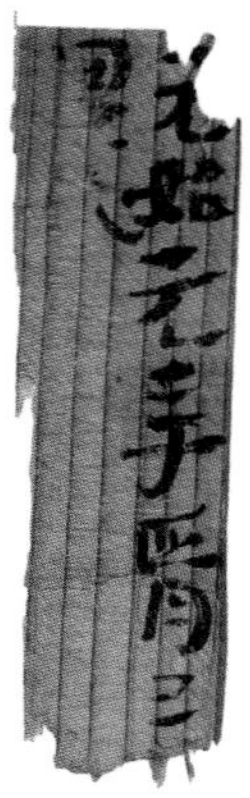

元始元年正月己
與從（削衣）　73EJF1:101

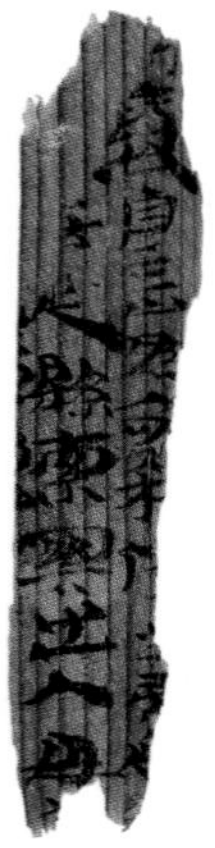

□褱自言爲家私使之居延
□居延縣索關出入毋□
……（削衣）　73EJF1:104

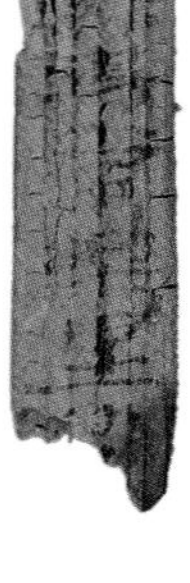

觻得常樂里公□　73EJF1:92

·右縣官所給　□□二兩
皁布單衣一領　·右卒私裝　73EJF1:96

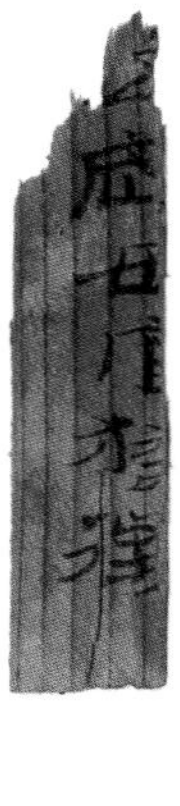

五歲毋官獄徵（削衣）　73EJF1:99

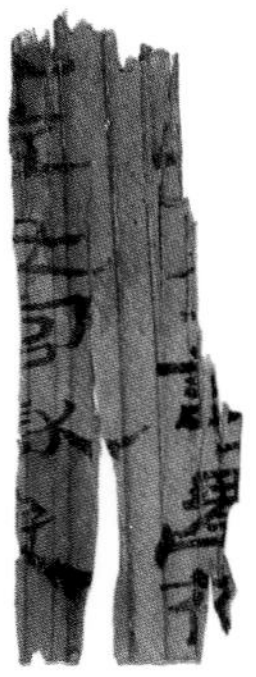

……謁還補
□□毋官獄徵（削衣）　73EJF1:102

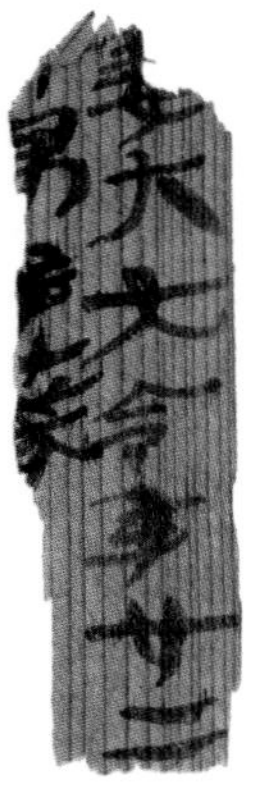

妻大女令年廿二
□男年七歲（削衣）　73EJF1:105

守令史□（削衣）　73EJF1:106

□長尊□□張掖居延（削衣）　73EJF1:107

七月十日北出（削衣）　73EJF1:108

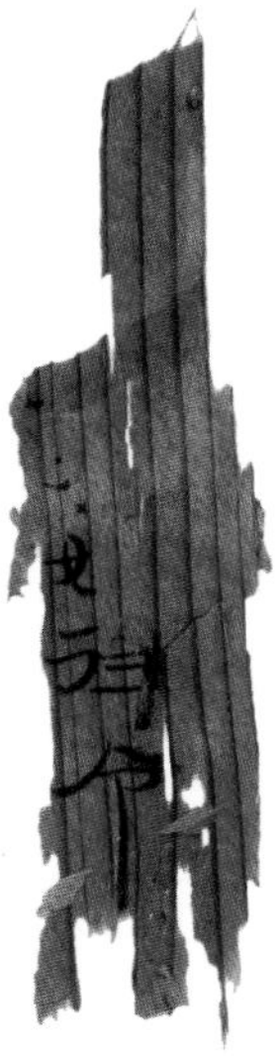

□□如律令（削衣）　73EJF1:109

……酉廣明鄉嗇
屬客田居延第五亭部願以令
非亡人命者當得取偃檢□□（削衣）
□子奉明長　73EJF1:110

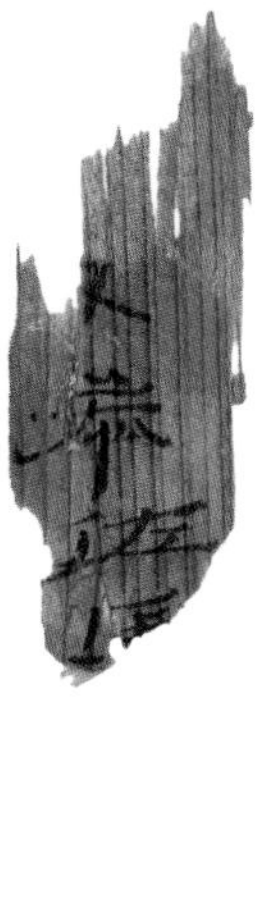

史恭佐□（削衣）　73EJF1:111

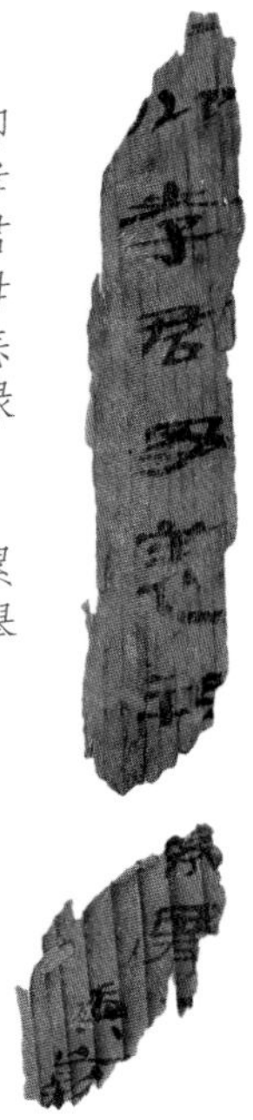

卿孝君毋恙禄　累舉
□籍（削衣）　73EJF1:112

年（削衣）　73EJF1:113

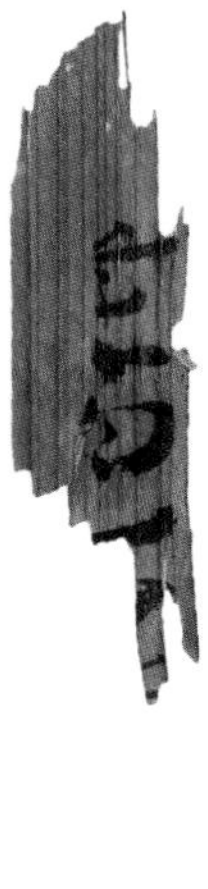

年七月□（削衣）　73EJF1:114

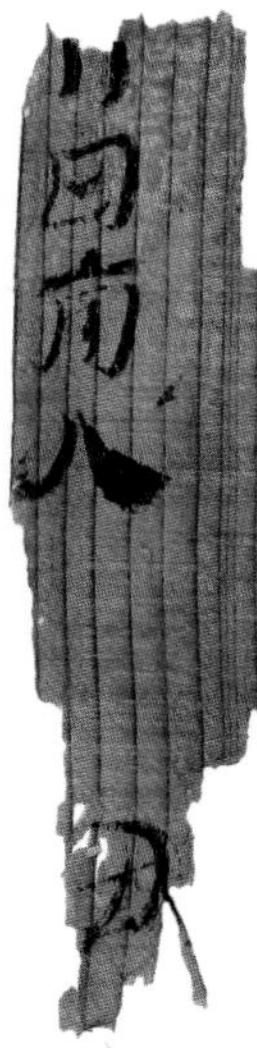

八日南入　丑（削衣）　73EJF1:115

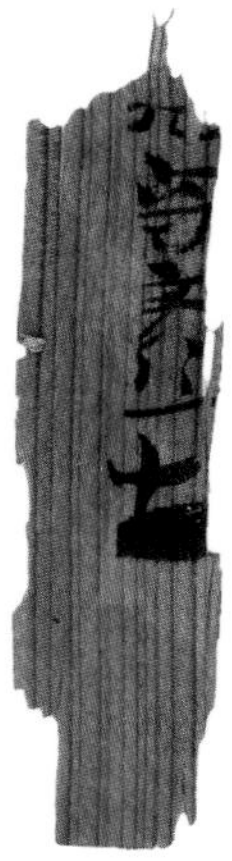

北亭長□出（削衣）　73EJF1:116

尉史□敢言之魏右尉左馮翊湖邑簿左里公乘李順自言調爲郡送五年
□里大夫刑疾去小奴全偕謹案順等毋官獄徵事　73EJF1:117

年五十一閏月庚午兼亭長周近內
□之敬老里男子成錢自言爲家私市居延
……金關　73EJF1:118A

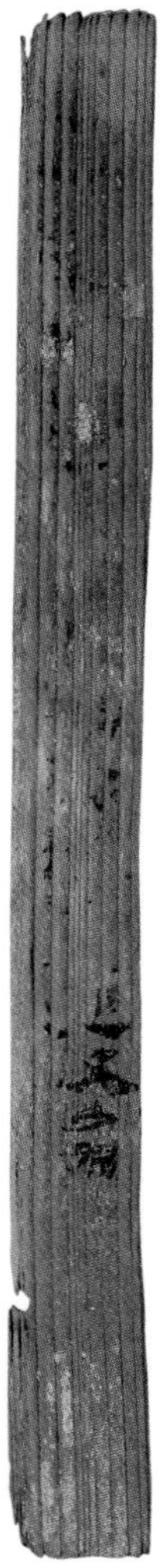

……□史少孺　73EJF1:119

定□　73EJF1:121

牛車一兩　有方　73EJF1:124

□□□隧　73EJF1:118B

伐　卩（竹簡）　73EJF1:120

戍卒上黨郡壺關上瓦里（竹簡）　73EJF1:122

累山里石宣年廿　73EJF1:123

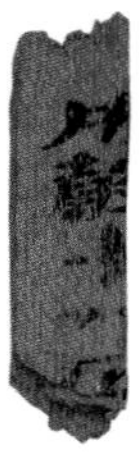

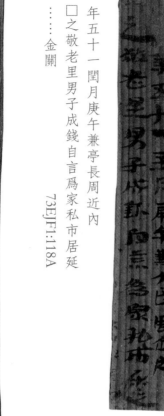

凡穀十八石　73EJF1:125

王長□（削衣）　73EJF1:126